사법제도의 사회적 기능

私法制度의 社會的 機能

Die Rechtsinstitute des Privatrechts und ihre soziale Funktion

—ein Beitrag zur Kritik des bürgerlichen Rechts—

Karl Renner 저

鄭東鎬 · 申榮鎬 역

세창출판사

이 도서의 국립중앙도서관 출판시도서목록(CIP)은 e-CIP 홈페이지 (http://www.nl.go.kr/ecip)에서 이용하실 수 있습니다. (CIP제어번호: CIP2011005332)

애덤 스미스(Adam Smith)는 그의 명저 「국부론」(The Wealth of Nations)에서 "모든 개인이 … 활용 가능한 자본 … 그것이 어떠한 형태이든지 … 가장 적절하게 이용할 방법을 찾아내기 위해 끊임없이 노력한다"고 굳게 믿었다. 그리고 자본이 없는 개인들은 자기들의 노동에 대한 금전적 대가를 극대화시켜 주는 직업을 항상 찾게 된다는 것이다. 자본가와 노동자가 모두 간섭을 받지 않게 되는 경우, 자기중심적 이익에 인도되어 그들은 자본과 노동을 가장 생산적인 방향으로 이용할 것이라는 기대가 일반적이었다. 이윤추구를 위하여 생산하는 것이 모든 사람의 필연적인 요구이기 때문에 누구든지 그 대가를 기꺼이 지불하고자 하게 된다는 것이다. 이러한 견해를 근거로 하여 애덤 스미스를 비롯한 자유주의자의 대부분은 무엇이 생산되어야 하는가를 어떤 형태로든지 권력주체나 법률의 결정에 맡기는 것에 반대하였다. 이러한 견해가 현재를 살고 있는 우리들에게도 그대로 들어맞는 것임은 틀림없는 사실이다. 그러나 다음과 같은 사실과 그에 기한 견해는 어떻게 보아 넘겨야 할 것인가?

"소유는 절도다. 소유가 전제정치를 낳는다. 어떠한 형태든지 통치는 독재일 수밖에 없다"라고 선언한 삐에르 프루동(Pierre Joseph Proudong).

요즈음 사회가 하도 많이 변하고 뒤바뀌다 보니 개인으로서의 생활을 어떻게 꾸려나가야 좋은지조차 가늠이 제대로 되지 않는 경우가 많다. 크게 보아 농어촌의 기본적 생산에 의존하던 데서 다양한 공업사회로 바뀌고, 이와 함께 문예, 사상, 기술발달과 함께 각 사회의 특이성이 짜여 온 것은 사실이지만, 우리 사회가 다른 어느 사회보다도 그 변용의 시간적·공간적 양상이 특이하였음도 주목할 만하다.

그러한 가운데서도 우리 개인의 생활이 소유에 의존할 수밖에 없고, 또한 그 기능의 변화에 그대로 따를 수밖에 없었음은 사람이 어떠한 틀에 갇혀 맞추어 지내야 함을 잘 보여 주는 것이라 할 수 있다. 어느 사회에서든지 소유 내지 소유제도는 그 형태가 어떠하든지 간에 우리의 생활과 하나 되어 그것을 가능하게 해주었는가 하면, 사회변용의 동인이 되기도 하고 그 결과를 받아들여 그 자체의 모습을 바꾸기도 하였다. 다소 과장되게 말하면, 우리의 생활 자체가 소유 내지 그 작용이고 우리의 사회현실이 바로 소유의 질료적 기초 위에 짜여 있다고도 할 수 있다. 소유권을 중심으로 말하면, 우리의 생활이란 시간이나 지역에 따라 다르겠지만, 어느 물건이 일정한 사람에게 귀속되어 그 필요에 맞추어 전개되는 사회경제적 현상의 테두리를 그렇게 많이 벗어나는 것이 아니라고 할 수 있다.

이번에 펴내는 이 책은 오스트리아의 대통령을 지낸 바 있으며 사상가이고 법학자이었던 칼 레너(Karl Renner)가 1929년에 자기의 연구논문을 다소 손봐서 출판하였던 「사법제도의 사회적 기능 — 민법의 비판적 연구」(Die Rechtsinstitute des Privatrechts und ihre soziale Funtion — Ein Beitrag zur Kritik Bürgerlichen Rechts, Verlag von J. C. B. Mohr 〈Paul Siebeck〉 Tübingen 1929)를 번역한 것이다. 민법을 비롯한 사법(私法)의 핵심이라고 할 수 있는 소유권법의 밑바탕, 그리고 갖가지 생활

부문에 걸친 그것의 사회적 기능을 그야말로 규모 있게 짜 엮은 책이다.

이 책은 무엇보다도 그 체계의 특이함 못지않게 시간적·공간적으로 그 적용한계를 뛰어넘어서 소유권법의 각 측면, 특히 그 사회·경제적인 면이 요령 있게 꿰맞춰 설명되어 있다는 점에서 필자의 학문적 식견과 양식을 높이 평가하지 않을 수 없다. 그리고 소유재산의 자본화에 맞물려 갖가지 형태로 나타나게 되는 노동가치의 착취, 그것을 보충해 주는 연계제도, 그 반발로 등장하게 되는 새로운 법역으로서의 노동법, 경제법, 보험법, 생활보장법 등을 점철해 논한 부분은 이 책이 지니는 생동감을 그대로 보여주는 것이라 할 수 있다. 이러한 점은 이후 자본주의가 보다 광범위하게, 그리고 거대하게 지속·팽창하는 한, 계속적으로 일정한 비판이 따라붙게 하는 요인이 되었던 것임을 주의할 필요가 있다.

이 책은 레너의 대표작이라고 할 수 있을 만큼 그 중요성이 인정되고 있으며, 레너는 이 속에서 당시에 얽혀 있던 사회의 혼잡상을 소유권법의 각 부분의 역사적 전개에 맞춰서 법학적·역사적으로 그야말로 요령 있게 서술하고 있다. 그 설명을 위해서는 역사적 사실 및 그 해설을 기초자료로 삼고 있기 때문에 레너의 법학적 기조는 법사회학의 범주에 속한다 할 것이다. 이들 설명 가운데에는 "법과 경제는 인과관계·상호작용의 관계에 놓여 있는 것이 아니라 오직 법이 경제를 논리적·관념적으로 규율한다"고 하는 슈탐러(Rudolf Stammler)의 견해에 대한 비판이 깔려 있으며, 자기 이론의 전개를 위하여 「자본론」(Das Kapital)에서 많은 문구를 인용하는데, 주의할 것은 레너의 이론은 결코 마르크스의 법과 경제 내지 사회발전이론에 머물러 있지 않다는 점이다.

　주의를 기울여 읽은 독자는 잘 알겠지만, 레너는 법과 경제의 관계에 관하여 첫째로 '경제가 법을 한정짓는다는 것', 그리고 둘째로 '이들 양자가 서로 한정지으면서 합쳐진다는 것'을 긍정한다. 다만 그의 실증적이고 구체적인 논증은 첫 번째의 명제에 국한되어 있으나, 레너는 이 연구를 통하여 "법은 변화하지 않지만 경제는 끊임없이 변화를 거듭한다," "법은 경제의 조건이기는 하지만 경제의 변경·발전의 원인은 아니다"라는 법의 기능에 관한 결론을 명쾌하게 이끌어내고 있다.

　칼 레너는 이 책 이외에 많은 연구 업적을 남겼는데 그 중의 몇 가지 중요한 것을 들어 보면, ① Statt und Parlament (1901), ② Der Kampf der Nation um den Statt(1902), ③ Grundlagen und Entwicklungsziele der österreichungarischen Monarchie, die Krise des Dualismus(1904), ④ Das Selbstbestimmungsrecht der Nationen(1908), ⑤ Die Wirtschaft als Gesamtprozeß und die Sozialisierung(1925), ⑥ Staatwirtschaft, Weltwirtschaft und Sozialismus(1929), Wege der Verwirklichung(1926) 등이 있으며, 이 밖에도 상당수의 저서와 논문이 있다.

　최근 우리 사회에서도 주택단지, 공장부지, 산업기지, 축산단지 그 밖의 산림욕지나 각종 스포츠기지 등과 관련하여 그 토지문제에 따른 복잡한 법률문제가 그치지 않고 있는 실정이다. 이들 문제를 둘러싸고는 전문가들의 논의가 거듭되고 있음은 물론 일반인들도 "과연 어느 정도까지 일정한 재산을 내 것으로 가질 수 있는지"에 관하여 적지 않은 의문을 지니고 있다. 사실 소유가 특정인에게만 국한되었던 봉건적 내지 절대군주시대의 장벽을 무너뜨리고 속박적인 굴레를 벗김으로써 모든 인간으로 하여금 가질 수 있는 사람으로 만들어 놓은 '역사의 수

레바퀴'는 이제 다시 불평등한 소유와 물자의 한계에 부딪쳐 소유에 관한 올바른 중심축을 가누지 못하는 것이 아닌가 하는 감이 들기도 한다. 이러한 현상은 자본주의를 제대로 성숙시키지 못한 사회일수록 한층 심하게 나타나고, 그 결과는 우리로 하여금 확고부동한 '소유질서'를 경제적으로 확립할 수 있는지, 법적으로 보장받을 수 있는지에 관하여 심한 갈등을 일으키게 만든다. 이들 문제는 사회의 실제적 요구에 맞추어 보다 널리 깊이 있게 연구·검토되어야 할 것으로 생각한다. 이러한 연구와 인접분야, 특히 경제와 법의 관련연구를 위하여 이 책은 적지 않은 도움이 될 수 있으리라고 믿어 의심치 않는다. 다만 이 책의 특징상 번역의 어려움이 적지 않았음을 인정하고 앞으로 더욱 세심한 주의를 기울인 후속판이 계속 이어져 나올 수 있기를 바라는 마음 간절하다.

끝으로 이곳저곳에서의 강의, 새로운 연구에 시간 내기가 쉽지 않음에도 불구하고, 이 책의 편집에서 자구수정까지 애써 준 강승묵 박사, 그리고 여러 가지 현실적 제약에도 불구하고 이 책의 전문적 특수성을 감지하여 출판을 흔쾌히 승낙해 주신 이방원 사장님, 임길남 상무님께, 그리고 출판사 직원 여러분께 깊은 감사를 드리는 바이다.

2011년 12월

역자 씀

저자서문

    지금으로부터 25년 전, 필자는 구 오스트리아 제국의회도 서관의 젊은 사서로 근무하면서 남몰래 법학적이면서 경제학적 인 연구에 몰두하여 이 두 분야의 한계 영역을 다룬 하나의 논 문을 쓴 바 있다. 그 글의 제목은 "법적 제도 특히 그 소유권 의 사회적 기능"이라는 것이었다. 당시는 합스부르크(Habsburg) 가(家)가 지배하였고 또한 폴란드인, 베멘인 및 기타의 관료에 의 한 정치가 행하여졌으므로, 국가공무원인 본인이 당해 논문을 자 기의 이름으로 발표하기는 어려운 일이었다. 그리하여 그것을 나 중에 보완하고 '민법의 비판'(Kritik des bürgerlichen Recht)을 위한 다른 연구를 그것에 첨부할 생각을 하면서, 필자는 1904년에 어 느 잡지(Marx-Studien Ⅰ. Band)에 요세프 카르너(Josef Karner) 박사 라는 가명으로 그 논문을 발표하였다.

    합스부르크 제국의 격심한 연속적인 위기 때문에 필자는 얼마 안 있어서 이 일을 중단하지 않을 수 없었다. 왜냐하면 필자는 우선 이른바 이중제국(오스트리아, 헝가리)의 문제, 보통선 거권과 민족문제를 둘러싼 이론투쟁에 관여하지 않을 수 없었 으며, 또한 이들 문제에 관한 논고를 다른 필명(Rudorf Springer) 으로 발표하고 보통선거권을 확보하게 된 다음에 본인이 세웠 던 당초의 계획으로 돌아가고 싶었기 때문이다.

그런데 1907년의 의회선거는 본인의 전 생애에 아주 다른 전환을 가져다 주었다. 즉 필자는 아주 놀랍게도 의원으로 당선되었으며, 소용돌이치는 정치 일선에 뛰어들어, 곧 그것에 전적으로 몰두하게 되었다. 세계대전이 일어나매 필자는 임시로 근로자시보(Arbeiterzeitung)의 편집을 떠맡지 않을 수 없게 되었으며, 합스부르크 제국의 붕괴와 국내혁명의 결과 구 제국의 폐허 위에 세워진 신 도이치-오스트리아 공화국(Republik Deutsch-Oesterreich)의 초대 수상으로 취임하여 2년 동안 정치를 주도하기도 하였다(1918년부터 1920년까지). 필자는 수상의 자리에서 물러나자마자 — 앞에서 말한 "사회적 기능"이 출간된 후 15년이 지난 다음 — 비록 짧은 기간이기는 하였지만 학문적인 일, 즉 옛날의 연구에 다시 착수할 수가 있었다. 그 첫 번째의 실적은 경제학과 관련된 것이었다(Die Wirtschaft als Gesamtprozeß und Sozializierung, Berlin 1925).

그렇기는 하지만 앞에서 말한 법학적·경제학적 연구는 오래 전에 중단되었을 뿐만 아니라 필자 자신도 그것을 거의 잊고 있었다. 그런데도 필자가 법학적이면서 사회학적인 새로운 간행물에 의한 연구를 해나감에 있어서 종종 앞의 내 논문이 인용된 것을 찾아볼 수 있었으며, 더욱이 그보다도 더 자주 당해 논문에 관한 질문을 받기도 하였다. 그리하여 필자는 지금까지와 같은 입장에서 문제를 파악하고, 뒤이어 옛날의 논문을 다시 정리하여 출판하기로 마음먹었다. 이렇게 하면서 논술의 내용에 관하여 몇 가지 보충할 점과 부분적으로 수정할 점을 제외하고는 문제의 설정에서나 서술과정에서나 고쳐야 할 것이 그렇게 많지 않음을 알게 되었다. 다만 여러 군데를 일반적으로 이해하기 쉽게 고쳐 서술하여야 했다. 왜냐하면 최근 4반세기 동안 과학적 서술방식이 점차적으로 자리잡게 되었으며, 또한 외국어로 된 많은 용어가 대체되고 쉬운 말로 바뀌었기 때문이다. 그러나 연구 논제의 성질상 이 태도를 철저하게 따를 수만은 없었다.

"법적 제도의 사회적 기능(Sozialen Funktion der Rechtsinstitute)"의 머리말 중에서 필자는 지금 문제삼고 있고, 또한 당시에 이미 제기하였던 과제를 다음과 같이 서술한 바 있다.

"법적 상부구조의 문제는 아마도 요즈음 가장 의론의 여지가 많은 것 같다. 어떻게 하여, 그리고 어느 정도까지 법은 경제에 의하여 한정되는가? 법은 경제에 종속하지 않는 독자적인 존재일 수 있을까? 이러한 문제는 이론적으로나 실제적으로 우리들에게 매우 중요한 뜻을 가지는 것이다. 현재의 법적 제도 아래에서 우리는 법적으로도 미래국가(未來國家)로 성장해 나갈 수 있을까? 그렇지 않으면 갖은 숙고를 거쳐 우리의 법, 즉 '사회법'(soziale Recht)을 구축하여 당해 사회법으로써 민법을 대체시키고 우리의 창조자적 정신에 의하여 미래의 인류를 행복하게 만들어야만 하는 것일까? 많은 사람들이 우리들에게 "미래의 법질서는 어떠한 것이겠느냐?"는 질문을 한다. 경제에서는 집단적인 여러 경향이 존재할 수 있다는 것이 일반적으로 인정되어 있다. 그렇지만 근로자보험과 같은 대부분의 이른바 사회적 제도가 철저하게 사법(私法), 다시 말하여 사적 소유권에 근거를 두고 있음은 틀림없는 사실이다. ― 당해 제도에서 유일하게 사회적인 것은 강제(Zwang)라는 점뿐인 것 같다. 사적 소유권은 유사 이래 오늘날까지도 한결같이 우리들의 크고 작은 모든 생활관계를 규율하는 것으로 되어 왔다. 따라서 우리의 생활

관계가 강제권에 맞추어 구성되지 않고 그것을 규율하는 것이 전혀 없다고 한다면, 종래의 사회 자체를 소멸시키지 않고 위에서부터의 명령에 의하여 갑자기 다른 어떤 것을 사적 소유권과 대체시키는 것을 어떻게 생각할 수 있을까 하는 의문이 들지 않을 수 없다. 또한 이러한 생각을 가지고 있는 것은 우리와 달리 생각하는 사람들만은 아니다.

법적 상부구조에 관한 문제가 방법론상 마지막으로 다시 제기되지 않으면 안 된다. 이 연구는 법제도 ─ 특히 소유권 ─ 를 그 두 측면에 걸쳐서, 즉 법적, 그리고 경제적 성질에 관하여 고찰하려고 하는 것이다. 따라서 이 연구에서는 법제도의 규범적 기능을 별도로 다루게 된다. 그러면 다음과 같은 문제가 제기된다. 즉 법제도라는 것은 그 법적 구성이 그대로 존속하는 경우, 다시 말하여 법률의 변경이 없는 경우에도 그 경제적 성질, 즉 그 경제적 및 사회적 기능에 변경을 가져올 수 있을까? 다시 말하여 경제의 발전은 그에 붙좇아 일어나는 적절한 법률의 변경이 없이 종래의 고정된 법 아래에서도 가능한 것일까?

만일 그렇다고 하면 법은, 언제나 경제의 조건이기는 하지만, 결코 경제적 관계의 변화 및 발전의 원인은 아니다. 다시 말하여 ─ 적어도 이 경우에는 ─ 법이 경제를 규정하는 것이 아니라 법률 이외의 다른 사실이 그것을 규정한다고 할 수 있다. 이 첫 번째의 문제가 해결되고 나면 필연적으로 다음과 같은 반문이 따라붙게 된다. 즉 법제도의 법률적 구성이 바뀌지 않고 존속하는데도 그 경제적 기능만이 달라졌다면, 이러한 변화가 법률에 아무런 영향도 미치지 않으리라고 할 수 있겠는가? 또한 규범이 전혀 달라지지 않으리라고 할 수 있을까? 경제의 변화는 어떠한 방식으로 법의 변경을 일으키는가?

이 두 가지의 문제 중 필자는 우선 첫 번째의 것, 즉 법적 제도의 사회적 기능에 관한 문제를 이 연구에서 다루려고 한다. 그렇게 하려고는 하지만 이것은 어디까지나 순전히 이론적 문제이다. 따라서 자본주의적 소유권의 발전은 단순히 이를 위한 설명소재에 지나지 않는다. 자본주의적 소유권의 발전은 이 이론적 목적에 맞추어 적절하게 그 특징을 지적하는 데 그칠 수밖에 없을 것 같다.

그러나 제도의 법적 성질에 거의 드러나지 않고, 또한 단순한 법학적 사고에서는 누락될 수밖에 없는 법의 발전 및 변천을 밝혀내는 것은 대단히 중요한 일이라 생각된다. 그리하여 필자는 우리 시대의 법적 제도 자체의 기능을 서술하려고 마음 먹었다. 그렇게 하려고 하면서도 필자는 이러한 범위 중에 다시 현대사회에서 가장 중요한 제도 및 그 주된 기능에 국한시켰고, 거기에서 중요하다싶은 성과를 얻어내고 그렇게 하는 연구방법을 밝히려고 함에 주력하였다. 어느 한 제도의 기능변천을 빠짐 없이 서술하는 것은 오로지 거대한 법사적 저작에서만이 가능할 것이고, 개인으로서는 거의 불가능한 일이라 생각한다.

25년 전에 제기하였던 이 문제는 이번의 신판에서는 조금이나마 확대하여 다루고 있음에 틀림없다. 지난 4반세기 동안 법분야에서는 얼마만큼이나 창조적이었다고 할 수 있겠는가? 이전에 겨우 실험적으로 다루는 데 그치거나 대수롭지 않게 여겼던 제도를 지금까지 얼마나 발전시켜, 중요한 결과 아니면 그에 버금가는 결과를 맺게 하였던가? 마르크스가 사망하고 난 다음

1세기가 지나는 동안 사회의 법적 구조는 얼마만큼이나 변화하였는가? 일상적인 일에 쫓기면서 지내다 보니 우리는 이러한 모든 것을 전혀 의식하게 되지도 못하게 되는 상태이다. 또한 일반인의 사회의식에서도 이들 변화와 그 의미가 크게 드러나지 않는 것이 보통이다. 25년 전에 쓴 논문에서 필자는 우리 법생활의 실재를 현대의 그것과 비교해 보려고 노력했었기 때문에 이러한 발전이 적어도 본인에게는 남달리 두드러진 것으로 되어 있다. 우리의 눈앞에서, 그렇게 사려 깊지 못한 정황 속에서 인류의 장래의 발전을 위하여 중요한 것이 될 것임에 틀림없는 법생활의 혁신이 일어나고 있다. 우리는 지금 시민법이 사회법으로 변형되어 가는 속에 살고 있다. 새로 펴내는 이 책에서는(마지막 절에서) 충분하지는 못하지만 그에 관한 것이 논급되어 있다.

1928년 11월 12일
빈(Wien)에서

칼 레너(Karl Renner)

차 례

제 1 장   법제도와 경제조직

제 2 장   소유권기능의 변천

제 3 장　기능변천의 사회학적 분석

xvi

제1장
법제도와 경제조직

I. 과 제

1. 규 범

현대의 법생활은 헤아릴 수 없을 만큼 많은 법전, 법률 (Gesetz)과 명령, 행정처분과 법원의 판결, 개인 간의 계약 및 그 밖의 여러 의사행위의 형태로 행해지고 있다. 법적이어야 하는 것은 활자 등으로 인쇄되어 고정되고, 그 결과 개인의 의식 속에 막연하게 간직되어 있던, 한낱 주관적인 존재의 탈을 벗고 객관의 세계로 드러나게 된다. 이렇게 되면 활자와 인쇄는 의식적인 여러 사실을 객관화하고 고정화시키며, 그 심리작용이 끊임없이 변하는 개인에게서 의식적인 여러 사실을 제거해 버린다. 법(Recht)은 확정된 것, 성문화된 것, 제정된 것 등으로, 결국 법률(Gesetz)로 나타난다.

우선 법률에 사용되고 있는 용어의 형식을 생각하여 보면, 법전에는 아주 다양한 표현양식이 사용되고 있음을 알게 된다. 오늘날의 법률용어로서는, 예컨대 "부부관계는 혼인계약에 근거하여 성립한다"(오스트리아 일반민법전 제44조 제1문)라는 선언의 형식으로 되어 있거나, "소유권은 … 물건인 원물과 과실을 자유롭게 지배하고, 타인의 간섭을 배제할 수 있는 권리"(동법 제354조)라는 개념풀이의 형태로 되어 있거나, 또는 "사람을 고의로 살해한 자는 살인죄로서 사형에 처한다"(독일제국형법 제211조)라는 조건문의 형태로 되어 있는데, 그 어느 경우에나 직설법(直說法; Indikativ)이 사용되는 것이 보통이다. 이렇게 하여 제

정된 '법명제'(法命題; Rechtsatz)는 그 형태상으로 "기온이 내려가
면 온도계의 수은주도 내려간다"라고 하는 자연과학적 법칙과
유사한 모양을 갖추고 있다. 자연법칙과 법률은, 전자가 자연적
사물에서 일어나는 여러 관계를 규제하고, 후자가 인간 상호간
의 여러 관계를 규제하며, 또한 그를 통하여 양자 모두 보다
고도의 초인적인 힘으로 작용한다는 점이 단순히 형식논리로
볼 때에는 유사하다. 우주는 이성계와 자연계로 나눌 수 있는
데, 이 경우 전자는 법률(도덕률을 포함하여)에 의하여 규율되고,
후자는 자연법칙에 의하여 규율된다. 이 두 가지의 법칙(法則;
Gesetz)은 전통적으로 어떤 초인적인 힘, 즉 신의 힘을 근원으로
하여 거기에서 직접 생겨나는 것으로 되어 있다.[1]

---

1) Immanuel Kant, Grundlegung der Metaphysik der Sitten, Inselausgabe
5.Bd. Seite 71 "이성적 존재자의 세계[예지계(叡智界); mundus intel-
ligibilis]는 목적계(目的界)로서 …", "목적계는 자연계의 유추에 의하여서
만 가능하다. 그러나 전자는 격률(格率; Maxime), 결국 스스로 행하는
법칙에 의하여서만 가능하고, 후자는 외부로부터 강제되어 작용하는 인
과율(因果律)에 의하여서만 가능하다." 자연계와 이성계는 서로 대립하여
존재한다. 자연적 존재자임과 동시에 이성적 존재자인 인간은 이들 두
세계에 걸쳐서 존재한다. 결국 "첫째로 인간은 감각계(感覺界)에 속하는
한, 자연법칙의 지배를 받는다[타율(他律); Heteronomie]. 둘째로 예지계
에 속하는 존재로서의 인간은 자연과는 아무런 관계도 없으며, 경험이
아니라 이성에만 그 기초를 두고 있는 여러 법칙의 지배를 받는다[자율
(自律); Autonomie]." "일반적으로 자연적 질서에 유사한 행위의 적법질
서"로서의 법의 세계에 관한 이와 같은 개괄적인 이해는 칸트가 말하는
역사적으로 대단히 협소한 추상화에 기초를 두고 있는데, 이 경우 당해
추상화는 오로지 경쟁과 계약에 의하여 관련을 맺고 있는 사적 소유권
자의 사회에서 이끌어 낸 것이다. 따라서 칸트에 의하면 "법(Recht)은
어느 사람의 의욕과 다른 사람의 의욕이 자유의 보편적 법칙에 따라 조
화되는 것을 가능하게 해주는 여러 조건의 총체이다"라고 정의된다.
    사회가 일단 파괴되어 원자(原子)로 나누어지게 되면, 자연법칙과 유사
한 사회법칙은 다시 이들 원자를 결합시킨다. 이와 같은 철학적 원칙이

법적 규범을 좀더 상세하게 관찰해 보면, 우리는 위에서 말한 직설법이 명령형(命令形)으로 변화한 것임을 알게 된다. 예를 들면 앞의 독일제국형법 제211조는 각 사람에 대하여 "너는 사람을 살해하여서는 안 된다"라고 하는가 하면, 한 걸음 더 나아가 "고의로 사람을 살해하면 너 자신도 죽어야 한다"라고 말하는 셈이다. "그 사람을 돌로 쳐서 죽여야 한다. 책형(磔刑)에 처해야 한다"라고 하는 성서(聖書)의 명령법(命令法; Imperativ)이 위에 규정되어 있는 바와 같은 법규로 바뀌게 된 것이다. 또한 앞의 오스트리아 일반민법전 제354조는 소유권자에 대하여는 "너는 물건의 원물 및 과실을 자유롭게 처분할 수 있다"고 하면서, 동시에 그 사회에 속하는 다른 수범자(受範者; Rechtsgenosse)에 대하여는 "어느 누구도 소유권자의 자유를 방해하지 말고 또한 제한하지도 말아야 한다"라고 명령하는 것이다. 직설법의 형식으로 되어 있는 모든 규범은 자연법칙의 지배와 유사한 초개인적·몰개인적, 특히 신성적이라고도 할 수 있는 물신적 성질을 지니고 있다. 그렇기 때문에 이 규범이 각 사람에 대한 명령법으로 변형되고, 예를 들어 "너는 …을 하여도 괜찮다. 너는 …을 할 수 있다"라고 표현하게 되면 바로 쉽게 자명한 것으로 받아들이지는 않겠지만, 그것은 머지않아 자연스러운 것이 되고 만다. 그럼에도 불구하고 자연법칙과 비교하여 볼 때 아무런 공통점도 찾아볼 수 없다고 말하게 되는 것은 자연이라는 것이 지배하여야 하는 총체의사(總體意思; Gesamtwille)에 관하여서나 또한 지배되는 개인의사(個人意思; Individualwille)에 관하여서나 친숙하게 짜여져 있는 것이 없기 때문이다.

단순상품생산체제에서의 이데올로기적 상부구조임은 의심할 바 없다.

고대의 여러 민족은 자기들의 규범을 돌이나 금속에, 아니면 종이(Papyrus)나 양피지(羊皮紙)에 기록하였는데, 그들은 모든 규칙을 정하면서 직접적인 명령법을 사용하였다. 예를 들면 함무라비(Hammurabi)법전, 모세(Mose)의 십계(十戒), 로마의 십이표법(十二表法; XII Tafelen)이 그러하였다.[2]

이러한 명령형은 법질서의 요소이다. 이 명령법은 개인에 대

---

2) 오늘날의 언어에서보다 고대의 언어에서는 명령법(命令法)이 훨씬 더 많이 활용되는 특색을 찾아볼 수 있는데, 사실상 이 명령법은 능동형(能動形)에서뿐만 아니라 수동형(受動形)에서 직설법(直說法)과 거의 동수(同數)의 변형태(變形態)를 가지고 있다. 특히 그리스어에는 이러한 현상이 두드러진다. 고대인들의 경제생활은 고대식의 가부장제가족(家父長制家族), 바꾸어 말하여, 주인(主人), 즉 전제자의 지배하에 놓여 있는 소노예집단(小奴隷集團)의 형태로서 영위되었고, 따라서 명령과 복종이라고 하는 직접적인 인격적 관계 위에서 이루어졌다. 그렇기 때문에 고대인들은 우리들보다 훨씬 더 많은 명령법을 필요로 하였다. 오늘날 우리는 그러한 명령법을 인격과 관계없는 '규칙'으로 대체하고 있다. "공장의 문은 매일 5시 45분부터 6시까지 열어 놓는다." 어느 주체에 대하여 말하는 것이 아닌 이 선언은 하나의 예고라고 볼 경우에만 제대로 이해할 수 있는 것이다. 이 선언에는 그 자체 "사람을 살해한 자는 사형에 처한다"라고 규정되어 있는 제국형법(帝國刑法) 제211조의 선언 이상의 의미는 포함되어 있지 않다. 왜냐하면 사실상 일정한 수의 살인자들만이 그 행위에 대한 형벌을 받게 되기 때문이다. 모든 형법적 명제의 기초에는 명령법이 깔려 있는 것과 마찬가지로, 공장의 문에 관한 이 규칙에도 그러하다. 즉, 그것은 수위(守衛)에 대하여 매일 5시 45분에 문을 열고, 6시에 문을 닫으라고 명하는 것이다. 규범이 독단적인 규칙의 형태를 취하게 되면, 명령하는 개인과 복종하게 되는 개인이 없어지게 되고, 그것이 명령법의 형태를 취하게 되면, 이들 개인 사이의 관계는 강화된다. 명령법을 채용하고 있는 고대법은 그 유효적절한 표현으로 그와 같이 강한 구속력을 가지는 것이다. 근대법은 누가 관계자이고, 그들의 의무가 무엇인지를 알아내는 데 해석의 과정을 거쳐야 하는 불분명한 표현을 쓰는 경향이 짙다.

한 것이고 그의 복종을 명하는 것이다. 이들 명령법은 그 의사
에 대하여 그 자체를 제한하거나 확대하고, 파괴하거나 강화하
며[자율(自律); Autonomie], 또한 타인의 의사로서 그 자신의 의
사에 대립시키기도 한다[타율(他律); Heteronomie]. 이 의사관계는
법에 있어서 기본적인 것이다. 여기에는 신비적, 형이상학적, 초
자연적 또는 신비적인 것이 존재하지 않는다. 숲 속을 걸어가는
나그네에게 "돈을 내놔라. 그렇지 않으면 죽이겠다"라고 하는
양자택일적인 명령법으로, 습격하는 도적에게 심리적·물리적인
면에서는 자기 자신의 의사를 타인에게 강제시키려고 하는 것
이다. 그것은 법률이 이행강제나 형사제재 중의 어느 한 방법으
로 그 뜻을 사람들에게 강제하는 것과 조금도 다를 바 없다.
타율적 의사는 유혹이나 강박, 설득이나 위하(威嚇), 사기, 정신
적 강제(최면술 등) 심지어 물리적 강제를 통하여 자율적 의사에
상응적으로 부과된다. 이러한 현상은 그저 일상적인 것에 지나
지 않는다.

그러나 오늘날의 법은 모두 국민 전체의 이름으로 국가에
의하여 제정되는 점, 결국 어느 개인의 의사가 다른 사람의 의
사에 부과되는 것이 아니라, 어느 총체의사가 개인의 의사에 부
과된다고 하는 점에 특색이 있고, 또한 거기에는 그럴 만한 충
분한 이유가 있다. 어디에서 이 '총체의사'가 생겨나는가[이 총
체의사가 일반의사(一般意思; allgemeiner Wille; volonté générale)와 다
르다는 것은 명백하기 때문에], 이것은 법과학(Rechtswissenschaft)에
서 풀어내야 하는 기본문제의 하나이다.

그렇지만 우리가 지금 고찰해 나가면서 이러한 문제까지 파
고 들어갈 필요는 없다. 우리는 이 고찰의 목적을 위하여 국가

가 법을 제정하는 것, 결국 이 법이 총체의사로서 개인의사와
대립하는 것이면서도 그 복종을 요구할 수 있게 되어 있는 것
을 명백한 예증에 따라서 검토하여야 할 것으로 생각한다. 이러
한 관점에서 우리는 국가가 이에 걸맞게 실재하는 현실의 통일
체, 결국 하나의 인격자인지의 여부, 또한 이 국가라는 통일체
가 그 영토 내에 실재하는 사회의 통일체로 환원되는지의 여부
를 문제삼아 다루고자 한다.[3] 다만 우리는 통일적인 총체의사
로서의 법질서가 시민의 개별적인 의사를 사실상 강제하고, 통
일체로서 현실적으로 작용하는 것임을 알 수만 있다면, 그것으
로 충분하다. 서로 모순되는 개별적인 의사의 혼돈으로부터 어
떻게 하여 하나의 통일적인 총체의사가 성립하는가를 명백하게
밝히는 것은 법과학에서 하나의 중요한 임무이기는 하지만, 여
기에서 그것을 밝히는 것을 우리의 임무로 삼을 수는 없다.

　　우리에게 관심을 불러일으키는 것은 오히려 법과학의 다른
부분이라고 할 수 있다. 그 부분을 필자는 법학(法學; Jurispru-
denz) 아니면 법기술(法技術; Rechtskunde)이라는 이름으로 부르고,
또한 그것은 특수한 임무와 방법을 가지는 과학의 일부분이기
때문에 그것을 다른 것과 구분하여 다루려고 한다. 법학은 다음
과 같은 것, 즉 총체의사가 어디에서 연유하는 것인가? 그 본질
은 무엇인가? 그것은 어떻게 하여 생겨나고 소멸하는 것인가?
등을 연구하는 것이 아니다. 법학의 임무는 전체적인 법률규정
속에서 법명제를 찾아내어 그것을 분석하고, 내재적 특성에 맞
추어 그것을 정리하고 체계화하는 것이다. 복잡하게 뒤섞여 있
는 규범의 집결체는 그것을 분류하지 않게 되면, 제대로 이해하

---

3) "사회를 유일한 주체로 고찰하는 것은 잘못된 공론적(空論的)인 사고방
식이다"(Karl Marx, *Neue Zeit*, XXⅠ, Jahrgang, Ⅰ., Band, S. 718).

거나 설명할 수 없으며, 또한 가르치거나 적용할 수도 없다. 법학은 이 규범의 집결체를 법학적인 것, 즉 규범으로 존재하는 여러 징표에 따라서 분류한다. 규범은 일단 사법적 규범과 공법적 규범으로 구분되고, 전자는 다시 의사관계의 특성에 비추어 물권법적 규정, 채권법적 규정, 가족법적 규정, 상속법적 규정 등으로 나뉘게 된다. 예를 들면 법학에서 소비대차는 언제든지 채권자와 채무자라는 2인 사이의 의사관계이고, 물건의 인도와 그 상환적 반대급부를 요건으로 한다. 이 경우 경제적으로 보아서는 채권자가 채무자를 착취하려고 하거나(보통의 경우 이러하다), 채무자가 채권자를 착취하려고 하거나(이러한 경우도 적지 않다), 아니면 소비대차가 도박밑천을 빌리기 위해서든지 상인의 신용거래를 위해서 행하여지든지와 관계없이, 어느 경우나 법학은 단지 각각의 문제에 적용할 당면의 법명제를 찾아내려고 노력하고, 그것을 당해 문제에 적용할 수 있게 하는 것을 그 임무로 함에 그친다. 법학이라는 학문의 임무는 그것에만 국한되어 있다. 이러한 종류의 대차행위가 법적 집단현상으로서 경제나 특정한 계급이나 또한 전체로서의 사회에 어떠한 반작용을 미치게 되는지의 문제, 다시 말하여 규범의 사회적 기능의 문제는 법학적 성질의 범위를 벗어난 경제학자 또는 사회학자와 관계있는 문제로 남게 된다. 설령 부수적인 것으로 법학자에게 다소의 흥미를 불러일으킨다 하더라도, 그것은 어디까지나 법학체계상의 범위를 벗어난 문제일 따름이다. 예컨대 그것은 담뱃잎의 경제적 용도가 식물학의 범위 밖의 문제인 것과 마찬가지이다.

2. 법적 제도와 그 규범적 구성

규범에 대한 법학의 관점은 경제학과는 전혀 다른 분석의 대상이다. 법학에서는 그것이 권리의 기초를 마련하여 주는 것인가? 당해 권리는 절대적 성질을 가지는 것인가, 상대적 성질을 가지는 것인가? 또는 인적 권리인가, 물적 권리인가? 등으로 문제된다. 권리의 법학적 성질은 이러한 분류를 통하여 결정된다. 일단 권리가 취득되면, 그것은 제3자의 방해가 있더라도 그대로 행사되며, 그 다음에는 일정한 소멸과정을 거쳐 그 생명을 마치게 된다. 권리가 아무런 방해도 받지 않고 통상적으로 행사되고 소멸하게 되면 그것은 법학의 대상이 되지 않는다. 그렇지만 여기에 진정으로 실제생활에서의 권리의 가치를 찾아볼 수 있는 것이다.

어느 토지소유권자가 자기의 토지에 곡물이나 담배를 재배하거나 또는 그 토지를 경작하지 않고 내버려두더라도, 그 어느 경우나 당해 토지소유자는 자기의 권리를 행사하는 것이고, 이 권리행사는 조금도 법학과 그 전문가 ─ 변호사와 판사 ─ 의 관심을 불러일으킬 만한 동기를 만들어 내지도 않는다. 권리가 아무런 방해를 받지 않고 통상적으로 행사되는 경우에는 어떠한 계약이나 소송이나 판결도 있을 수 없다. 하지만 이러한 과정이야말로 국민경제적으로 도움이 되고 사회적으로도 중요한 것이다. 권리의 취득, 방해, 보호, 소멸 등은 법학자에게는 아주 흔한 보통의 일이지만, 경제학자에게는 가장 두드러진 병적 현상으로서 예외적인 일이며, 특별한 문제로 다루어야 하는 사안이다. 법학적으로 더 이상 분해시킬 수 없는 개념으로 되어 있는 하나의 토지소유권도 경제적 · 사회적으로 그 행사의 상황에 따라 아주 다르게 작용할 수 있다. 그렇기 때문에 경제학자는 법학에서와는 다른 토지소유의 범주를 설정하지 않을 수 없다. 그리하여 경제학자는 분할토지소유, 농민적 토지소유, 대토지소유를 문제로 삼고, 이러한 소유형태가 인구밀도, 노동관계, 수출입 등에 미치는 여러 기능에 관하여 논하게 된다. 이들 분할토지소유, 농민적 토지소유 및 대토지소유는 경제학자에게는 각각 하나의 경제조직이다. 따라서 예컨대 양친의 은거권(隱居權; Ausgedinge)은 일반적으로 농민적 토지소유의 경제조직에 속한다. 그러나 법학적으로 볼 때 그것은 전혀 다른 법제도이다. 법제도와 경제제도는 일치하지 않는 부분이 있다.

법학은 전체적인 규범을 형식법학적 징표에 따라서 여러 법제도로 만들고 그에 맞추어 각 규범을 파악한다. 법학은 그 자체의 고유하고 필요한 방법에 따르기 때문에 어느 제도의 경제적·사회적 기능을 모두 떨어 버리고 마는데, 이러한 한도에서 법학은 전적으로 타당하다. 이에 대하여 경제학자는 통일적인 경제적 특색을 가지고 있는 인간의 경영실태를 경제조직으로 파악한다. 예컨대 소유권자가 자기의 농지를 직접 경작하지 않고 소작인에게 임대하는 경우에 이 농지의 한 부분은 별개의 법제도에 속하지만, 경제학자는 이것을 농민적 토지소유의 조직으로 다룬다. 실제생활에서 동일한 관계가 어느 경우에는 법제도로서, 어느 경우에는 경제조직으로서 차별 없이 사용되기 때문에 가끔 혼란을 일으키기도 한다. 오늘날 경제학적 방법과 법학적 방법을 혼합하여 사용할 것을 법학자에게 요구하면서 자기의 영역에서 그대로 사용하고 있는 경제학자가 적지 않게 있으며, 그 중에는 꽤 유명한 학자도 있다.

'민사법학자'의 소유권개념 −'로마법적', 지나치게 개인주의
적이고 절대적인 소유권개념임과 동시에 지배의 관념을 특색으
로 하는 소유권개념− 에 대하여 경제학자들은 심한 불만을 터
뜨린다.[4] 부르조아 경제학자에게는 모든 것 − 사막에서의 한
모금의 물, 오페라에서의 바리톤 음성, 창부의 매춘행위 − 이
가치다. 이와 마찬가지로 그들에게는 모든 것이 소유권이다. 더
욱이 그들은 청구권, 저작권, 특허권 등, 심지어 '관련적 소유
권'이나 '권리상의 소유권'까지도 소유권에 포함되어야 하는 것
이라고 말한다.[5] 만일 이렇게 하면서 중세의 독일법을 참조해
보면, 오늘날의 사법을 문자 그대로 해석하려고 하는 아주 어리
석기 짝이 없는 '현대법학의 일면성'이 그대로 드러날 것이다.

아직까지도 현대의 법학은 이러한 피상적인 일면성을 지니
고 있다. 누구나 잘 알고 있는 바와 같이 소유권에 관하여는
민사법(Zivilrecht), 형법(Strafrecht), 행정법(Verwaltungsrecht)이 존재
한다. 이 경우 입법자 자신도 하나의 법제도를 단일한 법학체계
로 묶어서 다루지 못하고 세 부분으로 나누어 취급한다. 이 밖
에 소유권에 관한 민사법은 민사소송을 동반하지 않게 되면 한
낱 공허한 것에 지나지 않게 된다. 민사소송은 무엇보다 중요한
공법상 필요한 제도이다. 법이론(法理論; Rechtslehre)상으로 이 구

---

4) Adolf Wagner, *Grundlegung*, 3. Auflage, Ⅱ., 1-3, S. 185 및 §126ff. 참
조.
5) Adolf Wagner, a.a.O., S. 268 참조. 이 재산의 정의는 금전적 평가를 할
수 있는 개인의 권리의 총체를 포함한다. 율리우스 오프너(Julius Ofner)는
그가 지은 『물권법』(Sachenrecht)에서 이 권리의 총체를 적절하게 개인의
'가산'(家産; Suum)이라고 정의하고, 그것을 협의의 소유권개념과 구별하
고 있다. 또한 Kant, *Allgemeine Rechtslehre*, Ⅰ. Teil, "Das rechtlich
Meine" 참조.

별과 관련되어 충분한 방법적·실제적인 근거가 갖춰져 있다.
행정법에 의한 소유권자의 구속 또는 의무, 예컨대 토지세납부
의무 등은 민사법상의 소유권개념에 포함시키지 말아야 하는
것일까? 실제로 아돌프 바그너(Adolf Wagner)는 소유권의 정의에
는 "… 소유권자의 처분권능을 법률에 의하여 제한하거나 심지
어 그에게 일정한 행위를 하여야 하는 의무를 부과할 수 있는
예외적 가능성"까지 포함되어야 한다고 주장한 바 있다. 이것은
일부 법학자에게는 이상한 주장으로 여겨질는지 모른다. 왜냐하
면 그러한 사람은 어느 권리이든지, 그것은 법, 결국 법률에 의
하여 주어지는 것이라는 점, 권리가 법 이전에는 존재하지 않는
다는 점, 그 밖에 명백하게 모든 국민으로 하여금 일정한 작위
를 하게끔 의무지우고, 또한 그 나라 안에서는 모든 물건에 일
정한 부담을 과할 수 있게 되어 있으므로, 개별적인 법률이 소
유권자인 사람에게 미필적으로 의무를 지우거나 소유권의 목적
물에 부담도 과할 수 있다는 점을 이미 잘 알고 있기 때문이
다. 그렇다면 법이론가는 각 법제도의 정의에서 여러 국가이론
과 법이론의 원칙을 간단·명료하게(expressis verbis) 구성해야 하
는 것일까?

한편 독일과 같이 그 헌법 자체에서 바이마르 헌법 제153조
에서 규정하고 있는 것처럼, "소유권은 의무를 수반한다. 그 행
사는 동시에 공공의 복지에 이바지하여야 한다"라고 규정하고
있는 경우는 어떠할까? 이러한 헌법의 프로그램식 명제는 국민
에 대하여서가 아니라 우선 입법자에 대하여서만 규범화할 의
무를 부과하는 것이고, 직접 국민에 대하여서는 단지 일정한 권
고를 하고 있음에 지나지 않는 것일까? 물권으로서의 소유권은
소유권자의 신하적 의무에 의하여 영향을 받게 되는 것일까?[6]

그렇지 않으면 이러한 개념을 정립함으로써 현재 확립되어 있는 소유권이 실제로 사회적 소유권으로 되는 것일까? 그렇게 되더라도 소유권자는 주권자가 아니라 그냥 그대로 신하라고 하는 것 이외에는 아무것도 증명되지 않는다. 소유권은 사법 및 사경제의 영역에서는 절대적이다. 그리고 이 절대성은 경제학자에게는 가장 중요한 것이라고 할 수 있다. 만일 이 절대성이 없어지게 되면 사적·자본주의적 경제질서는 여러 곳에서 허물어지게 되고 미궁의 혼돈상태로 빠져버리게 된다. 그럼에도 불구하고 사경제의 옹호론자들은 이 혼돈상태를 바탕으로 하여 자기들의 기초이론을 구성하거나, 상인과 학생을 위한 입문서나 교과서를 만들어 내고 있다.

모든 방법을 함께 받아들이는 혼합주의(混合主義)만큼 다르게 인식할 수 있는 갖가지의 방도를 저해하는 것은 없다. 법제도는 그 자체로서, 다시 말하여 규범의 총체로서 그것을 구성하는 규범의 통일성에 의하여 그 개별화를 포섭한다. 그러나 규범과는 동떨어져 존재하는 생활상의 여러 사실과 관계있는 법제도의 기능은 전혀 별개의 문제다. 이 연구에서는 여러 곳에서 그러한 점을 명백히 밝히게 될 것이다. 여기에서는 두세 개의 사례만을 들기로 한다. 법적 구성양태의 일종인 계약은 경제적 내지 경제외적인 여러 목적을 함께 지니는 복합적인 것으로, 예를 들면 혼인이나 매춘에 마찬가지로 적용되고, 특히 소비대차는 '자선

---

6) 본문에서 방법론상의 혼동을 피하려고 하는 것이 사적 소유권과 일정한 공적 제도와의 사이에 하나의 기능적 상호관계가 존재하는 것을 부정하는 것은 아니다. 그러나 이들을 구별하여 연구할 필요는 있는 것이며, 혼합적인 정의에 의하여 모호하게 넘어가서는 안 된다. 이 책 266면 이하 참조.

경제'(慈善經濟; karitativen Wirtschaft)나 고리대금에 똑같이 적용된
다. 이와 반대로 동일한 하나의 경제적 목적이 여러 가지 형태
의 법적 제도에 의하여 실현되기도 한다. 예컨대 분익소작(分益
小作; Teilbau)은 조합의 형태로나 또는 임금의 일부를 현물로서
의(in natura) 작물로 지불하게끔 약속된 노임계약(勞賃契約)의 형
태로도 실현된다. 또한 생존자 사이에서의 기한부재산양도제도
는 경제적으로 유언에 의한 상속과 동일한 결과를 가져온다.
어느 법제도의 기능과 이 제도에서 유래하였지만 그와 서로 다
르게 작용하는 기능을 통하여 법률의 여러 부분에서 무용성 내
지 과잉성이 드러나게 된다. 예를 들어 법률상으로 자유분할을
할 수 있음에도 불구하고 농지소유에 관하여 농장법적(農場法的;
höferechtlich) 질서가 그대로 지켜지기도 하는데, 이 경우 그것은
농장법에 의해서가 아니라 유언에 의하여 유지되는 것이다. 법
규범과 그 사회적 기능의 끊임없는 분리에서 생겨나는 차이를
시발점으로 하여, 우리가 다음에 고찰하려고 하는 바와 같이,
법의 발전이라는 것이 겉으로 드러나게 된다.

  법제도와 경제조직의 상이한 발전 및 법적 제도가 지니는
사회적 기능의 법률외적 변천에서 법의 소생과 소멸이 생겨나
고, 또한 이 변천의 결과로서 필연적으로 뒤따르게 되는 법적
제도의 규범적 구성에서의 변화 및 법의 역사적 발전이 법률의
소생과 소멸을 초래한다는 것을 우리는 규명하여야 한다. 우리
가 심리학적 또는 윤리학적 용어의 혼란 속에서 법제도와 경제
구조를 혼동한다면, 법질서의 소생과 소멸에 관한 앞의 과정은
결코 명백하게 파악될 수 없다. 이 경우 슈탐러(Stammler)의 연
구에서 밝혀진 바와 같이 법제도는 단순한 형식, 결국 형식법학
의 산물을 다루게 되지만, 경제적 기능에서는 그 내용 즉 실질

을 다루게 되는 것에 주의하여야 한다.[7] 법제도의 참된 내용은
다름 아니라 바로 그것을 구성하는 여러 규범에 의하여 주어지
고, 거기에는 그 밖의 어떠한 내용도 존재하지 않는다. 예를 들
면 소토지소유농(小土地所有農)의 용익임대차계약과 같은 경제조
직에 관한 법적 정의는 경제학자에게는 그리 단순한 하나의
'형식'에 지나지 않는 것이다. 권리행사라는 개념의 법적 정의
는 그 실질적 내용을 부여한다. 형식과 실질이라고 하는 아주
일반적인 범주를 이 경우에 적용하는 것은 그다지 큰 의미가
없다. 여기에서는 권리내용과 권리행사가 명백하게 구별되어 드
러나게 된다.

아마도 법적 제도는 그것이 함께 지니는 규범적 구성과 사
회적 기능에 따라서 판단할 수 있는 것이고, 또한 판단되어야
한다. 사실상 이 점에서 마치 유산계급자들의 세계에서는 거의
모든 것이 그러한 것처럼, 법적 제도도 이중적 성격을 지니고
있다.[8] 법적 제도는 법학적으로 조문화되고, 종이에 쓰거나 인
쇄되어 오랫 동안 보존되어 온 것으로, 대체로 교묘하게 양식화
된 여러 명제 또는 규범, 결국 객관화된 여러 명령법이다. 즉
그것은 인간이 피나 근육 및 현실의 의사를 가지고 있는 데 반
하여 추상적인 존재이다. 이것은 마치 현실적으로 운행되는 차
량이 주식(株式)으로, 현실의 금덩어리가 은행권(銀行券)으로 각각

---

7) Rudolf Stammler, *Wirtschaft und Recht nach der materialistischen Geschichtsauffassung*. 2. Auflage, 1906. *Theorie der Rechtswissenschaf*t, 1911.

8) 사회적 기능을 고려하지 않는 순수한 법학적 고찰양식은 일반적인 관
용에 좇아서, 법적 형식주의라고 불러도 괜찮을 것이다. 다만 그것은 슈
탐러의 구별에 따라서 사용한 것이 아님에 주의하여야 한다. 흔히 말하
는 것처럼 모든 실제의 진정한 법학은 형식적이다. 그렇지만 총괄적인
'법의 과학'(Wissenschaft vom Recht)은 이 이상의 것이 되어야 한다.

변모되어 존재하는 것과 마찬가지이다. 동일한 사회 내에서 광산근로자의 임금노동을 경제적으로 거래소증서에 옮겨 쓰고, 법적으로 법전의 조문에 싣는가 하면 계약문서에도 쓴다. 이 비교는 사실의 마술적인 탈바꿈에 근거하는 것이 아니라는 점을 우리는 다시 한번 알아차려야 한다. 상품의 물신성(物神性)이 사용가치가 자연적 가치에 걸쳐서 존재하는 것처럼, 법률의 물신성은 사람과 사람의 사실적 관계로 존재한다.

법학적 내지 아니면 형식법학적으로—어떻게 말해도 괜찮다—법제도는 모두 규범의 총체, 결국 명령의 집결이다. 소유권제도에 관하여도 똑같은 말을 할 수 있다. 소유권의 가장 중요한 명령은 "A라는 사람에게 속하는 그의 처분권을 어느 누구도 박탈해서는 안 된다. 어느 사람도 A의 평온한 점유를 방해해서는 안 된다" 등으로 말한다. 대체로 여러 규범의 총괄개념이 존재하는 경우에는, 당해 물건이 예를 들어 1필의 토지이건, 한 마리의 사냥개이건, 어느 것임을 가리지 않고 법학자는 그것에 대하여 소유권이라는 똑같은 제도를 인정한다. 법학의 임무는 소재로서의 전체 규범의 기술적 취급, 그 체계적 파악, 그 윤리적 가공 및 실제적 적용을 포함하고 때로는 그것에 관한 것이기도 하다. 법학은 그 술어 및 개념의 병기고인 것과 마찬가지로 필연적으로 역사적이기 마련이다. 그와 함께 법학은 로마법대전(corpus juris civilis), 작센슈피겔(Sachsenspiegel) 또는 독일민법전이 경험적인 것과 마찬가지로, 또한 그냥 그대로 필연적이다.

그러나 법제도는 살아가는 인간 및 변모하는 각 시대의 사실관계를 규율하는 것이다. 법이 일반적으로 그러한 것처럼 법제도도 그러한 사실적 존재 중의 한 단면에 불과하다. 인간이나 사물이 모두가 점차적으로 변천하는데도 불구하고 법제도는 그대로 고정된 채 불변·부동의 상태로 존속할 수 있을까? 우선 우리는 그것을 긍정적으로 생각해 볼 수 있다. 왜냐하면 "법은 법으로서 존재하기" 때문이다. 수 세기에 걸쳐서 법은 신성한 것으로서 결국 신의 존재 그 자체처럼 불변·부동한 것으로서 받아들여지고, 이와 달리 인간이 법을 변경시키려고 생각만 하면 변경되는 것이라고 하는 관념은 신을 모독하는 것으로까지 생각했다. 이 세상에 태어나서 온갖 인간질서를 변혁시킨 사람까지도 나는 법률을 파괴하기 위해서가 아니라 그것을 실현하기 위하여 이 세상에 태어났다고 말할 수밖에 없었다. 지난 수천 년 동안 모든 법의 변혁은 마침내 구법의 올바른 해석을 할 수 있게 되었다고 하는 확신 아래 실현되어 왔다. 인간이 스스로 법을 창조할 수 있고 인간 사회가 직접 법의 창조자가 될 수 있다고 하는 것을 일반적으로 확신할 수 있게 된 것은 최근 수 세기의 일이다. 인간이 법을 창조할 수 있다는 이론은, 처음에는 우선 한정된 좁은 국가적 영토 내에서 국가의회주의의 방식으로 실현되었으며, 오늘날 의회가 입법을 위하여 존재하는 것이라는 사실은 어린아이조차 알고 있을 정도로 모든 사람이 알고 있다. 그러나 어째서 의회가 입법권을 가지는 것일까라는 것은 과학적으로 결코 명확하지 못하다. 그뿐만 아니라 실제에서도 충분히 논의할 여지가 있는 것이다. 일반적으로 의회는 사회의 이름으로 자신의 입법권을 행사하고, 이 경우 의회는 다만 사회 자체의 한 기관 내지 한 표현방식에 지나지 않는다고 한다. 그러나 어떻게 하여 이 사회는 그 자체의 새로운 법을 만드는 것일까? 이 점에서만 볼 때 규범은 더 이상 — 법학이라는 영역에 대하여 말할 수 있는 것과 마찬가지로 — 정신노동의 시발점이나 내용도, 또한 그 결말도 아니다. 규범은 여기에서는 생성되고 있는 법의 결과, 다시 말하여 규범 그 자체를 벗어나 존재하는 어떠한 과정의 산물이다. 우리가 다음에 전개하여야 할 것, 법적 제도의 사회적 기능을 문제로 삼는 이론의 목적은 바로 이 분야를 중심으로 함에 있다. 이 이론에 서 규범과 법제도는 이미 주어져 있는바 그대로의 출발점이고, 그 이상의 아무것도 아니다. 따라서 법제도는 법의 생성과정과 그 사회적 기능의 중간에 위치하게 된다. 이 양 분야는 법기술의 중간분야를 도와서 당해 분야를 법과학의 완전한 영역이 되게 한 것이다.

이 세 부분의 종합으로서의 법과학은 경험과학이지 결코 관념과학이 아니다. 그 경험의 대상은 법률대전(corpus juris)이나 헌장(Charte)이 아닐 뿐만 아니라 경험적인 현존의 성문법전도 아니다. 이 법과학이 단순한 법학의 의미로 이해되고 말게 되면, 그 경우는 "단순한 경험과학은[페드라(Phädra)의 우화에 나오는 목제의 머리처럼] 아름답다고는 할 수 있을는지 모르지만 슬픈 것은 골수가 들어 있지 아니한 머리다"[9]라고 한 칸트의 교훈적인 말이 그대로 들어맞는 예에 해당한다. 이렇게 되면 법학의 처음과 마지막에, 법학의 앞과 뒤에 우리생활에서의 모든 비법률적 부분을 법학과 관련짓고, 또한 사회현상의 총체적인 톱니바퀴 장치에 포함되는 하나의 조그만 톱니바퀴로서 법학을 질서있게 해주는 법의 사회과학이 존재하는 것이다.

---

9) *Metaphysische Anfangsgründe der Rechtslehre*, Einleitung in die Rechtslehre, B.

3. 법적 제도의 경제적 및 사회적 기능

이상에서 설명한 바를 통하여 알 수 있는 것처럼, 우리의 연구대상은 법제도 그것에 관한 법기술적 또는 법학적 문제는 아니다. 두말할 필요도 없이 이 분야는 이미 충분히 연구되어 있다. 그렇지만 법창조의 문제, 다시 말하여 어느 제도에서의 규범의 구성이 어떻게 하여 이루어지는 것일까? 규범이 경제로부터 어떻게 하여 생겨나는 것일까? 법규범의 경제적 원인은 무엇일까? 등의 여러 문제에 관한 분야는 아직까지도 미개척 상태로 남아 있다. 그렇다고 하여 여기에서 우리가 이 분야에 아주 깊이 파고 들어갈 수 있는 것도 아니다. 우리는 규범이 어떻게 존재하고, 현재 시행되고 있는 것을 알아보고, 변경되지 아니하고 존속하는 것을 전제로 하여 규범의 경제적·사회적 기능을 연구하려고 하는 것이다.

사회주의에 관한 문헌에 밝은 사람은 우리가 경제와 법의 상호관계를 문제 삼고 있다는 것을 금방 알아챘을 것이다. 칼 마르크스학파는 전통적으로 경제적 관계를 '하부구조'(Unterbau)로, 법적 조직을 '상부구조'(Überbau)로 파악한다. 이들 하부구조와 상부구조라는 명칭은 건축학으로부터 빌려 온 구체적 표현이고, 경제와 법의 상호관계의 예시로서 사용되며, 결코 개념상의 설명을 위한 것이 아니라는 점은 명백하다. 마르크스의 유명한 말에 따르면,[10] 다만 법적인 관계에 그치지 아니하고 모든

---

10) Marx의 *"Kritik der politischen Ökonomi"*의 서문: "이들 생산관계의 총체는 그 사회의 경제적 구조를 이룬다. 이것이 현실의 기초(Basis)이다. 이 위에 하나의 법적 및 정치적 상부구조가 자리하게 된다." ⋯ Friedrich Engels에 따르면 Marx의 *"Der achtzhnte Brumarie"*(3. Auflage, Hamburg,

도덕적 및 문화적인 관계, 바꾸어 말하면 모든 이데올로기적인 관계는 상부구조에 속한다. 따라서 이 말 속에는 당연히 법적인 사실 이외의 다른 많은 사실이 포함되어 있다. 그러한 여러 사실의 전체적 구조는 법적 사실과는 전혀 다르기 때문에 그것과는 완전히 구별하여 서술해야 한다. 어느 시대의 '경제'에 대한 '당대의 철학'의 상부구조관계가 권리행사 등의 법규범개념과는 전혀 별개의 개념에 관계되는 것이라는 점은 명백하다. 따라서 마르크스에 의하여 입에 오르내리기 시작한 상부구조관계를 일반적·개념적으로 정의하려고 할 필요까지는 없다. 여기에서 우리는 마르크스가 공통적으로 아주 적절하게 비교적·도식적으로 설명한 바 있는 이들 각 사회현상이 구체적인 조사·분석을 필요로 하는 것임을 알아야 하겠다. 우리는 지금 이와 같은 연구를 해 보려고 하는 것이다.

이제 경제의 토대가 규범을 발생시키고 끝나게 되는 원인과 결과의 관계에 걸쳐서만 문제되는 것이 아니라는 점은 지금까지의 설명으로써 이미 명백하게 드러났다. 이와 같은 가설은 바로 앞에서 논급한 세 분야에 걸친 법창조에 관한 설명 중 맨 첫 분야에 해당하는 것에 지나지 않는다. 그런데 이 분야, 즉 원인으로서의 경제가 결과로서의 법을 어떠한 방식으로 만들어 내는지는 구명되지 않았고, 또한 현재까지도 아직 검토되고 있

1885), 서문 : "이 법칙에 따르면 정치적, 종교적, 철학적 또는 그 밖의 이데올로기적 분야에서 벌어지는 모든 역사적 투쟁은 사회적 계급투쟁의 다소 명백하게 드러난 표명에 지나지 않는다. 그리고 이들 계급의 존재에 따라서 여러 계급의 충돌이 어떻게 될 것인가를 제약하는 것은 각 계급의 경제상황의 발전과정이고, 각 계급의 생산양식 및 이에 제약되는 교환양식이다." … 이밖에 다른 많은 구절(이 책 184면의 주 94) 참조.

지 않은 상태이다. 그렇다고 하여 무슨 일이든지 지나치게 추상
화되어 있는 것을 통하여 그것을 직접 이해하기는 쉽지 않다.
왜냐하면 우리가 '원인-결과'라는 쉬운 도식을 그것에 적용하거
나 또는 "규정하는 형식과 규정되는 사실"이라고 하는 슈탐러
의 공식에 따르는 한, 사실관계의 실질은 결코 해명되지 않고
또한 설명될 수 없기 때문이다. 두 번째 분야, 즉 법학의 분야
는 일반적으로 원인과 결과의 개념을 그다지 문제삼지 않는다.
왜냐하면 법학에서 문제되는 것은 동기, 수단 및 목적이고, 바
꾸어 말하면 목적론적이고 비인과적 해석이라는 것이 분명하기
때문이다. 또한 세 번째 분야, 즉 규범의 경제적 및 사회적 기
능의 분야로서 법이라는 '상부구조'를 오로지 경제의 사회적 토
대의 결과로서 설명하려고 한다면, 우리는 곧 사실상의 불합리
에 당면하게 될 것이다.

법률이 경제의 변경에 영향을 미친다는 것, 따라서 법률이
경제적 결과의 계기가 된다는 점은 분명한 사실이고, 물론 마르
크스도 그것을 전혀 부인하지 않는다. 즉 "여러 분배관계의 유
지에 대한 법률의 영향, 따라서 생산에 대한 법률의 영향은 별
도로 논해야 한다"(*Neue Zeit*, S. 744). 사실상 법률은 그것이 여
러 가지 경제적 기능을 담보해야 하는 것으로 목적적으로 설정
된 것이다. 따라서 법률은 예외 없이 그러한 기능을 가지고 있
다. 사회생활에서의 원인과 결과는 호두깎이 집게의 양끝으로
호두를 집어낼 수 있는 것처럼 쉽게 집어낼 수 없고, 집게를
사용하여 드러나게 할 수 있는 것도 아니다. 마르크스도 이미
여러 번 법과학상의 여러 문제를 다루어오기는 하였지만, "법률
의 영향(위에서 말한 바와 같은)을 논한다"라고 할 만한 정도에는
이르지 못했다. 그러나 그는 당해 문제를 명백하게 꿰뚫어 보고

있었다. 특히 "그러나 여기에서 음미해 보지 않을 수 없으면서
도 사실상 곤란한 점은 '여러 생산관계가 법적 관계로서 어떻
게 다른 발전을 해 나가는가?'라고 하는 것이다. 예를 들면 근
대적 생산에 대한 로마사법의 관계이다"(Ebd. S. 779)라는 방법
론에 관한 언급은 바로 그것을 증명하여 주는 것이다. 우리는
이 방법론에 관한 언급에 따라서 ① 현재, 그리고 똑같이 존속
하는 법과 변화하는 경제관계, ② 이미 변화한 경제적 관계와
새로운 규범, 즉 새로운 법으로 문제를 제기한다. 이 연구에서
는 첫 번째의 부분에 한정하여 문제를 취급하려고 한다.

　　우선 일정한 시대의 구체적인 법질서를 그 실질적인 경제
적 기초(Unterlage)와 함께 다루기로 한다. 이 경우에는 모든 경
제적 구조는 동시에 법적 제도이다. 또한 모든 경제적 행동은
그 자체가 당연히, 그렇지 않으면 예를 들어 매매와 같은 법률
행위(法律行爲; Rechtsgeschäft)이든지 자기의 논밭을 경작시키는
것과 같은 단순한 권리의 행사(Ausübung)이든지, 그것은 기계를
취급하는 어느 방적공의 노동처럼 오로지 구체적인 온갖 법적
조건 아래에서 행해지는 순수한 사실적·법률외적인 행위의 어
느 하나가 되기 마련이다. 법률행위와 경제적 행동은 일반적으
로 알려져 있는 바와 같이 반드시 일치하는 것은 아니다. 음식
물의 소비는 동시에 생리적 과정이거나 경제적 과정이거나 또는
의사과정이기는 하지만, 결코 법률행위에 속하는 의사과정은 아
니다. 그렇지만 소비는 법적 조건 아래에서 행하여지는 것이다.

　　자본주의 사회에서 상품유통은 대개 '매매'(Kauf und Ver-
kauf), 그리고 이로부터 파생하는 여러 법률행위의 형태로서, 즉
채권법적 행태로 나타난다. 그러나 생산 자체는 법률행위가 아

니다. 농민인 경우에 생산은 단순히 소유권의 행사에 지나지 않는 것이다. 그렇지만 자본주의적 공장에서는 그것을 자본가와 관련시켜 보게 되면 공장과 기계설비에 대한 소유권의 행사이고, 근로자와 관련시켜 보게 되면 약속된 의무의 이행(노임계약에 의거한 급부)이다. 따라서 이 경우 생산이라는 것은 그 일부가 법적 행위(Rechtshandlung: 급부; Leistung)이지만, 다른 일부는 그렇지 않은 권리의 행사이다. 어느 한 경제적 범주는 다수의 법적 범주와의 결합으로서 존재하고, 따라서 경제적 범주와 법적 범주의 양자는 서로 일치하는 것이 아니다. 경제학적인 관점에서 볼 때, 한정되어 있으면서 더구나 개별화되어 있는 각 과정 속에는 언제나 다수의, 그리고 특정한 법적 제도가 작용하고 있다. 이 경우 각각의 법적 제도가 떠맡게 되는 역할에 대하여 필자는 당해 제도의 경제적 기능이라고 하고자 한다.

지금 이론적으로 나누어 고찰하고 있는 개개의 경제적 과정은 그 어느 것이나 실제로는 사회적 총생산 내지 재생산과정을 사고적으로 분해한 일부에 지나지 않는다. 이와 같이 사회 전체와의 관련됨을 전제로 하여 볼 때, 각각의 법제도의 경제적 기능은 사회적 기능으로 이해된다.

경제의 모든 측면과 관련하여, 그리고 아주 세밀한 각 과정에 걸쳐서까지 칼 마르크스(Karl Marx)가 그의 주저인 「자본론」(資本論; *Das Kapital*)에서 전개한 만큼 의식적·망라적으로 경제에 관한 법적 제도의 기능을 파악하고 서술한 사람은 그에 앞서서도 없었을 뿐만 아니라 그 이후에도 찾아볼 수 없다. 경제와 법의 상호관계에 관한 그러한 설명이 나올 만한 경제의 체계가 생겨나기도 쉽지 않다. 그의 선배 또는 후계자 중 어느 누구도 이 문제에 주목하거나 제대로 평가하지도 않았다.

우리가 어느 사회질서를 정적으로, 이른바 일정한 시대에 한정시켜 고찰하는 경우에는 그저 법적 규범과 경제과정의 상호의존성 및 그 소임(Indienstellung)에 관하여 기술하고 말게 된다. 이 양자는 경제조직에서 동일한 사실이면서, 우선 주관적인 의사형성의 관점에서 보아서는 의사관계로 나타나고, 다른 관점에서 보아서는 외적·기술적 내지 자연적인 일로 나타난다. 이 외적·기술적 내지 자연적인 사실을 규범의 기초(Substrat)라고 이름 붙이기로 한다.[11] 이렇게 하는 것은 그럴 듯하다. 그러나 마치 장미 아가씨에게 기대어 깊이 잠들어 있는 요리사한테서는 요리법을 배울 수 없는 것처럼 정지의 상태에 있는 돌로부터는 낙하의 법칙을 제대로 연구할 수 없다. 우리가 정적 상태에서 알 수 있는 것은 경제조직과 법제도, 즉 기초와 규범이 결코 일치하지 않는다 하더라도 하나로 분해시킬 수 없을 만큼 결합되어 있는 두 측면이라는 점이다. 이 양자가 동시에 존재하는 것임을 확실하게 파악하고 나서 서술을 이어가도록 하겠다.

그렇기는 하지만 이 고찰은 상호규정성의 사실을 확인하는 데 그치고, 그 이상으로 이 사실의 성질, 즉 그 인과적 측면을 파악하는 데까지는 이르지 못한다. 우리는 역사적인 연속과정을 연구하고, 그로부터 파악되는 사회질서의 순차적인 추이를 단계적으로 주목하여야 할 필요가 있다. 이 변동, 즉 경제적·법적 체제의 역사적 연속 중에 비로소 생성의 합법칙성이 분명해진다. 여기에서 필자가 아무렇게나 서로 이어지는 두 시대를 선택

---

11) 이 기초의 개념은 나중에 자세히 설명된다. 이 책 50면 주27, 54면, 214면 이하 참조.

한다면, 거기에서 얻어진 여러 성과는 분명히 그 경과기에 관하여는 들어맞는 것이겠지만 그 이상으로 일반적인 타당성을 지니지는 못할 것이다. 필자는 무엇보다도 아주 원시적인 것으로부터 가장 발달한 것까지를 망라하는 역사적 연속 중에서 얻어진 모든 사회질서를 기초로 하여 귀납한 것이 아니라면, 법이 일반적으로 어떠한 기능을 하고 있는가라는 물음에 대하여 아무런 적절한 대답을 할 수 없을 것으로 생각한다. 필자가 사회질서의 일반적 범주를 찾아내려고 하는 것은 바로 법의 일반적 기능을 파악하려는 데 그 주안점이 있다.

　　이러한 고찰방식은 개개의 발전단계가 각각 그 특수한 성질과 합법칙성을 가지고 있다는 견해와 결코 모순되는 것이 아니다. 마르크스는 여러 차례에 걸쳐서 이 일반적·극한적인 추상의 존재와 그 정당성을 지적한 바 있다. 즉 "모든 생산시대는 일정한 징표를 공통적으로 가지고 있으며, 공통의 규정양식을 가지고 있다. 생산이라는 것의 일반은 일종의 추상(抽象; Abstraktion)이다. 그러나 그것은 현실적으로 공통의 것을 가져오고 확정시키며, 우리에게 반복을 불러일으킬 정도의 합리적 추상이다." "주체는 반드시 인간이고, 객체는 언제든지 자연이라고 하는 데서부터 이미 생겨난 하나의 통일 … "(*Neue Zeit* 21. Jahrgang, S. 712). 그럼에도 불구하고 마르크스는 경제의 이 일반적 규정에 대한 의심을 강조하기 위하여 종종 그것에 대한 부정적인 태도를 보이고 있다. 마르크스를 그렇게 만든 첫 번째 이유는 아직까지도 완전히 제거되었다고는 할 수 없지만, 자본주의적 질서의 범주를 영원하고 불변적인 것으로 보는 경제학자들의 태도이고, 두 번째 이유는 어느 한 시대를 연구하여 서술한다고 하는, 마르크스가 제기한 과제인데, 이렇게 되고 나면 "어느 한

시대의 발전을 결정하는 것은 바로 이 일반적이고 공통적인 것
과 다른 어떤 것에 그렇게 다를 바 없게 되고 마는 셈이다."
만일 이와 반대로 마르크스가 오로지 특수한 것, 구체적인 것만
을 정적으로 다루었더라면, 그는 학부에서 세미나를 하는 학생
처럼 단순한 기술을 하는 데 그치고, 사회의 발전적 법칙을 전
혀 밝혀내지 못하였을 것이다. 그러나 그는 연구의 각 단계에서
특수한 역사적 형태를 과거의 여러 개별적인 형태와 함께, 일반
적인 것에 대한 단순한 개별적 현상으로 연구한 결과 각각의
발전상호관계를 이끌어 내었다.

이와 관련하여 한 가지 예를 들자면, "잉여노동이라는 것은
인류의 노동력이 가지는 생산성이 직접적인 생활상의 수요가
초과되면서 발생하는 하나의 일반적 사회현상이다. 그러나 그것은
봉건시대에서는 자본주의시대에서와는 다르게 나타난다. ─전자의
경우는 부역으로서, 후자의 경우에는 잉여가치로서 ─"(Kapital Ⅰ.,
S. 476).

우리는 이 연구에서 법적 제도의 기능에 관한 개관을 빼놓
을 수 없다. 왜냐하면 역사적으로 제약된 하나하나의 기능은 그
모두가 전체 속에 포함되어야 하는 것이며, 그렇게 함으로써 비
로소 완전하게 규명되는 것이고, 또한 여러 기능의 모형은 적어
도 정향가치(定向價値; Orientierungswert)를 가지는 것이라고 할
수 있기 때문이다. 전체에 대한 반사적 관계를 고려하지 않는다
면, 어떻게 구체적인 개별성이 설명될 수 있을까?" 구체적인 것
(das Konkrete)은 구상적이다. 왜냐하면 그것은 수많은 규정의 총
체이며 다종다양한 것의 통일이기 때문이다. 그러므로 사고를
할 때에 그것은 총체의 생산물로서, 그 자체 하나의 성과로서

나타난다".

Ⅱ. 기능의 구성과 상호관계

　　모든 사회질서의 전제는 사회를 이루고 살아가는 인간이다. 다시 말하여 일찍이 언어와 도구[프랭클린(Franklin)의 도구를 만드는 동물(toolmaking animal)]가 이미 유목집단생활을 하는 가운데 발생하였고, 그 다음으로 유목민집단이 자기의식적 총체로서 보다 높은 단계를 이루고 살아가게 된 인간군집이다. 이러한 총체를 조직체(Organisation)라고 지칭하는 것이 보통인데, 이 말은 협동의식을 강하게 부각하고 있으며, 따라서 유기체(Organismus)의 개념과는 명백하게 다르다.

　　동물사회는 생리학적 법칙과 심리학적 법칙, 즉 자연법칙에 맞추어 결속되어 있다. 유목민집단이 자연법칙에 의거하여 행동하여야 함을 인간이 집단적으로 의식하고 행동한다는 자연법칙으로 파악하게 되면, 자연법칙은 그것이 하나의 법칙임과 동시에 집단적 행동의 격률(格率; Maxime)이 된다. 고대의 가족제도는 자연법칙이라 할 수 있는 도태(淘汰)와 유전(遺傳)의 적용결과로서 출현한 것이다.[12] 어떻게 하여 그러한 적용이 이루어지게 되었는가, 널리 알려져 있는 종족보존의 법칙이 무엇 때문에 사회규범으로 되고, 더 나아가 규칙(規則; Satzung)으로 되었는가, 또한 어떠한 필요에서 사회법칙이 형태와 작용으로 바로 그 자

---

[12] Engels의 *Ursprung der Familie, des Eigentums und des Staates*에는 이것에 관한 많은 예증이 있다.

연법칙과 달라지게 되었으며, 결국에는 그 고유한 발전을 하면서 분업의 발달과 일반적 분화현상과 함께 여러 대립적 형태를 취하게 되었는가 등등의 여러 과정에 관한 서술은 다른 연구 분야에서 다룰 문제들이다. 요컨대 의식적·변이적 형태 및 목적론적 형태로서 그 자체에 부여된 총체의 이름 아래 각 개인에게 준수를 요구하면서, 지난날에는 본능과 유전적 소질이 그대로 반영되어 드러난 것으로 여겼던 것과 마찬가지로, 각 개인의 행위를 확실하게 규정하는 명령법의 형식으로 인과적 필연성을 정형화시킨 것으로서의 규칙, 이 규칙이 사회에서 질서를 생겨나게 하고, 결국에는 사회질서를 형성하는 것이다.

우선 종족보존이 모든 사회질서의 자연법칙이라고 한다면, 모든 경제적 제도, 이와 함께 모든 법제도는 종족보존의 기능을 가지는 것이 된다. 종족보존은 (그 경향으로 보아서는) 끊임없이 확장되는 발전단계의 물질생활과 관련된, 마르크스-엥겔스식의 형성 및 반복일 따름이다.[13] 바꾸어 말하면 종족보존은 인류의 생존적 조건임과 동시에 인류의 생산 및 재생산이다.[14] 모든 법적 제도는 상호의존적으로 모든 것을 총괄하는 기능, 즉 종족

---

13) *Kapital*, Ⅰ. S. 528: 사회에서의 그 형태가 어떠하든지 간에 생산과정은 계속되어야 하고, 동일한 단계를 거쳐서 주기적으로 지속되어야 한다. 사회는 소비하는 것을 그만둘 수 없는 것과 마찬가지로 생산하는 것도 그만둘 수 없다. 그러므로 사회적 생산과정을 관련지어 이를 고찰하게 되면 결국 동시에 재생산과정이다. — Ⅰ. S. 561: 아주 상이한 경제적 사회형태에서도 단순재생산뿐만 아니라, 기준을 달리하는 확대된 규모로서의 재생산이 이루어진다. — Engels, *Ursprung*, 4. Auflage, S. 1: 유물사관에 의하여 역사에서의 궁극적인 계기는 생명의 직접적인 생산 및 재생산이다.

14) "한편에서는 생활수단의 생산, 다른 한편에서는 인류 자체의 생산, 즉 종속(種屬)의 생식(生殖)"(Engels, Ebd.).

보존의 기능을 가지고 있다.

1. 조직적 기능

우리는 오늘날의 경제질서에서 아주 명확하게 구별할 수 있는 종족재생산과정의 여러 단계를 이끌어 낼 수 있다. "유산계급사회질서는 가장 발달되고, 다양한 생산의 역사적 조직체이다. 그 관계를 나타내 주는 여러 범주, 즉 그 조직(組織; Gliederung)을 이해하게 되면, 동시에 이미 소멸한 모든 사회적 형태의 조직과 생산도 어렵지 않게 통찰할 수 있게 된다"(*Neue Zeit*, Ebd., S. 776).

우선 종족재생산의 과정 가운데서, 예를 들어 어느 한 시대를 단순한 생산을 위한 시간적 공존관계에 따라 이를 정적인 단위로 나누어 고찰하여 보기로 하자. 그 과정은 무엇보다도 이중적인 것으로, 즉 마치 꿀벌의 집에서 그렇게 이루어지는 것처럼 생리적-기술적 과정으로 이해되고, 그 과정은 동시에 개체와 공동체의 의식에서 형성되는 것이므로 다시 서로의 의사적 관계로서 이해된다.[15]

어느 발전단계에서 인류가 서로 관련을 가지게 되든지 간에 사회, 즉 총체의사는 언제나 개인의사를 통제하여야 한다.

---

15) 이 점에 관하여는 다른 부분과 다음의 부분을 참조하기 바람. "이 법률관계는 법적으로 발전하였는지의 여부에 관계없이 경제관계를 반영하는 의사관계이다. 이 법률관계 및 의사관계의 내용은 경제관계에 의하여 주어진다"(*Kapital*, Ⅰ. S. 50). 우리의 표현양식에 의하면 경제관계는 법률관계의 기초라고 말할 수 있다.

바꾸어 말하면 사회는 어떠한 방식으로든지 개인의 노동력을 처분할 수 있도록 되어 있어야 한다.[16] 모든 사회는 노동공동 체이고, 그러한 공동체로서의 노동질서는 총체의사 아래 펼쳐지 는 개인의사의 법적 종속관계이다.[17]

그러나 여기에서의 총체의사는 형이상학적 존재는 아니다. 그것은 마치 구름 속에서 들려오는 소리처럼 명령하는 것이 아 니라, - 인류는 삼천년 동안이나 그렇게 믿어 왔지만 - 교환가치 가 화폐에 일체화되어 있는 것처럼 권력을 가진 개인의사로서 이 세상에 표출되는 것이다. 이 총체가 명령하는 곳에서는 - 더 구나 그것은 모든 사회에서 그렇게 하는 것이지만 - 그것은 곧 권력기관으로서의 개인에 의하여 명령되는 것이다. 권력의 규제 를 수반하지 않는 사회는 결코 존재하지 않는다.[18]

---

16) 이것은 직접적인 방법 또는 간접적인 방법 - 직접적인 법적 강제 또는 다른 제도에 의한 간접적 강제 - 에 의하여 달성될 수 있는데, 예를 들 어 자본주의사회에서는 임금노동자의 무소유에 의하여 달성된다.

17) 사실상 자본주의경제질서는 그것이 어떠한 노동질서도 지니고 있지 않으며, 노동이라는 것이 자유로운 자율적 의사의 결과라고 하는 착란 을 만들어 낸다. 공장경영자는 이 실정을 잘 알고, 그 공장 내부의 노동 질서를 모든 사람들이 알아볼 수 있도록 작업장의 벽에 게시하곤 하였 다. 이러한 게시물이 나붙고 난 다음, 4반세기나 지나서야 법이론가들은 공장규칙의 법적 성질을 이해하려고 노력하기 시작하였다.

18) 무정부주의자는 모든 질서, 특히 권력의 규제를 부정하지 않고서는 자 유의 개념을 생각하지 못한다. 정치적 자유와 구별하지 않으면 이 무정 부주의자의 자유개념은 사회 자체의 부정이다. 즉 "인간의 자유권은 사 람들의 결합에 기초를 두고 있는 것이 아니라, 사람의 개별화(Absonder- ung)에 기초를 두고 있다. 그것은 개별화할 수 있는 권리이자 각자 자 족적인 사람이 될 수 있는 개인의 권리이다." Marx, *Nachlass*, Ⅰ. S. 418.

사회는 개인을 상하관계로 파악하여 질서를 이루게 하든지, 아니면 그것을 병렬관계로 파악하여 질서를 이루게 한다. 즉 사회는 개인에 대하여 대등한 권리를 부여한다. 그러나 병렬관계로 질서를 이루게 하는 것은 질서화(秩序化; Ordnung)에 의해서만 가능하다.

사회를 떠나서는, 바꾸어 말하여 가정적인 비사회적 상태[19]에서는 평등이라고 하는 것은 결코 있을 수 없다. 즉 그것은 사회와 법의 피조물이다.

노동질서, 권력질서 및 병렬질서에 관한 법적 제도는 개인을 총체 속에 끌어들여 얽어매는 일을 하므로, 이로 미루어 보면 그것은 조직적 기능을 가지는 것이다.

고대의 어느 법질서에서든지 총체의사, 즉 권력질서와 노동질서로서의 개인의사의 전반적인 혼입이 있었던 것은 그대로 자명하다.[20] 귀족과 노예, 영주와 농노 등은 과거의 노동질서의

---

19) 자연법론자는 이 상태가 인간의 본성에 반하는 것임에도 불구하고 그러한 상태를 자연상태(status naturalis)라고 부른다.

20) 권력을 장악하고 있는 개인들 사이에서의 권력의 사실적 배분(권력질서), 노동을 해야 하는 개인들 사이에서의 사회적으로 필요한 노동의 사실적 배분(노동질서), 그리고 이 두 가지 일을 위한 개인의 선택과 인사배치(임용질서)는 우리가 알고 있는 거의 모든 사회적 제도 중의 공법사항이다. 총체의사로서 조직된 사회는 직접 이것을 실행하고, 이로부터 생겨나는 개인들의 지배질서, 종속질서와 병렬질서 및 그 승계는 마르크스가 말한 대로, 분명히 개인 자신의 인적 관계로 나타난다. 따라서 그것이 물건의 사회적 관계로 변장되어 나타나지는 않는다. 예를 들어 봉건시대의 토지소유와 그 승계(Lehensnachfolge)는 당해 시대의 절정기에는 전적으로 공법에 속했던 것이다. 실제로 이때에는 거의 모든 제도가 공법에 속하였기 때문에, 사실상 공법과 사법의 대립은 거의 존재하지 않았다(교회법은 이것을 훨씬 더 명백하게 보여 준다). 그렇지만

전형적인 실상으로, 인적인 상하관계를 직접적이면서도 우수하게 꾸며 놓았던 것이다. "이 경우 인류가 대립하고 있는 가정상황을 어떻게 판단하든지 간에 그들의 여러 노동에서의 사람과 사람의 사회적 관계는 언제나 그들 자신의 인적 관계로 나타난다. 그것은 노동생산물 사이의 사회적 관계로 변장되는 것이 아니다." 유산계급사회는 노동이 전혀 사회적 의무가 아니라 개인적인 일이라는 것, 바꾸어 말하면 유산계급사회에서는 노동질서가 필요 없다는 잘못된 생각을 교묘하게 발전시켰다. 마르크스가 이룬 공적의 하나는 개인의사의 일반적·병열적 질서로서의 소유권(所有權; Eigentum)의 자유와 노동계약(勞動契約; Arbeitsvertrag)의 자유가 내부적 실질관계에서는 사실상 법률외적인 성질을 가지든가, 아니면 적어도 법률외적인 것으로 인정되는 의사적 복종관계와 공장노동의 관계로 된다는 것을 논증한 점이다. 공장의 감독관이 기계에 매달려 있는 근로자에게 하는 명령, 즉 유산계급사회의 법이 이전에 성립할 수 없었던 법영역의 법적 성질을 알게 된 것은 겨우 최근 4반세기 이후의 일이다. 바꾸어 말하면 거기에서는 날마다 생겨나는 명령에 의하여 법이 '창조되고' 집행되고 있다. 이에 대하여 자본주의 이전의 여러 시대에서의 "직접적인 지배적 관계와 예속적 관계"(*Kapital*, Ⅰ. S. 465)는 어떠한 형태로 파악되었던 것일까?

　연속적인 시대의 사회의 종족보존과정을 변천하는 세대에서의 재생산과정으로 다루어보게 되면, 우선 그 동태의 형식적 계속성으로 말미암아, 옥홀(玉笏)이나 도구를 상실하였거나 아니면 권력을 나꿔챈 인물이나 노동을 제공하는 각양각색의 새로

　자본주의경제의 초기에는 아주 간절히 필요한 공법상의 규정만이 공법의 보충적 제도로 사법에 포함되어 있었을 따름이다.

운 사람이 등장하고, 이들이 전자에 이어 교체적으로 뒤를 이어 받는 자가 된다. 어느 법체계나 승계질서(承繼秩序; Sukzessions-ordnung) 또는 임명질서(任命秩序; Berufungsordnung)를 갖추게 되어 있으며, 이렇게 되고 보면 법적 제도는 승계적 기능을 담당한다. 그러므로 유산계급사회의 체제에는 상속법이 갖추어져 존재한다.

그러나 종족보존은 이와 같은 법적 계속을 필요로 하는 점 이외에, 자라나는 세대의 육체적 생식, 양육, 교육 및 육성도 필요로 한다. 이것은 사회의 일반적인 창조에서 가장 우선적인 관심사임과 동시에 가장 오래된 기능 영역이기도 하다. 종족제도가 가장 먼저 형성된 법체계라는 점을 뒷받침해 주는 것은 바로 이러한 사실이다. 종족적 기능을 가진 법적 제도에 의하여 인류는 유목민집단으로부터 사회로 발전해 온 것이다.

2. 협의의 경제적 기능

앞에서 말한 바와 같이 조직된 사회, 즉 전체로서 편성된 특별의사는 그 무수한 손을 자연 속에 뻗히고 있다. "노동은 무엇보다도 먼저 인간과 자연 사이에서의 한 과정, 바꾸어 말하면 인간이 스스로의 행위에 의하여 자연과의 질료교환(Stoffwechsel)을 규제하는 한 과정이다. 인간은 하나의 자연력으로서 자연 질료 그것과 대응한다"(*Kapital*, I., S. 9, 140). 어쨌든 사회화된 인간은 자연적 개체로서가 아니라, 사회의 한 구성원으로서 자연과 교섭하면서 아무 문제없이 살아간다. 즉 사회는 언제나 총체로서 그 자체가 선점한 토지와 그 사회에 의하여 분할되고 체화된 여러 질료를 자유로이 처분하면서 지내게 되어 있다. 질서

가 확립된 사회는 그 자기보존에 없어서는 안 되는 여러 재화
의 처분권을 결코 포기해 버리지 않는다. 그렇지만 이들 재화를
사회가 직접 취득하여 관리하지는 못하고, 그 사회를 구성하는
개인들의 손에 의하여 그렇게 할 수밖에 없다. 이 경우 개인은
수탁자(受託者)로서, 사회의 이름으로 당해 재화를 이용하는 것
이다. 어떠한 사회질서가 존속하더라도 생산과정은 끊임없이 지
속되어야 한다. 그러므로 어느 정도 질서가 잡혀 있는 사회에서
는 선점되고 체화된 모든 재화의 자유로운 처분은 물건에 대한
사람의 권리로 규제되어야 한다. 어느 경제단계에서나 노동질서
의 경우와 마찬가지로 여러 재화질서를 가지고 있다. 이 재화질
서를 실현하는 법적 제도는 부분적으로 물적 세계를 각 개인의
의사에 종속시킨다. ─총체는 개체에 존재할 수 있다─ 다시 말
하여 그 법적 세계가 물적 세계를 각 개인의 소지(所持; De-
tention)에 귀속시키는 결과, 개인이 물건을 자유롭게 처분하고
소유하며, 소지하고 점유하게 된다. 공동체의 소유도 마치 군부
대의 연대기(聯隊旗)가 기수의 손 안에 쥐어 있는 것처럼 언제나
개개인의 손에 맡겨져 있는 것이다. 유감스럽게도 독일법상의 '게
베레'(Gewere)라는 표현이 지금은 사용되고 있지 않기 때문에 우리
는 그에 상당하는 법률용어로서 소지 이외에 별로 적절한 용어를
찾아낼 수 없다. 보유(保有; Habere) 또는 점유(占有; Detinere)는 모
든 사회질서의 일반적이고 필연적인 하나의 법현상이며, 유산계급
자의 세계에서는 소유권(所有權; Eigentum)의 법적 근거를 그것에서
이끌어내는 것이 일반적인 경향이다. 그러나 소지는 앞으로 고찰
하게 되는 바와 같이 위대한 세계로 가는 도중 거쳐 가게 되는
중간세계(Intermundien)에서만 사적 소유권으로 나타난다. 우리는
이 재화의 분배, 즉 사회적 재화질서를 실현하는 법적 제도에 소
지적 기능을 떠맡긴다.[21] 이 소지에 갈음하는 것은 법질서에서는

할당(割當) 또는 양도(讓渡)이다. 따라서 이 기능의 특색은 양도적인 것으로 보아도 괜찮을 것이다.

노동력과 생산수단에 대한 처분권의 규제로서 노동질서와 재화질서는 종족보존과정의 법적 형태를 결정해 준다. 그 기술적 과정을 우리는 일반적으로 생산, 분배 및 소비의 세 단계로 구별한다. 따라서 법적 제도도 생산적, 분배적 및 소비적 세 종류의 기능을 가지는 것이라고 할 수 있다. 독일어에서는 좀 더 간단하고 통일적 용어를 찾을 수 없기 때문에, 우리는 종래 다른 나라말을 빌려다 써온 이들 용어를 그대로 사용하기로 한다.

사회의 모든 구성원에게는 그가 생산에 종사하는지의 여부와 관계없이 각 연도별 생산량이 분배되어야 한다. 그는 자기의 할당량, 즉 소비의 기초를 대체로 법제도의 매개에 의하여서만 취득할 수 있다. 오늘날에는 소유권 이외에도 용익권(usus fructus)과 농민의 은거분(隱居分; Altenteil), 최근에는 노동자보험이, 그리고 이들 모든 법제도가 해당되지 아니하는 경우에는 보조적으로 구빈법(救貧法)이 소비적 기능을 실현해 낸다.

오늘날의 분배는 상품유통의 형태, 즉 매매의 형태로 행하여진다. 이러한 생활모습이 중세에는 예를 들어 부역(賦役) 또는 10분의 1세(稅)와 같은 법적 형태로 나타났다.

---

21) Detention(소지・점유)은 법률용어로서는 아무런 법적 요건도 필요로 하지 않는 단순한 차지함(Innehabung)을 의미하는 것이지만, 여기에서는 이 용어가 사회에 의하여 위탁된 소지의 의미로서 사용된다. 그러나 이 경우에도 다른 법적 요건을 필요로 하는 것은 아니다.

오늘날 생산적 기능은 다른 많은 법적 제도와 함께 주로 소유권과 노임계약(勞賃契約; Lohnvertrag)에 의하여 실현되고 있는데, 중세에는 농노제(農奴制; Hörigkeit, Leibeigenschaft), 고대에는 노예제의 형태로 달성되었다.

지금까지 설명한 세 기능 중의 어느 것에 비추어 보더라도 소지는 공통적인 것이고, 그 세 기능은 모두 재화질서에 관하여 개별적으로 고찰되어야 할 요소이다. 우리의 연구가 좀더 진행되면, 개개의 부분적 기능이 이들 일반적 기능으로부터 분화되는 것을 이해할 수 있을 것이다. 우선은 이상에서 설명한 개관만으로도 충분하다.

3. 사회적 기능의 개념

요컨대 지금까지 설명한 것은 법적 제도의 기능에 관한 극히 일반적인 개략이라고 할 수 있다. 바꾸어 말하면 그것은 생산, 소비, 사회질서의 일반이라고 하는 추상(抽象)과 아주 똑같은 정당성을 가지는 일반적인 추상을 포괄하는 것이다. 구체적으로 어느 한 사회의 각 발전단계에서의 진전은 생산, 분배, 소비가 특수한 형태를 갖추게 되어, 즉 특수한 경제적 제도를 매개로 하여, 특수한 기술적 과정과 그의 특수한 법적 제도로서 이루어지게 됨은 의심할 바 없다. 이제 우리는 이들 공통의 일반적 징표를 기준으로 하여 여러 특수한 형태에 관하여 사물이 변천하는 특색을 구분지어 드러내면서도 그 불필요한 반복을 피한 채 그것을 간결하게 기술할 수 있게 되었다.

앞의 여러 기능은 당연히 서로 교착(交錯)하는 것이다. 예를 들어 고대 로마에서 제대군인에게 식민지의 일부를 할당해 주었던 것은 살해되거나 또는 노예로서 감금되어 거래되는 원주민의 지위에 관한 일반적 승계를 의미한다. 농민재산이 생전 또는 사후의 상속으로 아버지로부터 아들에게 이전되었던 것은 그 지위를 물러나는 농부에 대한 승계자의 지정임과 동시에 그 가족의 유지에도 이바지하는 것이었다. 따라서 그 기능은 승계되는 것일 뿐만 아니라, 먹고 살아가는 사람에게 직결되는 것이기도 하다. 또한 그 승계자가 노예와 하녀에 대하여 주인이 된다고 하는 점에서 그것은 조직적으로 작용하는 것이기도 하다. 우리가 총체로서의 사회를 염두에 두고 어느 법제도의 개별적인 모든 작용을 이해한다면, 개개의 부분적 기능은 모두가 하나의 사회적 기능으로 집결되는 것임을 알게 된다.

하나의 법제도는 일정한 규범복합체이다. 가령 법제도가 여러 경제적 질서의 변천에도 불구하고 그대로 존속하게 되더라도, 그 기능에 변경, 확대, 축소 또는 소멸이 생기는 경우에 솔직히 말하면 거기에는 기능의 변천이 있는 것이라고 할 수 있다. 여기에서 세상의 모든 가정의 아궁이에 불이 꺼지지 않도록 하여야 하는 베스탈린(Vestalin)의 완전한 권리범위가, 그것이 그대로 존재하는 한 바뀌지 않았음에도 불구하고, 바꾸어 말하면 그것에 관한 규범에 아무런 변경이 생겨나지 않았는데도 그대로 화기의 발견과 이것의 경제적 이용이 그러한 것들의 경제적 기능을 전적으로 바꾸어 놓았으리라는 것은 충분히 상상하고도 남음이 있는 일이다. 그렇다고 한다면 경제적 변혁—화기의 발견은 분명히 법률외적인 행위이다—이 법제도에서 그 사회적 기능을 빼앗아 버리게 되는 결과, 법제도를 불필요한 것으로 만들고 나중에는 법 자체의 존재도 그 기반을 잃게 하리라는 것을 단언하여도 괜찮을 것 같다.

다른 한편 이에 반하여 하나의 법제도가 동일한 기능을 지속적으로 수행해내고, 따라서 그 경제적 의미에는 아무런 변경도 생겨나지 않았음에도 불구하고 제도의 규범적 구성이 달라지는가 하면, 명령된 것이 그대로 있는데도 명령 자체의 수가 늘어나거나, 폐지되거나 또는 다르게 바뀌게 되는 경우를 우리는 생각해 볼 수 있을 것이다. 이러한 예는 그렇게 생각해내기 어렵지도 않고 또한 역사상 없었던 것도 아니다. 구체적인 예를 들어보면, 어음(Wechsel)은 그 모든 경제적 기능을 다하면서 사용되고 있지만, 현재는 이미 거기에서 인적 채무구류(債務拘留; Schuldhaft)라는 요소는 제거된 상태이다. 이와 마찬가지로 신체의 절단, 능지(陵遲)와 같은 형벌의 집행을 위한 여러 규범이 이미 없어져 버렸음에도 불구하고 사형제도는 동일한 기능을 그대로 보유하고 있다.

이것으로써 우리는 법의 발전에 이중의 가능성, 규범의 변천과 기능의 변천이 있음을 알게 된다. 이러한 상황에서는 이제 법과학은 이 양자가 어떠한 양태를 갖춘 가운데 행하여지는가, 어떻게 하여 어느 일방이 타방을 제약하고 있는가, 거기에서 어떠한 발전의 합법칙성을 찾아볼 수 있는가를 연구하여야 한다.

법적 제도의 기능이 앞으로 어떻게 변천되리라는 것, 아니면 사회 자체가 파괴되지 않는 한 그 기능이 마비되어 종식되리라는 것은 결코 단정할 수 없다. 어느 법제도가 모든 기능을 수행해내고 있더라도 일정한 기능이 행하여지지 않는 경우에는 다른 법제도의 개입이 필요하다. 바꾸어 말하면 법질서의 공백상태는 있을 수 없다. 우리는 법적 제도가 일정한 생활영역에 걸쳐 적용된다는 것을 알 수 있을 것이다.[22] 그렇지만 원칙적으로 새로운 법적 제도가 필요하다. 그렇다면 이들 여러 제도는 어떻게 하여 생겨날까? 그것은 또한 어떠한 방식으로 보충되는 것일까?

어느 한 시대의 법적 제도의 총체는 일반적인 모든 기능을 수행하여야 한다. 따라서 법은 하나로 조직되고 여러 사회적인 요구에 맞추어 규정된 전체이다. 필자는 이 사실을 법질서의 조직적 성질이라 하고자 한다. 개개의 법제도는 법질서의 일부로서 그 밖의 모든 법제도에 대하여 정도의 차이는 있더라도 일정한 연계관계를 맺은 가운데 존재한다. 이 연계관계는 바로 그 기능 중에 존재하는 것이고, 그 규범의 구성 속에 존재하는 것은 아니다.

여기에서 한 걸음 더 나아가 법질서의 조직적 성질은 모든 사법적 제도가 연계제도와 함께 공법과도 상호관계를 맺고 있다는 것을 내포한다. 공법과의 상호관계를 맺지 않고는 각 제도의 기능이 실현되지 못하고, 또한 공법을 고려하지 않고서는 제도 자체를 충분히 이해할 수도 없다. 예를 들어 소유권은 민사소송을 거치지 않고서는, 그리고 민사소송은 법원조직이 없이는 그 기능을 다할 수 없다. 한편 공법이 예를 들어 조세(租稅)와 같은 여러 가지 제한이나 부담을 소유권에 부과하는 경우에는 소유권은 결코 그 기능을 만족스럽게 해낼 수 없다. 모든 사법제도는 ─앞으로 몇 군데에서 조금씩 논급할 예정이다─공법상

---

22) 물권적인 유수지역권(流水地役權; servitus aquaehaustus)은 필요한 경우에는 물을 대어가도록 허용해 주는 소유권자의 채권적 의무로써 대체될 수 있는 것이다.

의 보충적 제도를 갖추고 있다. 그러나 자본주의의 역사적 발전 단계에 관한 지배적인 견해에 의하면, 보충적인 국가적 제도는 사적 제도의 완전한 실효성을 보증하기 위한 것에 지나지 않고, 어떠한 의미에서도 결코 그 실효성을 파괴한다든지 왜곡시키는 것은 아니다. 그렇기 때문에 우리는 자본주의적 경제양식에 관하여 설명을 함에 있어서 이들 국가적 제도를 도외시할 수 있으며, 또한 그렇게 하여야 한다. 국가적 제도는 법의 발전이 자본주의체제를 넘어서 지향하는 경우에야 비로소 문제되는 것이다.

　모든 법질서의 이러한 조직적 성질, 즉 모든 사법적 제도가 지니는 연계관계에도 불구하고, 역사는 제도의 끊임없는 변경, 즉 법적 제도의 무한한 규범 및 기능의 변천을 우리에게 가르쳐 준다. 무엇보다도 우리는 완전히 법률과 그 명령의 밖에서 펼쳐지고, 더구나 전면적 또는 부분적으로 사회적 집단의식과는 관계없이 전개되는 변혁의 규모와 의미에 관하여 하나의 명백한 결론을 얻어 내어야 한다. 우리는 법이 작용하는 양식을 밝히고 법적 가능성의 한계를 파헤쳐 보며, 또한 규범의 변천문제에 대한 명철한 판단력을 기르기 위하여 경제영역에까지 파고 들어가야 한다.

　이렇게 함으로써 우리는 현대의 법질서를 좀더 폭넓게 이해하려는 것이다. 옛날이나 지금이나 소유권은 그러한 것 가운데서 가장 기본적인 제도이다. 따라서 우리는 무엇보다도 소유권을 중점적으로 고찰하지 않을 수 없다. 그와 함께 우리는 특히 오늘날의 소유권의 작용방식에 주목하고, 또한 종래의 소유권의 변천을 파악함으로써 그것의 앞으로의 발전을 알아볼 수 있는 기회를 만들어 보고자 한다.

제2장

소유권기능의 변천

Ⅰ. 출발점과 방법

1. 소유권: 옛날의 자영세습재산

소유권, 즉 도미니움(dominium)은 유체물에 대한 포괄적인 법적 힘이다. 그것은 하나의 주체적인 권리, 바꾸어 말하면 법질서에 의하여 특정한 권리주체(인격자)에게 부여된 일정한 힘이다. 그것은 하나의 절대권이고, 비유하여 말하면 소유권을 설정해 주는 명령은 모든 사람에 대하여 예외 없이 그 권리를 존중할 것을 명한다. 이 권리의 내용은 물건에 대한 처분능력이고, 그 권력은 전체적인 것이다. 즉 소유권자는 자기가 소유권자라는 자격에서 어떠한 방법으로든지 일정한 처분을 할 수 있으므로,[23] 그는 물건을 사용하고 소비하며, 파괴하고 포기하는 등 무엇이든지 할 수 있다. 따라서 이 처분권력은 사용・소비・파괴의 개별적인 여러 권능으로 이루어지는 단순한 집합물이 아니라, 그 종류에 구애되지 않는 무한한 처분가능성을 의미하는 것이다. 어느 사람이 임의로 자기의 물건을 사용하는 것도 어느 경우나 소유권행사에 지나지 않는다. 가령 입법자가 소유권자에 대하여 또는 소유권자가 계약에 의하여 어떠한 권리행사를 하지 않는다는 의무를 지우거나 지게 되더라도 당해 구속은 권리행사에 대한 것이지, 결코 권리 또는 소유권자에 대한 것은 아니며 소유권에 대한 것도 아니다. 소유권은 그 객체에 관하여는

---

23) 소유자의 인적 행위능력에 관한 여러 가지 제한(유아, 낭비자, 파산자) 또는 공적인 여러 의무(조세 등)는 법적으로나 일반적인 경제적 기능과 관련하여 소유권에 아무런 영향도 미치지 않는다.

하나의 보편적인 법제도이다. 왜냐하면 모든 유체물은 법적으로 그에 상응하는 적성을 갖추고 있으며, 명확하게 거래에서 제외되어 있지 않는 한, 일반적으로 소유권의 객체가 되고, 토지도 그 예외는 아니다. 이와 똑같이 주체에 관하여도 소유권은 보편적이다. 모든 사람은 누구든지 어느 종류의 소유권이나 향유할 수 있다. 이것이 바로 이 제도의 특유한 규범구성이다.

이 법적 개념만큼 단일적으로 정리된 개념은 다른 어느 부문에서도 찾아볼 수 없다. 어느 개념이 그 논리적·추상적·사고필연적 단일성으로 말미암아 과거나 미래를 통하여 변화하지 않고, 어느 경우나 지속적인 법의 범주로서 발전하면서 그 본래의 자리를 차지해 온 것은 결코 우연한 일이 아니다. 더구나 중세에는 동산에 관한 예외를 제외한다면, 물건의 대인적인 이전의 형식에는 아무런 제한도 요구되지 않았다. 다수인이 한 구획의 토지에 대하여 직접적이고 동등한 물권을 동시에 가질 수가 있으며, 하나의 물건이 다수인의 게베레(Gewere)로서 존재할 수도 있었다. 아직까지도 오스트리아 일반민법전은 상급소유권(上級所有權)과 이용소유권(利用所有權)(제357조)을 인정하고 있으며, 따라서 하나의 목적물에 대하여 두 가지의 소유권을 구별하여 인정하고 있다. 사실상 일반적인 처분능력으로부터 개개의 처분 또는 이용의 권능을 이끌어내어 이것을 직접적인 물권으로 구성할 수가 있는 것이다. ― 우리는 이것이 아마도 그 법적 구성상으로는 다르더라도 오늘날 여기저기서 생겨나고 있는 사실임을 주의하여 볼 필요가 있다. 이 소유권개념이 로마법의 강력하면서 억압적인 침투에 의하여 전혀 다른 법질서가 들어오게 된 것은 로마법 계수 이후의 일이고, 그 결과 상품생산이 봉건적 경제에 갈음하게까지 된 것이다.

이 개념에는 쌍둥이 형제가 가지는 서로 다른 인격적 자유권이 포함되어 있다. 모든 개인은 다른 모든 규범복종자에 대한 관계에서는 자기 마음대로 할 수 있다. 그리고 이 권리를 수면, 산보, 십자가를 걸친다는 등의 여러 권능으로 나누는 것이 거의 무의미한 것과 마찬가지로 소유권을 여러 권능으로 분해하는 것은 의미 없는 일이다.

이 인격적 자유권은 봉건적 노동질서, 즉 도시에서의 춘프트(Zunft)와 농촌에서의 농노제를 없애버렸다. 유럽대륙의 경우, 이 권리는 프랑스 혁명에서부터 생겨났다. 인격적 자유권은 당시의 유산자계급소유권에 근거한 것이다. 영국법은 대륙에서 시행되었던 바와 같은 거센 법의 계수를 경험하지 않았으며, 그래서 영국법에는 오늘날까지도 토지소유에 관한 다양한 소지(所持)의 형태가 남아 있다. 그러나 영국법도 오랜 순응과정을 거쳐오면서 변화하고 있음은 두말할 필요가 없다.

이들 두 법제도는 인간사회를 파괴하고 개인들의 결합을 없애버렸으며, 재화의 세계를 서로 관계없는 자연의 일부로 변형시켜 놓았다. 즉 인간과 인간, 인간과 자연, 물건과 물건을 결합시키고 직접 생산, 유통 및 소비를 규제하는 규정적인 재화질서와 같은 것은 더 이상 존재하지 않게 되고, 개인과 그의 소유권은 자율적 의사에 의하여 자유롭게 작용범위를 확보한다. 이 의사는 총체 및 총체의사에 대하여 자율적이다. 즉 사회규칙은 소유권의 규범에 의하여 사람과 물건을 결합시킨 다음에 소실하게 된다. 사회구조의 요소가 옛날에는 '주인과 노예'의 결합이었다면, 이와 유사하게 이제는 "사람과 소유권"의 결합으로 바뀌어졌다. 이제 사회의 분자는 사회적 측면에서 본다면 법칙

또는 규칙이 없는 상태로 되어 힘의 자유운동에 의하여 움직인
다. 그러나 인간의 경제체제는 어느 상태에서나 하나의 질서 있
게 구성된 전체이고, 또한 그렇게 되어야 하기 때문에 이제부터
이들 사회의 분자는 그 밖의 제3의 법칙이 존재하는 것이다.
이들 분자는 우리가 일상의 경제생활 속에서 경험하게 되는 것
처럼 서로 반발하고 끌어당기며, 결합하고 분리한다. 그것은 겉
으로 보기에는 자율적이지만 실질적인 구체적 측면에서는 하나
의 사회적 힘에 의하여 지배되고 있다. 이 사회적인 힘은 공권
력처럼 의도적으로 창조되는 것만이 아니라 자연력에 대한 자
연법칙의 외관을 하고 있기도 하다. 그렇기는 하지만 그것은 초
인적인 권력을 가지고 또한 의식하기 힘든 단계에 머무르는—
그렇지 않다면 그것은 바로 사회규칙(社會規則; soziale Satzung)이
되고 말 것이다—사회법칙임에 틀림없다. 모순으로 가득찬 이
법칙은—우리가 여기에서 논증까지 할 필요는 없지만 지적하고
넘어가지 않을 수 없다—자본주의적 생산양식의 가치법칙인 것
이다.

   지금까지 우리는 소유권의 규범적 구성을 살펴보았다. 그와
함께 여기에서 소유권의 사회적 기능을 문제삼고 있는 것이다.
그 고찰의 일환으로 소유권제도의 역사적 시발점, 즉 단순상품
생산시기(單純商品生産時期),[24] 유산자계급사회의 초기단계(初期段
階; status nascendi)로부터 검토해 나가기로 한다. 왜냐하면 인류

---

24) 경제적 발전의 커다란 단계가 모두 그러한 것과 마찬가지로, 단순상품
   체제도 결코 절대적으로 순수하게 존재하였던 것은 아니고, 언제나 다
   른 여러 가지의 경제형태, 자연경제, 봉적적 경제, 즉 춘프트식의 독점
   경제와 혼합되어 있었다(Kautsky, *Agrarfrage*, S. 60). 역사상의 어떠한 경
   제형태도 철저히 순수하게 형성된 것은 아니라고 하여, 모든 경제형태
   의 특성을 분석하여야 하는 우리의 임무가 불식되는 것은 아니다.

의 모든 제도의 역사에서 반드시 법적 구조는 경제조직의 적절한 표현이고, 또한 상부구조가 그 기초와 중첩되는 시점이 존재하였기 때문이다. 그렇지만 이것은 그 유형(類型)에 관하여서만 말할 수 있는 것이고 개별적인 모든 경우에 타당하지 않다. 그도 그럴 것이 법은 일반적인 규범으로서 언제나 유형적인 것에만 타당하고, 이것만을 고려할 수 있는 것이기 때문이다.[25] 그리하여 필자는 이 시기를 몇 단계로 나누어 설명하려고 한다.

수공업생산의 전성기의 어느 한 도시는 일반적으로 일정한 구성원으로 이루어진 일가(一家)로 되어 있었다. 가(家)에 관한 시(詩)는 모두가 그러한 것들이다. 실러(Schiller)의 「종의 노래(Lied von der Glocke)」에서는 그 불후의 찬양의 뜻이 담겨져 있다. 「가(家; Haus)」는 가족[슈뢰더(Schröder) 가(家), 곧 가족의 이름과 함께 사용된 농지제도에서의 농가의 이름]을 나타내고, 또한 직업(거래장소, 영업소)을 가리키는 것이었다. 이때에는 '소유권'은 단순한 논리적인 법형태가 아니라 오히려 한 사람의 다른 사람에 대한 소유를 의미한다고 할 수 있다. 즉 어느 사람의 자영세습재산(自營世襲財産; Erb' und Eigen)은 부속하는 모든 것을 포함하는 가옥이나 대지에 미치고, 그것은 개별적인 소유권의 목적물의 총체라고 하는 하나의 완전한 전체로서의 물적 복합체, 즉 일종의 물건의 총체(universitas rerum)였던 것이다.

---

25) 앞으로 살펴보게 되는 바와 같이, 재산소유의 기능, 즉 자본주의체제의 특성을 발전시킨 것의 모든 법적 제도는 이미 고대에 형성된 것들이다. 내가 그 존재를 모르는 바는 아니다. 그러나 그러한 여러 법제도는 오늘날에는 원칙으로 되어 있음에 비하여, 고대에는 원칙에 대한 사소한 예외이고, 소유권의 변칙적인 행사였다. 이와 유사하게 사회주의국가에 적용할 수 있을 만한 거의 모든 법적 형태가 벌써부터 존재하고 있는데, 그것은 충분한 기능을 해내고 있지는 못하다.

한 사람의 인격자에게 귀속하는 이 자영재산은 가장 및 가의 구성원에 대한 생산의 장소, 결국 작업장과 원료저장고, 방적건물과 재봉실, 가정채원과 그 밖의 경작지로서, 보통은 도시림의 분할지이고, 또한 그것은 상품교환의 장소, 결국 길거리의 점포가 되기도 하였다. ─그리고 수공업(手工業)은 주문생산에 의하여 이루어지기 때문에 매매는 1회의 행위로서 행하여지고, 가치나 잉여가치의 실현, 즉 완전한 분배가 이루어졌던 것이다. 또한 이 자영재산은 소비장소이자 시설물이고, 동시에 주거, 세대, 음식물저장고 및 술저장고이기도 하였다.[26) 요컨대 총생산과정 및 재생산과정의 모든 물적 조건, 즉 거의 모든 물리적인 구성물은 사실상 하나의 보편적이고 조직적인 물적 세계로 총괄되고, 이 세계는 소유자의 개성에 의하여 그 개별성을 지니게 된다. 예를 들면, 앞의 슈뢰더 가(家)는 그 전형이라고 할 수 있다.

이러한 의미에서 이 가(家)는 물건과 사람이 혼합된 사실상의 총체이다. 바꾸어 말하면 법명제에 의해서뿐만 아니라, 그 자체의 경제적인 목적규정성에 의하여 통일되어 있는 하나의 사실상 우주이고, 이 우주는 법명제 또는 규범이 처음으로 관계를 맺게 되는 토대이고 기초이다.[27) 따라서 단순상품생산의 시

---

26) 우리가 향수심(鄕愁心)을 가지고 Freytag의 *Soll und Haben*에서 읽을 수 있는 바와 같이.

27) 이러한 점에 비추어 보아 촌락은 동일한 지역에 정착하는 사람과 그들의 주거로 구성된다. 법은 이 사실적 구성요소(지역과 사람)를 받아들이고, 그것을 변형시켜서 공동체(Gemeinde)가 되게까지 한다. 이 공동체는 법의 창조물이다. 그러나 법은 아무것도 없는 데서 그것을 만들어내는 것이 아니라, 사실적인 기초 위에서 그것을 조성한다. 우리가 사용하는 술어로서의 촌락은 기초이고, 공동체는 규범적 구조물(Normgebilde)

기에는 이 기초, 즉 가(家)는 바로 법적인 것으로 생각되었다. 객체의 총체를 포괄할 수 있는 하나의 법제도가 이 기초에 상응하여 존재할 수밖에 없었던 것은 어렵지 않게 이해할 수 있는 일이다.

소유자는 "자기의 법률에 의하여 물건을 지배한다". 그는 물적 세계에 관한 입법자인 것이다. 왜냐하면 첫째는 유사한 소유자가 서로 병렬적으로 존재하는 경우가 대부분이었고 ― 법제도는 주체적 측면에서도 보편적이었고, 또한 그럴 수밖에 없었다 ―, 둘째는 소유자의 물적 소우주가 이웃사람의 소유권에 영향을 주는 일은 전혀 없었기 때문이다. 어느 사람도 이웃사람을 간섭하여 편익을 누릴 수 없었으며, 또한 누구도 그러한 간섭을 참고 견디려 하지 않았다.[28]

소우주에 대한 소유자의 지배는 어느 경우나 아무런 제한도 받지 않고 행사할 수 있는 것이었다. 따라서 법제도의 절대성과 무제한성, 즉 그 주체적 및 객체적 보편성은 재화의 사실상의 순환을 잘 드러내는 표현이었다. 재화는 소우주로 총괄되고, 소유자는 비조직적으로 독립하여 공존하고 있었다. 여기에서 우리는 ― 유형상으로 ― 사람이 자유롭게 살아가도 괜찮도록 짜여져 있고, 소유권은 신성하다고 하였던 시대의 법의 기초를 찾아볼 수 있다.

이다. 기초와 규범적 구조물의 문제는 법적 상부구조의 일부로서 다루어져야 할 것이고, 모든 법적 구조물에 관하여 각각 연구되어야 한다.

28) 이 간섭은 소우주(小宇宙)가 그 유주자(遊走子; Schwärmspore), 즉 가내에서 생산된 상품을 내보내는 경우에 가(家)의 밖에서 미미하게 생겨나는데, 그것도 비인격적이고 객관적인 양상을 띤다. 그러나 이 경우에도 처음에는 관습이나 춘후트의 규칙에 의한 규제가 있었다.

재화가 그저 하나의 소유주라는 사실[29]은 소유권으로 하여금 그 생산적 기능을 충분히 수행할 수 있게 해 주었던 것이다. 그렇지만 그것은 그렇게 손쉽게 달성될 수 있었던 것은 아니다. 크나큰 재화의 세계는 언제나 분할되어야 하였던 것에도 불구하고, 반면에 분해되지 않는 연결체도 있었다. 수로, 토지의 성질 일반, 그 밖의 도로의 필요성, 도시에서의 경제의 인접과 같은 단순한 사실, 이러한 여러 사정은 자연이 사회와 마찬가지로 하나의 집단적 전체임을 증명해 주는 것들이다. 그러나 이러한 것을 기초로 하는 법적 제도, 즉 역권(役權), 상린권(相隣權), 통행권(通行權) 등은 소유권이 분해된 것이라고 보기 어렵고, 오히려 소유권에 그 생산적 기능의 실현을 가능하게 해 주는 조건이고, 하나의 연계제도라고 하여야 할 것이다.

또한 소유권의 분배적 기능도 한층 원활하게 수행되었다. 주문생산은 상품을 직접 소비자에게 공급해 줌으로 — 여러 가지 이유에서 편의상 직인조합(職人組合)을 고려하지 않기로 한다면 — 생산자에게 가치의 전부를 실현시켜 줌은 물론 필요노동 및 잉여노동(剩餘勞動)에 대한 대가를 지급해 주었던 것이다. 따라서 잉여가치는 근로자의 주머니로 들어가고, 그러한 과정에서 봉건시대의 영지에서의 현물소작료처럼 공권력을 유지시켜 줄 만큼의 사회적으로 착취된 잉여생산물은 전혀 존재하지 않았다. 그리하여 소유자에게 과세를 한다든지 또는 상품가격에 금전적 할증료를 부과시켜야 할 필요성이 생겨났다. 바꾸어 말하면 직

---

29) 법제도는 여러 재화를 상호관계적으로 연결시키지 않고, 오히려 모든 재화에 관하여 무차별적이다. 즉 법제도상으로 하나의 유체물은 다른 유체물과 다를 바 없는 것이다. 물론 이러한 무차별은 사실적인 재화질서를 규제하는 법적 우주가 이미 존재하기 때문에 비로소 가능한 것이다.

접적이거나 간접적인 조세 ― 봉건시대에는 그다지 의미가 없었지만 ― 는 상품생산을 할 경우 필요불가결한 공적 보충제도였다. 봉건시대는 공연하고 의식적인 재화질서와 노동질서를 가지고 있었으며, 공적 기관은 잉여노동과 잉여생산물을 공급받게 되어 있었다.

이 밖에도 소유권은 적절한 인구 조절적 기능을 수행해 냈다. 즉 소유권은 생식(生殖)을 자동적으로 재화의 비축에 따라서 규제하고, 종족재생산을 물적 재생산, 즉 가(家)에 있어서의 여유분에 맞추어 조절하였다. 그리고 자영재산은 유아원과 유치원으로 바뀌어 자라나는 세대에게 최초로 노동교육을 시켰다. ― 결국 소유권은 노인이나 환자에게 특별한 거처를 마련해 줌으로써 비생산적인 소비를 억제시키기도 하였다.

그렇지만 노동질서만은 소유권에 의하여 규정되지 않았다. 직인과 견습공의 행동, 즉 노동과정을 처음으로 규제한 것은 공법이었고, 적어도 '인격적 자유'가 인정되기 시작한 초기에는 일정한 강제력을 지니고 있었다. 또한 직인과 견습공은 사장(師匠)의 가족단체 안에서 생활해 왔는데, 인격적 자유가 비로소 이들을 점차적으로 당해 가족단체로부터 해방시켰던 것이다.

자영세습재산에 관한 이상의 서술은 아직도 대체로 폐쇄적인 가내경제의 단계에 있었으며, 따라서 규칙적인 양식으로 시장생산에 종사하지 못하고, 다만 초과생산물을 판매하여 지닐수밖에 없었던 농민소유지에 관하여도 그대로 들어맞는다. 여기에서는 근로자의 가족단체는 한층 가혹한 상태에 빠져 있었다. 노동은 가족단체에 의하여 행하여지지 않고 가(家) 밖에 사는 사람들이 임금을 위하여 하는 것이고, 그것은 성질상 이웃사람들의 상호부조적인 것이었다. 이와 같은 경제적 및 사회적 관계는 폐쇄적 촌락형태에서보다는 오히려 농장제도가 있었던 여러 지역에 한층 순수한 형태로 나타났었다.

여기에서는 법제도가 의식적 또는 무의식적으로 순응하게 되어 있던 가(家)와 농지(農地)의 유형을 생겨나게 한다. 가와 농지는 각 시대의 재산소유권규범의 기초이고, 또한 일반적으로 그렇게 생각한다. 이 순응의 시점은 각 지방의 사정에 따라 각각 다르지만, 역사적으로 어느 경우든지 확정지을 수가 있다. 우리는 여기에서 어떻게 하여 이 순응이 생겨났는가, 법이 경제를 규정하였는지 또는 그 반대인가, 어느 것이 원인이고 어느 것이 결과였는지는 논구하지는 못한 채, 이 순응을 그대로 믿고 따르기로 한다. 규범과 기초를 그저 똑같이 주어진 것으로 파악하여 출발점으로 삼아나아가려고 하는 것이다.

2. 소유권기초의 변천

몇 세대가 지나는 동안에 소유권의 기초에 관한 완전한 변혁이 일어났다. 우리는 이 변혁의 일반적인 종기로서, 서유럽의 경우에는 마르크스의 「자본론」(資本論; *Kapital*)이 출판된 시기(1867년)를 생각해 볼 수 있다.

무엇보다도 소유권법은 그대로 존속하여 왔다는 기본적 사실에 주의를 기울이지 않을 수 없다. 프랑스 민법전, 프러시아 란트법, 오스트리아 민법전 등의 여러 규범, 즉 소유권규범의 승리를 기록하고 있는 이들 여러 법전은 오늘날에도 그대로 그 효력을 가지고 적용되고 있으며, 또한 비교적 뒤늦게 제정된 독일민법전에는 소유권이 앞의 여러 법전에서보다 한층 더 엄격하게 규정되어 있다. 요컨대 규범의 변천은 찾아볼 수 없다.

그렇지만 실제로는 상상할 수도 없는 많은 변화가 있었다. 한 가족의 가(家)도, 이것을 얽어매고 있던 전체로서의 소우주도, 문자 그대로 해체되어 버렸다.

더 이상 가(家)는 존재하지 않는다. 우리는 주거만을 가지고 있을 따름이다. —종래의 가의 관념은 일정한 토지번지와 가옥번지로 바뀌었다. 그러나 그나마 다행스럽다고 해야 할지는 모르겠지만, 우리는 거주자로서 수탈당하면서 지내야 하고 더 이상 소유물 속에서 생활할 수 없게 되었다.

도대체 어떠한 것이 종래 한 가족으로 구성하였던 가(家)를 대신하게 된 것일까? 가의 특징이었던 작업장(作業場)은 박혀 있던 자리에서 뽑혀 나와 떠다니는 나무 조각으로 되어 버렸다. 더구나 같은 장소에 있더라도 주거가 평지에 있게 되면 그것은 지하실에 자리하게 되는 것이 보통이다. 그리고 많은 경우 조그마한 다수의 작업장이 합쳐서 하나의 대공장으로 탈바꿈하기도 한다. 원료창고에 관하여도, 방적건물이나 재봉실에 관하여도 마찬가지이고, 이러한 것들이 합쳐져서 거대한 방적공장이 되었다. 가의 조그만 채소밭은 도시교외의 농원으로, 마찬가지로 '가의 논밭'과 가의 삼림도 생산지역의 대농장으로 취합되었다. —길거리의 점포는 없어지거나 또는 백화점으로 모아지고 거처는 셋집으로, 음식물저장고는 식료품상으로, 술저장고와 일부의 세대는 음식점으로 각각 취합되었다. 요컨대 소우주는 많은 원자로 해체되고, 이들은 나름대로 새로운 집단을 만들어 냈다.

그뿐만 아니라 양육장소는 공적인 여러 시설(유치원, 탁아소, 학교, 기숙사)로, 노인의 거처는 양로원으로, 환자의 거처는 병원으로 모아졌다. 또한 직인과 견습공은 가족단체의 밖에서 생활하여야 하는가 하면, 매정스럽게도 그 주거를 옮겨 다녀야 하게 까지 되었다.

여기에서 명백하게 된 것은 소유권의 기초와 그 객체의 하나하나가 변하였다는 사실이다. 물건의 소우주는 분해되고, 분해된 각 부분(membra disjecta)은 권리주체의 개성, 즉 소우주를 총괄하고 그것이 기여하는 인격자 속에서는 일찍이 찾아볼 수 없었던 하나의 새로운 집단화법칙을 따랐다. 그러나 물적 세계의 유기적 상호관계(전술한 내용 참조)는 현재까지도 그대로 필연적인 현상으로 되어 있다. 그것은 우리가 다음에 설명하는(후술 제3장 Ⅳ.) 하나의 새로운 집단화법칙 중에 필연적으로 나타난다. 그렇지만 이와 같은 물적 변화추이는 사실상의 변동이 없이는 생겨날 수가 없는 것이다. 단순상품생산기의 자영재산, 즉 자영세습재산은 그 물적 분해와 함께 소유자인 인격자로부터도 차례로 분리될 수밖에 없었다. 이 주체의 추이(推移)는 법적으로 볼 때는 소유자 쪽에서는 양도이고, 취득자 쪽에서는 전유(Aneignung)이다. 그것은 법규에 의하여 강제된 것이 아니라 오히려 사실상의 수탈과 선점이다. 마르크스는 소유권 또는 기타의 유사한 법적 제도에서 사법상 또는 행정상 강제에 의하지 않는, 사실상 주체가 뒤바뀌고 달라지는 의미에서만 수탈이라는 표현을 사용하고, 이러한 뜻으로 한정하여 그것을 이해할 것을 바라고 있다. 끊임없이 증가해 가기만 하는 인구에 관하여도 우리가 지금까지의 관찰을 통하여 알게 된 모든 사실이 그대로 들어맞는다. 여기에서도 일련의 부정할 수 없는 수탈을 찾아볼 수 있다. 이 경우의 수탈은 ― 자명한 것이기는 하지만 ― 이전의 소우주 가운데서 수탈된 여러 부분이 다시 어느 누구에 의하여 전유될 수밖에 없었다는 주장을 하더라도 그로 말미암아 그 의미가 줄어드는 것은 아니고, 또한 모든 피수탈자가 그 후 가치상으로 종전과 동일한 것을 가지게 되었다 하더라도 그 의미 자체를 부정할 수 없는, 현실에 발돋움하는 엄연한 사실이다. 이러한 수탈은 적어도 우리의 생활 전체의 커다란 변화를 입증하는 것이다.

이 점에 관하여 우리는 칼 마르크스의 「자본론(資本論)」(Ⅰ., S. 715)에서 인용되고 있는 어느 소박한 사람처럼 "어느 규정에 의하여, 어떠한 종류의 법규에 의하여 그것이 집행되었는가?"라고 물어봄직도 하다.

그에 대한 답은 다음과 같다. 어느 소우주를 조그마한 조각으로 분해하는 것은 결코 입법행위가 아니었다. 여러 규범의 구성은 결정적인 점에서는 전적으로 동일한 상태로 존속해 온 그대로였다. 규범의 변천은 거의 전혀 이루어지지 않았다. ― 그럼에도 불구하고 크나큰 변화가 있었다.

이 과정의 마지막 단계에서 소유권자의 손에 남는 것은 무엇인가를 ― 수탈되었던 부분에 갈음하여 전유되는 것이 가치적으로 동등한 것으로 가정하여 ― 검토해 보기로 하자. 그렇게 하면 우리는 대부분의 경우, 남게 되는 것이 이전의 것이나 달라진 바 없이 똑같은 것임을 알게 된다. 그러나 여기에서는 그것은 문제삼지 않기로 한다.

수탈되는 전유물은 중개소, 공장 또는 상품창고 등과 같은 것이고, 실제로 단일적인 부분기능을 해냈던 유체물(단일물 또는 집합물)이다. 이와 함께 화폐－오로지 단일의 보편적인 기능을 수행해냈던 것 － 그리고 몇몇 소비재가 그것에 포함된다. 오늘날 어느 개인에게 속하는 재산, 즉 현대의 소유재산은 이전의 자영세습재산과는 전혀 그 성질을 달리한다. 그것은 처음부터 소유자에 대한 목적적 관계이고 개별화된 물건으로 구성되어 있는 소우주는 아니다. 즉 지금의 기계공장, 백화점, 방적공장 등의 명칭이 "슈뢰더 가"라는 명칭을 대신하고 있다. 일반적으로 현대의 소유재산은 서로 관련성이 없는 물건의 집합이고, 이들 물건 중에서 소유자에 대하여 일정한 관계를 가지는 것은 소비재뿐이다. 그 밖의 것은 모두, 예를 들어 셋집, 공장, 상품창고 등과 같이, 그 기술적·경제적 기능에 의하여 집단화되고 개별화되었다.

어떠한 자연적·사회적 법칙(결코 법규범은 아님)이 이러한 진화를 가져왔는가는 마르크스가 이미 상세한 부분까지 지적한 바와 같다. 사실 그는－우리가 그의 선배들과 비교한 것처럼－단순상품생산에서 그 출발점을 삼고 있는데, 우선 어느 상품이든지 단순상품생산단계에서는 가치에 따라, 바꾸어 말하면 상품에 사용된 평균적·사회적으로 필요한 노동시간에 따라 교환되어야 한다는 것과 가격과 가치가 통상적으로 일치한다는 것을 지적하였다. 어쨌든 이 단순상품생산의 경제단계에서는 토지, 자연소재와 더불어 자기 및 타인의 노동력이 생산에 대하여 거의 동등한 관계로 참여하는 결과, 모든 생산조건이 차별 없이 가치 및 잉여가치, 지대, 이윤 요컨대 모든 경제적인 영역은 노동 및 노동수익으로 환원된다. 이 단계에서는 노동만이 가치를 형성하고 가치를 창조한다는 사실이 명백히 드러나게 된다.

사상가로서 마르크스의 독자적인 업적은 우선 그가 단순상품생산의 자본주의적 생산양식으로의 필연적인 이행을 지적하고, 이것을 분석한 점이다. 이 분석은 동시에 뛰어난 역사적 가치를 가지고 있다. 이 분석은 마르크스로 하여금 규범의 사회적 기능의 변천이 궁극적으로 반드시 규범을 변혁시킨다는 것, 즉 법이 경제적 관계에 의하여 끊임없이 그 내실을 갖추게 된다는 사실을 터득하게 해 주었다.

따라서 법제도의 발전은 — 이것은 결코 묵과할 수 없는 점인데 — 무엇보다 먼저 권리주체와 권리객체라고 하는 양극에서 일어난다는 것을 잊어서는 안 된다. 권리의 내용, 즉 법률상 물체에 대한 사람의 전체적인 법적 지배는 이 변천과정의 영향을 받지 아니하고 존속하게 된다. — 이러한 점이 규범의 변천을 빚어내게 된다.[30]

어느 변화이든지 그것은 한편으로 주체, 즉 소유자의 수탈과 '유산자계급'(有産者階級)에 의한 전유이고, 다른 한편으로 객체, 즉 자영세습재산의 그 여러 요소로의 해체와 이를 현대 재산으로의 신집단화에 지나지 않는다. 이 세계사적 과정을 마르

---

30) 규범의 순수한 변천은 양극에서도 일어날 수 있을 것이다. 즉 재산을 소유할 수 있는 능력을 제한하는 것과 물건의 대부분을 불융통물(res extra commercium)로 선언하는 것이 그것이다. 그러나 이 두 가지의 어느 것도 행하여지지 않았다. 사적 재산소유를 국가적 소유체제로 전환시키는 것, 즉 물질적 재화를 국가독점으로 편제하는 것은 그 법적 구성에 관한 한, 재산소유제도의 변경을 뜻하는 것이다. 공적 재산도 사법상의 규정에 의하여 규율된다는 것은 잘 알려져 있는 사실이다.

크스는 과학적으로 분석하였다. 우리는 일단(다음 장의 Ⅱ.에서) 그의 분석을 그대로 따르기로 한다.

3. 인격적 자유권

법제도로서의 소유권은 주체와 객체에 대하여는 특별한 관심을 기울이지 않는다. 그것은 법적으로 점유적 기능을 실현함에 지나지 않는다. 바꾸어 말하면, 법은 누가 어떠한 재화를 점유하더라도 그의 점유, 즉 그의 객체에 대한 처분권을 보호한다. 사법질서는 수중에 확보된 물질적인 부를 파악하는 것으로 만족하고, 그 손이 그것으로 무엇을 하더라도 또한 손이 아무리 좋지 않다 하더라도 그러한 것을 문제삼지 않는다. 모든 사람은 소유능력을 가진다. 어린이나 태아(胎兒; Nasciturus) — 미출생자 — 라 하더라도 예외는 아니다. 소유자는 모두 일반적 권능을 가진다. 더욱이 사회의 노동력이 어떠한 일을 해내든지 아니면 아무것도 하지 않든지 간에 그에 관하여 사법질서는 관여하지 않는다. 바꾸어 말하면, 그것은 노동의 의식적 지배, 즉 노동의무에 관하여는 아무런 관여를 하지 않는다. 현대의 법질서는 그 겉모습으로 보기에는 마치 엘리시온(Elysion; 극락)에서의 노동과 의무가 필요 없는 따뜻한 남서풍(zephyrleichtes)의 생활에 잘 어울리는 것 같다. 이 외관은 당연히 그 창조자, 즉 유산계급혁명을 일으킨 사람들을 열광시키고, 거의 초인적인 예지의 환상으로까지 고조시켰다.

따라서 모든 중세법이 재화의 세계와 노동력의 의식적·사회적인 질서이었음에 비하여, 유산계급사회는 법률적으로 재화질서와 노동질서를 전혀 갖고 있지 않다. 여기에서 인류의 의식적 조직체로서의 사회, 즉 법적 실재자(Rechtswesen)로서의 사회

는 자기 의식을 부정하고, 재화의 분배가 어떻게 행하여지는가
를 보지 않으려고 눈을 가리고, 무산자계급의 호소를 듣지 않으
려고 귀를 틀어막은 법적 실재자로서, 총체의사라고는 하지만
실제로는 그렇지 않은 완전히 개인의사 앞에 굴종한다.[31] 사멸
해 버린 것 같은 사회가 현실적으로 살아 있으면서 침묵을 지
키고 있기 때문에, 돌이나 무의식적인 물건이 살아남으려고 절
규하는 것 같다. 예를 들어 종족은 사회적으로 자기의 생산과
재생산을 일으키고, 그 의식의 한계로서 사회성을 생겨나게 한
다. 즉 규칙이 아니라 자연법칙이고, 자연법칙이면서 동시에 사
회규칙이기도 한 재화질서가 오직 한 사람 칼 마르크스에 의해
서만 물신성(物神性)으로 취급되고, 많은 모순을 지니고 있기는
하였지만, 하나의 질서를 태동시켰던 것이다. 의식이 없는 이른
바 유산자계급사회 ─ 정치적인 국가를 이루는 사회와는 구별된
다 ─ 는 아주 험난한 자연력처럼 모든 개인 위에 군림한다. 더
구나 그것은 그 성원들에 대하여 직접적으로 명령법을 사용하
여 말하는가 하면, 바로 명령을 한다든가 법적 형식으로 형벌을
가하지는 않지만 사색에 의하여 알아채야만 하는 것으로 해 놓
고서는 그것을 제대로 알아채지 못하는 사람은 망하게 하기도
하며, 때로는 물건에 의하여 자기의 의사를 실현하거나 사람들
을 복종시키기도 하는 유령과 같은 비인간적 실재이다.

앞에서 우리는 단순상품생산의 구조가 하나의 조직적인 법

---

31) 우리는 아직까지 현재의 법이 어느 정도까지 노동 및 재화분배를 직
   접적으로 규제하고 있는가라는 문제에 관하여 관심을 기울이지 않았다.
   처음에는 이러한 법적 간섭이 실제로 그다지 중요하지도 않았다. 그러
   나 당해 법적 간섭을 전혀 고려하지 않게 되면 점점 발전하는 자본주의
   에 관한 우리의 설명은 대단치는 않지만 틀리게 된다.

제도이고 경제체제임을 알았다. 그런데 과연 그 변천의 원인은 어디에서 생겨나는 것일까? 이 시기는 그 기능을 충분히 발휘한 종래의 공적 노동질서를 보유하고 있었다. 바꾸어 말하면, 이때에는 특히 무산자계급을 위하여 다수의 연결적인 법적 제도(예를 들면 교회재산제 등)가 있었다. 다수의 빈민, 걸인, 부랑자 및 수도승(修道僧)은 모두가 구사회구조가 붕괴된 결과의 소산이지만, 그들은 노동하는 소유자의 잉여생산물의 일부, 즉 시혜물에 의존하여 생활하고 있었다. 오늘날 우리는 그 당시의 빈민의 수가 어느 정도로 많았는지는 상상하기조차 어렵다. 그들은 노동을 하지 않으면서도 사회적 잉여생산물의 상당한 부분을 흡수하고 있었다. 따라서 당시의 사회문제는 근로자가 어떻게 되는가라는 것이 아니라, 어떻게 하면 부랑자가 사회적 노동과정에 편입될 수 있는가, 어떻게 하여 걸인이 근로자로 될 수 있는가라고 하는 점이었다. 칼 마르크스는 본원적 축적(蓄積; ursprüngliche Akkumulation)의 장(「자본론」 제1권 제24장 특히 제2절과 제3절)에서 이 문제에 관하여 서술하고 있다. 이 문제에 관하여는 우리의 설명과 그다지 관계없으므로 더 이상 논하지 않기로 한다. 다만 그때까지는 보충적으로 적용되었음에 지나지 않았던 하나의 사법제도가 공적인 노동체제로 바뀌어 등장하고, 얼마 지나지 않아 아무런 법률적 확장이나 조치도 취해지지 않았으면서도 그 실제에 있어서는 그대로 보통의 제도로 바뀌어 버리고 말았다. locatio conductio operarum, 즉 사적 노동계약 내지 근로계약이 그것이다. 상품생산자는 이 사법제도의 적용영역을 마련하고, 또한 그 확대에 방해가 되는 모든 것을 제거하기 위하여 혁명적인 방식으로 종래의 노동질서[32]를 파괴하고,

---

32) "춘프트에 관한 여러 법규는 … 한 사람의 사장(師匠)이 거느릴 수 있는 견습공의 수를 제한함으로써 그가 자본가로 되는 것을 저지하였

그에 갈음하여 모든 의식적·사회적 노동질서의 부정으로서의 인격적 자유권을 확립하였다. 우리는 법학을 떠나서라도 앞의 권리를 그 기능에서 보아 노동력에 대한 사람의 소유권으로서 특징지을 수 있는데, 그것은 타당한 결론이다. 그렇다 하더라도 이 권리는 유산계급에서는 우리가 알고 있는 바와 같이, 노동하는 개인의 자주성과는 전체의 문제이고, 어느 한편에만 국한되는 불공평한 것은 아니었다. 그리고 이 자유에는 모든 근로자도 그것에 의하여 소유자로 될 수가 있다고 하는 그 열광적 주창자들의 희망이 결부되어 있다. 그렇지만 자유에 관한 절대적·추상적 원칙은 다른 모든 추상적인 원칙과 다름없이 그 자체가 공허하고 단순한 법적 형태에 지나지 않는다. 어떻게 하여 이 자유의 원칙이 사회적 내용을 가지게 되는가를 결정하는 것은 법의 근원을 이루는 여러 사실이고, 결코 그 옹호자나 법전편찬자의 아름다운 꿈은 아니다. 소유권에 관한 이 연계제도의 사회적 기능, 즉 사회의 무산자계급에 대한 그 경제적 의의를 마르크스는 다음과 같이 말하고 있다:

　　이러한 전제 아래 상품으로서의 노동력은 오로지 그것이 그 소유자, 즉 그것을 자기의 노동력으로 여기고 지내는 인격자에 의하여 팔리든가 또는 판매되는 한도 내에서만, 또한 그와 같은 이유에서만 시장에 나타날 수 있다. 노동력의 소유자가 노동력을 상품으로 판매하기 위해서는, 그는 그것을 임의로 처분할 수 있어야 한다. 따라서 그는 당해 노동능력의 자유로운 소유자이어야 한다. 두 번째의 본질적 조건은 … 노동력의 소유자가 자기의 노동력에 의하여 생산된 여러 상품을 판매할 수가

다"(*Kapital*, Ⅰ., S. 323).

있는 것이 아니고, 오히려 자기의 타고난 신체 중에 실존하는 자기의 노동력 그것을 상품으로 내어 팔아야 한다는 것이다.

··· 화폐가 자본으로 바뀌기 위해서는 화폐소유자는 자유로운 근로자를 발견할 수 있어야 한다. 이 경우의 자유라는 것은 그가 자유로운 인격자로서 자기의 노동력을 상품으로 처분하며, 다른 한편 그는 판매할 다른 상품을 가지지 못하고 자기의 노동력의 구사에 있어야 하는 물건에도 얽매이지 않으면서 자유롭게 지낼 수 있다고 하는 이중의 의미를 동시에 지니는 것이다(*Kapital*, S. 130 ff.).

단순상품생산은 이와 같은 여러 가지 연계제도에 의하여 이루어지고 그 극치에 달하며, 그로부터 능동적인 사회의식으로서의 법 자체의 변경이 없이도 자본주의적 생산양식으로 급격하게 변해나갈 수밖에 없게 되었다. 이 발전의 원인은 바로 상품생산의 완성순간부터, 따라서 상품생산 속에 존재한다. 상품경제와 법은 서로 적합하고, 법은 경제에 적응하고 경제를 이 구체적인 형체에서 유지할 수 있도록 규정한다. 이와 같이 법 자체에는 아무런 변경도 없이 계속적으로 진행되어 온 발전은 필연적으로 경제와 법을 동떨어지게 만들었다. 그러므로 이 다음의 발전이 우리가 관심을 기울여야 하는 사회상태로 다가온다.

4. 사람의 사회적 가면과 물건의 경제적 형태

이제 물건과 사람 사이에는 "do, ut des", 즉 "나는 주고, 그리고 나는 받는다", 따라서 "do, ut facias", 즉 "나는 지급하고, 그리고 너는 노동을 제공한다"는 견련관계가 존재할 뿐이고, 그밖에는 어떠한 관계도 의미를 가지지 못하게 된다. 재화와 노동력은 어느 한 중심사상(中心思想; Zentralwille)에 의하여 여러 사회적 기능으로 분할되지도 않고, 또한 분배되지 않으면서도 그저 개별적으로 작동하고, 통용된다.

물의 순환작용으로 말미암아 자연소재의 어느 한 부분이 시시각각 여러 가지의 물리학적 형태(얼음, 물, 수증기의 응집형태)나 지질학적 형태(샘, 시내, 하천, 바다, 구름, 빙하 등)로 바뀌는 것과 마찬가지로, 선점되고 동화된 자연소재의 모든 부분은 유통과정의 어느 단계에서나 개별적·기술적·사회적 형태를 취하거나 기능을 가지게 된다.

또한 인간의 경우도 이와 다를 바 없다. 배우가 오늘은 어느 배역을 맡아 하고, 내일은 다른 배역을 하는 것과 마찬가지로, 각 개인은 종족생활이라는 종합연극 중에서 어느 특정한 역할을 하게 되고, 자기가 출연하는 각 장면에 어울리는 각각의 「경제적 가면」으로 몸을 치장하게 된다.[33] 이 경제적 가면은 사회

---

33) 경제적 영역이 개인의 한 측면에 지나지 않는다는 것은 명백하다. 예를 들어 경제생활에서 고리대금업자 노릇을 하는 사람이라도 그의 영업시간 이외에는 예술애호가가 될 수 있고, 박애주의자나 윤리단체의 구성원이 될 수도 있다. 신중하게 다루어 볼 만한 심리학자들은 다음과 같은, 즉 인간정신을 이러한 역할에 들어맞게 할 때에 고리대금업의 경제적인 가능성과 필연성이 어떠한 몫을 하는가라는 문제를 제기하는데, 이 문제를 풀기 위하여 그들은 고리대금업자의 정신적 특성을 분석하여야 한다. 마르크스는 몇 차례인가 발자크(Balzac) 및 그 밖의 시인을 인용하여 경제적인 역할에 관한 날카로운 심리학적 분석을 한 바 있다. "인류"라고 하는 종족의 일반심리학은 경제학의 당연한 전제이다. — 마르크스는 이와 같은 평범한 사실에 관하여는 논급하고 있지 않다. — 그

생활 중에서 개인이 해내는 기능을 우리에게 보여 주는 것이다.

이렇게 하여 마르크스 경제학은 물적 과정의 핵심에 파고
들어가 거대하고 주체적이며 강력한 측면에서, 바꾸어 말하면
인류의 생활과정의 일환으로 이러한 현상을 파악한다. 이에 반
하여 그 밖의 경제학 중에서도 한계효용학파는 고립적인 개인
의 정신으로부터, 좁은 경제적 시야로부터 이 현상을 다룬다.
그렇지만 마르크스가 우선 주목한 것은 전체로서의 사회와 총
체적 부, 즉 사람과 물건의 상호작용에서의 막대한 상품의 집적
과 인간의 집단이다. 결국 그는 언제나 이것을 우선 정적으로,
예를 들어 생산 연간(Produktionsjahr)과 같은 주어진 한 시기 내
에서 고찰하고, 다음에 동적으로 여러 생산 연간, 즉 여러 시기
의 연속에 걸쳐 고찰하였다. 여기에서는 상품의 집단은 끊임없
는 회전으로 나타나고, 인간은 일정한 행동을 하는 것으로 나타
난다. 이 과정에서는 예를 들어 여러 소비재의 개인적 공급은
하나의 과도적 단계에 지나지 아니하고, 이들 재화는 이 속에서
당해 과정 외의 것으로 되는 것이 아니고, 재생산된 노동력으로
서 다시 종족생활 중에 함입되어 드러난다. 개인적 소비는 인류
의 재생산이다. 만일 말 그대로 인류가 존재하고 더욱이 사회적
으로 존재하는 것이라고 하면, 이 생산과정과 재생산과정의 전체
가 그대로 경제학의 문제인 것은 의심할 바 없다. 이른바 개인주
의적·개인심리학적인 경제학은 모두가 심리학적으로나 철학적으
로 있을 수 있는 여러 문제를 해결할 수 있다 하더라도, 경제학
의 문제는 이러한 이론으로 해결할 수 없는 것으로 남게 된다.[34]

렇지만 경제학은, 아주 특정한 경제학은 피의 복수, 봉건적 충성의 전제
이고, 고리대금업자, 자본가 및 노동자심리학을 생겨나게 한다.

34) 특히 주관설, 즉 심리학파와 관련하여 다음과 같은 점, 즉 주관적 방

이 전체의 과정에서 모든 단계(생산, 유통, 소비)와 그 모든 요소(상품, 즉 자연물과 노동력)는 사회 전체에 대한 그 관계에 의하여 규정되는, 아주 특정한 역할을 하여야 한다. 마르크스에 의하면 여러 형태[35](가치형태, 등가형태, 자본형태 등)는 사념적으로 고정된 일정한 단계에서의 과정상의 어느 요소에 지나지 아니하고, 이 요소가 각 과정에서 해내는 역할이 바로 그 기능이다.[36]

그런데 화폐형태에 관하여는 "상품세계 속에서 일반적 등가물의 역할을 하는 것이 그 특수한 사회적 기능이고, 또한 사회적 독점으로 된다." — 또한 다른 많은 생산요소에 관하여도

법과 객관적 방법을 대립시키는 것은 잘못이라는 것에 유의하여야 한다. 마르크스만큼 생산자의 심리를 치밀하게 묘사한 경제학자는 한 사람도 없었으며, 어느 누구도 그렇게 주의 깊고 빈틈없이 생산의 각 단계에서의 개인의사의 경제적 동기를 분석한 적도 없다. 마르크스는 이른바 일반적인 특정동기에 기초를 두고 있는 개인의 특수한 동기이론을 발전시킨 바 있다. 그의 방법은 주관적 방법과 객관적 방법의 통일, 즉 외적 현상과 내적 현상의 뛰어난 결합이다. 그렇지만 당해 방법은 이에 그치지 않고, 주관적임과 동시에 객관적인 모든 개개의 현상이 사회의 존재에 의하여, 즉 사람과 물건의 사회의존성에 의하여 규정됨을 증명하였다. 마르크스의 방법은 결코 순수한 심리학적 방법은 아니지만, 개인심리학적이 아니라 사회심리학적(sozialpsychologisch)이라는 점에서는 멩거(Menger)의 그것과 다르다.

35) 슈탐러의 형식(법)과 실질(경제)의 구별은 형식적 계기를 완전히 법의 영역으로 전환시키는 것이다. 그렇지만 순수하게 경제적인 사물(자본)은 사실상 법이 그것에 관여하기 이전에, 그 형식규정성을 갖추고 있다. 예를 들어 일정한 금액은, 그 법적 성질에 관하여는 논쟁의 여지가 없지만, 교환행위에서는 등가형태로서, 교부행위에서는 자본형태로서, 유통과정에서는 유통수단으로서, 소유자의 비축재에서는 재화형태로서 나타난다.

36) 마르크스가 그의 「자본론」에서 고수하고 있는 형식과 기능의 개념을 특수연구로 하여 분석하고, 마르크스의 형태론과 기능론을 서술하는 것은 하나의 귀중한 과학적 연구로서 높이 평가될 것이다.

다른 여러 곳에서 마찬가지의 설명을 하고 있다.[37]

　　마르크스의 여러 명제의 특색은 다음과 같이 묶어서 말할
수 있다. 즉, 그 각 명제는 모든 생산요소에 대하여(그 주된 파
생적인 형태와의 결합에서의 종족보존과정의 모든 단계에서의 노동력
과 자연력, 사람과 물건, 소유권의 주체와 객체에 대하여) 사회적 기
능을, 즉 우리의 사회적 종족생활에 대한 그 의미를 명백히 밝
히고 있는 점이다.[38]

II. 자본주의적 소유권으로의 발전과 소유권의 법적 연계제도

1. 소유권과 노임계약

　　소유권의 객체는 일반적으로 자연 가운데서 선점된 일부이
자 하나의 유체물이다. 그것은 자연적 형태 그대로, 기술적으로

---

37) *Kapital*, I., S. 44; 각종의 노동은 … 그 자체의 소박한 분업형태를
　　가지는 가족의 기능이기 때문에 … 그 자연적 형태로는, 사회적 형태로
　　보더라도 사회적 기능이다. 우리는 다음의 여러 인용문에서 마르크스가
　　이 용어를 일반적으로 사용하고 있음을 알게 될 것이다.
38) 최근 오트마르 슈판(Othmar Spann)의 보편주의(universalismus)가 자주
　　입에 오르내리고 있다. 이것은 기초를 도외시한 개념의 유희이고, 따라
　　서 경제적으로는 물론 철학적으로도 전혀 무가치한 것이다. 만일 우리
　　가 보편성을 들어서 말하게 되면, 마르크스의 방법은 더할 나위 없이
　　보편적이다. 왜냐하면 마르크스만이 사람과 물건을 인류총체의 종족생활
　　이라는 보편적인 관계에서 생각하였기 때문이다. 이것은 이미 자세히
　　설명한 바이므로 그대로 명백하다고 할 수 있다.

도 인류에게 이바지하는 것이고, 그 자체 소비에 적당하지 아니한 경우에는 우선 원료품 또는 노동수단이며, 또한 이러한 형태로 생산과정에 들어온다.

소유권의 주체는 물건의 소유자라는 가면으로 나타난다. 이 물건의 소유자는 단순상품생산에서 근로자임과 동시에 자기노동의 수익자였다. 그는 자기 개인 속에, 나중 어느 때에는 흩어지게 될지도 모르는 경제적인 역할을 함께 보유하고 있으며, 또한 개인은 누구든지 다른 모든 사람으로부터 "자유롭다"라고 선언하는 법질서에 의하여 하나의 인격자라고 하는 법적 성질을 부여받고 있는 것이다.[39]

물건의 소유자인 인격자가 존재함과 동시에, 자유롭게 되는 것은 사실이지만 아무것도 가지지 못한 인격자도 생겨나게 된다. 이들은 이전에는 '걸인'의 가면을 쓰고 있었지만, 이후 '궁핍자'라는 형태를 취한 적이 있고, 얼마 안 있다가 '근로자'로 바뀌었다.

중세 스페인에서는 걸인은 기사와 같은 지위를 차지하고 있었다. 그들은 몸의 위아래에 걸쳐 베레모를 쓰고 칼을 차고 거기에 기타를 메고 다니면서, 복음서가 그들에게 부여한 노동은 천국의 재산에 관한 저주이고, 무소유는 부작위에 대하여 진실로 하나의 신성한 권리를 준다고 하는 명분에 의거하여, 소유자의 잉여생산물로 생활해 가고 있었다. 따라서 걸인이라는 가면은 우리가 앞에서 살펴본 대로 즐거운 것, 더구나 일종의 명예로운 것으로서 몸에 걸치고 다니는 것이었다. 그것은 오늘날

---

39) 사람이 당연히 인격자가 되는 것이 아니고, 법만이 사람으로 하여금 인격자가 되게 한다. 노예는 사람이지만 인격자는 아니다.

까지도 특권처럼 여기면서 탁발수도승을 존경하여야 하는 식으로 존속해 내려 왔다. 그러나 일반인으로서의 걸인은 더 이상 존재하지 않는다. 궁핍한 사람은 노동을 해야 한다. 궁핍자와 근로자는 모두 애덤 스미스(Adam Smith) 시대에는 동의어로 통용되고 있었다. 그는 춘프트의 사장(師匠)의 작업장에 들어와 재화, 즉 소비재를 찾아다니곤 하였다. "자본주의적 생산양식은 ··· 사실상 동일한 개별적 자본이 다수의 근로자를 한꺼번에 일을 시키는 데서 처음으로 시작된다. ··· 춘프트의 작업장이 확대되고 있는 것에 지나지 않는다"(Kapital, I ., S. 285). 상당히 많은 수의 근로자가 필요하게 된 것이다. 이에 의하여 지금까지 단지 점유적인 것에 지나지 않았던 소유권이 곧 여러 가지 새로운 기능을 가지게 된다.

(1) 소유권은 명령권력이 된다

직인과 견습공은 이전에는 사장(師匠)의 가족공동체에서 생활하였다. 독일식의 가부장권을 본따서 형성되고 교육, 양육 및 성장에 이르도록 기여하였으며, 따라서 인구와 관련된 기능까지도 지니고 있었다고 할 수 있는 공법적 권력관계는 순수한 사실적 관계에 의하여 그 본래의 기능을 잃어버리고 말았다. "do, ut facias"(네가 하기 때문에 나는 준다)라고 하는 사법적인 계약이 그것에 갈음하고, 옛날의 노동질서는 소멸되었지만, 얼마 동안은 새로운 노동질서가 마련되지 못한 채 지낼 수밖에 없었다.

그러나 이제 자본으로 바뀌고 자본적 기능을 부여받은 소유권의 객체는 소유자와 비소유자에 대하여 그 교육작업을 해내게 된다.

"한꺼번에 고용되고 많은 수의 근로자가 사용자를 육체노동으로부터 해방시키고, 소사장(小師匠)을 자본가로 만들었으며, 이렇게 하여 자본주의적 생산관계를 형식적으로 성립시켰는데, 이를 위해서는 개별적 자본의 일정한 최소한이 필요하였다. 이와 함께 노동에 대한 자본의 명령은 점차적으로 근로자가 자기를 위하여서가 아니라 자본가를 위하여, 자본가 아래에서 노동한다고 하는 형식적인 결과로서 나타나게 되었던 것이다."

"다수의 임금근로자의 협업(協業; Kooperation)[40]이 발전하게 되고, 예를 들어 그것이 처음에는 기계 없이도 행하여졌음에도 자본의 지배는 그것을 노동과정의 수행을 위해서 반드시 있어야 하는 물건으로, 하나의 현실적인 생산조건으로 만들어 놓았다. 생산장소에서의 자본가의 명령은 전선에서의 장군의 명령과 같이, 이제는 없어서는 안 되는 것으로 되고 말았다. 지도, 감독 및 매개의 이 기능은 자본의 뒤편에서 행하여지던 노동이 협업적으로 변질됨에 따라 자본의 기능으로 된다. 지도의 기능은 자본의 특수한 기능으로서 특수한 속성을 지니게 된다"(S. 294 ff.).

이 명령은 어떠한 종류의 것일까? 그것은 사실상 계약에 근거하는 것이다. 한편, 봉건영주와 그 가신의 관계도 대부분 계약에 근거하는 것이었는데, 그러면서도 공법적 성질을 지니고 있었다. 어느 경우에나 이 상하질서 중에서는 그 계약형태에도 불구하고 여전히 하나의 지배관계를 찾아볼 수 있었다. 그렇다면 그것은 진실로 독일법식이거나, 중세적인 인적 지배권(支配權; mundium), 바꾸어 말하면 가부장권의 복사판이었던가? 그것

---

40) 마르크스는 공업생산으로의 발전을 협업, 수공업 및 공장제도의 3단계로 나누고 있다. 우리도 그의 구분론을 그대로 따르기로 한다.

은 지배당한 자를 위한 것이었던가? 지배하는 자를 위한 것이었던가? 다른 속성을 말하여 보호적 지배이었는가? 아니면 이용적 지배이었는가? 그 특징은 무엇이었던가? 무엇보다도 소유권자가 밀고 나갈 수 있게 해 주는 원인은 자본을 가능한 한 거대하게 증식시키고자 하는 점, 결국 물건의 소유자에 의한 근로자의 가능한 한 많은 착취다. 자본가의 지도(指導)라는 것은 사회적 노동과정의 성질에 맞추어 생겨나서 자본가에게 부착되어 있는 하나의 특별한 기능인데, 여기에 그치지 않고 그와 함께 노동과정의 다른 한 착취의 기능이 되기도 하며, 착취자와 착취원료 사이의 적대에 의하여 그 조건이 짜여지기 마련이다. 또한 임금근로자의 협업은 그들을 한꺼번에 사용하는 자본의 한 작용에 지나지 않는다. 임금근로자들이 수행하고 있는 여러 기능의 연계와 총생산자로서의 그들의 통일은 그들 자신의 외부에 있으면서 그들을 모아서 결합시키는 자본 중에, 결국 자본가의 물적 소유 중에 있다. 따라서 그들의 노동의 연관성은 관념적으로 자본가의 계획으로서, 실질적으로 자본가의 권위로서 그들의 행위를 자기의 목적에 굴복시키는 타인의 의사에 기초한 힘이 되어 그들에게 대항한다.

　소유권의 주체는 본래 법률상 일반적으로 물건과의 관계에 존재하는 것으로, 바꾸어 말하면 물건을 지배하는 데 그친다. 즉 그가 자기 소유의 물건에 대하여 지시하는 것은 당해 물건이 자본으로 바뀌게 되면 이제 실질적으로 인간, 즉 임금근로자에 대한 인간의 명령으로 된다. 소유자로서의 개인은 다른 많은 사람들에 대하여 여러 목적을 설정하고 그들을 신하로 만들며 자기의 명령을 그대로 실행하는지의 여부를 감독한다. 전자는 끊임없이 되풀이되고, 후자는 적어도 처음에는 그렇게 행하게 된다. 물건의 소유자는 자기의 여러 가지 의사를 타인에게 부과한다. 즉 자율은 의사의 타율로 변모하게 된다.

자본은 증대하고 자본가의 인적인 명령기반 위에서 발전한다. 즉 "자본가는 우선 육체노동으로부터 해방된 것처럼, 이제는 직접적이고 계속적인 감독의 기능을 … 스스로 다시 어느 특별한 종류의 임금근로자로 된 … 근로감독자에게 양도한다. … 감독이라는 노동은 그들의 전속적인 기능으로 자리잡게 된다"(Ebd., S. 295).

따라서 우리가 고찰해 온 바와 같이 소유권에 하나의 새로운 사회적 기능이 주어진 것이다. 하나의 유체물에 대한 한 인격자의 전체적인 지배권으로 ─규범의 변화가 아니라 집단의식의 밖에서─ 결집한 것은 하나의 '사실상의 권리', 바꾸어 말하면 법규상의 것이 아니라, 단지 하나의 권리라고 할 수 있는 것, 즉 하나의 명령권력, 힘 또는 구속적인 명령이다. 그렇다면 이 지배권의 원인은 과연 무엇인가? 그것은 자본이 어디까지나 자기증식을 추구하고 또한 그렇게 할 수밖에 없다는 점, 바로 그것이다.

지배권은 사회적 필요요소이고 동시에 소유권자에게 이익이 되는 것이기도 하다. ─보호적 지배가 아니라 착취하기 위해서나 이용하기 위한 지배로 바뀌게 되는 것이 보통이다.

그 밖에 이러한 지배권에 대응하는 것은 근로자의 병열관계를 동시에 발생시키는 근로자의 종속관계이다. 이들도 계약에 의하여 병열관계에 서는 것일까? 옆 사람이 누구인지에 관계없이 근로자는 동열(同列)에 자리잡게 되고, 근로자라는 하나의 사회로 결합된다. 도대체 무엇이 근로자의 수동적인 사회를 만들어 내는 것일까?[41] 그들의 여러 기능의 연계와 전 생산체로서의 그들의 통일을 이뤄내는 것은 무엇일까? 협업적 부분 근로자들이 법학상의 여러 원칙에 맞추어 하나의 강제단체를 만들게 됨은 의심할 바 없다. 그렇지만 무엇이 그것으로 하여금 개별적 특성을 띠게 하는 것일까? 그것은 그들을 모아들이고 결합시키는 자본이다. '계획', 즉 노동계획은 마치 법률이 국민의 규범인 것처럼, 강제단체의 추상적·관념적인 규범이다. 그리고 자본화는 그 배후에 존재하는 대단히 구체적인 '권위', 즉 '외부적 의사의 힘'이다. 다시 이 상하질서를 조직화하기 위하여 특별한 직무가 맡겨진 권력을 가지는 감독이 설정된다.

제도로서의 소유권은 그 자체가 하나의 국가와 유사한 조직을 형성한다. 그것은 인적 지배를 낳는 물적 지배이다. 즉 "자본가는 자기가 산업상의 지도자이기 때문에 자본가가 되는 것이 아니라, 자본가이기 때문에 산업상의 지휘관이 되는 것이다. 봉건시대에는 전쟁과 재판에서의 최고명령이 토지소유의 속성이었던 것과 마찬가지로 산업에서의 최고명령은 자본의 속성으로 자리 매김한다"(Ebd., S. 297). 여기에서 우리는 이미 자본주의의 초창기에서부터 협업에 의하여 자본, 바꾸어 말하면 여러 노동수단, 따라서 소유권의 객체라는 하나의 기술적 총체를

41) 자유로운 계약에 기초를 두고 있는 것이기는 하지만 본질적으로 강제에 의하여 결정되는 이들 단체의 법적 성격에 관하여는 거의 연구되어 있지 못한 실정이다. 이 점에서는 경영협의회법(Betriebsrätegesetz)이 크나큰 변화를 일으켰는데, 당해 법에서는 경영협동체를 일종의 공법상 단체로 다루었다.

개성화원칙으로 하는 별개의 새로운 소우주가 이전의 소우주와 교체된 것을 보게 된다. 이 새로운 조직 속에서 물건과 사람은 국가적 규범을 동반하지 아니하고 점차적으로 변형되어 간다.

(2) 소유권은 조직적 기능을 획득한다

협업은 산업의 진전에 의하여 본원적 공장제수공업(manufacture)으로 바뀌게 된다. 노동은 분화하고 이것은 노동의 성과 위에 반작용을 불러일으킨다. "상품은 여러 가지 일을 하는 독립된 한 사람의 수공업자에 의한 개인적 생산물에서, 각 사람이 통상적으로 단일하고 동일한 부분적 작업만을 해내는 수공업자들의 결합에 의한 사회적 생산물로 바뀌게 된다"(Ebd., S. 302). '개인적', '사적' 소유권은 수공업자들의 의견을 묻지도 않고, 당국의 허가도 없이 '수공업자들의 결합'을 형성하는 기능을 가지고, 또한 그들의 인격적 자유나 역사적으로 바뀌어 온 그들의 수공업적 기술을 제한함으로써 '언제나 단일하고 똑같은 부분적 작업'을 하게 만들어 버리기도 한다. 그것은 한편으로 이전에 분리되어 있던 여러 가지의 수공업을 개별적인 다수의 작업으로 분해함으로써 수세기에 걸쳐서 행하여 온 분업을 침해하기도 한다. "그 마지막의 형태는 동일하고, 인간을 여러 기관으로 구성한 하나의 생산기구이다. … 각 근로자는 혼자서 부분적 기능을 담당하게 되고, 그의 노동력은 부분적 기능을 한평생토록 해내는 기관으로 바뀌게 된다"(Ebd., S. 302-303).

소유권은 그것이 자본적 기능을 획득해 감에 따라, 법적으로 보편적인 성질을 지니는 인격적 자유를 사실상 제한하고, 실질적으로 분화된 사회적 특수기능을 각 개인으로 하여금 담당하게 한다. 즉 소유권의 객체가, 여러 재화가 하나의 소우주 또는 대우주로 집적하는 정도에 따라서, 소유권은 집적되거나 아니면 분화되기도 하여, 여러 재화를 각각의 특별한 구성요소로 하여 만들어진 우주로 하여금 그 노동력을 지니고 있는 동안 기관으로 삼아 활동하게 한다. 그러나 칼 마르크스에 의하면 "공장제 수공업은 이미 사회에 존재하고 있었던 직업의 자연발생적인 분화를 작업장의 내부에서 다시 생겨나게 하고, 이것을 체계적으로 극단적 상황이 되게까지 밀어붙인다. 한편 그것이 부분노동을 어떤 사람의 생애의 직업으로 전화시킨다고 하는 것은 여러 직업을 세습화시키고 그것을 봉쇄적인 신분계급(castus; Kaste)으로 고정화시키는 초기의 사회적 경향과 상응하는 것이다. 봉쇄적 신분계급이나 춘프트는 동식물의 종 및 아종으로의 분화를 규제하는 것과 동일한 자연법칙으로부터 생겨나는 것이고, 다만 … 세습성은 사회법칙으로서 덧붙여진 것이라고 하는 점만이 다를 뿐이다"(Ebd., S. 304).[42]

소유권의 객체의 진화과정을 통해보면 소유권은 인류(genus Homo) 내부에 있어서의 특별한 종의 창조력, 1인의 이집트 왕의, 즉 확립된 봉쇄적인 신분계급의 권력을 지니게 된다. ─ 그렇지만 법률가는 이 제왕에 관해서는 아는 바가 없다. 그 진화과정은 '노동력의 등급제'(Ebd., S. 314)를 발전시키지만 많은 교회법학자도 이 등급제를 문제삼지 않았다.

일반적·사회적 분업이 자동적·무정부적으로 기업가들 사이에서 자유경쟁에 의하여 성립한 것과 마찬가지로 작업장 내부의 분업, 즉 공장제수공업적 분업은 고용주, 결국 소유권자의

---

42) 여기에서 우리는 마르크스의 방법에서 특징으로 되어 있는 자연법칙과 사회법칙의 대치에 주의를 기울여야 하겠다.

지배에 의하여 생겨난다. 따라서 소유자와 비소유자에 대하여 두 가지의 대립적인 조직원리가 존재한다. 즉 작업장에서 행하여지고 있는 분업은 "1인의 자본가의 손에 의한 생산수단의 집적을 기초로 하고, 사회적 분업은 서로 독립되어 있는 다수의 상품생산자들 사이에서의 생산수단의 분산을 기초로 한다"(Ebd., S. 320). 전자는 "자본가에 소속된 하나의 총체기구의 단순한 구성원에 지나지 않는 사람들에 대한 자본가의 무조건적인 권위를 기초로 한다. 사회적 분업은 경쟁의 권위 이외에는 어떠한 권위도 인정하지 아니하는 독립적인 상품생산자들을 서로 대립시킨다. … 공장제수공업식의 분업과 부분노동자의 자본 아래로의 무조건적인 예속을 노동조직으로 찬미하는 바로 그 유산계급의 의식이 … 다른 부분에서는 사회적 생산과정의 의식적·사회적인 모든 통제와 규제를 불가침적인 소유권에 대한 하나의 침해라고 하여 비난한다. 공장제를 열광적으로 옹호하는 사람들이 사회적 노동의 모든 일반적 조직에 대하여, 그것은 사회 전체를 하나의 근대공장으로 전화시키고 말 것이라고 반론하는 이외에는 아무런 분노도 터뜨리지 못하였던 사실은 매우 특이한 일이다. 자본주의적 생산양식의 사회에서는 사회적 분업의 무정부성(無政府性)과 공장제 수공업식분업의 전제는 서로 조건적인 의미를 갖는 것이다"(Ebd., S. 321).

우리는 두 개의 '사회'가 계급사회에서와 마찬가지로 상하로 갈라져 있었음을 알 수 있다. 공장법(工場法)에 의한 여러 강제단체, 즉 자본의 예속자들은 기초를 형성하고, 자본소유자의 자유로운 시장단체는 상층부를, 관청법(官廳法; Amtsrecht)에 의한 관료제는 정상을 형성한다. 그러면 이전의 생활양상은 어떠하였었는가? 농민은 장원법(莊園法; Hofrecht)에 의하여, 비봉지소유자

(非封地所有者; Allodialbesitzer)는 분방법(分邦法; Landrecht)에 의하여, 봉신(封臣; Vasall)은 봉건법(封建法; Lehensrecht)에 의하여 각각 생활하고 있었다.

(3) 소유권은 낡은 사회질서를 해체한다

소유권의 진화는 멈춤이 없다. 소유권은 타인의 어린애까지도 잡아먹는 크로노스(Kronos)이다. 기계를 모르고 있었던 종래의 공장제수공업은 공장제로 진전하였다. 더구나 이제 소유권의 객체는 육체노동 이외에 지적 근로자를 채용함으로써 정신노동까지도 흡수하게 되었다. 육체노동이 상품세계의 하나가 되기 위해서는 노동생산물로 객관화되어야 하는 점, 결국 물건으로 바뀌어야 하는 것과 마찬가지로 발명가의 재능도 기계처럼 되어 대상화되고 객관화되어야 한다. 더구나 이 사적 소유권의 세계에서 기계는 사실상 자본주의의 멍에로 되고 소유권의 객체로 되어야 하며, 소유권 객체로서의 가치, 즉 잉여가치를 산출해내는 가치로 되어야 한다. 그런데 공장제수공업적 소유자들의 세계는 과학적 지식의 여러 성과의 전유권을 차지하지 않았던 것인가? 공장제 수공업의 지배자들은 우선 육체노동을 기계적인 여러 기능으로 분해시키지 않았는가? 그들은 이제 인간을 기계로까지 추락시켜버린 것이 아닌가? 그 결과로 인간은 이후에 여러 가지의 기계를 만드는 법을 배울 수밖에 없게 되었던 것은 아닌가?

공장제수공업의 시기가 종래의 단일한 노동수단, 즉 법적인 '물건'을 지배적인 자본으로 노동력에 대립시켰다고 한다면, 대공업(大工業)은 과학적 노동을 수공노동(手工勞動)으로부터 분리시켜 정신노동을 기계라고 하는 물건 — 소유권의 객체로 변화시키고 말았다. "과학을 독립적인 생산능력으로 하여 노동으로부터 분리시키고 그것에 자본적 직능을 강제하는"(Ebd., S. 326) 것은 대공업이다. 특히 노동을 절약하는 기계가 인류의 많은 고통을 감소시킬 것이라고 몽상적으로 생각하는 천재적인 발명가들은 얼마나 어리석은 사람들이었던가! 실제로 기계가 노동을 절약하는 것이 확실하다 하더라도 반드시 그렇게밖에 될 수 없는 것일까? 기계를 가지고서는 도저히 다르게는 할 수 없는 것일까? 그렇지만 기계는 소유권 내지 소유권 객체가 되어버린 것임에 틀림없다. 그것은 많은 사회적 기능을 해냈다. 그렇다면 그것은 새로운 방식의 객체로서 지금까지와는 다른 여러 기능도 해낸 것이 아닌가?

"사회적 생산과정의 특수한 자본주의적 형태로서의 그것은 보통 … 자본의 자기증식을 근로자들의 희생을 깔고 끌어올리는 특수한 한 가지의 방법에 지나지 않는다. 그것은 … 근로자들을 위한 것이 아니라 자본가들을 위하여 사회적 생산력을 발전시켰다. 그것은 노동에 대한 자본적 지배의 조건을 만들어 내었던 것이다"(Ebd., S. 330).

노동력에 대한 소유권의 지배조직은 아직 완전하지 못했다. 수공업적으로 훈련된 근로자는 생산기구의 부분적 기능의 축소에 반발을 보였다. 즉 "그 노동에는 질서가 빠져 있었지만, 아크라이트(Arkright)[43]가 질서를 창조하였다"(Ebd., S. 333). 근로자는 이제 노동의 주체, 즉 노동과정의 담당자이고, 가공된 자연소재 내지 사용된 도구는 단순한 수단에 지나지 않았다. 생명을

---

43) 아크라이트 방직기의 발명자.

가지고 있지 못한 '소유권의 주체'는 생명력이 있는 노동을 완전하게 지배할 수가 없었다. 거기에는 질서가 빠져 있었다. 그렇지만 소유권의 객체가 기계 또는 여러 가지 자동장치로 바뀐다 하더라도 "자동장치가 바로 주체로 되고, 근로자들은 보통 의식적인 기관으로서 그 무의식적 기관과 동열에 놓이게 되며, 후자와 함께 중심적 동력에 종속되어 버리고 만다"(Ebd., S. 384).

이제 이러한 혼돈은 목가(牧歌)로 변화한다. 즉 "이들 대작업장에서는 강력한 증기력이 그 무수한 신하를 그것이 돌려대는 회전수로 집결시킨다."[44]

단순수공업과 공장제수공업에서는 근로자가 도구를 사용하였음에 비하여 공장에서는 근로자가 기계로 된다. … 공장제수공업에서는 근로자는 하나의 조직기구에서의 살아 있는 구성원이다. 공장에서는 생명력을 지니고 있지 못한 조직체가 근로자와 별도로 독립하여 존재하고, 근로자는 살아 있는 부속물로서 당해 조직체에 병합되어 있다. … 근로자가 노동조건을 안배하는 것이 아니라 노동조건에 맞추어 근로자가 배속되어야 하는 것은 … 모든 자본주의적 생산에 공통이지만, 기계에 의하여 비로소 이 조립체가 기술적·감각적인 현실성을 가지게 된다. 노동수단은 그것이 하나의 자동장치로 변함으로써 자본으로서 살아 있는 노동력을 지배하고, 이것을 흡수해 들이기는 하지만, 생명력을 지니지 못한 노동[45]으로서 근로자에 대응한다. 생산과

---

44) 유어(Ure), 마르크스가 인용함.
45) 죽은 노동, 즉 살아 있는 근로자가 이전에 한 노동의 결과는 상품에 화체되고 객관화되어 물건으로 되고 나면, 그 근로자로부터 떨어져 나

정에서의 수공노동으로부터 정신적 기능의 분리와 당해 노동에
결부되었던 자본의 여러 가지 힘으로의 전화는 기계를 기초로
하여 성립하는 대공업에서 완성된다(Ebd., S. 387, 388).

　　권리의 객체는 소유권의 법학적 정의로서는 동일하고 객체가
무엇이냐는 묻지 않는다. 여러 규범의 구성으로서의 '소유권'은 대
수공식(代數公式)과 마찬가지로, 예컨대 $v = \frac{g}{2}t^2$ 가 그러한 것과 마
찬가지로 어느 특정한 것에 편파적인 것이 아니다. 이 가속도의
공식에 눈사태를 적용시켜 보라. 그러면 그 공식은 여러분을 압
착·분쇄시키고 말 것이다. 여러 규범의 백지 속에 '사람－물건
의 소유자'를 적용시켜 보라. 그러면 그것은 여러 세대를 합입
시켜 버릴 것이다. 공장제수공업에서 분업을 지탱하고 있던 기
술적 기초가 기계의 등장으로 폐기되고 말게 된다. 이렇게 함으
로써 공장제수공업은 특징 있고 전문화된 근로자의 계층으로
변화되고, 여러 노동의 균등화 또는 수평화(Nievellierung)의 경향
이 자동장치공장에 생겨나게 된다.

와 자본가, 즉 물건의 소유자에게 전유된다. 개개의 노동생산물은 이른
바 한정된 조건하에 나중에 다시 살아 있는 노동으로 채용되어 생명력
을 가지게 된다. 공장제수공업과 공장제도의 차이는 다음과 같이 말할
수 있다. 즉 공장제수공업은 여러 가지 다양한 노동을 한꺼번에 연결시
키지만, 공장제도는 과거 및 현재의 노동을 시간적으로 차례대로 연결
해 나간다. 기계공장의 근로자는 방직기를, 방직공장의 근로자는 실을
생산한다. 이 생산물－죽은 노동－에 직공은 자기의 작업을 부가시켜
옷감을 만들어 낸다. 물론 과거의 노동이 직접 현재의 노동과 관계를
맺게 되는 것은 아니다. 즉, 방직기와 실은 우선 자본가의 소유로 되고
그의 생산수단, 따라서 살아서 활동하는 노동을 지배하는 수단이 된다.
어느 기업에서나 이 두 가지의 조직원리가 함께 작용하게 마련인데, 문
제가 되는 것은 어느 쪽이, 그리고 어느 정도의 중요성을 가지느냐 하
는 것이다.

수공업자는 자기의 기술을 비밀로 하여 왔다. 수공업자의 아주 전문화되고, 거기에 일정한 자격까지 부여된 노동력은 그대로 그의 사회적인 능력임과 동시에 그의 명예이자 생계이기도 했다. 이에 반하여 노동수단은 대체로 하나의 사회적 능력만으로 파악되지는 않았다. 알브레히트 뒤러(Albrecht Dürer)의 화실은 부르주아 화가인 사장(師匠)의 작업장 이외의 다른 것은 될 수 없었다. 그리고 공장제수공업 하에서의 근로자는 얼마간의 자본이 그들로 하여금 협업을 하도록 하기는 하지만, 그대로 개성화된 노동력을 가지고 있었다. 그러나 이제 자본은 그 속에서 개인을 기술적·정신적으로 말살시키게 된다. 즉, "기계는 처음부터 … 착취재료가 될 만한 사람을 확대시킴과 동시에 착취정도를 드높인다. 상품교환의 기초에서는 자본가와 근로자가 자유로운 인격자로서 … 상대한다는 것이 우선적인 전제조건이었다. 그렇지만 이제 자본은 미성년자까지도 사들인다. 근로자는 이전에는 형식적으로나마 자유로운 인격자로서 처분하였던 자기의 노동력을 판다. 그는 또한 처나 자녀의 노동력까지도 팔아 버린다. 이렇게 하여 그는 노예상인이 되고 만다."(Ebd., S. 359-360).

기계라고 불리는 소유권의 일부분, 아니면 공장이라고 하는 소유권의 객체인 어느 조직체가 대신 들어서도 그것은 물론 일시적이기는 하지만 다른 법제도의 여러 기능, 즉 가부장 권력과 부(夫)의 권력이 가졌던 기능을 그대로 인수하게 된다.[46]

---

46) 이 점에 관하여 사회는 가장 먼저 재산소유에 제한을 가하였다. 왜냐하면 당해 기능이 무엇보다도 가장 반사회적이었기 때문이다. 그것은 가족 권력의 인구유지적(populatorisch) 기능에 해로운 영향을 미치고, 당해 기능을 저하시킨다. 천년 동안에 걸쳐 확고한 것으로 되어 온 '가부장권력'(väterliche Gewalt)과 '부(夫)의 권력'(eheherrliche Gewalt)은 그것이 보호하여야 했던 처와 자녀의 저주의 대상이 되었다.

소유권의 진화는 소유권자의 손에 있는 소유권의 객체로 하여금 근로자의 생활조건의 모든 것을 조직적으로 수탈하게 하고(Ebd., S. 391), 기계라고 하는 소유권의 객체, 즉 노동수단으로 하여금 근로자 자신의 경쟁자로 되게 하며(Ebd., S, 395), 또한 자본의 횡포에 반대하는 주기적인 근로자의 저항을 타도하기 위한 유력한 기초가 됨(Ebd., S. 397)과 동시에 노동시간의 단축을 위하여 처분할 수 있는 노동시간으로 전화시키기 위한 가장 확실한 수단으로 변화시킨다고 하는 경제적 역설을 만들어 내기도 한다(Ⅰ., S. 373).

이제 우리는 입법자의 일반적 권능이 소유권자에 대하여 어떠한 뜻을 지니고 있는가, 그리고 하나의 유체물에 대한 한 인격자의 완전한 법적 힘이 무엇인지를 알게 되었다. 그러나 아직까지 목적 전부를 달성한 것은 아니다. 왜냐하면 우리는 그저 소유권의 객체를 일정한(생산과정의) 한 특수단계에서, 그리고 하나의 특정한 경제형태로서 살펴보았을 따름이기 때문이다. 이제 법제도의 한 기능을 마르크스의 이론에 따라서 총괄해 보기로 한다.

"근로자의 기술적 예속과 … 노동 사용업체의 특수한 구성은 하나의 군대식 규율을 만들어 내고, 이 규율은 … 이미 서술한 바 있는 감독노동을 … 철저하게 발전시켰다. 공장규약(Fabrikskodex) ― 이 속에서는 자본은 유산자계급이 다른 경우에는 대단히 즐겨서 채용하는 삼권분립(三權分立)을 인정하지 아니하고, 자기의 근로자에 대한 전제정치(專制政治)를 사법적으로,[47)]

---

47) 마르크스의 표현양식에 특별한 주의를 기울일 필요가 있다. 그것은 탁월한 법적 술어다. 이러한 사실은 마르크스가 법과 경제의 상호작용을 대단히 정확하게 도출해 낸 것임을 보여 주는 것이다.

그리고 독재적으로 공식화한다 — 은 한층 거대한 발전단계에서의 경업(競業)과 공동적 노동수단, 특히 기계사용과 함께 필요하게 된 노동과정의 사회적 규제에 관한 자본주의적 풍자화(諷刺畵)에 지나지 않는다. 여기에서는 노예사용자의 채찍에 갈음하여 감독자의 처벌명부가 등장한다"(Ebd., S. 389, 390).

　여기에서 우선 소유권이 무엇을 의미하는지를 좀더 분명하게 알아보기로 하자. 소유권은 단순한 재화의 질서만은 아니다. 그것은 진실로 여러 재화의 계획적·의식적·사회적인 집단화의 거점에서 어느 정도 떨어져서, 보통 최고의 권원에서(optimo titulo) 소유하는 자만을 보호한다. 그렇지만 그것은 여러 재화를 계획적으로 분배하지는 않는다. 이에 비하면 봉건시대의 물권법은 다소나마 풍부한 조직을 보여 주었던 것이라고 할 수 있다. 유산계급사회의 소유권법은 여러 재화의 질서를 확립하는 것을 그 임무로 한다. 이제 재화는 여러 가지의 상품이나 자본으로 구성되고, 또한 좀더 나아가 자본주의적 유통의 특수한 법칙에 따라 자기를 조직하고 축적해 간다. 이러한 단계 이후에 우리는 이 익명의 무정부적인 '재화'가 이미 인류에 대한 지배를, 결국 노동력으로서의 인류에 대한 지배를 획득하고 있음을 알게 되었고, 이와 함께 다른 한편으로 현대에는 순수하게 사실적인 재화질서가 부당하게 사회적인 권력질서와 노동질서를 형성하고 있다는 것, 여기에 다시 이 권력질서와 노동질서가 모든 부르주아 법학에는 그대로 익명으로 되어 있다는 것, 즉 부르주아 법학이 이 익명의 권력질서와 노동질서에 관한 일반적·외부적·순수형식적인 제한, 다시 말하여 임금계약에 의한 그 계약상의 기초 이외에는 더 이상의 관심을 기울이지 않음을 알게 된다.[48]

임금근로관계는 독재구조이고 다양한 법적 특색을 띠는 전제정치이다. 공장은 시설이면서 어느 한 법전이 지니는 모든 특색을 갖추고 있고, 따라서 내용상으로도 형벌적 규범을 포함한 여러 규칙을 내포하고 있으며, 그 자체의 특정한 기관과 관할이 정하는 규정양식도 가지고 있다. 기업에서의 노동질서와 관습법은 봉건시대의 장원법(Höferecht)과 다름없이 법적 제도로 다루어야 하는 것을 그대로 지니고 있다. 장원법도 사적 규제, 즉 영주의 의사에 근거를 두고 있으며, 그렇기 때문에 그 구체적인 사항에서는 각 장원법은 서로 다르다. 비록 이 차이가 독특한 것이기 때문에 — 그것은 전적으로 사고적인 것임 — 그것을 이해하고 서술하는 것은 그렇게 쉽게 생각할 수도 없는 일이지만, 이 법은 당시의 법질서에서 하나의 불가결한 구성부분임에 틀림없다. 그것은 공장법에 관하여도, 즉 기업에서의 노동질서 일반에 관하여도 마찬가지다. 그것은 대다수의 인민의 관계를 규율하는 것이기 때문에, 그것을 제외하고 현대법질서를 서술할 수는 없다. 설령 내용상의 차이로 말미암아 그것을 서술할 수 없는 것으로 넘겨 버리더라도 거기에는 다음과 같은 중요한 문제가 그대로 남아 있게 될 것이다.

---

48) 이 논문이 발표되고 난 다음 25년 후, 특히 제1차 세계대전 후에 눈에 띌 만한 진보가 이루어져 법학에서 여러 노동관계의 연구에 관심을 기울이기 시작하였다. 그렇지만 그 성과는 아직도 만족스럴 만한 것이 못 된다. 특히 지배·복종관계와 공장의 처벌법규는 충분히 평가되고 있지 못한 실정이다. 저명한 법학자들이 노동법을 하나의 독립된 학과의 지위로 끌어올려 놓았고, 몇몇 대학은 그것을 위한 독립된 강좌를 개설하였다. 앞의 서술 내용은 25년 전에 쓰여진 것으로 당시로서는 그대로 들어맞는 것이었지만, 이제는 노동법과 경제법을 독립된 학과로 인정하지 않고, 더욱이 그것을 불법의 침입자로 여기는 민사법학자에게만 해당되는 것이다. 지난 4반세기 동안의 법과학에서의 가장 주요한 발전은 이 두 학과의 성립에 있다.

즉 도대체 이 법은 어떠한 종류의 것인가?

(4) 소유권은 타인에 대한 지배로 된다

일단 이 문제가 제기되면 부르주아법학의 여러 의제, 그 가운데서도 사법과 공법의 구별은 무너져 버리게 된다. 자본가의 권리는 부여되어 있는 공권력이고, 바꾸어 말하면 권력을 장악하고 있는 사람의 이익에 맞추어 그대로 이양된 권력이다. 더구나 노동관계는 간접적인 지배관계이고, 따라서 공적인 의무가 뒤따르고, 당해 지배관계는 세습적으로가 아니라 계약에 의하여 설정된다. 거기에는 보통 일정한 차이가 있더라도 봉건적 예속관계와 다른 점은 그다지 많지 않다. 어느 사회이든지 그 고유의 노동질서를 갖고 있지 않았던 곳은 하나도 없다. 노동질서는 말하자면 동물적 유기체의 여러 소화기관처럼 어느 사회에서나 본질적인 것이다. 다만 단순상품생산의 시기 — 여기에서는 사실상 노동주체, 노동수단 및 노동생산물이 합체되어 있었다 — 에만은 본래의 생산과정과 재생산과정 —사회에서의 본래의 생활과정 —이 사회적 의식 영역의 밖에 있었고, 더구나 개별적으로 유지되기 때문에 사적이며, 따라서 권력관계와 노동관계로 나뉘어 드러나지 않았었다. 그렇지만 협업적 노동과정은 사회적이고, 그러므로 그 성질도 굳이 말하자면 사적이라고는 할 수 없다. 법의 실질은 바뀌었는데 그 법적 표현은 그대로 사법적이었다.

자본가는 칼 마르크스의 시대에도 분명히 그 기업 내에서의 무제한의 입법적·집행적·사법적 권력을 가지고 있고, 더구나 그 지배는 국가적 절대주의의 모든 특징을 지니고 있었으며, 다만 그 기초설정에서의 계약적 성질과 그 시간적 해제가능성에서만 다소 완화되어 있었다. 자본은 이 시기까지 '권력분

립'이라는 것을 알지 못했다. 그러나 순수하게 법적인 이 제한
은 자본가와 임금근로자가 계급으로 서로 대립하게 되면 바로
무너져 버린다. 이 경우에는 근로자가 한 사람의 자본가를 다른
사람으로 볼 수 있지만 자본가의 자본으로부터 빠져나올 수 없
게 되어 있었음이 명백하다. 계급으로서의 유산자는 자본주의적
발전의 정점에서 의심할 바 없이 생산분야에서 법률상 무산자
계급에 대하여 절대적으로 명령하지만, 실제로는 단지 그 사적
이익과 '증기력에의 예속자들'에 대한 두려움으로 구속되어 있
음에 지나지 않는다.

   인류사회의 어느 것 ― 그것은 노동의 영구적인 자연적 필
연성 없이는 결코 생겨날 수 없는 것이지만 ― 을 노동질서 없
이, 즉 사회에 연합된 여러 노동력의 규제된 처분권력 없이 존
재하는 것으로 보는 것은 단순한 표상에 지나지 않는다. 맨 먼
저 이 노동질서가 실제로 유산계급사회의 어디에 숨겨져 있는
가를 폭로하고, 그 성질을 연구하여 기능을 분석해 낸 것은 마
르크스의 공적이고, 그것도 그의 독자적인 공적이다. 자본주의
사회에서 규칙적으로 이 질서의 기초를 마련해 주는 '사회적인
여러 가지의 자연법칙'은 오로지 노동력의 소유권 객체에 대한
사실상의 구속이 현존하는 한도에서만 본래의 기능을 다하게
된다.

   만일 이러한 구속적 상태가 근로자들의 저항에 의하여 느
슨하게 되면, 그 때에는 사회는, 거짓 죽음의 가면을 던져 버리
고 바로 노동질서를 확립해야 하는 자기의 사명을 의식하고, 직
접적으로 그리고 법률적 형태로서 여러 노동력에 대하여 공적
인 강제권을 행사한다. "사태의 통상적인 진척과정에서는 근

로자는 생산의 자연법칙에 따라 그대로 일하면 그 뿐이다"(Ebd., S. 703). 그러나 그러한 자연법칙이 제대로 지켜지지 아니하는 경우에는 부르주아식 입법은 '경제외적인 직접적 권력'에 의뢰한다.[49] 무엇보다도 본원적 축적의 단계에서는 더욱 그러하다.[50] 임금에 관한 여러 가지 법률은 자본주의적 경제질서의 완성과 함께 그대로 폐지된다. "자본가가 자기들의 사적 입법에 의하여 공장을 단속하게 된 이후에는 그것은 쓸모없는 변칙이 되고 만다"(Ebd., Ⅰ., S. 706). 기계는 리쿠르크(Lykurg)이고, 드라콘(Drakon)이자 솔론(Solon)이었음에 틀림없다. 그것은 건물이 법학상 토지소유권의 종물(Zubehoer)인 것과 마찬가지로, 노동력은 자본의 사실상의 종물이 되며, 또한 자본의 정신적 화신, 즉 자본가는 뻔뻔스럽게도 '노동력에 대한 자본의 소유권'을 주장하기까지 한다(Kapital, Ⅰ., S. 537 ff.). "우리는 근로자들이 재산이 아니고, 또한 랭카셔(Lancashire)나 고용주의 재산이 아니라고 하고 싶다. 그러나 근로자들은 이 양자에게 없어서는 안 될 것이다. 이들은 한 세대에 걸쳐가지고는 확보할 수 없는 정신적인 능력임과 동시에 잘 훈련된 힘이다. 이에 반하여 그들이 조종하는 다른(!) 기계는 대부분 1개월이나 2개월이면 쉽게 마련할 수 있고 개량할 수 있을 것이다. 만일 노동력의 이주가 장려되고 허가된다면 자본가는 어떻게 바뀌게 될까?" 자본이 필요로 하는 것은 바로 공권력에 의한 전유적 근로자의 확보이고, 설령 많은 기계가 원료의 부족으로 정지하게 되는 경우에도 자본은 전국에 걸쳐서 일반적·공적·국가적 저장고에, 아니면 많은 구빈원(救貧院)에 '저장물로서' 쌓여 있기를 바란다. 철도 또는 식품산업에서와 같이 아주 어리석은 두뇌를 가지고도 노동이

---

49) 엄밀한 법적 용어에 다시 한번 주의를 기울이기 바란다.
50) Marx, *Kapital*, I. Buch 24, Kap. 2.

사회 전체의 기능으로 되어, 그 자체 스스로의 '인격적 자유'를 생각하거나 또는 스트라이크를 일으켜 이 자유를 실현하려고 하는 때에는 유산자계급에 속하는 사람들은 노동 그것을 직접적으로 사회화함으로써 노동을 군대화하거나 또는 군대식으로 작동하는 여러 노동력으로 변경시켜 버린다.[51]

이렇게 바꿈과 동시에 '물건의 소유자'로서의 가면을 쓰고 있는 '인격자'라고 하는 법학적 가면에 새로운 여러 기능이 부여된다. 그들은 노동질서를 좌우하며, 노동을 지배하고 착취한다. 즉 소유권은 여러 가지의 물건에 대한 단순한 권원으로부터 지배권원으로 바뀌게 된다.

그렇지만 동시에 빈털터리 인격자, 즉 재산을 소유하지 못한 근로자는 예속자로, 그것도 특수한 종류의 굴종자로 되고 만다. 그도 그럴 것이 역사는 뒤바뀌어 엮어질 수 없기 때문이다. 바꾸어 말하면 그는 자기가 지배자로 되어 있는 권력보유자의 총체로부터 자기에게 적절한 개인상을 뽑아 정립할 권리를 가지고 있기는 하지만, 그 예속자 계급은 자기들의 지배자 계급에 속박되고 만다.

단순상품생산시기의 소유권은 근로자에게 그 생산수단의 점유를 넘겨주기는 하였지만, 그 인격자로 하여금 물건의 지배자로 되게 하였던 사실을 우리는 잘 알고 있다. 법에는 아무런 변경이 없었음에도 불구하고 소유권은 그 기능을 달리하게 되었다. 소유권은 비근로자에게 노동수단의 법적 점유를 넘겨줌으

---

51) 특히 전시에는 징병법(Kriegsleistungsgesetz) 및 징용법(Dienstpflichtgesetz)에서 그러하다.

로써 노동수단으로 하여금 사실상 노동력의 지배자가 되게 한 것이다. 그것은 저절로 권력질서확립의 기능과 노동질서확립의 기능을 가지게 되고, 사적인 지배의 권원으로 된다. 그렇다면 어떻게 하여 그러한 탈바꿈이 생겨나게 되는 것일까? 법은 근로자가 아닌 사람에게 노동수단의 법적 점유를 넘겨준다. 그런데 실질적으로 근로자만이 어느 사회에서나 노동수단을 점유할 수가 있는 것이다. 근로자는 그것을 활용하기 위하여 어떻게 해서든지 그 자체를 가지고 있어야 한다. 따라서 법은 하나의 연계제도인 노임계약에 의하여 소유권자의 점유를 다시 획득한다. 근로자는 기계를 조작할 수는 있다. 그러나 이것은 어디까지나 그 복종과 착취의 희생을 수반하면서 이루어지는 것이다. 이렇게 함으로써 아마도 법적 점유와 사실적 점유는 끊임없는 전투상태를 만들어가게 된다.

2. 소유권과 노동의 작금의 발전

마르크스가 서거한 지 1세대 반이, 그리고 「자본론」이 처음으로 발간된 후 2세대가 지나가고 있다. 그런데 그가 이루어 놓은 소유권의 변혁에 관한 분석은 그 당시까지의 발전을 완벽하게 논하고 있을 뿐만 아니라, 더 나아가 훨씬 미래의 것까지를 논하고 있다. 그럼에도 불구하고 요즈음에 와서 그것은 이미 과거의 것이 되어 버리고 말았다. 발전에는 결코 정지가 있을 수 없다. 그리하여 결국 법적 규범의 기초도 바뀌게 되었다. 그 발전은 무엇보다도 마르크스 시대에는 대체로 암묵적으로 존재하였음에 지나지 않았던 많은 것을 성숙시켜 놓았다. 지난 2세대 동안에는 그 기초에 못지않게 많은 규범의 영역도 많이 달라졌다. 이들 규범의 변천에 관한 서술이나 설명은 이 연구의

범위에 속하지 않는 것이지만, 그 이해의 편의를 돕기 위하여
여기에서 간단하게 살펴보기로 하겠다.

"아마도 가장 놀라지 않을 수 없는 것은 사회적 관찰이 이
루어지지 못했던 점이다. 바꾸어 말하면 수백만의 사람들은 변
혁되어 가는 여러 상황 속에서 생활하고, 날마다 현실적으로 그
러한 변화를 겪으면서 지낸다. 그렇지만 그들은 그 변화를 따지
고 들어야 할 만큼 그것을 의식하지는 못한다. 그러다 보니 지
나간 세대의 생활범주 속에 얽매인 채 생각하면서 지내게 될
따름이다."[52]

이와 같이 이미 발생한 변혁과 동시에 최근의 사회현실에
내재하는 여러 모순을 구체적으로 설명하기 위하여 다음의 두
가지 예를 들어 보기로 한다.

어느 오래 된 귀족신분의 가족들이 사는 저택이 그 전유소
유지의 한가운데에 들어서고, 잘 정리된 그 귀족 토지의 주위에
농민들의 농지가 산재해 있다. 그렇다면 이 경우 소유권은 명확
하게 경계로 나누어지고, 그와 함께 "사유지, 외래자의 출입금
지"라는 많은 표찰을 써 붙이게 마련이다. 이와 달리 발전과 관
련하여 가장 주목할 만한 예로서(국유화되지 아니한) 철도를 들어
보기로 하자. 우리는 그저 역(驛)의 구내에 들어간다. ─ 이것은
다른 경우와 마찬가지로 어느 한 유산자의 토지소유이자 가옥
소유임에 틀림없지만, 어느 누구도 자기가 타인의 소유 내에 발
을 들어 놓는다고 생각하지 않으며, 또한 그 소유권자를 찾아가

---

52) Karl Renner, *Marximus, Krieg und Internationale*, 2 Auflage, Stuttgart, 1918, S. 51.

는 것도 아니다. 아무튼 그는 단지 무관심하게 지내는 그대로이
다. 우리는 출입구를 거쳐 들어간다. 거기에서 우리는 일정한
종류의 급부계약을 체결한다. 또한 법률가들은 우리가 이렇게
하였음을 보증한다. 그렇지만 어느 한 사람도 이것을 그렇게 생
각하지 않는다. 우리는 승차권을 구입한다. 상대방은 승차권을 교
부해 주어야 할 의무를 진다. 그렇게 하기는 하지만 거기에서 어
떠한 자유로운 계약의 흔적은 찾아볼 수 없다. 따라서 일정한 가
격조정을 할 수도 없고, 어떠한 조건이나 기한을 따로 정해 붙
일 수 있는 것도 아니다. 즉 모든 것이 고시된 약정에 의하여
이미 확정되어 있는 대로 처리되고 만다. 우리는 차를 타고 가
면서도 잠시라도 다른 사람의 차량을 빌러 타고 간다고 생각하
지도 않는다. 그렇지만 법률가들은 그것을 위와 같이 이론 구성
하는 것이 보통이다. 우리는 공법적으로 확정되었거나 보증된
일정한 요금을 지불하고 나서 공공시설의 이용에 관한 하나의
공법적 권리를 확보하게 되었음과 동시에 그 결정에서 공법적
인 규정을 따랐다는 것을 잘 알고 있다. 이 모든 과정에 걸쳐
어느 한 개인으로서의 X씨는 전혀 문제되지 않을 뿐만 아니라
특별히 일정한 의식조차도 하지 않으면서 지내는 사람에 지나
지 않는다.

위에 든 첫 번째 예에서는 그 기초와 법형태가 적어도 주
요한 점에서는 일치한다. 이를테면 자기의 물건과 타인의 물건
은 명확히 구별되고, 각 소유권은 겉으로 보기에는 어쨌든 각
사람의 사권(私權)이다. 그런데 두 번째의 예에서는 소유권은 모
든 사람들의 물건이고, 또한 소유권자가 여행을 하려고 하는 경
우에도 승차권을 사야 하기 때문에, 적어도 이러한 부분에서는
이제 그 자신도 타인과 조금도 다를 바 없다. 그것도 그럴 것

은 법학상의 소유권자는 물건의 경제적·사회적인 기능과 관련
해서는 전혀 문제될 바 없기 때문이다. 그렇지만 소유권자는 눈
에 띄지는 않지만 여전히 일정한 역할을 하고 있는데, 다음에는
그것을 논해 보기로 하겠다.

　위의 예에서 사적 소유가 공공시설로 된 것(그렇다고 공적
소유권으로 된 것은 아니다[53])은 명백하다. 옛날 농민의 농지나
귀족의 저택 등은 전혀 그렇지 않았다. 몇 가지의 소유권은 이
예에서 추측할 수 있는 바와 같이, 변모되어 사법으로부터 분리
된 상태다. 이러한 점은 법의 일반적 관점에 비추어 보아도 쉽
게 파악된다. 즉 이 소유권의 잠재 시설적 성질을 유지하기 위
한, 다수의 사법적 및 공법적 여러 규범이 창출된 것이다. 공법
상의 여러 보충제도가 그 법제도의 사법적인 성질을 퇴색시켜
버린 것이다.

　그렇다고 하더라도 이 새로운 여러 규범―다시 한 번 밝
히지만 이러한 것들은 별도의 연구 분야에 속한다―이 해내는
기능은 이미 사실로서 존재하고 있는 구현가능한 성질을 문자
적으로 확인하는 것뿐이다. 즉 이 잠재 시설적 성질은 규범이
그것을 파악하기 이전부터 그 기초 중에 존재하고 있었던 것이
다. 다른 수많은 경우에도 소유권이 그 잠재 시설적 성질을 드
러내 보여 주었음에도 불구하고, 사람들은 기초에서의 이 변화
를 제대로 인식하지도 못하였으며 또한 승인하지도 않았다. 구
두수선공은 그 점포에 '구두수선'이라고 써 붙이고 일하게 되
면, 이에 맞추어 일반인은 누구든지 요금표대로의 요금을 내고

---

53) Ebenda S. 52.

여러 노역(勞役; Dienst)을 이용할 수 있는 권리를 취득할 수 있음을 믿고 따른다. 점포의 이 간판은 그저 허드레짓거리로 여기고 지나쳐서 되는 것이 아니다. 수천을 헤아리게 되는 상점의 동일한 간판에는 새로운 법적 확신, 즉 생성되는 법창조가 깃들어 있다. 그렇지만 법학자들은 이것을 무시하고, 그리고 부정해 버리기까지 하는 것을 그 임무로 하며, 특히 이 목적을 위하여 오랜 동안 로마법의 미로에 끌려 헤매고 다녀야 했다. 이제 이 구두수선공으로부터 다른 데로 눈을 돌려 보기로 하자. 우리는 세탁할 물건을 세탁소에 넘겨주고 나서는 수취증을 건네받곤 한다. 보통의 경우 두 사람의 계약당사자는 상대방의 이름조차 모르고, 얼굴도 아는 사이가 아니다. 그러면서도 이 경우 일정한 사적인 '계약'이 성립되었다(그것이 어떻게 '구성'되었든지 간에)고 하는 것은 전적으로 하나의 의제(擬制; Fiktion)이다. 우리가 앞에서 서술한 바 있는 귀족의 소유지에 인접해 있는 농민의 농지는, 아마도 공고된 일정한 지대를 받고 일반인으로 하여금 특정한 노역 급부를 부담케 하는 이른바 '농지'와 '낙농'을 하기 위한 부지라는 두 가지의 시설로 바뀌게 되고 말 것이다. 모든 사람에 대한 판매의무와 미리 짠 공적인 요금표의 게시가 필요에 따라 강제적으로 부과되든지, 그렇지 않든지 간에 사적 소유권의 시설로의 변화는 형식적으로도 순서대로 진척되어 간다. 그렇지 않더라도 일반 사람들은 누구든지 모든 영업주에 대하여 일정한 법적 의무가 있는 것이라고 생각할 것이다. 이제 모든 사람이 사적 소유권에 발을 들여 놓을 수 있고, 일정한 청구까지 할 수 있는 것으로 생각한다. 이러한 변화는 실로 뚜렷하다! 이미 예정되어 있던 발전의 방향이 이번 대전 중에 급격히 겉으로 드러나게 되었는지도 모른다. 최고의 지위에 있는 것으로 되어 있는 소유권자는 갑자기 공적인 의무를 부담하는 사람으로 바뀌게 되었다. 농장경영자는 경작하여야 한다. 그렇지 않으면 다른 사람이 그 토지를 이용할 수 있도록 당해 토지가 몰수될 수도 있기 때문이다. 그는 팔거나, 시가에 갈음하여 공고된 대금을 받아야 한다. 또한 그는 곡물을 철도 또는 제분공장 등에 운송해 주어야 한다.

소유권이 공공의 시설로 되어 버렸음을 다소 급작스럽게나마 확실히 알게 되었다.[54]

여기에서 우리는 장래의 입법의 변화양상에 관한 하나의 지표를 발견해 낼 수 있다. 바꾸어 말하면, 그것은 다소 소극적인 보충적 제도에 의해서뿐만 아니라 의식적으로 도출시킨 규범에 의하여 소유권의 잠재 시설적 성질을 시사하고, 현재 이미 공공성의 기초로 되어 있는 모든 소유권으로 하여금 공법상의 공익으로 되게 할 것이다. 이것은 사적 소유권이 사회화하는 데 맞추어 내디디는 진일보이다.[55]

이와 별도로 생겨난 두드러진 또 하나의 변화는 사회의 다른 한편에서, 노동과 관련하여 일어난 발전이다. 자본가들이 만들어 놓고 개개의 근로자들이 동시에 가입하도록 되어 있는 수동적 강제단체가 최근 60년 동안에 걸쳐서 저항해 온 혼란상은 결코 무의미한 것만은 아니었다. 마르크스에 의하면 ― 사실상 마르크스의 생존 당시에도 그랬었던 것이기도 하지만 ― 자본가

---

54) 이미 오래 전부터 대도시의 이러한 의미의 시설이다. 그것은 사실상 (de facto) 타인의 것(Fremdtum)으로 된 소유이고, 이 경우 임대차법은 이 발전에 미치지 못하고 있다. 후술하는 143면의 (2) 사용임대차 참조..

55) Ebenda S. 52-53.

는 노동시장에서 개개의 근로자를 별도로 약정된 임금에 의하여 고용하기로 하고, 뒤이어 그를 자기의 작업장으로 데리고 간다. 결국 노동관계의 전부가 개별적으로 규제되었던 것이다. 그러하였음에 비하여 1세기에 걸친 투쟁을 겪고 난 오늘날에는 과연 어떠한가?

직장을 구하려고 하는 사람은 직업소개소에 가서, 그것이 사설이거나 국가가 설치한 것이거나, 지방자치단체가 설치한 것이거나 노동조합이 설치한 것이거나를 불문하고, 그 어느 한 '시설'에 등록을 한다. 그는 차례가 돌아오면 일자리를 '할당'받는다. 이러한 일은 자유경제학(自由經濟學)에서는 도저히 이해할 수 없는 일이다. 순수과학이 하나의 기술적 산물인 타이프라이터(Schreibmaschine)를 설명할 수 없는 것과 마찬가지로 자유경제학은 이러한 일을 설명하지 못한다. 미리 정해져 있으면서 거의 설명을 들어보지도 못한 일정한 조건(條件)에 구직자가 들어맞는 경우에는 일정한 '지위'를 차지하게 된다. 이전의 순수계약상의 노동관계다. 이제는 소유권이 시설로 된 것과 마찬가지로 일정한 '지위'로 되었다. 이렇게 생겨난 것은 일정한 내용의 권리 및 의무를 포함하는 지위이고, 이 지위는 봉건시대의 레엔(Lehen)과 유사한 하나의 법제도로 자리하게 되었다. 이 지위는 '당연한' 임금[노동조건준칙(Tarif) 또는 복무규정(Pragmatig)], 노동에 대한 일정한 지불의무(노동조합, 보험제도), 일정한 공공적 이익의 향수(질병, 재해, 노령, 사망)와 끝으로 실업에 대한 또는 실업시에 일정한 보호까지 모두 포함하여 도출된 것이다.

노동계약으로부터 노동의 지위 또는 근로의 지위로의 이 발전은 무엇을 의미하는 것일까? 노동협약, 노동조정, 사회보험

등의 다양한 보충제도에 의하여, 사적 계약으로부터 공법적 성질을 가지는 하나의 새로운 법제도가 생겨난 것이다. 이 속에서는 개인의 사적 의사는 아직까지 그대로 커다란 비중을 차지하고 있지만 점차적으로 후퇴해 갈 수밖에 없다. 그와 함께 국가적 요소가 사적 요소보다 중요한 것으로 되어 간다. 즉 집단적 요소가 개인적 요소보다도 더 중요하게 여겨지게 된다. 그것은 '지위(地位)'가 '지위소여(地位所與)'로 변화된 오늘날에는 이미 지배적이다. 이러한 법의 발전은 실로 사회적 이성의 구현을 보여주는 것이다. 사실상 노동은 과거에나 오늘날에서나 결코 사적인 일이 아니고 언제나 공적인 임무(任務)이다. 보통 국가를 도외시하는 경제학(經濟學)에서는 노동의 사회적 필요성을 다양한 교환행위에 의하여 서로 관계를 맺게 되는, 개개의 자본가들과 여러 노동의 사적인 결합관계로 변형시키고 왜곡시켰던 것이다.

그러나 다음과 같은 사실도 결코 묵과할 수 없는 점이다. 즉 시설과 지위로의 법의 발전은 어떻든 소유와 노동의 각 일부분을 결합한 것에 지나지 않고, 더욱이 후자에서는 아주 부분적일 따름이다. 사회의 기본적 성격은 끊임없이 변해가고 있다. 이 변화의 방향은 명백하게 드러나 있을 뿐만 아니라 그 결과까지도 명백하게 확정시킬 수 있다. 그렇지만 그것은 이론적으로 충분히 이해할 수 있는 것도 아니고 또한 일반인의 의식 속에 철저하게 주지되어 있는 것도 아니다. 인류사회는 보이지 않는 압박을 받는 그 자체의 여러 가지 필연성을 의식하지 못한 채, 또는 절반쯤만을 의식하고서 점차적으로 전진해 나간다. 우리가 여기에서 지적한 최근 반세기 동안의 많은 진보는 주로 규범의 변천으로 나타난다. 그러므로 이에 관하여는 다음에 별도로 다루기로 하자.

3. 소유권과 양도계약

　단순상품생산시기에 도시에 살고 있던 소유자는 이미 폐쇄적인 가내경제의 단계에 머물러 있지 않았다. 바꾸어 말하면 당시의 소유자들은 쓰고 남은 갖가지 잉여생산물을 내다 팔았을 뿐만 아니라 그가 일을 했던 것도 생산물을 양도하기 위해서였다. 즉 당시 양도계약은 그 경제양식에서 이미 법적 연계제도로 되어 있었던 것이다. 그러나 당시 소유자이자 생산자였던 사람들은 그들 자신이 생산한 물건을 양도하고 있었음에 지나지 않았다. 바꾸어 말하면 그는 상속인으로서 당연히 생산수단을 소유하고, 대체로 '농민'으로서 자기가 원료까지도 동시에 만들어 썼으며, 따라서 그 생산물의 양도라는 것은 종래 오랜 동안의 노동의 결과를 처리하는 근소한 최후의 단계일 뿐이었다. 지금 생각해 보면, 당해 양도는 그 본질이 대체로 그의 노동임금의 실현에 있었던 것이라 할 수 있다.

　만일 임금이라는 현재의 용어를 그 시대에 맞추어 서술해 보면 다음과 같이, 즉 양도의 본질은 임금의 실현이고, 가격은 가장의 임금에 지나지 않는 것이라고 말해도 괜찮을 것이다. 이것이 양도의 기능이다. 그렇다고 하여 실현된다고 하는 것이 임금만은 아니었다.

　이때의 생산은 대부분 주문생산이었다. 즉 생산물은 직접적으로 소비자의 손에 넘어가기 때문에 생산이라는 한 행위가 그 물건의 총가격을 실현하고, 양도는 모든 노동수익을 구현하는 것이었다. 그러므로 당시의 소유의 분배적 기능은 실로 이 점에 있고, 이것이 그 두드러진 특색이다. 즉 당시의 소유는 연간 총

노동생산물을 엄격하게 노동에 따라서, 더구나 자동적으로 근로
자에게 분배하는데, 그 분배질서는 노동질서와 마찬가지로 집단
적인 총체의식으로 전혀 나타나지 않고, 알 수도 없었다. 다만
이 재산소유제도에 따른 자동적 분배에서는 아주 많은 연계적
법제도, 그 가운데서도 여러 부양제도(扶養制度)(자녀에 대한 부모,
처에 대한 남편, 존속에 대한 비속의 부양, 은퇴한 장인이나 그 생존
배우자 및 고아 등에 대한 춘프트, 그 밖의 여러 제도)와 빈민구제
의 여러 제도가 수반될 수밖에 없었다. 이들 여러 제도는 근로
자들의 자기 보존을 위한 필요물을 제외한 나머지 잉여의 전부
또는 그 일부를 비근로자에게 넘겨주는 것인데, 실제로 모든 노
동수익은 법률적으로 어떻게 할 수 있는 것이 아니라 근로자들
의 수중에 그대로 있었다. 어느 사회에서도 '전노동수익권'(全勞
動收益權)이라는 것은 지금까지 존재하지도 않았으며 존재할 수
도 없었다. 왜냐하면 지나가버린 세대는 물론 앞으로 진전해 가
는 세대의 사람들은 근로자의 생산물에 의하여 살아갈 수밖에
없기 때문이다. 잉여노동(剩餘勞動)은 일반적·사회적으로 필요
한 사회실상이고, 그렇기 때문에 자본주의사회가 되어서야 비로
소 나타난 것은 아니다. '필요노동'은 이 질서의 범주에 그치지
않고, 모든 질서의 영역에 걸쳐 의미있는 것이다. 그도 그럴 것
이 이것은 근로자에 의한 그 육체적 재생산을 도모함에 필요한
노동의 최소한을 보여 주는 것임에 대하여, 잉여노동은 대체로
사회의 예비기금 또는 축적기금을 이루도록 규정되어 있기 때
문이다. 그렇다지만 자본주의사회에서는 한 계급에 있어서의 자
유로운 시간은 대중의 모든 생애를 노동시간이 되게 함으로써
만들어진다(L., S. 393), 근로자는 잉여노동을 직접 사회 자체를
위해서가 아니라 생산수단의 소유자를 위하여, 사인을 위하여
제공하는 셈이다. 사회적 축적기금 또는 예비기금은 오늘날에도

사인에 의하여 전유되고 있다.

(1) 종래의 양도방식

노동수익의 실현이 소유 및 '양도'의 사회적 기능이라고 한다면, 이제는 그 어떠한 법적 형태로서 실행되느냐가 문제된다. 그런데 처음에는 매매계약이라는 것은 찾아볼 수 없었다. 고객은 일거리를 주문하고, 그것을 위하여 재료도 제공하였다. ― 그 법률행위는 고용계약(locatio conductio)의 하나의 바뀐 형태인 도급계약, 일의 완성요구, 주문과 공급, 즉 "locatio condutio operis"였다. 한편 그 외 동일한 법률행위의 다른 한 형태인 노동계약 내지 임금계약, 즉 "locatio conductio operarum"은 필연적으로 무산자의 특수한 법률행위로 되었다. 상품의 가격이 형태상으로 어떠하든지 실질적으로 임금이라는 사실은 그 법적 형태로 나타나고 있었다. 수공업자(농민)는 자기가 재료를 제공하는 경우에도 주문이 있어야 비로소 ― 주문생산에서는 당연하지만 ― 그것을 양도하는 것으로 된다. 따라서 이 경우에는 고용계약으로부터 매매로의 추이를 보여 주는, 주문자가 재료를 공급하는 제작물공급계약(Werklieferungsvertrag)이 함께 생겨나는 셈이다. 원재료로 준비된 재료에 대한 노동과 선행적인 주문 없이 행하여지는 양도에 의하여 비로소 매매는 단순상품생산의 전형적인 법제도로 된다. 매매에서 이제 동시에 재료와 노동에 대한 등가물을 포함하는 가격의 임금관련요소는 비로소 그 법적 형태를 갖추게 된다. 즉 이제 이들 여러 관계에서 가격은 물건의 단순한 등가물로 나타난다. 노동등가물은 법학자의 관심에서, 또한 법적 형태와 경제적 기초를 분리시킬 수가 없는 일반적인 경제학으로부터 말끔히 사라져 버리고 만다. 그러나 이 시기에는 시장은 국지적이고 또한 생산자의 수와 마찬가지로 언뜻 보아 명백한 것이었으므로, 법적 형태의 가장에도 불구하고 그대로 그 관련이 뚜렷이 남아 있음을 찾아볼 수 있다. 바꾸어 말하면, 가격형태에도 불구하고 단순상품생산은 경제적으로 그대로 주문생산이었고, 재산소유의 사회적 기능, 특히 여기에서는 분배적 기능은 매매계약(emtio‐venditio)이라고 하는 새로운 연계제도 아래에서 종래와 다름없이 이루어지고 있었다.

(2) 매매계약과 그 경제적 기능

설령 소유권과 매매계약이라고 하는 두 제도가 앞에서 말한 바와 같더라도 공장제수공업자나 공장주가 법적 형태를 갖추게 되자마자 바로 그 법적 성질을 완전히 달리하게 되었다. 그와 동시에 사람도 그 가면을 바꾸었는가 하면 물건도 그 경제적 형태를 달리하게 되었다.

종래 소유자는 생산과정에서 점점 더 엄격하고 사악해져 가고, 심지어 완전히 전제적이라고 할 수 있을 정도의 가면을 쓰고 있었다. 그렇지만 이제 그는 생산물과 함께 공장이라는 그 어둡고 좋지 않은 장소를 떠나간다. 그의 표정은 아주 온화하며 더욱이 생동감이 넘쳐흐르고, 희망이 가득하고 게다가 애교까지 갖춰져 있다. 이러한 사람이 단순히 '상품의 주인'이라고 하는 완전히 변모된 모습으로, 그의 상품과 함께 시장에 등장한다. '생산'이 저급한 세계, 'do, ut facias'의 세계, 착취의 세계, 전제에 관한 모든 상념은 그 사람의 기억에서 말끔히 없어졌고, 소유권 객체로서의 '상품'의 겉모양에도 남아 있지 않다. 이제 자본가는 '상품의 주인'으로서 공화주의자, 즉 동등자(同等者)의 한 사람으로 되고 만다. 그는 자기와 대등한 자들 사이에서 다른 상품의 주인과 거래한다. 두말할 나위도 없이 그의 상대방은 단순한 화폐의 소유자인 매수인이고, 그 자신은 매도인일 따름이다. 그렇지만 그는 자기의 상품을 환가하게 되자마자 화폐소유자라고 하는 별도의 직분을 갖춘 사람으로 등장한다. 그는 스스로 매수인이 된다. 이 세계에서는 불평등관계 또는 사회적 예속관계는 존재할 틈새가 남아 있지 않다.[56]

그런데도 매도인으로서 생산시장에 나타나지 못하는 사람이 틀림없이 있게 마련이다. 그 사람은 다름 아닌 근로자이다. 그는 노동시장 쪽에 소속되어 다른 모습으로 등장한다. 자유, 평등, 우애의 이 영역에 그는 매도인으로서 발을 들여 놓게 되는 것이 아니다.[57] 다시 말해서 그는 시장 안에서의 거래권(去來權)을 가지지 못하는 생산물시장의 예속자에 지나지 않는다.

---

56) 매매는 다만 기업의 여러 생산물, 즉 상품을 유통시키는 것이다. 따라서 우리가 앞의 본문에서 서술하고 있는 목적만을 위해서 이바지하는 것이 아니다. 물건의 총합(universitas rerum)으로서의 전체적인 경제기업도 매매된다. 이러한 법률행위는 다른 경제적 기능(승계적 기능 ⋯ Ⅵ. 참조)을 가지고 있을 뿐만 아니라 그 법적 성질도 다르다. 따라서 그것은 법학적으로도 특별히 취급할 필요가 있을 것이다. 매매는 매수인이라고 하는 권리주체에게 물권을 이전시켜 줄 뿐만 아니라, 그에게 모든 사법상의 기능 및 공적인 여러 의무나 부담 같은 구속도 생겨나게 한다. 법학은 상품의 매매를 단순승계로, 영업의 양도를 포괄승계로 파악한다. 상품소유자의 단순한 교체를 승계로 다루는 것은 당해 용어의 본래의 뜻에 반하는 것이므로, 우리는 이러한 용어 사용을 피하기로 한다. 다른 한편 경제학의 입장에서 보게 되면, 기업의 취득은 다른 주체에 의한 물체의 취득(물건의 교환)에 그치는 것이 아니라, 오히려 고정적 기업의 권력자의 지위를 다른 주체가 승계하는 것이다. 먼저의 경우에는 물건이 교체되는 데 비하여 나중의 경우에는 사람, 즉 그 지위가 바뀌게 된다. 따라서 승계라고 하는 표현은 후자의 경우에만 적합한 것이다. 이와 마찬가지로, 일정한 가격에 대한 채권자로서의 어떠한 채권의 승계는 물건의 매매와는 다르게 다루어져야 한다.

57) 그러나 소비재의 매수인으로서만은 그러하다.

그의 고용주는 그에 갈음하여 시장에 나타나고, 그에 갈음하여 '생산자'로서 행세하며, 더구나 생산물도 기업주의 생산물로 되어 등장한다. 노동력은 경제적으로 은닉되고 만다. 단순상품생산에서는 상품은 실질적으로 근로자의 생산물이었다. 즉 노동력과 물건의 소유자는 한 인격자에게 속하게 되어 있었다. 생산물이 이 사람의 소유로 되는 것은 당연한 일이다. 이렇게 되는 경우 소유는 근로자에 대하여 노동수익을 보장하는 기능을 수행하게 된다.58)

그런데 지금 소유권은 매매에 의하여 무엇을 어떻게 실현하고 있는 것인가? 소유권 객체에는 재료의 소유자와 노동력을 지니는 다른 한 사람, 두 사람의 인격자가 관계를 맺고 있다. 이러한 경우 법학적으로 가공(加工; spezificatio)이다. 결국 소유권자가 아닌 사람이 소유권자의 물건을 가지고 하나의 새로운 물건(nova species)을 만들어 내는 것이다. 이 문제에 관하여 고대 로마시대에 사비니아니(Sabiniani)와 프로쿠니아니(Procuniani)의 두 법학파 사이에 오랜 동안의 논쟁이 벌어졌었다. 그 주된 내용은 생산물을 재료의 소유권자와 그 가공자 중 어느 쪽의 것으로 하여야 하는가에 관한 것이었다.59) 오늘날 우리들이 문제삼는 물건의 소유자가 가지는 전유권은 전혀 논의 대상이 아니었다. 왜냐하면 그것은 처음부터 근로계약에 의하여 묵시적으로 승인되고 있기 때문이다. 따라서 지금 상품이라고 하는 경제적 형태로 다루게 되는 생산물의 양도행위에서 일방의 인격자는 미리

---

58) 이 발전단계에서는 전노동수익권이 처음에는 현실적인 논쟁의 대상으로서 사회주의적 표어로 되었지만 나중에는 다시 없어져 버리고 말았다.

59) Gaius, Ⅱ., S. 79.

보상을 받은 것으로 쳐버린 채, 오로지 나머지 다른 한 사람의
인격자만이 상품을 양도하는 것으로 된다.

그렇지만 앞에서 경제적으로 은닉되고 만다고 해버린 한
사람, 즉 근로자는 어떠한 방법으로 보상을 받게 되는 것인가?
법률행위로서 임금에 의하게 된다. 그러나 임금을 얼마로 하느
냐 하는 것은 지금 근로자 ― 노동수단 ― 노동생산물이라는 관계
로서 규정되는 것이 아니고, 또한 그것은 기술적 과정과는 관계
가 없는 것이며, 상품에 관하여 개별적 관계에 놓여 있는 것도
아니다. 그것은 기업의 장소 밖에 멀리 떨어져 있는 손과 두뇌
의 시장에서 결정된다. 양도는 임금 또는 노동수익을 실현하는
것이 아니라 겉으로 보기에 물적인 것, 즉 물건의 가치를 실현
할 따름이다. 그런데 이 가치의 요소는 과연 무엇인가? 그것은
현실의 물건 이외에는 아무것도 아니다. 바꾸어 말하여 미리 지
불되는 생산수단의 원가(原價), 즉 불변자본(不變資本), 그리고 미
리 지불되는 노동력의 대가(代價), 즉 가변자본(可變資本)이다. 자
본가들은 이러한 움직임을 가치요소가 실현되는 것으로 보지
않고, 다만 그것이 자본가에게 지불되거나 반환되는 것에 지나
지 않는 것으로 보아 넘긴다. 일반적·사회적으로 보는 한에서
만 양도는 가치가 실현되는 것이다. 그렇지만 자본가 입장에서
는 잉여가치, 즉 미리 지불된 가치를 실현하는 것이 곧 소유권
과 매매의 기능이다.

이렇게 하여 오로지 소유권자만이 생산물을 손에 들고 시
장에 나타나고, 그것에 포함되어 있는 잉여가치를 호주머니에
넣는다. "잉여가치는 그의 소유이며, 다른 어느 사람의 것도 아
니다"(Ⅰ., S. 549). 소유권은 여기에서 연간 총생산물을 우선 두

부분으로 나누는 기능을 담당하게 된다. "자본가계급은 근로자계급이 생산하지만 자기들이 전유하는 생산물의 일부분과 그리고 그것을 팔아서 받게 되는 어음을 근로자계급에 속하는 사람들에게 언제든지 화폐형태(임금의 지급)로서 교부한다"(Ⅰ., S. 530). 근로자가 자기보존과 재생산을 위하여 필요로 하는 생활수단으로서의 이 기금, 즉 노동기금, 결국 연간 총생산물 중에서의 일정부분은 가변자본의 형태를 취한다.[60] 잉여가치라고 하는 다른 부분은 자본가계급의 수중에 그대로 남게 된다.

소유권은 이 분배적 기능을 법률에 의해서가 아니라, 또한 법률상 특권에 의해서가 아니라 사물의 정적인 생성과정을 거쳐 가면서 해낸다. 그렇지만 그것은 법률에 위반하여 일어나거나 또는 법률의 밖에서 생겨나는 것이 아니고, 종래의 단순상품생산에 상응한 여러 규범을 기초로 한 과정 속에서 이루어진 것이다. 소유권의 법적 내용이 확대된 것도, 아니면 축소된 것도 없으며, 또한 남용된 것도 없다. 어느 새로운 종류의 연계제도가 안출되어 소유권에 부가될 필요가 있는 것도 아니다. 소유권객체를 양도하는 기능, 즉 고용된 노동력에 대하여 화폐를 등가물로서 교부하는 기능은 전혀 특수한 것이 아니다. 이 관계는 노동을 화폐와 교환하는 데 필요한 권능이 인격적 자유권의 단순한 변칙적인 행사가 아닌 것과 마찬가지다. 두 가지 법제도의 법적 내용에는 아무런 변화도 없다. 따라서 "화폐의 본원적 자유화는 상품생산의 경제법칙 및 이로부터 파생되는 소유권과

---

60) 그것은 근로자가 매수인으로 생산시장에 나타나서 생계수단을 위하여 화폐를 교환하자마자 자본가계층으로 되돌아가며, 이것은 끊임없이 되풀이된다. 그리고 그것은 계속적으로 자본가계급에 의하여 근로자에게 다시 미리 지급된다(가변자본의 순환).

다름없이 그대로 일치한다. 그럼에도 불구하고 다음과 같은 결과를 빚어냄도 그대로 사실이다. 즉 (i) 생산물은 자본가의 것이고 근로자의 것이 아니라는 점, (ii) 이 생산물의 가치는 일종의 잉여가치를 포함하고, 더구나 그것을 위하여 근로자가 노동을 투하하고 자본가는 아무것도 투하하지 않았음에도 불구하고 그것이 자본가의 합법적인 소유로 된다는 점, (iii) 근로자는 계속적으로 노동력을 보유하고 매수자를 발견하면 다시 그것을 팔 수 있다는 점 등이다.

이렇게 하여 법은 파괴되지 않고 오히려 계속적으로 작용하는 기회를 확보하게 된다"(I ., S. 548).[61]

우리는 법질서의 사실적 기초가 변화되면, 바로 뒤이어 법제도는 그 법질서의 적극적인 관여가 없더라도 그 본원적 기능을 달리하게 될 수 있음을 알게 되었다. 근로자에게 노동수익을 보장하는 기능은, 소유권객체(객체=자본)가 특정한 성격을 지니게 되는 때에는, 근로자에게는 노동기금을 주는 것에 그치고, 소유권자에게는 인류로서 영원히 벗어날 수 없는 일인 노동을 면제시켜 주면서 또한 그에게 잉여생산물까지 주는 기능으로 바뀐다. 소유권은 잉여가치권원으로 된다. 바꾸어 말하면 소유권은 완전히 새로운 분배적 기능, 즉 현재의 경제질서에서의 독특한 점으로서 과거의 그것과는 모순되는 것 같은 분배적 기능을 하는 것으로 되었다.

---

61) 여기에서 우리는 당해 과정에 관한 법적인 정확한 분석에 주의해야
    한다. 다른 어느 경제학자도 그와 같이 정확하게 분석한 바 없다. 마르
    크스의 탁월한 분석방법을 칼 맹거(Karl Menger)도 여러 차례 인정한
    바 있다.

이러한 법제도의 기능은 자본주의적 질서의 초기에 들어서면서 바로 인식되고 또한 사실로서 받아들여진 것이다. 즉 "우리들의 생활영역에서는 욕망의 충족을 위하여 노동을 해야 한다. 따라서 사회의 일부는 몸을 아끼지 말고 노동하지 않으면 안 된다. … 그런 반면에 어떤 사람들은 노동을 하지 않으면서도 노역의 생산물을 자유로이 처분할 수가 있다. 그렇기는 하지만 소유자들이 이렇게 할 수 있는 것은 문명과 질서의 덕택일 뿐이다. 그들은 전적으로 유산자계급식 제도의 창조물이다"(EDEN, 마르크스, Ⅰ., S. 380에서 인용).[62]

잉여가치권원으로서의 이러한 기능은 경솔한 관찰자의 눈에는 띄지 않게 마련이다. 왜냐하면 그것은 생산과정에서나 유통과정에서 직접적으로, 아니면 명백하게 드러나지 않기 때문이다. 잉여가치는 생산과정에서 생겨난다. 그러나 이 과정에서는 실현되지 못하고 유통과정에서 실현되는데, 그렇다고 이 과정에서 그 자체가 생겨나는 것은 아니다. 그것은 마치 법적 절차로서 부(父)를 확인할 수 없기 때문에 법적으로 아버지가 없는 것으로 되어 있는 사생아(spuriis)와 마찬가지인데, 다만 그 차이는 여기에서는 사생아의 경우와는 달리 자본가가 아버지인 줄을 알기는 하지만 놀랍게도 그에 관하여 아무런 책임도 지지 않게 되어 있다는 점이다.

---

62) 자연법론에 따르면 재산을 소유하고 있는 개인은 그 보호를 위하여 사회질서 속에 발을 들여 놓게 되며, 따라서 그의 소유재산은 자연의 선물처럼 여겨진다. 법질서만이 또는 조직화된 사회만이 재산소유를 만들어 낸다. 그렇지만 유산계급사회의 자연법철학이 재산소유를 자연권의 하나로 들고, 또한 개념적으로 그 법질서를 전제로 하는 까닭도 충분히 이해할 만하다.

(3) 매매와 이윤

생산물시장 안에서는, 그저 동등한 죄인들 사이에서 특히 가족관계에 있는 사람의 죄가 그럭저럭 용서되고 마는 데 그치지 아니하고, 더 나아가 잉여가치의 처녀생식이 자명한 것으로 받아들여지고 만다. 잉여가치는 일정한 노동, 아니면 노동과 재료의 결합에 돌아가는 것이 아니라 재원 즉 자본 자체에 돌아간다. 이렇게 하여 상품으로 바뀐 생산물에서의 당해 생산을 이룩한 노동력의 별정화(別定化)가 생겨난다. 노동자는 시장에서 행세하는 기업가의 계산으로부터 완전히 사라지고 만다. 그 사람도 이 조금 높은 단계에서는 이미 물건의 숫자에 포함되지 않는다. 시장단체는 자족적 사회이고, 전체로서의 인간사회는 몰라도 상관없다. 어느 유산자계급의 세계에서나 인간과 물건이 별개로 평가되는 것처럼, 여기에서의 상품도 그러하다. 일반적으로 말하여 인간은 그 능력에 상응하는 가치를 가지게 되지만, 유산자들에게는 인간은 그 소유에 상응하는 가치를 가지는 것으로 된다. 없는 쪽에서는 인간은 다른 사람이나 사회를 위하여 무엇을 하느냐에 의하여 평가되고, 있는 쪽에서는 자기 자신에게 무엇을 보태어 가질 수 있느냐에 의하여 평가된다. 이와 마찬가지로 상품은 시장중개인의 의식에서 서로 다르게 ─ 일반적인 가치의 테두리 속에서 ─ 평가된다. "상품에 대하여 자본가가 들이는 비용과 상품의 실질적인 가액은 전혀 다르다. 상품가치 중에 잉여가치를 이루는 부분에는 실제로 근로자가 임금을 받지 않는 노동을 투하하는 것이기 때문에 자본가는 거기에 정말로 아무것도 들이지 않는다. 그런데 자본주의적 생산의 기초 위에서 근로자는 일단 생산과정에 들어가게 되면 계속적으로 일정한 기능을 해내고 그것은 곧 자본가에 속하는 생산자본의 한 구성부분을 이룬다. 그렇게 하고 나서 자본가는 현실의 상품생산자로 되기 때문에 상품의 비용가격은 그에게는 필연적으로 상품 그것의 현실적인 비용으로 나타난다."ㅡ"상품의 자본가 몫으로서의 비용은 자본가의 지출로 계산되고, 상품의 현실적인 비용은 노동에 대한 지출에 의하여 계산된다"[Ⅲ., 1, S. 2f. (3)].

단순상품생산의 단계에서는 사람들은 누구든지 거의 같은 규모의 것을 소유하고 각자 직접 노동하기 때문에 이러한 평가는 일반적 평가와 일치하지만, 자본주의적 생산에서는 일치하지 않는다. 노동을 하지 않는 소유자는 이제 가치 및 잉여가치를 노동에 대하여서가 아니라 소유에 관계있는 것으로 취급한다. 투하된 불변자본이나 가변자본은 하나의 등질적 전체, 즉 순수하게 생산비용으로서, 상품의 비용가격으로 나타나고, 잉여가치는 다름 아닌 '시장'에서 생겨난 이윤으로 나타난다. 비용가격이나 이윤은 이 세계에서의 소유권객체의 품격에 맞는 형태이고, 또한 '생산자'라는 것은 이 세계에서의 소유권주체로서의 적절한 징표이다. 잉여가치의 일정 비율은 이윤으로 된다.

상품의 주인들에게는 "do, ut des", 즉 "나는 주고, 나는 받는다"라고 하는 격률만이 존재할 뿐이다. 전반적인 자유, 완전한 평등질서, 공화국이 확립된 것이다.

(4) 경쟁과 시장

지금까지 설명한 바와 같더라도 자본소유자들의 자유로운 시장단체는 독립한 상품생산자들의 사회 전체 속에서 분업을 해나가는 결집체에 지나지 않는다.63) 따라서 모든 부분 생산은

---

63) 이것은 공장제수공업식 기업 내에서의 분업과는 구별되어야 한다.

사회적 생산의 한 기능에 지나지 않고, 또한 필연적으로 부분으로서 전체에 의하여 규제된다. 이러한 부분생산의 피규제성, 즉 그 종류와 범위는 또한 총체의사의 의식적인 규칙에 의해서가 아니라 만인에 대한 만인의 투쟁(bellum omnium contra omnes)이라는 자연법칙에 의하여 경쟁적으로 결정된다. 이것은 여러 가지의 적성을 가진 노동력이 아마도 그 대우가 좀더 나은 노동수단의 할당을 받기 위하여 행하는 경쟁에 의해서가 아니라 사장(師匠)자격을 독점하고 있는 사람들이, 결국 자본과 자본소유자들이 보다 관심을 가지고 있는 것을, 바꾸어 말하여 이윤을 획득하기 위하여 벌이는 경쟁이다. 왜냐하면 노동력은 자본의 당연한 부가물로 되고, 더욱이 실업자의 예비군으로 대기하고 있다가 어떠한 지시에도 즉시 따를 수 있도록 준비되어 있기 때문이다. 암암리에 노동의 자본에 대한 예속성을 전세로 하는 이 경쟁에 의하여 상품은 이제 그 가치에 의해서가 아니라 실제로는 비용가격과 이윤에 의하여 교환된다. 그렇지만 이 이윤이 잉여가치로 말미암아 멸실하게 되는 것은 아니다. 즉 이윤은 잉여가치의 실질일 뿐만 아니라, 또한 양적으로도 근로자 계급으로부터 빨아들인 초잉여가치에 의하여 자본가계급의 총이윤으로 되고 흡수된다. 요컨대, 상품은 단순상품생산의 단계에서는 가치에 의하여 교환되고, 자본주의적 생산양식에서는 가치의 한계 내에서 이윤, 특히 평균이윤에 의하여 교환된다.

개개의 자본가는 상품의 주인이 행세하는 공화국에서는 그 자유를 충분히 누리지 못한다. 왜냐하면 "경쟁은 생산과 소비의 사회적 성격을 실현하기"(Ⅲ., 1, S. 173) 때문이다. 결국 경쟁이라는 것은 아래에서는 근로자의 착취가능성의 한계에 의하여, 위에서는 가치의 한계에 의하여 근로자계급의 자본가에 대한

종속성을 보완하고, 또한 다른 모든 자본가들에 대한 종속성은
보다 대담한 발동력에 의하여 획득된 잉여이윤을 언제든지 평
균이윤까지 끌어내리기 때문이다. 그밖에 "잉여가치를 생산하는
… 자본가는 이 잉여가치의 최초의 전유자임에 틀림없다. 그는
나중에 다른 여러 기능을 해내는 자본가들이나 토지소유자들과
잉여가치를 분배하여야 한다. 이와 같이 잉여가치는 여러 부분
으로 나눠진다"(Ⅰ., S. 527). 자본가－상품생산자는 유통의 영역
에서는 전혀 다른 성질을 띠게 되고, 공장이라고 하는 자본주의
의 지옥에서 서로 다투면서 획득한 잉여가치를 뒤에 우애롭게
나누어 가지게 될 다른 자본가들과 우연이기는 하지만 동행하
게 된다.

이렇다 보니 매매계약과 결부되어 있는 소유권의 분배적
기능은 결코 쉽게 이해되지 않으며, 또한 단순한 것도 아니다.
그것은 소유권자－매도인에게 타인의 노동수익이 귀속한다는
것만으로 충분히 설명되지 않는다. 매매(emtio-venditio)는 시장이
라고 하는 이름의 사회적 시설로서 구성된 사회조직 속에서 이
루어진다. 시장은 단순히 사회적·경제적인 제도에 그치지 않
는, 하나의 법적 공동체이다. 이러한 점은 시장이 상품거래소나
증권거래소처럼 단체로서 구성되어 있지 아니한 경우에도 마찬
가지이다. 그것은 공법상의 보충제도이다. 이 법적 구조물도 법
학적으로 규명되어야 한다.

(5) 상인－그 경제적 성질과 법적 인격성
우리 사회에서의 자본가는 지금까지 설명한 바와 같이 세
겹의 가면을 쓰고 있다. 즉 그는 우선 최초의 무대에서는 소유
권자(dominus)로서, 다음에는 생산수단의 매수인 또는 상품의 매

도인(emtor-venditor)으로서, 그리고 세 번째로는 노동력과 계약하는 상대방으로서, 인간이라고 하는 상품의 고용주(conductor operarum)로서 등장한다. 이 배역자의 세 가지 법적 가면은 그의 소유권 객체의 세 경제적 형태에 상응하는 것이다. 즉 그는 우선 화폐(貨幣)를, 다음에 노동수단(勞動手段)을, 그 다음에는 상품(商品)을 처분하게 되고, 그의 소유권은 연달아서 세 종류의 자본형태를 취하게 된다.

"따라서 여기에서의 화폐자본, 상품자본, 생산자본은 독자적인 자본 부류를 나타내주는 술어도 아니며, 또한 각각 독자적이고 개별적인 산업부문의 기능과정도 아니다. 이들 자본은 여기에서는 다만 산업자본의 특수한 기능형태를 보여주는 것에 지나지 않고, 산업자본은 이들 세 형태를 모두 이어서 취하게 되는 것이다." "총순환의 과정 중에 이들 각 형태를 취하기도 하고 버리기도 하며, 그리고 그 때마다 그에 조응하는 여러 기능을 해내는 자본, 이것은 산업자본이다"(Ⅱ., S. 26). 어느 한 자본이든지 이 세 가지 형태의 통일체이다. "그러면서도 현실적으로 모든 개별적 산업자본은 동시에 이 세 가지 전부를 지니는 형태로 존재한다"(Ⅱ., S. 73). 그러나 상품이라고 하는 소유권 객체는, 얼마 안 있어, 자본가의 수중에서 독립하게 되고, 그것의 상품자본은 그 특수한 경제적 기능에 의하여 그 활용자와 대표자를, 즉 산업인 및 상인을 필요로 하게 된다.

소유권 객체는 이 특별한 처분권능에 의하여 어떠한 역할을 해내는 것일까? "상품을 판다고 하는 기능은 이전에는 생산자가 그것을 생산하는 기능을 다하고 난 다음에 그대로 수행하여야 했던 기능이었지만, 이제는 이미 상인에 의하여 생산자로부터 벗어나게 되고, 그리고 서로 다른 특수한 사업으로 뒤바뀌게까지 되었다"(Ⅲ., 1, S. 253).[64] 그것은 물론 역사적 결과는 아니다. 상품거래자본은 자본주의적 생산양식의 완성과 함께 처음으로, 그리고 현실적으로 자본주의적 생산을 하는 기업가나 아니면 산업가들에 대해서만 이렇게 독립하는 것처럼 되었다. 이러한 관계는 다음의 설명에 잘 나타나 있다.

즉 "상품거래자본은 완전히 화폐로의 변화과정을 거쳐야 하고, 상품자본으로서 시장에서 그 기능을 해내야 하며, 생산자의 상품자본 이외의 어떠한 것도 아니며, 다만 이 기능은 생산자의 부수적 조작이었던 것에 갈음하여, 이제는 상품거래업자라고 하는 자본가의 특수부류의 독점적 조작으로 나타났다고 하는 점뿐이다"(Ⅲ., 1, S. 253-254).

도대체 무엇이 상품거래자본에 대하여 독자적으로 활동하는 자본의 성질을 갖게 한 것일까?

다시 하나의 기능이 독립되어 인격화하고, 하나의 새로운 경제적 가면이 창조된 것이다. 또한 이와 함께 일정한 자본이 독립되고, 이 자본은 전적으로 생산세계의 밖에 있으며 더구나 이윤까지 요구한다. 노동, 생산에 대한 모든 관계는 말끔히 사라져 버리고 말았다. 소유권자는 이미 자기의 물건의 현실적인

---

64) 상품창고를 소유하고 있는 상인은 약간 특수한 종류의 소유자다. 원칙적으로 그는 타인의 생산물을 전유하지만, 얼마 안 있다가 타인에게 그것을 양도해 버린다. 그에게는 그 유래와 사명이 타인의 소유물에 있는 일정한 재산을 처분하는 것이다. 단순상품생산의 시대에는 이러한 상행위를 부정상업(不正商業; Schacher)이라고 부르기도 하였다.

점유를 근로자에게 이전하지 않으며, 그 소유권을 이제는 노임계약의 체결에 의하여 행사하지도 않는다. 소유권자에게는 이와 같은 연계제도가 필요하지 않다. 아무튼 그는 자기의 물건을 기술적으로, 또한 중매인에 의하거나 영세농에 의하여 처분하지 않고, 아무런 기술적인 내용과 관계가 없는 법률행위에 의하여 처분해 버리면 그만이다. 상품의 현실적 인도(traditio)는 반드시 있어야만 되는 것은 아니고, 상품은 창고에 들어 있는 채로 소유권은 창고증권(특히 예치증권; Lagerbesitzschein)을 넘겨줌으로써 이전된다. 이러한 유형의 소유자는 단지 팔기 위하여 사는 셈이다. 이것은 자영세습재산의 관점에서 볼 것 같으면 비합리적인 사기이고, 결코 경제과정이라고 인정할 만한 것이 개재되어 있지 않은 하나의 과정에 지나지 않는다. 그렇지만 그것은 유통수단으로 되고, 또한 분배의 한 과정이기 때문에 그래도 경제적인 기능양식이다. 이미 우리는 소유권객체가 노동력의 매개 없이, 더욱이 실제로 노동에 관하여 아무런 기억을 되살리지 않으면서 자기의 가치증식운동을 자랑으로 삼는 제3의 세계에, 즉 "나는 주고 나는 받는다"(do, ut des)는 절대적인 세계에 서 있는 것이다. 소유권 객체는 '생산자'의 수중에서와 마찬가지로, 상인이라고 하는 소유권자의 수중에서도 이윤을 요구하고, 전자의 이윤율을 압박하게 된다(Ⅲ., 1, S. 270).

이 발전이 더욱 진행되면 일반법으로서의 민법의 태내로부터 상법이라고 하는 하나의 특수한 발아체가, 즉 민법상의 총체로부터 법률상 특수한 요건을 갖춘 상인이라고 하는 사람이 분리되어 나오게 된다. 끊임없이 반복적으로 행해지는 무수한 경제거래는 규범에 의하여 법률행위로 유형화된다(상행위). 물론 이 실질관계는 규범변천의 영역에 속한다.

(6) 상행위의 사회적 기능

상인자본은 단순상품생산의 사회에서는 발전된 자본주의적 생산양식에서와는 달리 적지 않은 해(害)까지 수반한다. 단순상품생산사회에서는 그것은 자유롭고 평등한 사람들의 집단 속에 파괴적으로 침투해 들어간다. 이러한 현상은 오늘날에도 소유권자가 자립경영자로서 그다지 많지 않은 금액의 재산을 이용하는 곳에서는 어디에서나 찾아볼 수 있다. 상인자본은 주문생산자와 주문자 사이에 끼어들게 되고, 양자로부터 착취한다. 그것은 생산자를 자기에게 종속시키고, 그로부터 잉여가치의 전부를 빼앗음으로써 생산을 지배한다. 즉 "이 생산지배양식이 어떻게 이행하여 작용하더라도 … 그것은 그 자체만으로 종래의 생산양식을 변혁하지 못하고, 오히려 종래의 구생산양식(舊生産樣式)을 보존하며, 또한 자기의 전제로 삼기 위하여 그대로 존속시키기까지 한다. 이 생산지배방식은 어느 곳에서나 현재와 같은 자본주의적 생산양식을 방해하고 끝내는 후자의 발전과 함께 쇠망한다. 그것은 생산양식을 변혁시키지 않으면서 직접적 생산자들의 상태를 아무런 까닭도 없이 저하시키고, 그들을 직접적으로 자본의 지배하에 포섭된 자들보다도 나쁜 조건에 놓이게 하는 단순한 임금근로자나 무산자로 뒤바뀌게 하며, 구생산양식의 토대 위에서 그들의 잉여노동을 전유한다". 여기에서 상인은 실제의 자본가로서 나타나고, 잉여가치의 전부 또는 대부분을 그의 수익으로 삼는다. 이러한 자본주의적 형태는 수탈이 아니라 단순한 전유이고, 조금도 진화적으로 작용하지 않으며, 오히려 진부한 생산양식을 굳건하게 만들어 버린다. 그것은 소유자에게 소유권원을 가지게 해 주지만, 그들로부터 잉여가치권원을 빼앗고, 그 실제에는 근로자 이외에 아무것도 아닌 기업가라고 하는 혼혈아를 탄생시킨다.

따라서 이러한 형태의 소유권, 즉 상인-상품거래 자본은 종종 산업자본과는 다른 기능을 하게 되기도 한다. 산업자본은 "노동의 생산력을 증대시키고, 노동의 생산력의 증대에 의하여 노동력의 가치를 저하시키며, 또한 이렇게 함으로써 이 가치의 재생산에 필요한 노동일자의 일부를 단축시키기 위하여, 노동과정의 기술적이면서 사회적인 조건을, 이와 함께 생산양식 자체까지도 달라지게 만들고 만다"(Ⅰ., S. 279). 이와 같이 산업자본 —착취에 의존함에도 불구하고—은 끊임없이 조직적으로 작용하고 노동의 생산성을 증대시키며, 물건의 새로운 질서를 만들어 낸다. 그렇지만 상품거래 자본은 결코 그와 같이 명확하게 작용하지는 못한다. 상품거래 자본은 산업자본과 병행하고, 그것에 종속하는 경우에는 현저하게 경제의 발전에 이바지하지만, 전자는 그것이 후자를 압도하거나 그렇지 않거나를 막론하고, 부분적으로 종래의 생산양식을 경화시킨다. 오로지 전자는 여러 가지 종래의 소유관계를 존속시키고, 빈곤한 가내노동의 형태로서 노동양식을 자기에게 들이맞추는 경우에만 후자를 부분적으로 변경시킨다. 이러한 현상은 근대적 공장제수공업 및 가내노동에서는 더욱더 현저하다. 공장으로 탈바꿈하지 않으면서도[65] 자기를 산업화하는 것, 이것 바로 상인자본이다. 이것에 관하여 칼 마르크스는 다음과 같이 말하고 있다.

"자본은 그것이 대량적·공간적으로 집중되고, 또한 직접적으로 명령을 받게 되는 공장근로자, 공장제수공업근로자 및 수공업근로자 이외에 도심지 및 교외에 산재해 있는 가내근로자라는 별도의 한 편대를 눈에 보이지 않는 실로써 연결하여 동

---

65) 무엇보다도 이것은 나중에 다루게 될 노동기금의 출자를 상인자본에 의하여 가능하게 만든다.

원한다. … 싼 값으로 성숙되지 아니한 노동력을 착취하는 것
은 근대적 공장제수공업에서는 전래적 공장에서보다도 한층 더
그 정도가 심하다. … 또한 그것은 이른바 가내노동에서는 공
장제수공업에서보다도 훨씬 더 그 정도가 심하다. 왜냐하면 근
로자들의 분산에 의하여 그들의 저항력이 감소하기 때문이고,
다수의 도둑방식의 기생자가 본래의 고용주와 근로자 사이에
끼어들기 때문이다"(Ⅰ., S. 427). 이렇게 함으로써 상인자본은
공장 내 질서 이외에 사회적 계몽과 발전의 중대한 장애물인
제2의 노동질서와 근로자계급을 만들어 내고, 경우에 따라서는
산업자본의 그것보다도 훨씬 고도의 반사회성을 띠는 여러 기
능을 해낸다. 그 밖에 그것은 자본주의적 생산양식의 분배질서
를 파괴하거나, 또는 그 발달을 억압하기도 한다.[66]

　　매매가 소유권의 연계제도로 되어 있는 곳에선 어디에서나
소유권은 그 특징적인 분배적 기능을 해내기 마련이다. 그렇지
만 당해 기능은 매매에 있는 것이 아니라, 거꾸로 매매가 언제
나 단순한 소유권의 행사일 따름이고, 물건을 이용하는 특수한
방법임에 지나지 않는다. 매매(emtio-venditio)라고 하는 법적 형

---

66) 마르크스는 자본주의의 기능양식을 도식화하지 아니하고 각각 다른
　　토지와 기후, 상이한 국민성 등에 따라서 모든 종류의 자본에 대한 특
　　수한 기능을, 그 서술이 일반적·이론적 성질을 띠는 연구와 적합한 범
　　위에서 고찰한다. 그의 임무에는 완숙된 단계에 놓여 있는 자본주의적
　　생산양식의 서술이라고 하는 목적상의 한계가 있다. 따라서 그는 중간
　　단계의 여러 형태를 설명할 수 없다. 그렇다고 하여 그가 이들 중간형
　　태의 저항력과 그 생명력이 있음을 부정하는 것은 아니다. 그는 중간형
　　태의 보존책, 즉 중간단계의 보호를 위한 입법을 특히 고려하지도 않는
　　다. 왜냐하면 그것은 보다 초기의 단계에 속하는 것이기 때문이다. 그것
　　은 전통적인 여러 경제제도의 보호를 위하여, 경쟁의 소용돌이 속에서
　　도 그것을 유지시키기 위하여 공법적 제도를 만들어 내고 있다(면허 강
　　제, 자격증명, 춘프트회원의 특권 등).

태상 그것은 노동계약(locatio conductio operarum) 그것과 마찬가지
로 어떠한 자본주의적 계기도 부착되어 있지 않다.[67] 다만 매
매는 오늘날에는 자본주의적 소유권의 일정한 행사의 단순한
수단이기 때문에 그 법형태 그것에 언뜻 보아 의심스러운 바가
있다고 여겨질 따름이다. 분배적 기능을 담당하는 것은 소유권
특히 소유권객체이다. 그것은 일반적으로 잉여가치권원 특히 이
윤권원이 된다. 그러나 소유권은 단지 잉여가치를 분배할 뿐만
아니라 임금(가변자본으로서)도 분배한다. 실로 그것은 자본가에
게 당연히 귀속하는 것이 아니고, 이윤과 임금을 가격 형태로서
실현하며, 그 결과로서 자본가들의 계급 자체 내부에 압박적인
의존관계를 만들어 낸다. 우리는 우선 이러한 것의 가장 두드러
진 여러 가지 사례를 이해하도록 하여야 하겠다.

4. 소유권과 환취계약

여러 경제주체에 의하여 고정적으로 점유되고 있는 재화라
하더라도 그것의 사실상의 사용도 그와 마찬가지로 언제나 고
정적인 것은 아니다. 모든 경제형태에는 숨겨져 드러나지 않게
되어 있는 사용가치가 포함되어 있기 마련인데, 다만 사적 소유
권자의 사회에서만은 개인의 의사대로 그 가치를 자유로이 처
분할 수 있게 되어 있다. 자연경제의 시대에는 어느 사람의 수
중에 정체되어 있는 소유권을 일시적으로 타인의 점유로 이전
시키는 것에 관하여, 주로 다음 세 가지의 제도가 인정되고 있
었다. 즉 (i) 재화를 안전하게 점유할 수 없는 소유권자를 위

---

67) 매매계약 및 노임계약이 자본주의적 착취에 이바지하는 것이라고 하
여, 그것을 반사회적인 것이라고 배척하는 사회적 비판은 아주 잘못된
것이다. 그것은 법형태와 그 사회적 기능을 혼동하고 있는 것이다.

하여 행해지는 위탁(depositum) 또는 위탁계약(Verwahrungsvertrag)
― 예를 들어 말을 이웃사람에게 맡기는 것, (ⅱ) 개개의 동산
또는 부동산을 소비하지 않고 사용하는 수취인을 위하여 행하
여지는 사용대차(commodatum) ― 예를 들면 땅을 갈아 일구기 위
하여 이웃사람에게서 말을 빌리는 것, (ⅲ) 불특정물의 동산[68]
을 빌려 쓰고자 하는 수취인을 위한 소비대차(mutuum) ― 예를
들면 수확 후 반환하기로 하고 5쉐펠(Scheffel)어치의 밀을 빌려
다 쓰는 것. 기간이 지난 다음 빌린 사람은 동일의 특정물 또
는 동량·동질의 불특정물을 반환하여야 한다. ― 이러한 법률행
위는 당해 경제단계에서는 지방적 관습 및 법률상으로 무상이
고 이자수취의 금지는 대체로 일반적 법원칙의 특수한 경우에
한한다. 이들 여러 제도의 발전은 여기에서는 다만 화폐가 그것
의 객체로 된 다음에, 그리고 그 범위에 걸쳐서만 연구하기로
한다.

(1) 화폐, 그 기초와 법규범

화폐는 한 인격자인 사람이 취득한 소유권의 객체, 즉 일
종의 물건이다. 오늘날 여러 화폐의 자연적 상태는 통상적으로
주조화폐, 금, 은 등이다. 물리학은 소재의 여러 표지를 가르쳐
주고, 공학은 우리들에게 합금과 화폐주조의 여러 가지 방법을
가르쳐 준다. 따라서 우리는 경화(硬貨)가 무엇인지를 우선 물리
학적·공학적으로 고찰할 수가 있다.

경제학적 고찰은 이 기초 위에 있는 것이다. 화폐는 특정

---

68) 불특정물(Gattungssache)은 법학용어로는 '대체할 수 있는 것'이다. 왜
    냐하면 동일한 종류의 동일량은 서로 대체할 수 있는 것이기 때문이다.
    예를 들면 소, 곡물, 화폐 등은 이에 속한다.

한 경제적 형태를 지니고 일정한 기능을 하도록 만들어진 것이
다. 생산지를 뒤에 표시하게 되어 있는 귀금속은 본래 시장에
나타난 생산물이고 상품, 즉 일정한 경제적 가치를 지니는 상품
이다. 창고의 귀금속은 모두 세계의 시장에 투입되고, 또한 그
것이 임금근로자의 작업장이나 화학공장 또는 조폐 당국에 보
내지는지의 여부에 관계없이 상품이다. 화폐로서 작용하는 이
소재는 다른 상품과 교환되기 위해서는 먼저 가치, 즉 상품이
어야 한다. 따라서 귀금속의 상품형태는 화폐의 경제적 기능의
필연적 기초로 된다.[69] 질적 및 양적으로 측정된 금속(일정한
합금에 의한 1파운드의 화폐)은 교환과정에 있어서의 오랜 발전에
의하여 점차적으로 상품으로서 다른 모든 상품에 대한 대상(代
償) 또는 등가물의 역할을 하는 기능을 지니게 된다(일반적 등가
형태).

　　아무리 깊숙한 곳에 숨겨져 있는 화폐라 하더라도 그것은 모
두가 재화이다. 화폐는 그것이 사실적으로가 아니라 오로지 표상
적으로 숨겨져 있는 경우에도, 바꾸어 말하면 그것이 일시적으로
사용되지 아니하고 소유자에 의하여 저축되어 있는 ― 그에게는
직접적인 유용성은 없고, 그렇다고 타인에게도 직접적인 피해는
주지 않는다 ― 경우에도 재화 형태를 취한다. 화폐는 수전노(守
錢奴)의 돈 상자에서나 기업가의 금고에서나, 그것이 나중의 사
용을 위하여 준비되어 있는 한, 이용되지 않는 '현금재고'로서
재화 형태를 취한다.

---

69) 이에 관하여는 마르크스의 「자본론」 제1장을 참조. 마르크스는 왜, 어
　느 정도까지 화폐표상과 화폐권원이 화폐에 의하여 대체될 수 있는지를
　상세하게 분석하고 있다. 그러나 이들 예외라는 것이 화폐가 화폐로 되기
　이전에 우선 상품이어야 한다는 법칙을 부정하는 것은 아니다.

화폐는 그것이 여러 가지 상품을 유통시키기 위하여 매매
에 사용되는 경우에 비로소 등가형태 또는 가격형태를 취하고(2
마리의 소는 1파운드에 상당한다), 또한 경제적인 유통수단으로 된
다. 이 경제적인 형태(등가형태) 및 기능(유통수단)은, 그것이 일
단 역사적이고 경제적으로 갖추어지면, 우선 여러 규범의 기초
를 형성하고 법규에 의하여 파악된다. 법규가 화폐를 만들어 내
는 것은 아니다. 화폐는 결코 법질서의 창조물은 아니고, 경제
의 창조물이다. 법질서가 이것을 지배하는 것은 나중의 일이고,
우선 일반적인 관습을 밝히고 그 질과 양을 확정하며, 기껏해야
생산 자체의 질서를 확립하는 것에 지나지 않는다. 이전부터 주
어졌던 하나의 경제적 기초는 나중에 법적 또는 국가적인 것으
로 바뀐다. 그렇지만 기초에서의 변천이 규범을 무너뜨리거나
또는 기초에 어긋나는 규범이 비경제적인 방법으로 기초 자체
의 화폐로서의 성질을 파괴할 수도 있다는 유보를 언제든지 수
반하게 된다. 어떠한 대상에 관하여도 경제적 기초와 법적 규범
과의 항쟁 및 암투에 관한 연구가 이 경우만큼 절실하게 요구
되는 예도 드물다.

상품으로서의 귀금속은 화폐로 바뀌고, 유통과정에서는 상
품의 상반측면, 외견상으로 그 대립물로, 그러나 본질적으로 그
동질물로 존속해 나간다. 어느 종류의 화폐(은이나 동에 대한 금)
는 또는 어느 국가에서 통용되는 화폐(가치로서)가 비교되고, 또
한 교환되거나 그렇지 않거나 이전의 상품으로서의 성질이 전
면에 나타나는 점은 마찬가지다. 화폐는 환금거래에서는 상품으
로 되고, 또한 이렇게 함으로써 상품거래자본에 버금가는 화폐
거래자본의 기능을 해낸다. 환금상(換金商)의 화폐보유고는 당해
환금상이 일을 해나갈 수 있게 해주는 자본이고 거래자본이며,

그리고 화폐는 그러한 거래에 있어서의 상품, 즉 초국가적 · 국제적인 것이고 또한 개개의 국가법에 의하여 구속되지 않는 세계거래에서의 제1급의 상품으로 되기도 한다.

우리는 하나의 자연물이 여러 방면에 걸쳐서 유능한 배우처럼 많은 역할을 하는 예를 찾아볼 수 있다. 화폐를 문제로 삼는 경우에는 무엇보다도 우리가 화폐의 어떠한 역할을 생각하는가를 식별하고, 또한 그것을 명확하게 하여야 한다. 화폐의 여러 역할의 혼동에 의하여 도대체 터무니없는 점이 여러 과학상의 논의거리로 떠오르기도 한다. 화폐 자체를 나쁜 것으로 보고 그 모든 것을 부정하기도 하는데, 화폐를 말끔히 용해시켜 그것으로 여러 실용품을 만들려고 하는 사회주의자들만이 이러한 잘못에서 해방될 수 있는 것은 아니다. 결정적인 것은 화폐의 기능이다. 그런 가운데서도 분명히 다음과 같은 문제가 나타날 것이다. 즉 화폐는 우리에게 별로 관심사가 되지 않는, 그 물리학적-공학적 형태는 어떻게 되었든지 간에, 또한 재화형태, 등가형태 및 상품형태라고 하는 이미 우리가 알고 있는 경제적 형태가 어떻게 되었든지 간에, 제4의 형태, 즉 자본형태를 취한다. 더 나아가 화폐가 이러한 형태를 취하든지 그렇지 않든지,[70] 임치 및 소비대차는 별도의 성격을 가지고,[71] 이 환취계약은 다른 여러 기능을 발전시킨다. 임치 및 소비대차는 자연경제에서는 제2차적 기틀이고, 또한 그다지 중요성이 있지도 않던 보충적 제도이었지만, 이제는 소유권의 원칙적 행사방법, 소유권의 중심적 기능, 그 본래적 사명을 지니게 되었다. 바야흐로 소유권은 어느 자연적인 방법으로 최후까지 이용되도록 제공되

---

70) 불규칙 예치(depositum irregulare)의 형태로서 자본형태를 취하는 것.

71) 여기에서 사용대차는 고려할 필요가 없다.

는 데 그치지 아니하고, 양도되어 사용되는 것으로 바뀌었다. 소유권자로부터 벗어나서 다른 사람의 것으로 되어야 하는 소유권은, 어떻게 따지든지 이 양도 자체가 일정한 대상(代償)에 의하여 이루어지지 않는다면, 아무런 가치도 지니지 못하는 것이 될 수밖에 없다. 환취계약은 그것이 소유권의 원칙적인 방법에 맞추어 생겨나거나 말거나 반드시 대상적인 것으로 짜여진다. ― 교회법이 그것에 관하여는 아무것도 몰랐던 원죄.

"화폐는, 자본주의적인 생산양식을 기초로 하여 자본으로 뒤바뀌고, 이 전화(轉化)에 의하여 어느 일정한 가치로부터 그 자체를 증식시키며, 증가된 가치로 된다. 이렇게 하여 화폐는 그것이 화폐로서 지니는 사용가치 이외에"(일반적 상품등가물로서 또는 상품으로서), 하나의 부가적 사용가치, 즉 자본으로서의 기능을 발휘한다고 하는 사용가치를 함입하게 된다. 여기에서의 화폐의 사용가치는 실로 화폐가 생산하는 이윤에 달려 있다. 여러 가지 가능성을 지니는 자본으로서의 화폐는 이윤의 생산수단으로서의 특성으로부터 상품, 특히 독자적인 종류(sui generis)의 상품으로 된다. … 자본으로서의 자본(Kapital als Kapital)은 상품으로 되고(Ⅲ., 1, S. 322-323), 또한 이렇게 함으로써 자본의 독자적인 시장, 자본시장을 만들어 내게 된다. 따라서 여기에서 계약에 접속하게 되는 것은 화폐가 지니는 자본기능의 사용가치, 즉 이윤을 획득하는 기능이다. 이자는 이러한 기능을 해내는 자본에 맞추어 자본소유자에게 지불하게 되어 있는 이윤의 일부에 대한 특수한 명칭 또는 독특한 표제라 할 수 있다.

이렇게 하여 화폐의 소유권은 소유자에 대하여, 그가 취득하게 되는 이윤의 일부, 즉 이자를 취득할 수 있는 힘을 준다.

물론 자본기능을 가지는 다른 상품(산업자본, 상품거래자본)도 이와 마찬가지로 소비대차의 목적이 될 수 있다. 바꾸어 말하면, 소비대차의 객체가 화폐자본이라는 점은 그 경제적인 측면을 중심으로 생각해 보면 그렇게 본질적인 것은 아니다. 그럼에도 불구하고 근대에 들어서는 언제든지 물건의 화폐가치 또는 일정한 금액이 소비대차의 목적으로 되고 있다.

(2) 소비대차와 이자

위에서 말한 과정을 매개시켜 주는 법률행위는 매매가 아니라 무툼(mutuum), 즉 소비대차이다. 바꾸어 말하면 똑같은 수량 및 품질의 물건의 반환의무를 차주(借主)에게 부담시키고, 일정한 양의 대체물을 차주의 소유로 넘겨주는 것이다. 소유권의 양도, 즉 양도인 쪽에서의 소유권의 상실과 차주 쪽에서의 소유권의 취득은 법적으로 필연적인 양상이다. 오늘날 법률행위는 반드시 유상적인 것이 아님에 비하여, 현재의 여러 관계에서 맺어지는 소비대차는 항상 유상적이다. 이자는 대가(對價)를 형성한다. 법률행위는 직접 경제에 속하지 않는 여러 가지 목적에도 이바지하며, 여러 법적 행위를 기초로 하여 완성된 법체계에서의 다른 제도와 마찬가지로 그 규범적 성질에 근거하여 자체의 개성화를 이루어낸다. 그러므로 소비대차에서의 대가와 자본적 성질은 법적으로 이 제도에서 본질적인 것이 아니다. 채무의 내용이 어떠한 것인지에 따라서 비로소 경제적인 이해관계가 결정된다. 즉 "이들 경제적 거래가 당사자의 의사행위로서, 그들의 공동적인 의사의 표출로서, 또한 개개의 당사자에게는 국가에 의하여 강제할 수 있는 계약으로서 나타나는 모든 법적 형태는 단순히 그 형태만으로 내용 자체를 규정할 수 없는 것이다"(Marx, *Kapital*, Ⅲ., 1, S. 323).

여기에서는 경제적으로 아무런 교환행위(交換行爲)가 생겨나
지도 존재하지도 않는다. 왜냐하면 서로의 양도가 인정되지 않
기 때문이다. 화폐가 상품과 교환적으로 인도되는 경우에는 우
리는 화폐를 양도하고 그 가치의 등가물(等價物)로서 상품을 받
게 된다. 우리가 소유하고 있는 것은 마지막 단계로서 양도되고
뒤이어 바로 그 대가를 취득한다. 대주(貸主)로 되는 자본가는
자기의 자본을 내놓으면서 아무런 물건도 취득하지 않는다. 그
렇다고 하여 그가 자본을 양도하는 것은 아니다. 당해 자본은
그의 수중에서 떠나지만 상품유통(商品流通)에 끼어 들어가는 것
이 아니라 다만 대주로부터 차주에게 이전되고, 일정한 시간이
경과하고 나서는 후자로부터 전자에게 반환될 뿐이다. 이 자본
의 이전과 반환은 결코 제대로 된 유통과정에서의 행위는 아니
다. 이 과정을 경제적으로 본다면, 그 어느 것이나 두 사람이
상품유통과정에서 전적으로 동일한 지위를 차지함으로써, 자본
가=소유권자라는 관계, 다시 자본가=차주라는 관계를 만들어
내는 하나의 법적 거래이다. 소유권자 이외에 소작인이 나타나
더라도 토지는 경제과정상으로 다만 한번밖에 기능을 발휘하지
못한다고 하는 것과 같이, 소비대차의 목적으로 되는 자본은 여
기에서는 오로지 한번밖에 기능을 발휘하지 못한다. 자본은 기
능을 발휘할 수 있는 주체를 옮긴다. 다시 말하여 그것은 기능
을 발휘시키지 않는 자본가의 손으로부터 기능을 발휘하게 하
는 자본가의 손으로 이전한다. 자본의 반환도 마찬가지로, 그
자체 하나의 경제적 과정이나 성과가 아니고 계약의 이행이다.
이 경우 자본은 단순히 생산에서뿐만 아니라 상품유통에서도
이탈된 것으로 되어 있어,[72] 단지 하나의 법적 과정, 소유자의

---

72) 우리는 자본이 어느 정도 유통한다는 것을 부인하지는 않는다. 그렇지
  만 이 과정은 상품의 유통이 아니라 자본의 특수한 유통일 따름이다.

변경의 과정에 걸쳐 있는 것처럼 드러난다.

차주가 대상으로서 얻게 되는 몫은 평균이윤의 일부를 이자로의 변형, 이자라고 하는 새로운 범주를 만들어 내는 것으로서, 그 자체가 한편으로 화폐자본가로의 변형, 다른 한편으로는 산업자본가와 상업자본가로서의 자본가의 분열, 아니면 이들의 경제적 기능의 사실상의 분열이다. 여기에서 이자부자본가로부터 기능자본가로 바뀌게 하는 것, 이것은 타인의 노동에 대한 명령 및 타인의 노동의 전유에 대한 요구, 곧 소유권의 명령기능과 착취기능이다. 타인의 노동을 전유할 수 없는 곳에서는, 이미 앞의 자연경제 — 여기에서의 소비대차는 무이자이다 — 에서 본 바와 마찬가지로 이자와 같은 것은 전혀 존재하지 않는다(Ⅲ. 1, S. 340ff). 기능자본가가 이자를 지불하고 난 다음 보유하게 되는 평균이윤의 일부는 기업이득으로서 어느 특수한 성격과 명칭을 지니게 되고, 또한 자본을 소유하지 못하고 일정한 기능을 발휘하는 자본가도 마찬가지로 기업가라고 하는 성격과 명칭을 부여받는다. 기업에서 타인의 자본을 이용하는 것이 통례로 됨에 따라 모든 기능자본가는 많든 적든 타인의 자본의 일부도 운용하게 된다. 그에 따라 자본가라고 하는 명칭, 그것은 일반적인 용어 범례와 그 의미를 달리하게 된다. 오늘날의 용어사용례에서는 기업가 및 피용자라고 불린다. 대부자본가가 아닌 기업가만이 현실적인 '고용주'이고, 오로지 후자만이 상품유통과 생산의 현실적인 중개자(仲介者)이다.

신용경제가 완전히 발달하게 되면, 그때에는 자기의 자본으

이와 마찬가지로 토지소유에서의 소유의 형태가 바뀌게 되는 것은 상품유통이 아니다.

로 일을 하는 '기업가'도 이자와 기업이득을 엄격하게 분리시켜
계산한다. 그가 자기 자본의 가상적 대주에게 지불하여야 하는
것으로 계산되는 이자는, 그에게는 생산물의 일부로서, 자본소
유권 자체, 즉 단순히 법적 처분권능에 당연히 귀속하는 일부로
나타난다. 이와는 달리 능동적·기능적인 자본가에게 귀속하는
이윤부분은 기업이득으로 나타난다. 이것은 자본가가 재생산과
정 및 유통과정에서 자본을 기초로 하여 수행하는 여러 작업
또는 기능의 원천으로부터 생겨나는 것으로 파악되고, 또한 기
업가의 기능에 맞물려 돌아가게 된다. 따라서 이자는 기능자본
가에게는 단순한 자본소유권의, 자본 자체의, 자본의 재생산과
정과는 관계없이 생겨나는 소유권원의 과실로서, 기능외자본의
과실로서 나타난다. 이에 비하여 기업이득은, 그에게는 기업가
가 자본에 의하여 거둬들이는 여러 기능의 배타적 과실로 나타
나고, 기업가에게는 화폐자본가가 전혀 활동하지 않는 점과는
달리 자신의 활동 곧 자본의 운용과 조작의 과실로 나타난다.
이 주관적 견해는 화폐가 사실상 소비대차의 목적물로 되는 곳
에서는 어디서나, 이자가 비능동적인 대주에게, 또한 평균이윤
의 잔여가 차주인 기업가에게 돌아가는 사실의 필연적 결과이
다(Vgl. Ⅲ., 1, S. 359). 이자를 받는 자본가와 기능자본가의 두
가지의 외관이 발전하면, 자신이 기업가인 자본가도 그 사고에
서 그러한 것과 마찬가지로, 자기의 장부에서도 자기 개인 속에
하나로 합쳐져 있는 두 가지의 기능을 나누게 된다.

이제 임금노동에 대한 자본의 대립은, 이자의 형태에서 경
제의 제4의 영역에서 말끔히 없어지게 된다. 즉 이자부자본(利
子附資本)은 그 자체 임금노동에서가 아니라 기능자본에 대립한
다.[73] "이자부자본은 기능으로서의 자본에 대립하는 소유권으로

서의 자본이다"(Ⅲ., 1, S. 365). 그것은 현존하고 있지는 않지만 소유자의 수중에서는 기능을 상실한 자본이고, 차주인 기업가의 손에 들어와야 비로소 그 기능을 발휘하게 된다. 기업가에게는 기업이득은 직접적으로 임금이고, 그 자신은 차주와의 관계에서 본다면 근로자로 된다.

따라서 시장상인들의 영역에서는, 평등한 사람들의 공화국 에서는 소유와 무소유의 대립은 분명히 별도의 형태로서 재현 되는 것임을 알 수 있다. 기능자본가의 머리 속에는 그의 기업 이득이 노임 및 감독비보다 높은 임금이라고 하는 표상이 떠오 르게 될 것임에 틀림없다. 왜냐하면 첫째로는 그의 노임이라는 것이 복잡한 노동에 대하여 지불되는 것이기 때문이고, 둘째로 는 소유자가 스스로 노임을 해내게 되어 있기 때문이다(Ⅲ., 1, S. 368). 그렇지만 첫째로 이자는 두 사람의 자본가의 관계이고, 자본가와 근로자 사이의 그것이 아니며, 둘째로 이 감독은 '노 동'이 아니고, 마지막으로 감독비(監督費)라는 것도 기업이득과는 다른 것이다.[74] 거대한 자본주의적 기업에서는 관리노동을 인간 의 필생적인 직업으로 파악하여 자본의 소유로부터 분리시키는 경향이 있다. 이자부자본은 이렇게 하여 다수의 경제적 감독자

---

73) 칼 마르크스에 의한 이러한 빈틈없는 구별에 다시 한번 유의해야 한 다.

74) "직접적 생산과정이 사회적으로 결합된 과정의 형태를 취하고 자립 생산자들의 개별적인 노동에 의존하지 않는 경우에는 언제든지 감독과 지도라고 하는 노동이 당연히 필요하게 되기 마련이다"(*Kapital*, Ⅲ., S. 369). 따라서 기술적 지도는 일반적으로 사회적·필연적인 노동이다. 그 렇지만 자본가와 근로자의 적대에서 생겨나고 자본주의적 생산양식의 허비(faux frais)에 해당하는, 즉 그 경비에 속하는 지배적 감독은 그렇지 않다(Vgl. *Kapital*, Ⅲ., S. 371).

로 구성되는 하나의 계급을 만들어 낸다. 이들은 그 전유하고 있는 자본을 어떠한 권원에 의해서도 소유하지 않으면서 기능 자본가에게 속하는 모든 기능을 수행한다. 이들 감독자들은 경제적으로 임금근로자가 아니며, 더구나 법적으로 이들에게 아무런 특성이 매겨지지 않는 것임에도 불구하고 이들의 생활은 임금계약에 의존하게 되어 있다. 소유권의 이 연계제도는 노동계급의 모든 단계에서 함께 활용되고 있기는 하지만 노동질서라는 것은 법적으로 소유질서와 완전히 구별되는 것이다.[75] 감독비가 완전히 지불된 경우, 또는 기업가가 그들 자신의 감독자인 경우에는 그것이 특별히 계산되고 난 다음에야 비로소 기업이득을 결정하는 이윤권원이 남는다.

---

75) 기업가는 엄격히 말뜻대로 정의한다면 자본을 가지고 있지 못한 자본가이고, 그는 자본의 기능을 실현하며, 그 기업이익을 그의 보수로 한다. 경영자는 자본가가 아니지만 임금을 받고 자본가적 기능을 실현한다. 이들 양자의 기술적 자질은 동일하고, 모든 경제양식에 있어서 그들이 드물기는 하지만 없어서는 안 되는 경제적 능력에 기초를 두고 있다. 이것은 노동조합의 관리에서 얻어진 경험에 의하여 그대로 입증된다. 여러 가지의 가치를 평가하고 조직화하는 재능, 명령을 내리고 사람이나 물건을 자유롭게 처분하는 기능, 그리고 재빠른 판단을 내릴 수 있는 힘 등은 타고난 재질과 마찬가지로 효과적인 훈련의 소산물이다. 우리가 기업가라는 말을 자본을 소유하고 있지 아니한 자본가로 이해한다면, 이들 여러 가지 재능을 '기업가적성'이라고 하여도 괜찮을 것이다. 기업가와 경영자는 사회적으로 동일한 계열에 놓여 있는 것이지만, 전자는 대체로 이익에 의하여, 그리고 후자는 임금에 의하여 지급을 받는다는 점에 차이가 있다. 그렇지만 이 차이라는 것은 만일 한편으로 이자협정에 의하여 일정한 최저이익을 기업가에게 주거나, 또는 다른 한편으로 경영자가 임금 이외에 일정한 이익배분을 받는 것으로 하게 되면 없어지게 된다. 본문에서 설명한 잉여가치의 분할은 장래의 기업가적성을 없애버리지 않으면서 잉여가치권원의 대부분을 수탈할 수 있게 해 주는 것이다.

그런데 이렇게 되고 나서는 아무런 경제활동도 하지 않으면서 경제적으로 상당한 역할을 해내며, 다른 한편으로 근로자도 아니고 기업가도 아니며, 공장경영자도 상인도 아니면서 모든 인간과 사물 위에, 노예와 공화주의자 위에, 그리고 생산과 유통과정과는 그다지 관계없이 초연하게 존재하는 순수한 소유권자가 기업가 또는 기능자본가와 대립하게 된다.

이자부자본이 전혀 아무런 기능도 하지 않는 객체가 아님은 두말할 필요도 없다. 아무런 기능도 하지 못하는 것은 소유권 주체이고, 그의 권리라는 것은 단순한 이자권원, 즉 특수한 개인적 기능을 수행하지 않으면서 많은 가치나 생산물을 전유할 수 있게 해주는 수단으로 됨에 지나지 않는다. 이 자본형태는 발전한 자본주의사회의 초기에는 하나의 강력한 촉진제(Förderung)로 여겨졌는데, 인류사회 전반에 걸쳐서는 극히 완화된 형태이긴 하지만 다른 자본과 마찬가지로 일종의 착취다. "재산을 가지지 못한 사람이 산업가 또는 상인으로서 신용을 얻게 되는 경우까지도, … 신용은 잠재적 세력가로서의 그에게 따라붙는다. 그리고 이러한 사정은 경제를 내세우는 변호자들에 의하여 매우 고취시켜지는 바로서, … 자본지배 자체를 확립하고, 자본지배의 기초를 확신시키며, 자본지배를 통하여 사회의 하층으로부터 끊임없이 병력을 보충시킨다"(Ⅲ., 1, S. 140).

이자부자본은 소유권의 분배적 기능을 순수하게 그대로 보여 준다. 왜냐하면 소유권 객체는 소유자의 수중에서는 어떻게든 아무런 기능도 하지 못하기 때문이고, 또한 그 객체를 활동적인 점유자에게 넘겨주고 기능을 할 수 있도록 하기 위해서는 법률에 의하여 부여되는 점유가 사적 계약에 의하여 일정한 공물(Tribut)을 상관적 급부로 하면서도 아무런 조작도 거치지 않은 채, 소유자의 수중에서 해방되어야 하기 때문이다. 즉 사회는 그것이 의식적 및 직접적으로 주권행위(主權行爲)를 통하여 넘겨주었던 것을 무의식적·간접적으로, 사적 계약에 의하여 계속적으로 다시 사들인다. 바꾸어 말하면 사회는 끊임없이 환매대금(Ablösungsrente)을 지불하지만 결코 재화를 종국적으로 풀어놓지는 않는다. 어느 기업가든지 그가, 차금(借金)을 하지 않는 기능자본가도 마찬가지로, 그 개개의 소유물에 관하여 이자를 산정하는 순간에, 자신의 창조물에 대한 사회의 일반적 공물도 명백하게 드러나게 된다. 아리스토텔레스는 도구를 영혼이 깃들어 있지 않은 노예라고 지칭했다. 진실로 이자는 살아 있는 사람들의 자유로운 사회가 그 생명력 없는 노예에 대하여 납세의 무를 부담하게 된다는 것을 잘 말하여 준다.

(3) 신용거래의 사회적 기능

이자부자본은 무엇보다도 자본주의적 발전의 초기단계에서는 해롭게 작용한 것이 아니라고 할 수 있겠지만, 평등한 사람들의 공화국에서나 자본가들 사이에서는 그것이 부분적으로 유익하지만 전체에 걸쳐 언제든지 유익하게 작용하는 것이라고는 할 수 없게 되었다. 즉 흔히 그것은 고리(高利)의 성향을 띠는 사악한 형태로 시작하고, 자본주의경제가 점차적으로 높이 성숙해 감에 따라서 신용(信用)이라고 하는 경제에서의 조직적 제도로까지 발전해 나간다.

이자부자본은 그 본래의 형태 자체가 고리대자본이고, 또한그 "쌍둥이 형제인 상인자본과 함께 자본의 태고적(antediluvianisch) 형태"에 속한다(Ⅲ., 2, S. 132). 그것이 널리 유포되어 있는 곳에서는 생산자들에게 없어서는 안 될 생활비를 충당하고 남는(다음에 받게 되는 노임에 상당하는 금액을 넘는) 모든 초과재원이 고리대로 흡수되고 만다(따라서 후에 이윤이나 지대로 나타나는 모든 것도 마찬가지다)(Ebd., S. 134). "고리대자본은 이 형태로서는 직접적 생산자들의 모든 잉여노동을 생산양식에는 아무런 변화도 일으키지 않으면서 전유하고, 여러 노동조건에 대한 생산자들의 소유 또는 점유를 … 본질적인 전제로 하며, 이렇게 하여 거기에서는 자본이 노동을 직접적으로 자기에게 종속시키지 않았던 것이기 때문에, 이런 점에 비추어 보면 산업자본으로서 노동과 대립하지도 않는다, 이 고리대자본은 생산양식을 빈곤화시키고 … 또한 동시에 이 참혹한 상태를 영속화시킨다"(Ⅲ., 2, S. 135).

"높은 이율은 화폐재산을 집중시키는데, 이 경우 생산수단은 분산상태를 면하지 못하게 된다. 그것은 생산양식을 변경시키지 아니하고 기생충처럼 그것에 붙어 살아가고 그것을 참혹하게 만드는 것이다"(Ⅲ., 2, S. 135). 어느 형태의 자본주의이든지 그것은 결코 근대적·조직적으로 작용하지 않는 것이 아님을 알 수 있다. 특히 고리대자본은 자본으로서의 생산양식을 취하지 아니하고, 자본의 착취양식을 취한다(Ebd., S. 137). 그것은 공장에서의 전제정치가 일종의 전원극(田園劇)에 비유되는 사회적 종속관계(로마시대의 구속계약; nexum)를 만들어 낸다.

신용제도는 수많은, 부분적으로 새롭기도 한 경제적 및 법적 제도와 함께, 고리(高利)에 대한 산업자본과 상인자본의 반작용으로서, 점차적으로 그 자체의 지반을 확립해 나간다. 고리의 일부는 경제의 발전 자체에 의하여, 또한 다른 일부는 법규범에

의하여 거우 억제된다. 바꾸어 말하면, 법규범은 고리입법의 형
태로써 또한 실정법상의 신용제도(여러 저축은행이나 저당은행 등)
의 창설에 의하여 일정한 간섭을 하게 된다. 이 억제는 자본주
의 그 자체의, 즉 산업가이자 상인인 사람들의 여러 조건과 필
요에 대하여, 이자부자본 및 그 담당자인 대부자본가들이 종속
되는 것 이외의 어떤 것을 의미하는 것도 아니다. 따라서 이
경우에는 전체로서의 인류사회가 자본형태의 어느 하나를 그에
이바지하도록 하는 것이 아니라, 자본가 사회가 당해 사회를 위
하여 그것을 사회화하고 그 많은 신용조직, 즉 여러 종류와 형
태의 은행을 설립해 나간다. 그리하여 점차적으로 근대적 신용
제도에서의 이자부자본은 자본주의적 생산과 그 중심인물인 자
본가들의 조건에 짝 맞춰진다. 그렇지만 "이자부자본은 오늘날
까지도 광범위하게 개인과 계급소속자들에 대하여, 그리고 셋집
의 예에서처럼 자본주의적 생산양식의 의미로 사용될 수 없는
경우나 생산자이기는 하지만 자본가적 생산자가 아닌 경우(영세
농, 수공업자 등), 그리고 마지막으로 그 성질상 이미 자본가적
생산자이기는 하지만(소규모 생산업자) 스스로 자기노동 위주의
생산자에 가까운 적은 규모로 생산하고 있는 경우에서와 같은
각 관계에 맞추어 고리대자본의 형태를 유지한다"(Ⅲ., 2, S. 139
참조). 이러한 제도가 조합방식에 의한 신용조달로써 고리대자본
을 억제하는 경우에도 그것은 여전히 이자부자본으로 남아 있
었고, 고리대자본은 우리가 나중에 고찰하여 알 수 있게 되는
것처럼, 장차 발전해 나가게 되어 있는 형태로서 그대로 본질적
으로 자본이다. 왜냐하면 "다음과 같은 점은 이를 결코 간과할
수 없을 것이기 때문이다, 즉 첫째로, 화폐는 …… 여전히 신용
제도가 일의 성질상 결코 탈피할 수 없는 기반이라는 것이고,
둘째로 신용제도는 사회적 생산수단이(자본과 토지소유권의 형태

로서) 사인들의 손에 의하여 독점될 수 있음을 전제로 하는 것, 즉 신용제도 자체는 한편으로 자본주의적 생산양식이 지니는 일종의 내재적 형태임과 동시에, 다른 한편으로 자본주의적 생산양식을 최고·최종적으로 가능한 형태까지 발전시킬 수 있는 하나의 추진력이다. 은행제도는 형식적인 구조와 자본의 집중이라는 점에서 본다면, … 자본주의적 생산양식이 몰고 오게 되는 가장 인위적이고 가장 발달한 소산물이다. 이렇게 하여 그것은 분명히 사회적인 규모로서의 생산수단의 일반적인 기장(旗帳) 및 배분(配分)의 형태를 취한다. 그렇지만 그것은 단지 하나의 형태일 뿐이다."(Ⅲ., 2, S. 145).

이자부자본은 아주 적은 신용협동조합에서부터 국립은행에 이르기까지 그 기능의 일부가(어느 자본가단체를 위하여) 사회화되고 있는 경우에도 그대로 사적인 자본이고, 또한 사회 전체를 위하여 전유되는 것이 아니라 자본가 계급, 따라서 사회에서의 어느 특정한 부분사회를 위한 공동처분에 맡겨지는 것으로 된다. 그것은 이제 근로자들이 임금근로자라고 하는 하나의 외관이든지 또는 자기경영을 하는 생산자라고 하는 이중의 외관을 지니더라도 기능자본가들이 근로자들이 한 일로부터 빼앗아가도 되는 공물(供物)임을 당연한 것으로 여긴다.

이렇게 하여 자본기능은 협동조합 및 다른 형태의 여러 조합에서까지 파괴되지 아니하고, 소유권 객체의 그것으로서 그대로 유지되어 왔지만, 이제 이자부자본의 신용제도로의 발전과, 나중에 논급하게 되는 여러 결합(結合; Assoziationen)의 발전에 의하여 실로 소유권자는 완전히 필요 없는 것으로 되고 만다. 즉 이자부자본가는 이자부자본을 스스로 관리하는 것 또는 스스로

대부할 수 있는 일도 그만두고, 그것을 여러 은행에 예치하거
나, 아니면 여러 주식회사에 투자한다. 모든 기능은 임금을 받
는 자의 지위에 있는 사람들에 의하여 수행되고 ― 발전이 급속
하게 이루어지는 경우에는 ― "오로지 기능을 가지는 자들만 현
존해 나갈 뿐이고, 자본가는 불필요한 사람처럼 되어 생산과정
에서 사라져 버린다"(Ⅲ., 1, S. 374).

　　자본관계는 이자부자본에서 가장 외면적이고도 물신적인 형
태에 도달한다. 자본은 이자의 신비적·자기창조적인 원천으로
나타난다. 물건(Ding)[76]이라는 것은 이제 단순한 물건이 아니라
이미 자본이다. … 사회적 관계는 하나의 물건, 즉 화폐의 그
자체에 대한 관계로서 완성된다(Ⅲ., 1, S. 377). 소유권은 단순한
하나의 권원(權原)으로 축소되어 존속해 나갈 뿐이다. 소유권 주
체는 노동이나 그 밖의 어떠한 기능에 의해서도 객체를 관리하
지 않는다. 소유자는 객체를 기한부로 인도하고, 그것에서 손을
뗌으로써 권리를 행사하게 되는 셈이다. 그는 그것을 현실적으
로 이용하지 않지만 당해 물건을 이용하는 것으로 된다. 그는
그 객체를 일시적으로 타인에게 넘겨주고 소유자인 것을 중지
한 채, 채권권원을 가지는 것만으로 만족해야 하는 소유권자이
다. 그는 증권권원을 확보하기 위하여, 아니면 사적 공물을 마
련하기 위하여 자기 자신을 수탈하고 또한 이렇게 함으로써 그
수탈의 필요성, 그 사회적으로 기능을 발휘하지 않아야 되는 축

---

76) 자본주의경제학은 주로 자본의 이 최고이면서 칭찬할 만한 형태에 관
심을 기울이고 있다. 당해 경제학의 이론은 물건을 작동시키는 인간을
고려하지 않는다. 물건 자체로부터 자본의 성질을 이끌어 내려고 노력
하면서, 자본주의경제학은 자본의 인적·물적 과정은 도외시한다. 따라
서 이렇게 하여 얻어진 추상화는 경제의 보다 깊은 이해를 위하여 아무
런 가치도 없는 것이다.

약까지도 그대로 수긍하게 된다. 이와 똑같은 역할을 해내는 대토지소유자의 다른 경제적 가면도 우리는 다음에 접하게 될 것이다.

단순상품단계에서의 우연한 소비대차거래 및 보통 그것과 결합하게 되는 보증계약(保證契約)과 질권계약(質權契約)은, 여러 나라의 법전편찬(프러시아의 분방법, 프랑스 민법전, 프랑스 상법전, 오스트리아 민법전)에서 엿볼 수 있는 바와 같이, 각 국의 강력한 규범창조 ─ 상법, 어음법, 은행법의 제정 ─ 에 의하여 점차적으로 신용 및 신용제도의 완성된 법적 조직으로 발전하였다. 하지만 이러한 규범창조는 그 내용에서 이미 기존의 소유권에 기초를 두고 있는 단순한 법의 보완에 지나지 않는다. 필자는 새로이 구성된 이들 법적 제도의 경제적 기능을 이미 「총체과정으로서의 경제와 사회화」(Die Wirtschaft als Gesamtprozeβ und Sozializierung)라는 책에서 신용제도에 관한 한 절로서 상세하게 다룬 바 있다. 이 입법이 여러 규범의 변천으로서 문제되는 한도에서는 그것은 이 연구의 영역을 벗어나는 것이다. 그렇지만 여기에서도 공법상 보충제도(공적인 신용시설, 국립은행, 저당시설, 저축은행)가 이미 사회 전반에 걸친 새로운 질서를 예시하고 있는 것은 분명하다.

5. 토지소유권과 그 연계제도

농민의 의식으로는 토지소유권은 오늘날까지도 마찬가지이지만 농민의 당연한 부속물로 되어 있는 것으로 어느 특정한, 더구나 비교적 최근세의 법질서에 의하여 설정된 것이 아닐 뿐만 아니라 법에 의하여 주어지거나 유지되거나 취급되는 것이 아니며, 팔과 다리가 당연히 개인의 육체적 부속물인 것과 마찬가지로 그들 자신의 부속물로 여겨진다. 바꾸어 말하면, 농민들은 국가와 법이라는 것도 소유권자를 그 토지소유권에 의하여 보호하기 위하여 후발적으로 만들어진 것에 지나지 않는 것으로 생각한다. 오늘날의 토지소유권은 실로 그러한 토지소유권을 몰랐던 지난 수천년의 토지의 역사가 농민의 기억으로부터 완전히 사라져 버린 것 같은 편견을 농민들로 하여금 갖게 한다. 그럴 만큼 자영세습재산(Erb' und Eigen)의 법제도는 농민의 혈육의 일부로 되어 있었다.

자본주의 이전의 토지소유는 근로자들에게 노동수단의 자유로운 처분을 확보시켜 주기 위하여, 생산수단을 생산자의 수중에 머물러 있도록 하기 위하여, 동시에 생산자들이 노동수익의 전부를 챙길 수 있도록 규정적으로 생겨났다. 즉 토지소유권제도는 근본적으로 노동을 위하여 확립된 것이다.

그렇지만 토지소유권은 그것에 관한 규범의 구성에 의하여 특정한 사람들의 사적 의사의 전속적 영역으로 삼아 모든 타인을 배제함으로써, 지구상의 일정한 부분을 자유로이 처분할 수 있는 개인의 독점을 전제로 하고 있다(Marx, *Kapital*, Ⅲ., 2, S. 154).[77] 지구상의 일정한 부분을 사용하거나 또는 아무렇게나 이용하는 이들의 법적인 힘으로써는 아무것도 해결되지 않는다. 바꾸어 말하면 그러한 부분의 사용은 전적으로 그들의 의사와

---

77) 토지소유권의 열광적인 찬가를 들어 보기로 하자. "땅의 표면 및 지상과 지하에 존재하는 모든 것은 소유권자에게 속하고, 소유권자의 지배는 하늘 및 지구의 중심에까지 미친다"(Gesterding, Krainz, *System des österreichischen allgemeinen Privatsrechts*, 3. Auflage, Ⅰ., S. 537에 인용되어 있다).

는 동떨어져 있는 경제적 조건에 의존할 수밖에 없게 되어 있
다(Ebd., S. 155). 의사제도로서의 법제도는 하나의 공허한 틀에
지나지 않고, 규범의 저쪽에 가로 놓여 있는 권리의 행사에 의
하여 비로소 그것이 내실을 갖추게 되는 것이다.

　　토지소유자로서 활동하는 사람들은 또한 다른 여러 기능도
해내는 것이 보통이다. 바꾸어 말하면 아주 많은 사람들은 토지
소유권자가 아니면서 토지를 사용하여 일정한 기능을 수행한다.
고대 로마에서 지방의 특유재산의 예속적 보유자는 노예의 신
분이고, 따라서 결코 인격자도 아니며 더욱이 소유권자는 될 수
도 없는 자이었음에도 불구하고 지주(Grundwirt)로서 행세를 하
며 살았었다. 전권을 가진 그 소유자 위에는 널리 모든 정체에
거쳐서, 그리고 전토지에 대한 영토고권(領土高權)을 소유하는
국가가 존재하는 것으로 되어 있었다. 토지소유권의 순수한 형
태를 고찰하기 위해서는 소유권원에 걸쳐서만이 아니라, 어떠한
기능을 통하여 생겨나든지 그 모든 것을 토지소유권자와 떼어
놓아야 한다. 여러 기능이 토지소유에 그대로 결부되어 있는
한, 그러한 숙고는 특별한 의미를 가지는 것이 되지는 못한다.
옛날 방식대로 살아온 농민은 그가 자기의 생산자재를 가지고
총괄적으로 벌어들이는 전체적인 금액에서 지대, 자본이자 및
노임을 따로따로 떼어 가려내지 못한다. 이것은 생산하기 위하
여 토지와 직접적인 관계를 가지는 자들이 자기들에게 어떠한
것이 생겨나고 있는지를 제대로 알고 있지 못함을 보여주는 것
이다. 실로 이들 농민에게서 지대의 의미와 내용은 전반적으로
납득하기 어려운 것이 아닐 수 없다. 또한 이론상으로도, 만일
경제발전이 전혀 아무런 기능도 하지 않는 이러한 소유자를 전
혀 만들어내지 않았다면, 이와 같은 연구는 가능하지도 않을 것

이다. "자본주의적 생산양식이 한편으로 토지소유권을 지배관계
와 예속관계(반자유민, 부역, 10분의 1세)로부터 완전히 해방시키
고, 다른 한편으로 노동조건으로서의 토지를 완전히 토지소유권
과 토지소유권자로부터 분리시켰다고 하는 것은 자본주의적 생
산양식의 커다란 공적 중 하나이다. … 이렇게 하여 토지소유
권은 그 경제적 형태를 갖추게 되었다"(Ⅲ., 2, S. 156). 토지를
직접 경작하지 않는 토지소유자가 없는 경우, 즉 계속적으로 여
러 가지 많은 기능이 어느 한 개인 속에 결집되어 있는 경우에
도 우리는 여기에서부터 출발하여야 할 것이다. 이 혼합되어 있
는 형태는 그 기본적 유형에 관한 논의 없이는 이해할 수 없는
것이다.

(1) 소작(용익임대차)

토지소유권의 기능은 토지를 소작인에게 임대하는 토지소
유자에게서 순수하게 나타난다. 지대(地代)는 토지소유권이 경제
적으로 자기를 실현하고 가치를 증식하는 형태이다. 이 경우에
연계제도는 소작계약이고, 이것은 점유의 이전에도 불구하고 인
도된 물건이 그대로 그것을 넘겨준 사람의 소유물로 남게 한다
는 점에서 소비대차와는 구별된다.[78] 그렇지만 소작(Pacht 및 사
용임대차; Miete)만이 지대를 생겨나게 하고 지불하게 하는 유일
한 관계는 아니다. 법적으로 토지소유권은 지구의 일부분에 대
한 처분권이지만, 경제적으로 지대권원(地代權原)이다. 소작관계

---

78) 소비대차의 경우에 목적물이 차주의 소유로 되는 것은 오직 객체의
경제적 성질만이 그것을 설명하여 준다. 소비대차는 여러 가지 대체물,
주로 화폐, 즉 경제적 개성이 없는 물건의 일정량에 적합한 것이다. 그
러므로 소비대차에서는 완전히 똑같은 물건의 반환은 필요하지도 않으
며 또한 법적으로도 불가능하다.

는 경제적 기능이 결부되어 있는 법형태이다. 즉 토지소유권자
는 지대를 받게 된다.

우리는 소유권이 본질적으로 점유적 기능을 가지는 것으로
결국 경작자에게 농업의 객체인 토지를 확보하여 주는 것임을
본서의 첫머리에서 밝힌 바 있다. 그렇지만 소작관계는 객체를
비소유권자의 점유에 이전하는 결과, 소유권으로부터 점유적 기
능을 빼앗아 버린다.[79] 따라서 우리는 여기에서 이러한 점을
토지소유권의 순수한 형태의 출발점으로 삼아야 하겠다.

토지소유는 이제 그 자체가 아무런 생산적 기능을 해내지
못하고 순전히 분배를 위한 작용을 하는 데 그치고 만다. 그것
은 소유자에게 소작인이 발생시킨 잉여이윤을 취득할 수 있는
권능을 준다. 지구의 부분적 지배자들은 "자기들의 참여 없이 달
성된 사회적 발전의 성과를 자기의 호주머니에 집어넣는다. ― 생
래적 과실소비자(fruges consumere nati)"(Ⅲ., 2, S. 159). 도시의 지
대가 그것을 잘 보여 준다. 여기에서도 그 자체 소유권을 부여
해 주는 사회는 그것을 그 피조물로부터 지대라고 하는 공물(貢
物)에 의하여 부분적으로, 그리고 기한부로 거둬들여야 한다. 그
렇지만 "토지소유권은 일정한 발전단계에서는, 자본주의적 생산
양식의 입장에서까지도 아주 해로운 것으로 나타나는 점에서
다른 종류의 소유권과는 각각 다르다"(Ebd., S. 162).

그렇다 하더라도 각 경작지는 어느 것이나 선점되고 동화
되어 간다. 이 점취(占取)와 순응은 토지에 대한 투자를 필요로

---

[79] 소작인은 점유에 관한 법적 보호를 받는다.

한다. 만일 지대가 농지의 소유권자, 토지질료(terrematiere)의 소유권자에 대한 공물이라고 한다면, 농지, 건물 또는 농지개량에 투자하는 소작인은 이 농지에 합체되어 있는 자본, 토지자본에 맞추어 자본주의적인 여러 법칙에 따라서 이자를 산정하여 계산해야 하는 것으로 된다. 그렇지만 소유권과 도시의 주거사용임대차는 "본래의 지대와 토지에 합체되어 있는 고정자본의 이자와의 구별"을 명백하게 보여 준다. 더욱이 소작과 사용임대차는 토지에 합체되어 있는 타인의 자본이 "결국 토지소유권자의 수중에 돌아가고, 또한 이 자본의 이자는 토지소유권자의 지대를 증대시키는"(Ebd., S. 161) 것을 보여준다. 왜냐하면 점차적으로 없어져 가기는 하지만 소작인, 지상권자, 그리고 일부의 사용임차인은 누구나 토지자본을 토지소유권자 및 가옥소유권자의 권한 아래 그대로 남겨놓기 때문이다. 그러나 이것은 자본주의적인 전유의 법칙을 문란하게 만드는 것이므로, 소작인으로서의 자본가는 어떠한 개량이든지 그것을 하지 않으려 든다. 그렇기 때문에 토지소유권은 합리적인 농업뿐만이 아니라 —필연적으로 이에 의존하게 된다— 한층 높은 단계의 자본주의적 생산양식을 억제하는 것으로 된다.

토지와 관련된 명령은 농업노동의 필요조건이고, 또한 모든 생산에는 일정한 장소가 있어야 하므로 단순한 노동의 필요조건이기도 하다. 기업가나 근로자가 토지를 소유하고 있지 못한 경우에는 소작은 그들이 토지의 점유를 확보할 수 있게 해 주는 유일한 길이기도 하다. 그들은 소작료를 제외하고 남는 이윤 또는 임금이 지방의 평균보다 낮은 경우까지도 그대로 소작할 수밖에 없는 것이 보통이다. 소유자의 수중에 들어가는 지대가 얼마이든지 간에, 소작료의 일부에는 평균이윤으로부터이든지 규준적 노임으로부터이든지 일정한 공제분이 포함되어 있을 수 있고, 아니면 이 양자로부터의 일정한 공제분이 함께 포함되어 있을 수도 있다. 그렇다고 한다면 토지소유권은 그에 귀속하게 되어 있는 지대를 실현시킬 뿐만 아니라, 이와 함께 자본의 인도 없이, 기업활동도 하지 않고, 또한 아무런 노동도 투하하지 않으면서 이자, 평균이윤 및 노임까지도 취득하게 해주는 것이다. 그러므로 "만일 소작인이 그의 근로자의 규준적 임금으로부터이든지 그 자신의 규준적 평균이윤으로부터이든지 이에 들어맞는 어느 한 공제분에 상당한 소작료를 지불하려고 한다면, 비록 그가 그것을 지불하더라도 그것은 지대를 지불하는 것은 아니다"(Ebd., S. 288).

지대는 어느 것이나 잉여가치, 즉 사회적 잉여노동의 소산물이다. 그렇지만 이러한 사실은 자영세습재산 속에서 생활하고 활동했던 사람들의 이른바 '상식'(常識)으로 불쾌한 감정을 주는 것일 수밖에 없다. 그들에게는 토지로부터 수취하게 되는 모든 것이 경작지의 과실 자체로 나타난다. 또한 동시에 그것이 자연지대(自然地代)이기도 하다. 그렇지만 자본주의적인 지대는 그렇지 않다. 저들의 상식은 자연의 생산물이 토지로부터 시장으로 운반되어 나가고, 그렇게 함으로써 사회에 인도될 수밖에 없다는 것을 받아들이지 않는다. 사회가 생산물의 가격을 규정하기는 하지만, 그 사회는 이미 그 이전에 법에 의하여 토지의 독점가격을 확정하고, 토지소유권자가 지대 속에 강제로 덧붙여 버리는 잉여이윤을 만들어 낸 셈이다. 토지소유권자가 취득하는 것은 사회적 잉여가치이고 그것이 자본주의적인 지대의 특색이다. 그러나 토지소유권은 첫째로 반드시 잉여가치의 표준적 부분으로 만족하지 아니하고, 자본가의 호주머니에 손을 들이밀고 그로부터 평균이윤을 끄집어낸다. 둘째로 아무튼 잉여가치 그것으로 만족하지 아니하고, 가변자본을 취하여 근로자의 임금을 끌어내린다. 셋째로 토지에 합체되어 있는 고정자본을 취득한다. 토지소유는 이들 여러 경우에 사회적인 노동기금과 축적기금으로부터 잉여수입을 받아들이는데(아래 151면 참조), 그렇게 함으로써 한편으로 종족번성과, 다른 한편으로 물질적 발전을 위축시키기도 한다.

(2) 사용임대차

소유권으로 하여금 단순히 지대권원이 되게 하는 분배적 기능을 살펴본 것만으로 소유권의 사회적 기능을 충분히 파악한 것이 되지 못한다. 토지소유권에 관한 불만은 농촌의 토지소유에서보다도 도시의 토지소유에서 훨씬 더 두드러지게 나타난다.

사람은 누구나 주거를 필요로 한다. 인류의 주거에 관한 역사는 전체 인류의 문화사 중에서 중요부분을 차지하는 것이고, 원인(原人)들이 살았을 것으로 미루어 짐작되는 원시시대까지, 아니면 자연과학에서 단순한 규명대상으로 삼는데 지나지 않는 무의식적인 사회적 존재의 시대에까지 거슬러 올라간다. 동물의 세계에도, 경우에 따라서는 꿀벌의 집처럼 실로 놀라운 생활장소가 있다. 야수의 동굴에서부터 유목민의 천막을 거쳐, 다시 정착민족의 돌담집에 이르기까지, 그 위에 주택의 사실적 이용이 규범에 의하여 거주권(Recht auf die Behausung)으로 형성되기까지는 일련의 기나긴 독창과 투쟁의 역정 그대로였다. 지나온 여러 시대를 통하여 볼 때, 모든 외부적인 생활조건은 민족의 공동점유(Gemeinbesitz)로 되어 있었다. 그렇지만 주거만은 일찍이 율리우스 오프너(Julius Ofner)가 말한 그대로 일종의 '가산'(Suum), 즉 공적 재산에 대한 하나의 '사적 재산'(Privatum)으로 되어 있었다. 그러나 이 사적 재산은 아직 각 사람의 사적 소유권은 아니다. 가(家; domus)는 종족이나 가족 어느 것의 소유로 되어 있으며, 오랜 동안 가족으로서의 가를 의미하고, 가부장은 공적인 ─법적인 공동체, 즉 가족단체의 수장이며, 이 가족단체는 양육과 상속을 디딤돌로 하여 영속적으로 유지되고, 가에 관한 담당주체로 여겨졌으며, 외부에 대해서는 가부(家父) 아니면 가장(家長; dominus)이 대표하게 되어 있었다. 오랜 동안 이 가족단체는 가의 처분할 수 있는 모든 부속물, 즉 동산에 관하여 개별적인 사적 소유권이 성립하기까지는 이 권리의 담당자로 존속하게 된다. 유산계급의 법은 무엇보다도 이 가족단체를 붕괴시킴으로써 그것을 법적 총체(universitas juris)로서는 종식시켜 버리고 여러 가지가 주체적으로 결합된 권리를 매개로 하여 그것을 법적으로 다시 구성한다. 즉 가는 보통 한 사람의 가부장(家父長)의 사적인 소유로 되고, 종족의 연계는 무너져 개개의 여러 제도로 나뉘게 된다[부-모; 혼인법, 부-자; 부권(父權), 조상과 후손; 상속법 … 이것은 또한 개개의 권리로 파악되기도 하였다. 주거는 예전과 마찬가지로 많은 사람을 위한 하나의 단체적 제도로서의 구실을 하고 있지만, 어느 한 사람이 생전에 법적 구성원들의 의견을 묻지 않고서, 아니면 자기의 유언으로 자유로이 처분할 수 있는 물건으로 되어 버렸다. 따라서 이러한 측면만 가지고는 그것도 하나의 사적인 소유라고 할 수 있다.

이 법적 구성이 처음부터 더욱이 자영세습재산의 시대에서까지도 그 기능과는 정반대로 짜여졌던 것이었음은 너무나도 분명하다. 이 법이 이치에 맞지 않는 것은 사실상 가족단체를 유지하고 있던 관습에 의하여 완화되고 있었다. 따라서 여러 가

족구성원의 여러 다른 의사나 이익에 반하는 가의 매각 또는
유언에 의한 가부장의 자의적인 그것의 처분은 흔치 않은 예외
였다. 가의 처분이 이러한 사정을 제쳐두고 행하여지는 경우에
는, 그 정당한 권리행사까지도 구성원들이 모두 비난하는 것이
보통이었다.

　인간의 주거는 그 생활의 중심적인 장소다. 자영세습재산의
시대에는, 그것은 동시에 보편적인 장소이기도 하였다. 즉 사람
은 자기의 가족과 함께 주거에서 생활하고, 거기에서 생산하며,
또한 소비도 하고, 그리고 그곳을 중심으로 자기의 존재 전부의
실현을 이끌어 간다(이 책 45면과 46면 참조). 자본주의적 경제는
이 경제의 통일을 깨뜨려 버렸다. 공장, 창고, 생산물의 판매장
은 가(家)의 밖으로 옮겨지고, 그 기술적 합목적성에 맞추어 각
각의 장소를 갖추게 되었다. 공장은 다른 적절한 장소를 확보하
게 되었는가 하면 생산된 상품은 또 다른 적절한 저장소와 판
매점을 구비하게 만들었다. 차후의 교육도 집으로부터 공적인
학교로 옮겨짐에 따라, 주거는 순수한 거주의 장소로 축소되고
또한 그러한 변이에 맞추어 가장 알맞은 장소가 정해진다. 가
(家)라고 하는 말은 오늘날에는 전혀 다른 것, 즉 특정한 어느
장소의 이용을 위한 자본가적인 설비를 의미한다. 그것은 주택
이든지 공장건축물이든지 창고이든지 백화점이든지 교사 중의
어느 한 곳이다. 일반적으로 보아 그것은 더 이상 사적 재산
또는 가산이 아니다. 오늘날의 주택은 그 속에 타인을 거주시키
는 데 이바지하고, 따라서 타인의 것이지 소유권(가산이라는 의미
에서의)으로 작용하지는 않는다. 또한 공장은 아주 많은 다른 사
람을 수용하고, 그들이 그 속에서 작업하는 데 사용되며, 교사
도 어느 가족이든지 다 이용하게 되어 있다. '어느 한 가(家)의

주인'이라고 하는 말은 오늘날의 가에 관한 규정의 아주 잘못된 해석이다. 그것은 본래 다른 사람을 위하여 규정되어 있는 것이다.

지구상의 여러 대륙에 펼쳐져 있는 온갖 생산물의 교환에 근거하고 있는 자본주의적인 경제양식에서 장소는 가장 중요한 의미를 가지는 것이다. 이것은 우선 시장에서의 최상의 '위치'를 둘러싸고서, 다음에는 시장에 진출하는 최상이자 최단이면서 싼 방편을 둘러싸서, 마지막으로 원료시장과 생산시장의 관계에서까지 생산의 최상의 장소를 둘러싸고 벌이는 상인들의 경쟁에서 두드러지게 나타난다. 좀더 유리한 장소는 그것을 소유하고 있는 자에게 그 경쟁자와의 비교에서 초과이윤을 발생시켜 준다. 결국 그것은 일정한 지대를 가져다 주는 것이다. 개별적인 장소는 관청에 의하여 인가되어야 하겠고(시장의 위치). 또한 당해 인가와 결부하여 그 관청에 일정한 사용료를 납부하여야 할 것이다. 어느 장소를 소유하는 자는 경우에 따라서는 관청에 갈음하여 사법적으로 동일한 거래를 할 수 있다. 즉 그는 당해 장소를 임대까지도 할 수 있다.

장소는 어느 한 공간에서의 하나의 점(點) 또는 일정한 선(線)이다. 그것은 전적으로 비물질적이다. 따라서 그것은 결코 생산물도 재화도 그리고 가치도 아니다. 그것이 하나의 가치를 지니는 물건이 아닌 것은 떠돌아다니면서 장사를 하는 상인들로부터 세금을 거두어들이는 것이 허용되었던 '통행세 수납소'(Schlagbaum)가 그렇지 않았던 것과 마찬가지다. 단순히 한 지리학상의 한 지점에 지나지 않는 장소는 사회의 전반적인 경제발전이 상당히 이루어지고 공간적인 분배를 위하여 사람들의 왕래나 재화의 수급상 특히 당해 지점을 필요로 함으로써 그 의미를 지니게 되었다. 만일 이 장소가 일정한 생산물이라고 한다면, 그것은 그것에 의미를 부여해 준 여러 사회상황의 창조물이다. 그것은 결코 법질서의 교착으로 말미암아 그 지점에 자리하게 된 사람의 그것이 아니다. 아주 우연히 그 지점을 점유한 자는 하나같이 그곳의 통행인들에게서 그들이 챙긴 이윤의 일정한 몫을 요구함으로써 사회적으로 주어진 그 지점의 의미를 경제적으로 충분히 이용한다. 이 할당의 몫은 이후 당연히 받아도 되는 지대(地代)로 고착된다. 이제부터는 그 행운의 점유자는 이(지리학상의) 장소를 잉여이윤의 취득을 위하여 또는 기한부로 이용하기 위하여 이전해 주거나 임대하며, 경우에 따라서는 영구적으로 이전해 주거나 일정한 가격으로 매각해 버릴 수도 있다. 그는 어느 경우에나 직접 경제적으로 아무런 활동도 하지 않으면서 사회적 생산물의 일정한 몫을 취득한다. 지대와 지가(地價)는 국민경제 가운데서 특별한 활동을 하지 않으면서 받을 수 있게 되어 있는 소득이다.

시장에 위치한 어느 장소가 단순히 장소라는 의미만으로 임대되거나 매매되는 예는 아주 드물다. 일반적으로 장소의 이용을 위하여 없어서는 안 되는 여러 설비도 자본가적으로 생산되고 ─ 판매소 또는 매점 ─ 대부분의 경우 장소는 그러한 건물이 세워진 채 그 건물과 함께 팔리거나 임대된다. 이를 위하여 국가적으로 또는 지방적 관습으로 이자를 발생시키게 되어 있는 화폐자본의 투하가 필요하다. 따라서 양도(讓渡)에서는 지가 이외에 건축자본이, 또한 임대에서는 지대 이외에 자본이자가 계산되어야 한다. 이러한 필요에 맞추어 세워진 가옥은 각종의 주택용 또는 상업용의 건물, 어느 것이거나 관계없이 설비자본

의 이용을 위한, 그리고 지대의 실현을 위한 하나의 자본주의적
기업용으로 사용된다.

　이렇게 하여 도시의 가옥소유권은 임대차라고 하는 연계제
도에 의하여 전형적으로 타인의 것으로 발전한다. 바꾸어 말하
면, 이것은 그 전부 또는 일부가 타인의 점유에 이전되고, 소유
권자에게는 공물을 권리로써 요구하는 이외에는 경제적으로 아
무것도 할 수 없는 운명적 처지밖에 되어 있지 않음을 뜻하는
것이다. 이용하려고 하는 토지를 가능하면 빨리 손에 넣으려고
하는 욕망은 토지에 대한 투기를 없애주는가 하면, 다른 한편
손에 넣은 장소를 무한히 이용하려고 하는 욕망은 여러 도시에
서의 많은 자본기적 임대아피트의 비위생적인 건축양식으로 나
타난다. 그렇지만 장소가 본래부터 제한되어 있든가 또는 일반
적인 사회의 발전이 건축양식에 앞서는 곳에서는 자본주의의
기본법칙에 따라서 생겨나는 이 수반현상이 건물고리(建物高利;
Bauwucher) 또는 주택고리(住宅高利; Wohnungswucher)로 뒤바뀌기
도 한다. 토지소유권과 합체된 자본은 사회적 발전을 심하게 억
제하면서도, 장소로부터 생겨나는 여러 가지의 초과이윤 이외
에, 공업경영자나 상인의 표준적 이윤과 점점 비싸지는 임대료
에 맞추어 지불되는 노임상의 여러 공제에 의하여 더욱 증대하
게 된다. 도시의 토지소유권은 자본주의적인 경제질서의 의미에
서만은 ─ 사회주의적 입장에서 본 것이 아니면서도 ─ 비발전적
이고 기생충적인 것이다. 따라서 입법은 최근 수십 년간 점차적
으로 사적 건축활동과 사적 건축소유를 건축질서의 여러 규범
에 의하여 제한하지 않을 수 없었다. 경제적 발전과 국가적 입
법은 도시의 임대가옥을 차츰 공공의 시설과 비슷한 것으로 이
끌어 왔다. 그와 함께 국가적 및 지방적인 행정은 그에 맞추어

광범위하게 사적 건축활동을 공적인 것으로 변질시켰다. 건물조
합은 가족주택과 조합주택의 건축에 의하여 주거, 즉 방과 동산
을 직접적 또는 간접적으로 다시 사적인 가산(家産; Suum)이 되
게 하려고 노력하였다.[80] 제1차 세계대전을 거치는 동안 조악
한 가옥소유의 상황이 심각하면서도 참을 수 없는 정도에까지
이르게 되자 소유권자의 거의 모든 권리행사를 제한하거나 박
탈한 임차인보호입법(Mieterschuzgesetzgebung)이 여러 국가에서 나
타났다. 이들 여러 규범은 그 어느 것이나 임차인에 대하여 계
약법의 밖에서 아주 많은 공법에 의하여 간접적으로, 이른바 반
사적 방법으로 보호해줄 수 있도록 하는 여러 방법을 인정하고
있다. 또한 그러한 시책은 거꾸로 미래 언젠가는 주택의 사적 소
유권에 갈음하는 데 적절히 활용될 수 있는 거주의 권리라는 하

---

80) 주택문제가 사회주의의 문헌에서 아주 중요한 몫을 하고 있는 것으로
되어 있음은 너무나도 당연하다. 지난날의 사회주의자들은 소유권에 관
한 법형태 속에서 해악을 찾아내고, 모든 공동체적 권리의 형태가 그것
보다 낫다고 생각하였다. 그들은 그 형태에 집착하고 그 기능은 도외시
한다. 경제적 총과정에서 모든 노동생산물은 결국에는 소비재로 되고
만다. 소비재는 마치 화랑의 그림처럼 사회적으로 그리고 공통적으로
소비된다. 그렇지만 대부분의 경우 소비라는 것은 개별적 과정이다. 그
러므로 원칙적으로 동산 또는 개인적 사용 및 소비의 목적물은 개인의
"주움"(Suum; 가산·물건)으로서 그에게 할당되어야 한다. 그렇게 되면
사적이면서 개별적인 영역, 다시 말하여 일반인이 관여할 필요도 없고,
또한 관여받는 것을 개개인이 좋아하지도 않을, 아주 개인적인 분야는
그대로 남게 될 것이다. 학자의 소장서적, 예술가의 저작실 또한 확실하
지는 않지만 포도재배자의 포도원, 그리고 틀림없이 분양야채원 등과
같이 성질상 자본주의적 이용을 할 수 없는 많은 생산수단이 그 사적
영역에 속하게 될 것이다. 개인의 주거도 이 영역에 속하고 공동의 주
거가 특정한 목적을 위하여 예외로 되는 것임은 의심할 바 없다(기숙사
를 갖춘 학교 등). 모든 법제도에 관한 사회주의자의 비판은 무엇보다도
그것을 뒷받침해 주고 있는 규범에 대해서가 아니라 그 기능에 대하여
가해져야 한다.

나의 새로운 형태로서 실정법상의 거주권을 설정해 주었다.

(3) 저 당 권

토지나 일정한 장소를 독점할 수 있게 해 주는 농촌 및 도시에서의 토지소유권의 활용을 위해서는 일반적인 토지소유자가 늘 가지고 있게 되어 있지 아니한 부가자본(토지자본)이 있어야 한다. 그러한 부가자본은 대부를 받아 토지와 합체됨으로써 토지와 함께 증대하고 또한 지가의 한 구성요소로 된다. '토지'는 토양과 자본의 융합이다. 이 자본은 그것이 토지소유권자의 것이 아닌 경우에는 담보의 제공을 필요로 한다. 여러 가지의 토지대장 및 서식으로 꾸며지는 담보계약 또는 저당의 법제도가 이를 위하여 이용되어 왔다.

저당은 경제학적 분석을 할 때에 가장 어려운 문제 중 하나이다. 왜냐하면 저당의 경우에는 이자권원으로서의 소유권은 특징적으로 지대권원과 결합되어 나타나기 때문이다. 바꾸어 말하면 일정한 토지에 대하여 소작제도가 지배적인 것으로 되어 있는 곳에서는 보통 지대가 이자를, 또한 토지질료(土地質料)가 토지자본을 빼앗음에 비하여 저당에서는 이자부자본이 토지소유권을 종속시킨다. 저당은 공적인 신용제도에 의하여 억제되지 않는 한, 높은 이자를 받는 것으로 고착화되고, 빈곤화에 따르는 많은 결과를 발생시킨다. 자본은 법적 형태상으로 완전히 토지와 융합되고, 이자권원은 담보계약에 의하여 채권적 청구권에서 벗어나 일종의 등가적 물권(저당권)으로 되고, 언제든지 경매에 의하여 토지소유권으로 전환될 상태로 되어 버린다. 조직적인 신용제도 아래에서는 그것은 토지소유권으로부터 지대와 이자를 낳게 하고, 토지소유권자를 단순한 '기업가'로 되게 하고

만다. 결국 경제적으로 그는 자기 물건의 소작인과 유사한 처지
에 놓이게 된다.

　　순수한 토지소유권에 관한 분석을 통하여 얻은 것은 또한
그 쌍둥이 같은 형태의 토지소유권에 관하여도 그대로 들어맞
는다. 토지소유권자는 변형적 토지소유가 역사적 계승에 의하여
널리 유포되어 있는 지방 및 영지에서는 그 자신의 소작인이고,
분할토지소유가 널리 보급되어 있는 곳에서는 소유자이자 소작
인이며 동시에 근로자이다. 언뜻 보면 그는 한 개체 역할에서
잃게 된 것을 다른 역할에서 획득한 것처럼 보인다. 그렇지만
이것은 자본주의가 발전하기 시작한 초기에는 소유권이 상속
또는 매매에 의하여 소유권자를 달리하지 않는 한, 그대로 들어
맞는 사실이다. 이제부터 자신의 토지소유권에서 얻어지는 수입
은 지대이든가, 이자이든가, 평균이윤의 일부이든가, 노임의 일
부이든가, 아니면 이들 여러 요소로 된 하나의 혼합물(composi-
tum)이든가를 묻지 않고, 보통의 이율에 비견되면서 지가를 결
정하게 된다. 농민은 교부된 매입대금으로 이 자본화된 수입을
미리 지불하는 것이다. "따라서 이 경우 토지를 구입하기 위한
화폐자본의 지출은 결코 농업자본의 투하는 아니다. 그것은 소
농(小農)들이 그들의 생산 영역 그 자체 속에서 사용할 수 있는
자본을 그것에 비례하여(pro tanto) 줄어들게 하는 것이다"(Ⅲ., 2,
S. 345).

　　여기에서 다음과 같은 세 경우를 나누어 생각해 볼 수 있
다. (ⅰ) 농민이 소유권을 양수할 때 그 구입대금 전액과 필요
한 경영자본을 소유하고 있는 경우. 이 경우에는 소유권자, 기업
가 및 근로자로서 잃게 된 것을 소유권자로서 취득한다. (ⅱ) 농

민이 구입대금이 없어서 그것을 빌리지만 경영자본만은 소유하고 있는 경우. 여기에서는 그는 틀림없이 점유상으로 소유자이지만 경제상으로 그렇지 않다. 그의 소유권은 지대권원이 아니다. 그는 경제적으로 이자부자본에 의하여 수탈되고, 그저 이자부자본의 명목을 지니고 있는 보통의 점유자에 지나지 않는다. 그런가 하면 구입대금의 전액에 관하여 신용대부가 이루어지는 예는 거의 없다. 상속의 개시에 의하여 언제나 일정한 상속분이 승계인에게 귀속하게 된다. 앞에 말한 것은 또한 구입대금 잔여의 비율에 따라서(pro rata), 또는 공동상속인인 형제자매들에 대해서만 통용된다. 아무튼 저당채권자는 경제적으로(바꾸어 말하여 지대권원에 대하여) 소유자이고, 이와 달리 자립경영자는 법적으로 각각 소유권자이며, 후자는 동시에 점유자이기도 하다. 결국 이 관계는 법적 소유권자가 또한 경제적 소유권자인가 하면, 소작인이 동시에 점유자이면서 경영자이기도 한 소작관계의 다른 면에 지나지 않는다. (iii) 농민이 구입대금을 가지고 있기는 하지만 경영자본을 소유하고 있지 못한 경우. 농민은 앞에서와 마찬가지로 소유자저당에 의하여 경영자본을 빌린다. 따라서 궁극적으로(ex post) (ii)의 경우와 동일한 관계가 성립한다. 어쨌든 저당과 소작은 많은 경우 동일 사안의 두 형태에 지나지 않는다. 오늘날과 지난날의 자영세습재산의 형태로 소유하고 있는 농민은 각종의 방법으로 수탈당하고, 그다지 실익을 챙기지 못하면서 노동수단을 점유하고 있음에 지나지 않는다.

따라서 자본주의적인 대토지소유가 구축되어 있지 아니한 곳에서는 그 정도에 맞추어 이자부자본이 그 역할을 하게 되어 있는가 하면, 이와 함께 여러 세대에 걸쳐서 지대를 받아 자기의 소유물이 되도록 하고 있다. 우리는 이자부자본이 이러한 기능에서 생산양식을 발전시키지 못하고 굳어져 버리며, 또한 기생충적으로 그로부터 착취하는 것을 알 수 있다. "분할형태의 토지소유는 그 성질상 노동의 사회적 생산력의 발전, 노동의 사회적 형태, 여러 자본의 사회적 집적, 대규모의 축적, 과학의 누진적 응용을 배제한다"(Ⅲ. 2, S. 339).

따라서 토지소유권은 그 비중의 대소에 관계없이 반사회적일 뿐만 아니라 자본주의를 상업자본과 고리대자본으로서의 그 태고적(antediluvianisch) 형태로부터 산업자본으로 완전히 탈바꿈시키는 것까지 방해하고 있다. 그것은 적어도 자본주의적 축적이 그것을 극복하거나, 아니면 생산자들의 결합이 공적인 신용조직을 갖추고 무엇보다도 이들 여러 사람 각자를 위하여 여러 해악을 무력화시키지 못하는 한에서는 사회적 발전 일반을 방해하는 것에 지나지 않는다.

Ⅲ. 자본주의적 소유권과 그 기능

1. 소유권의 전유적 기능

우리가 지금까지 살펴본 바로는 단순상품생산양식에서부터 자본주의적 생산양식으로 전개되어 온 역사적 변혁 가운데는 그 법적 측면에서 특히 소유권 객체의 현격한 변화가 있었음을 알 수 있다. 즉 종래의 자영세습재산은 일반적이고 통일적인 양식의 기능을 가진 아주 많은 종류의 객체로 이루어진 하나의 총괄결집체, 다시 말하여 일종의 총체(universitas rerum)였다. 그것은 일반적으로 부속적 건물이 들어서 있는 토지 또는 노동수단이나 소비수단인 상품 및 화폐를 포괄하는 하나의 총화로 되어 있었다. 이 총체는 노동과 생활의 여러 수단 그리고 거의 완전하다싶을 만큼의 경제적 자주성을 개별적인 권리주체에게 제공하고, 그러면서도 하나의 통일적인 법적 운명을 지니고 있었다. 그것은 하나의 권리객체로서, 생전에는 가의 승계와 재화의 승계에 의하여, 또한 사망의 경우에는 상속에 의하여 새로운 주체로 옮겨졌다.

(1) 기초에서의 추이: 소유권 객체의 자본기능

오늘날 개개의 물건 —토지, 가옥, 노동수단, 상품, 화폐— 은 어느 것이나 각각의 특수한 속성을 지니는 것으로 되어 있는데, 개별적으로 독특한 기능을 해내는 이들의 총체는 본래는 인격체로서의 한 소유자에게 매달려 있던 통일체였다. 일반적으로 그 해체는 원소유자의 전반적인, 아니면 부분적인 수탈에 의해서만 가능했으며, 그 자체는 대부분의 경우 오직 하나의 외관으로만 짜여져 있고, 따라서 한 종류만의 재화를 보유할 따름이다. 해체된 각 부분은 타인에 의하여 전유된다. 그렇지만 그 소유자는 그것들을 시장에 가지고 나가서 사법적인 여러 형태에 의하여 양도하므로, 그는 당해 가치를 양도에서 얻게 된 가격의 화폐형태로서 보유하고, 따라서 매출대금을 투자하는 경우에는 새로이 취득하게 되는 동일한 특정 소유권에 의하여, 어쨌든 자기의 특수경영을 확대한다. 이와 같은 여러 소유물의 분화와 전문화에서의 가치상실을 도외시한다면, 소유자는 결국 특수화된 다른 객체를 소유하는 것이기는 하지만 동일한 가치를 지니는 똑같은 재산을 소유하는 셈이 된다. 그는 공장경영자, 상인, 금리생활자, 토지나 가옥의 소유자, 소작인 등등의 이른바 전문가

로 되기는 하지만, 반드시 한층 더 가난하게 된다거나 또는 부
유하게 되지는 않는다. 우리가 소유권 객체의 단순한 분화과정
과 계속적 축적과정을 고려해 넣는 한에서는 전유와 수탈은 서
로 돕고 또한 일치한다. 그것은 단순한 주체의 교체이고, 또한
객체의 교환에 지나지 않으며, 반드시 가치의 변경을 일으키는
것도 아니다. 가치의 변경이 발생하는 경우, 그것은 양도와 취
득에 의하여 생겨나는 것이 아니다. 왜냐하면 일반적인 거래에
서는 어느 경우에나 같은 가치의 물건이 인도되고 또한 그 반
대급부가 이루어지기 때문이다. 여러 가치의 감소와 파괴는 법
률행위에 의하여 초래되는 것이 아니고 그것에 의하여 비로소
눈에 띄게 되는 데 지나지 않는다. 그것은 다른 여러 원인에
근거하여 생겨난다.

그렇지만 이제부터는 소유권 객체는 특수화되고, 다른 기능
을 해내게 된다. 우리가 앞에서 살펴본 바와 같이 그것은 소유
권자의 손안에서 차례로 권력권원, 이윤권원, 이자권원, 이득권
원,81) 지대권원으로 변해 왔다. 그러면서도 그것은 바로 자본이
거나 아니면 그 등가물이다. 그러므로 소유권 객체는 결국 산업
자본, 상품거래자본, 화폐거래자본, 이자부자본 또는 소유토지
(그 자체로는 아무런 기능도 하지 못하는 토지소유권)이다. 따라서
그것은 소유자로 하여금 그 여러 형태가 곧 하나의 분화된 외
관임을 확인할 수 있게 해 주는 여러 기능을 가진다. 경제적으
로 이미 자본으로 되어 있는 이 물건은 이제 물건 그 자체로서
가 아니라 개별적 구성물(임금근로자, 채권자, 시장 등)로 짜여 있
는 사회 전체를 지배하고, 또한 물건의 소유자에 대하여 의무적

---

81) 기업자이득의 약어.

으로 세금을 납부하게 하는 기능을 가지는 물건으로 존재한다. 결국 그것은 타인에 대하여 그리고 그 소유자를 위하여 잉여가 치권원이 되는 사회제도로서의 물건으로 그 역할을 하게 된다.

동시에 법제도로서의 소유권은 언제든지 그 자체의 자립성과 자족성을 다른 법적 제도와 결합시킴으로써 그 기능을 수행한다. 이에 비하여 단순상품생산자는 제3자의 중개에 의하여 또는 직접 인격자로서 물건과 관계를 맺게 되기 때문에 이러한 보조행위는 예외적으로 밖에 생겨나지 않는다. 소유권과 노임계약, 소유권과 매매계약, 소유권과 소비대차, 소유권과 용익임대차(소작계약) 등과 같은 연계적 제도와의 전형적인 결합을 함으로써 하나의 물건이 다수의 개인에 의하여 사실적으로 또는 법적으로 동시에 점유되게 되는 것이다. 법률상 사유물은 정도의 차이가 있기는 하겠지만 일정한 사람들이 기술적으로, 아니면 사회 전체가 시장을 통하여 경제적으로 자유롭게 손에 넣게 되는 것을 보면, 사실상 공동의 사회적인 물건으로 되고 만다. 하나의 물건이 사회적으로 여러 의미를 가지고, 많은 사회적 관계의 일을 맡아서 하게 된다. 그것은 둥근 모양의 거울처럼 땀과 눈물을 빨아들이고, 얼마 되지 않는 물방울이 스며 나오는 알 수 없는 해면으로 되기도 한다. 각 물건은 '자본'이라는 물신성(物神性)을 띠게 된다.

여러 개인에 대한 물건과의 관계는 각 개인이 그 물건을 어떠한 기능에 맞추어 점유하느냐에 따라 다르게 결정된다. 어느 한 필지의 토지를 예로 들면 그것은 경우에 따라 근로자에게는 노동수단이고, 임차농에게는 이윤권원이며, 소유권자에게는 지대권원이고, 저당권자에게는 이자권원이다.[82] 일반적으로 말하여 소유권 객체는 임금근로자에게는 기술적 수단(그에게 아무 것도 주지 못하면서 오히려 그로부터 가치를 탈취해 가는 방법)이 되 는 데 지나지 않는다. 자본주의적 소유권자에게는 일반적 잉여 가치권원이다. 이렇게 되는 점에 비추어 그것은 비소유권자의 손에서는 생산적 기능을 수행하고, 소유권자의 손에서는 순수한 분배적 기능을 수행하게 된다. 분배적 기능은 소유권과 합체되 어 있는 본질적 기능이고, 잉여가치권원이 되는 것은 곧 소유권 객체의 자본기능이다. 이 자본기능이야말로 법제도의, 즉 소유 권의 경제적 및 사회적 기능을 간결하게 특징짓는 것이다. 이것 이 소유권의 가장 본질적이고, 흩트러뜨릴 수 없는 핵심이라 할 수 있는 것이다.

(2) 경제적 소유권과 법적 소유권

지금까지는 소유권과 관련된 자본기능을 주로 문제삼아 고 찰해 왔다. 소유권의 다른 물권에서와 마찬가지로 두 가지의 극 적인 면, 즉 주체(主體)와 객체(客體)에 관련되어 있다. 이 법률관 계의 주체로서의 소유권자는, 겉으로 보기에는 객체에 의하여 비로소 특정한 사회적 기능의, 여기에서는 자본기능의 담당자로 된다. 그런데 자본기능을 차용증서(借用證書)의 형태로 본래의 소유자이자 궁극적인 소유자(채권자)의 수중에 그대로 두면서, 그 당사자가 법적으로는 그로 하여금 한 장 증서의 단순한 소 유자로 되게 하는 경우가 있는가 하면, 다른 한편으로는 객체를 다른 사람(채무자)의 일시적 소유로 만드는 소비대차(消費貸借)와 같 은 법률관계도 있다. 이 경우에는 법형태가 그 경제적 기능과 완

---

82) 연계제도에 의한 소유권의 진화는 다수인이 동일물에 대하여 게베레 (Gewere)를 가질 수 있게 되어 있던 옛날의 게르만법상의 법률관계를 되살아나게 한다.

전하게 일치하는 것만은 아니다. 법적 소유자―이 사람은 법적으로 물건의 절대적인 소유자이다―는 언제나 그리고 예외 없이 자기를 위하여 잉여가치권원을 만들어 내거나 자본기능을 해내지는 못한다. 오늘날에는 대부분의 경우 어느 물건이든지 다수의 사람들과 관계를 가지고 있기 때문에 물건에 대한 이들 여러 사람의 법적 관계보다도 그들의 경제적 관계가 한층 더 중요시된다. 이러한 점에 비추어 저당채권자, 상인 등은 법적으로 소유권자가 아니면서, 모든 잉여가치를 자기의 것으로 할 수가 있다.―어떻든 우리는 어느 기업의 근로자들이 기업객체를 점유하고 있다는 면에서 보면, 예외적인 경우에는 기업가로부터 일시적으로 이윤 전부를 빼앗아 버리는 것이라고까지도 상상할 수 있다.[83)]

이러한 점에서는 법형태는 그 경제적 기초의 힘에 대하여 그대로 무력한 존재밖에 되지 못한다. 이렇게 하여 자본기능은 경제적으로 소유권을 형성하고, 종래 소유권의 핵심으로 여겨져 온 것이면서, 이러한 측면에서는 경제적 소유권은 무조건 법적 소유권과 겹쳐지는 것 같지만, 이와 달리 많은 경우에는 양자의 일치는 거의 불가능하다고 할 만큼 뒤섞인 관계가 생겨나기도 한다.

예를 들어 어느 주식회사가 경영하는 광산을 생각해 보면, 모든 사람이 다음과 같이, 즉 광산은 주주의 소유이거나 또는 대주주 X에게 귀속하고, 법적으로 본다면 주주는 주식이라고 하는 증권에 대한 하나의 소유권을, 다시 말하여 증권에 의하여

---

83) 기업가가 단기간 중에 특정한 가격으로서의 높은 배상금에 대한 엄격한 법률상의 인도의무를 부담하고 있으며, 근로자들이 그 사정을 알아서 그로 하여금 법률외적인 임금을 강요할 수도 있음을 생각하여 보면 된다.

증명되고 있는 기업에 대한 회사법상 하나의 권리를 가지고 있는 데 지나지 않는다고 할 수 있다. 여기에서 법적 구성은 사실과 들어맞는다고 할 수 없다. 이 법적이자 경제적인 사실에 대하여 '경제적 소유권'이라는 표현을 쓰기로 한다면, 그것이 모순된 것이고, 언뜻 보아도 혼동하기 쉬운 표현이라는 점은 우리도 명백히 알 수 있다. 경제적 소유권이라는 것은 명사로서는 법적 범주를 포함하고, 형용사로서는 법률외적인 요소에 의하여 규정되는 말이다. 그렇지만 필자는 이 표현을 그대로 사용해 왔다. 왜냐하면 이 말이 내부적 모순을 나타내고 있기 때문이다. 즉 자본주의 시대의 출발점에서의 소유권은 재화의 자연질료(自然質料)에 대한 기술적인 처분력이다. 이들 두 가지의 처분방식은 분리된다. 다시 말하여 차지농과 임금근로자는 자연적·기술적인 측면에서만 재화를 다루고, 지주와 공장주는 가치기능과 자본기능에 걸쳐서 재화를 처분한다. 여기 후자의 기능은 다음과 같은 사실에 의하여 실현되고, 그 특징을 나타낸다. 즉 모든 재화는 소유권의 대상이 되고 ─ 무엇보다도 경제적 기능이 특수한 소유권기능이긴 하지만 ─ 그리고 재화가 법적으로 제3자의 소유로 옮겨지는 경우에도, 자본가가 보통 법률행위(소비대차, 임치)에 의하여 당해 재화와 결부되어 있는 한, 재화는 그대로 자본가의 수중에 남아 있게 되는 것이 그것이다. 이렇게 하여 자본가는 소유권자의 특수한 기능을 수행하게 되므로, 우리는 자본가를 아주 적절하게도 '경제적 소유권자'라고 부를 수가 있고, 그렇게 함으로써 모순으로 가득찬 발전의 결과는 적절하게 표현된다고 할 수 있다.

자본주의적 발전이 완성되든지 그렇지 못하든지, 여러 법규범 및 여러 판결은 소유권 객체의 새로운 기능을 포착하게 된

다. 원상회복청구 또는 손해배상청구에서 보통 소유권의 객체는
이미 그 생산가격으로서의 단순한 물건이 아니라 생산된 가치
로서 결국 그 수익가치로서 평가된다. 바꾸어 말하면 그것은 이
미 축적된 과거의 노동의 저장물로서가 아니라 장래의 잉여가
치의 지표로서 평가된다. 자본기능은 법적 관점에서 보면 물건
으로서의 적정성으로 취급되는 것이다.

2. 소유권의 축적적 기능

우리는 지금까지 소유권 객체가 자본으로 바뀌게 되었음을
알게 되었으며, 다시 그것이 어떠한 경제적 힘과 법제도에 의하
여 자본기능을 획득하고 뒤이어 파괴할 수 없는 핵심으로까지
되었는지를 알게 되었다. 여기에서 우리로서는 노동소유권으로
부터 착취소유권을 태동시킨 ― 이것은 가장 중요한 점을 강조한
것이기도 하지만 ― 이와 같은 기능의 변천이 자본주의사회에서
다시 어떻게 작용하게 되었는지에 관한 의문이 생긴다. 틀림없
이 이 변천은 보통 1회로써 끝나버리는데, 그렇다고 한번 일어
났었다고 하여 다시 되풀이되지 않는다고도 할 수 없다. 따라서
이들 여러 기능은 그 자체를 끊임없이 재생산하는데 ― 이것은
때때로 반사회적이다 ― 그럼에도 불구하고 그것이 사회의 계속
적 재생산을 가능하게 하는 힘을 가지고 있는지 어떤지에 관한
의문이 생겨난다.

마르크스가 경제과정을 체계적으로 연구할 때 이미 오트마
르 슈판(Othmar Span)을 언급하면서 지적한 바와 같이, 특정한
시기를 잡아서 그 총체를 정적으로 연구할 뿐만 아니라, 이와
함께 시간적·역사적인 계속성을 살리면서 동적으로 연구하고

있는 점은 그의 크나큰 공적이다. 그렇지만 그것은 그 가치만큼
충분하게 평가되고 있다고는 할 수 없다. 인류의 경제는 종(種)
의 생명처럼 영구적이어야 한다. 즉 인류가 끊임없이 스스로를
재생산할 수밖에 없는 것처럼, 경제도 재생산되어야 한다. 경제
에서 사용되고 소비되는 모든 요소는 항상 그 자체를 보충하거
나 또는 재생산해 나가야 한다. 그 어느 것이나 끊임없이 증가
하는 인류의 수와 계속적으로 발전해 가는 인류문화에 의하여
언제나 보다 넓은 단계에 맞추어 스스로를 재생산해 나가야 한
다. 어떻게 하여야 이것이 가능하게 되는가는 경제학의 기본적
인 문제의 하나인데, 칼 마르크스만큼 완전하게 그것에 대한 해
답을 준 사람은 그의 전후를 통틀어 찾아볼 수 없다. 지금까지
의 고찰은 일단 자본으로 된 물건을 중심으로 살펴본 것인데,
이제 계속적 재생산과정에서 소유권의 여러 관계를 더 이상 살
펴보지는 않겠다. 다만 이 과정에서 아주 특별한 방식으로 고양
되는 자본기능을 좀더 알아보기로 한다.

(1) 자본의 분배적 기능: 특수한 자본주의적 전유양식

이미 명백하게 밝혀진 바와 같이, 소유권은 비소유권자의
손에서는 생산기능을 해내고, 소유권자의 손에서는 순수한 분배
적 기능을 해내게 되는데, 한편 이것이 소유권의 핵심적 기능이
기도 하다. 소유권은 생산과 유통에 관계 있는 모든 사람에 대
하여 자동적으로, 사회의 중심적 의사의 간섭을 받지 않으면서
그 연간 총생산물을 분배한다. 자연경제에서는 가옥은 이용(usus)
에 제공되고, 경작지는 여러 가지의 과실(fructus)을 산출해 낸다.
어느 시대의 안정된 경제과정에서는 자연이, 사회적으로 관습법
이나 법규에 따라서 직접 분배된 많은 천연과실(fructus naturales)
을 인류에게 공급해 준다. 법은 지주에게 각종의 공과금을 납부

하도록 또는 교회에 10분의 1세를 내게끔 명령하면서 토지를 경작한 농민에게는 그 나머지를 그대로 갖게 해 준다. 이 정도에 한정되는 것이긴 했지만 이 시대에 이미 과실은 자연적으로 그리고 직접 소유자에게 귀속하게 되어 있었다.

산업자본가는 근로자를 시켜서 여러 기계를 작동하여 원료(꼬아 만든 실)로부터 생산물을 만들어 내는데, 이 생산물(직물)은 산업자본가의 소유로 되고 그 자신에 의하여 전유된다. 이 과정을 소득과 견주어 보는 것은 아무 의미도 없는 일이다. 또한 짜서 만들어 낸 직물은 과실도 아니다. 산업자본가는 매각된 직물의 가격에서 실 값(유동자본)을, 그리고 공장과 기계장치(고정자본)의 감소액을 제외시키고, 다시 지불된 임금(가변자본)을 고스란히 빼버린다. 이와 같이 직물에서 받게 되는 가격으로부터 이들 공제금을 제외한 다음에 그의 손에 남는 것이 그의 몫이고, 그가 전유할 수 있는 것으로 된다. 이 과정은 과실의 취득과는 다르다. 그것은 고대 로마시대의 가공과 흡사한데, 그것과 완전히 같다고는 할 수 없다. 그것은 소유권 취득의 특수한 방식인 자본주의적 전유방식이다. 근로자는 자기의 소유물로서의 임금을 가지게 되지만 계약의 이행에 의하여 일정한 소유권을 취득한다. 이러한 소유권 취득은 그 취득방식의 지배적인 빈번성으로 말미암아 법적으로도 당연한 것으로 여겨지지만, 특수한 소유권 취득으로 다루어진다. 상업자본가, 이자채권자, 토지소유자는 모두 법적으로 특수한 방식에 의하여 자기들의 소유권 객체로부터 다양한 이익을 얻는다. 고대 로마법학파에서는 이들 모든 이익을 법정과실(fructus civiles) — 시민적 과실 — 이라는 편리한 집합명사로서 이해하고, 종래의 자영세습재산을 기초로 한 천연과실의 취득과 이를 대비시켰었다.

경제의 총체적인 움직임을 개관하여 보면, 여러 생산물이나 재화는 끊임없이 옮겨지고, 그것들이 마지막에는 한 사람의 손에 포착되어 1인에게 모이게 되며, 바로 그 사람의 자유로운 처분에 맡겨지게 되기까지는 여러 장소와 많은 사람의 손을 뒤바뀌며 거치게 됨을 알 수 있다. 어떻게 하여 이 재화가 이러한 흐름을 거치면서 각 개인에게 분배되는 것일까? 연간총생산물의 일부로서의 노동기금(가변자본)은 이미 여러 노동력에 흡입되고, 많은 생산물의 나머지는 여러 소유권 객체 위에 침전하게 되는데, 이 침전물이 그대로 생산의 증대 또는 '과실'로 되는 것은 아니다. 생산과정에서 재화는 소비되고, 어느 경우에는 파괴되기도 한다. 여기에서 우선 보충이 필요하다. 따라서 생산수단(불변자본)은 그 자체로서 다시 근로자계급을 재생산하는 노동기금과 전적으로 동일하게 끊임없이 재생산되어야 한다. 불변자본과 가변자본은 — 경제가 변함없이 전진을 계속한다면 — 어떻게 하든지 재생산되어야 하고, 또한 이것을 메워주는 생산량은 사회적 노동의 필요생산물이다. 그것은 하나의 생산물이고, 어떠한 의미에서도 '과실'은 아니다. 이 필요생산물은 실로 재생산을 보장하는 데 지나지 않고 자본가에게는 아무런 수입도 가져다주지 못한다. 자본가의 수입은 무엇보다도 우선 사회적 잉여생산물로부터 생겨나는 것이다. 잉여생산물 또는 잉여가치는 자본주의사회에서는, 이미 알려져 있는 바와 같이, 사회적 자본 가운데 각 자본가에게 속해 있는 배당분에 비례하여, 이른바 이익배당분으로서 자본가에게 분배된다. 이렇게 하여 잉여가치는 자본에 귀속하게 되는 평균이윤으로 나타난다. 그리고 하나의 평균이윤은 그 자체 다시 기업자이득과 이자로 분할되고, 이 두 가지의 형태로 여러 종류의 자본가들에게 귀속할 수 있다. 자본에 의한 잉여가치 또는 잉여생산물의 이 전유와 분배는 다시

한 번 토지소유권에 의하여 제한된다. 그 결과 기능자본가가 근로자로부터 잉여노동을 탈취하고, 이윤의 형태로 잉여가치를, 아니면 잉여생산물을 그대로 빼앗는 것처럼, 토지소유자는 그 잉여가치 또는 잉여생산물의 일부를 지대의 형태로 다시 자본가에게서 빼앗는다(Ⅲ., 2, S. 355-356).

　　그 결과 소유권은 사회적 분배과정에서 일반적으로 잉여가치권원, 즉 타인의 노동의 생산물을 독차지하는 연결고리임을 알 수 있다. 그렇지만 사회주의사회라 하더라도 그 노동수익 전부에 대한 권리를 가질 수 없는 것과 마찬가지로, 자본주의사회에서도 개개의 자본가에게 잉여가치 전부에 대한 취득권원이 부어되는 것은 아니다. 잉여기치권원은 이윤권원, 이자권원, 기업자이득권원 및 지대권원의 성격을 띤다. 이들 권원은 어느 것이든지 절대로 변동되지 않거나 극복될 수 없는 한계로 구분된 것이 아니다. ― 예를 들면 이미 고찰한 바와 같이 이자권원은 이윤과 지대를 그것에 합체시킬 수 있는 것과도 같다. 이렇게 하여 사회적 잉여가치를 분배하고, 그것을 각 부류의 자본가에게 할당하여 전유시키는 소유권은 근로자계급에 의하여 재생산될 뿐만 아니라 자기를 위하여 잉여가치권원을 실현하며, 그 결과 잉여노동의 생산물을 '과실'로 전유하는 자본가계급에 의하여서도 재생산된다.

(2) 자본의 축적적 기능

　　잉여가치는 자본으로부터 여러 형태로 생기는 수입을 자본가치의 주기적 증대로 끌어들인다. 이 수입이 단지 소비기금으로서 자본가에게 이바지하는데 지나지 않는다면, 그리고 그가 당해 수입을 단순히 먹어치워 버리고 만다면, 자본가는 그 기업

을 확대시켜 나갈 수 없게 된다. 그 결과 이러한 경우에는 단
순재생산이 이루어지는 데 그치고 말 것이다(Ⅰ., S. 529). 그렇
지만 자본가는 그 수입의 전부를 써서 없애버릴 의사를 가지지
않을 뿐만 아니라, 언제나 그렇게 하지도 않는다. 그는 많든 적
든 자본의 일정 부분을 다시 생산을 위하여 투자하고, 사회적
생산과정과 재생산과정을 확대하는 기능을 수행한다. 이렇게 하
여 자본가는 다른 사회적 형태로서는 총체가 실현하는(예를 들면
종족에 의한 새로운 토지의 공동개간) 사명을 개인으로서 수행한
다. 잉여생산물을 생산성 향상의 여러 조건에 편입시키는 이 부
분적 재전화(再轉化), 즉 이른바 축적(Akkumulation)은 모든 시대
각 인류사회의 어느 체제에서나 찾아볼 수 있는 보편적 생산현
상으로서 반드시 자본주의의 특성에 맞추어 생겨난 것은 아니
다. "아주 상이한 여러 경제적인 특성을 지니는 사회구조 아래
에서나 흔히 단순재생산뿐만 아니라 확대된 규모로서의 재생산
도 이루어진다: 누진적으로 보다 많이 생산되고 점차적으로 많
이 소비되며, 이렇게 함으로써 어느 정도의 생산물은 생산수단
으로 바뀌게 된다. 이 과정은 시대에 따라서는 자본의 축적으로
되지 않고, 따라서 자본의 기능으로도 나타나지 않는다"(Ⅰ., S.
561).[84]

　　그 결과 사적 소유권은 축적적 기능까지도 함께 떠맡게 되
고, 이렇게 되다 보니 소유권은 마침내 사회혁명적 성격을 띠게

---

84) 축적은 저축(Sparen)과 동일한 것이 아니다. 저축은 수입이나 수익의
　　장래의 상당한 기간에 걸친 적절한 분배, 따라서 소비예비금의 투자인
　　'검약'이거나, 확대재생산을 목적으로 하는 생산수익의 자본으로 재변화
　　인 '축적'의 어느 하나이다. 근로자들은 절약하면서 살 수 있고 살아야
　　하지만, 축적할 수는 없다.

되었다. 자본가로서의 소유권자는 잉여가치의 소비자로서 '생활하고 또한 살아가게 되는' 자(소시민이나 종들이 존경하는 영웅이나 기사)로서의 기능을 지니는 사람은 아니다. "자본가는 보통 인격화된 자본인 한에서는 일정한 역사적 가치를 … 지닌다. 그러한 점에서 그 자신의 일시적 필연성은 자본주의적 생산양식의 잠정적인 필연성 중에 잠재하고 있는 것이 보통이다. 그렇지만 그 한도에서는 사용가치와 그 향유가 아니라 교환가치와 그 증가가 그로 하여금 어떠한 일을 추진하는 동기가 된다. 가치증식의 광신자로서 그는 아무렇게나 생산만을 위한 생산으로 여러 사람을 강제로 끌어들이는데, 이렇게 함으로써 사회적 생산력이 발전하고, 또한 보다 발전된 사회형태의 유일한 현실적 기초가 형성될 수 있는 물질적 기초가 만들어지기도 한다. 오로지 자본의 인격화에 의해서만 자본가는 존경받는다. ― 따라서 그의 모든 행동이 그에게서 의사와 의식이 결부된 자본기능으로 여겨지는 한에서는, 자본가에게서 그의 사적 소비는 자본축적을 위한 일종의 강탈적 행위의 의의를 가지는 것이다"(Ⅰ., S. 555f.).

잉여가치의 자본으로의 뒤바꿈은, 다시 말하여 불변자본과 가변자본으로의 생산기금과 노동기금으로의 전화는 이를 자본의 또 다른 뒤바꿈이라고도 할 수 있다(Ⅰ., S. 542). 자기 근로자의 무급노동에서 탈취하여 전유하는 여러 축적가치는, 우선 기업의 확대를 통하여 자기의 기업에 또는 소비대차로서 타인의 기업에 투자된다. 그렇지만 잉여가치는 끊임없이 생성된다. 이 축적은 언제나 많은 새로운 자본의 투하영역을 만들어 낸다. 만일 자본이 투하영역을 여러 식민지에, 결국 세계의 곳곳에 만들어 낼 때에는, 생산변혁적 기능은 본국에서는 정지되는 것처럼 생각된다. 자본은 국내적으로 상업자본과 이자부자본의 여러 기능을 수행할 뿐이고, 어느 경우에는 낡은 생산형태를 보존하

고 강화시킨다. 상업자본과 이자부자본은 축적된다. 그렇지만 그
것의 착취기능은, 그 자체 노동의 생산력을 높이는 것은 아니므
로 움직이지 않는 틀 속에 가리워져 겉으로 드러나지 않는다. 그
렇지만 그것은 새로운 착취영역으로 축적되는 것이고, 따라서 얼
마 안 있어서 다시 산업자본으로 뒤바뀌며, 뒤떨어진 생산부문에
혁명을 일으키게 된다. 오늘날 유럽·미국의 자본은 전 세계가
투자영역으로 개방되어 있으므로, 본래의 자본주의 제국과 순수
지방적·국내적 성질의 모든 생산부문이 보호기간인, 이른바 금
렵기를 맞아 누리고 있다는 것은 틀림없는 사실인 것 같다. 우
리는 끊임없이 우리의 축적기금의 상당한 부분과 함께 부가적
으로 축적된 여러 노동력을 수출하고 있다. 만일 최근의 50년
동안에 이 유출이 이루어지지 않았더라면, 유럽은 오늘날 하나의
사회적 공동체로 되어 있을 것이다.

소유권자의 완전한 진화력은 그 축적적 기능에서 비로소
나타난다.

3. 자본주의적 소유권의 수탈적 기능

축적은 그 끝점에 이르러서는 소유권을 파괴하고, 다른 소
유권자를 수탈하며, 또한 그 소유권의 폐허를 전유하는 정도까
지 자본의 전유적 기능을 고양시킨다. 자본주의적인 전유(Aneig-
nung oder Appropriation)의 기본형식이 잉여가치의 취득이라고 한
다면, 축적의 지배적인 수반작용은 수탈이다. 그것은 본원적인
자영세습재산의 해체를 완성시켰는데, 더구나 그것도 법에 의하
여서가 아니라 단순상품생산에 관한 법을 기초로 하면서 적법
한 계약과 합법적인 소유권을 기초로 하여 성취시켰다. 여기서

는 무엇보다도 전유의 기본형태, 즉 잉여가치의 전유를 하나의 문제로 다루어 보기로 하자.

잉여가치의 동시적 소모에서 일정한 전유가 반드시 소유관계를 뒤바꾸게 하는 것은 아니다. 이에 반하여 축적은 반드시 그렇게 되게 한다. 축적에 의하여 마침내 소유권기능의 역전은 동일한 법 아래에서 명백한 사실로 드러난다. "각개의 거래가 언제나 상품교환의 법칙에 조응하고, 자본가가 끊임없이 노동력을 사들이며, 근로자가 계속적으로 노동력을 파는 … 한에서는, 상품생산과 상품유통에 입각한 전유법칙 또는 사적 소유법칙은 명백하게 그 독자적인 내적·불가피적인 변증법에 따라 뒤바뀐다. 노동력의 끊임없는 매매는 하나의 형식이다. 그 내용은 자본가가 언제나 등가물(等價物) 없이 전유하는, 이미 대상화된 타인의 노동의 일부를 그가 생산하는 보다 많은 노동으로 뒤바꾸게 하는 것이다. 본원적으로 소유권은 소유자 자신의 노동에 근거하는 것처럼 보인다. … 소유권은 이제는 자본가 쪽에서는 그 자신의 생산물을 전유하는 것의 불가능으로 나타난다. 소유와 노동의 분리는, 겉으로 보아서는 그 자체의 동일성에서 생겨난 한 법칙의 필연적인 결과로 드러난다. 어쨌든 자본주의적인 전유양식은 상품생산의 본원적인 여러 법칙에 따르지 않는 것처럼 보이기는 하지만, 그것은 결코 당해 법칙의 침해에서가 아니라 그러한 법칙의 적용에서 생겨나는 것이다."(Ⅰ., S. 546f.). 이렇게 하여 기능의 변천은 하나의 규범을 사회적으로 그 반대의 것이 되어 버리게 하기도 한다.

이미 우리는 모든 자본형태, 특히 상업자본과 고리자본이 생산수단을 전유하는 데 그치는 것이 아니라, 이자부자본이 법적 토지자본을 존속시키고, 더구나 다시 경제적 토지소유권, 시대권원까지도 자기의 소유물로 한다는 것을 알았다. 그렇지만 오늘날 이미 자본은 그 자체만으로 끊임없이 사회적인 잉여생산물을 전유하고, 또한 일정한 발전단계에 도달한 다음에는 종래의 자립적 소유자들을 그 소유로부터 몰아내어 무산자로 만들고, 그리고 새로운 임금근로자로 만들어 착취하지 않고는 더 이상 이 잉여생산물을 회전시킬 수 없게 되었다. 이것이 칼 마르크스가 말하는 '수탈'이고, 이것을 이제 자본주의적 전유의 수반형태로서 살펴보아야 한다. 이 발전은 서서히 진행하기도 하나 때로는 내포적으로가 아니라 공간적 · 외연적으로 피할 수 없이 수반하게 되는 경우가 있다. 그것은 소유권 그 자체를 법적으로 변경시키지 아니하고, 조금씩 소유권의 모든 기능의 전환을 이룩하는 것이다.[85)]

자본주의적인 수탈과 전유는 경제과정으로 자본주의의 발전을 위한 중요한 계기다. 물론 이 과정을 바로 법률가들이 말하는 의미에서의 수탈만으로 이해하려고 하는 것은 아니다. 노동과정 이전에도 노동과정 이후에서와 마찬가지로 아무것도 없는 임금근로자가 단지 법적으로 수탈되었던 것은 아니다. 그는 그 잉여생산물의 화폐가치가 자본가에 의하여 전유되고 수탈되므로 보통 전유와 축적이 이루어질 수 없는 상태에 놓여 있는

---

85) "전유양식은 상품생산에 상응하는 소유권법에 아무런 영향도 미치지 않고, 완전히 변혁될 수 있다. 생산자가 자기의 생산물을 소유하고, 자기 자신의 노동에 의하여서만 부를 증가시킬 수 있었던 바로 그 초기에 형성된 똑같은 법은, 또한 사회의 재부(財富)가 더욱더 타인의 미지불을 되풀이하여 전유할 수 있는 사람의 재산으로 되는 자본주의시대에도 그대로 들어맞는다. 상품생산이 그 자체의 내재적 법칙에 따라서 자본주의생산으로 발달하여 가는 것과 똑같은 정도로 상품생산에 관한 소유법규는 자본주의적인 법칙으로 바뀐다"(I., S. 550f.).

데 지나지 않았던 것이다. 따라서 문제는 자본주의적인 전유에 있다. 자본가들에 의한 다른 자본소유자들의 수탈은, 보통 임금근로자들이 모자라든가 또는 여러 가지의 투자가능성이 미흡하여 전유경향이 약화되고, 따라서 축적되거나 이용되지 못하는 자본이 투자를 초래하게 되는 범위 안에서 행하여지는 것이다. 축적된 자본은 힘차게 자기의 활동분야를 창출해 낸다. 즉 "단순상품재생산은 자본관계 자체를, 예컨대 한편에서는 자본가를, 다른 한편에서는 임금근로자를 끊임없이 다시 만들어 낸다. 이와 마찬가지로 확대된 규모로서의 재생산, 즉 축적은 확대된 규모로서의 자본관계를 중심으로 한편에서는 보다 많거나 큼직한 자본가를, 다른 한편에서는 좀더 많은 임금근로자를 다시 창출해 낸다"(Ⅰ., S. 578). 자본이 지니고 있는 강행수단, 그것은 경쟁이다. 경쟁에서 패배한 기업은 정체하게 된다. 결국 그 소유권의 폐허는 다른 자본가들이 사들여 모아 그들의 여러 기업에 합체된다. 종래의 소유자는 기본적 한계등급(Stufenleiter)에까지 떨어지고, 얼마 안 있어 그 가족과 함께 무산자로 되고 만다.

경쟁에 의한 이 자본주의적인 수탈은 법적인 측면에서의 수탈과 전유로서 가치의 수탈은 아니다. 수탈당한 자는 확실히 소유권 객체를 잃게 되지만, 이에 갈음하여 그것과 동일한 가치를 지니는 화폐가 다시 돌아와 그의 소유로 된다. 결국 그는 자연물을 인도한 다음에 당해 물건의 가치, 즉 경제적 소유권을 그대로 자기의 수중에 두게 된다. 법적인 거래에 관하여 검토할 필요는 없다. 이러한 과정은 보통 법적으로 선행되어 있는 경제적인 파국을 정리해 버린다. 자본가에 의한 자본가의 수탈을 통하여 여러 기업의 집적(Konzentration)이 이루어진다고 하면(Ⅱ., S. 590), ─우리는 아래의 몇 곳에서 그것이 하나의 특수한 경우에 지나지 않고, 아무래도 결코 마르크스가 말하는 가장 중요한 자본건인(Attraktion)이 아니라는 것을 알게 될 것이다 ― 많은 기업은 경쟁에 의하여 강제적으로 병합하게 되기도 하며, 또한 그 잔여가치에 따라서 일정한 지불을 하게 된다.

이때 그러한 경쟁은 그 수중의 여러 가치를 이전하려고 하거나, 아니면 그렇게 하게 되기 전에 그들 가치를 파괴하여 버리기도 한다. 그는 법적으로 수탈당하지는 않지만 그렇게 되기에 앞서 그가 소유하고 있는 가치가 하락한다. 결국 법적으로 수탈이 이루어지기 전에 가치감소가 생겨나는 것이다. 가치가 감소된 당해 폐허 계정은 완전히 지불되거나 때로는 초과적으로 지불되기도 하지만, 끊임없이 수탁자의 하나의 값싼 획득물로 되고 만다.

마르크스가 말하는 이른바 이 자본의 병합(Annexion)은 그가 이해하기로는 결코 '큰 것이 잡아먹는 이야기'(Freßlegende) ― 큰 물고기가 작은 물고기를 잡아먹는다는 이야기 ― 가 암시하고 있는 것과 같은 자본축적의 주요 특징은 아니다. 그렇지만 비교적 좋지 못한 조직적 구성을 가진 자본이나 시대에 뒤떨어진 기술에 의지하는 여러 기업의 가치감소는 기업의 모든 기술적 변화에 끊임없이 수반하여 생겨나는 일이다. 이들 자본이나 기업은 경쟁에 의하여 도저히 어쩔 수 없이 될 때까지 계속적으로 그들 소유자들의 법적 소유 아래에 놓여 있게 되고, 소유권의 주체·객체의 관계는 법적으로 그대로 유지되고, 법적 수탈은 전혀 일어나지 않는다. 공업의 폐허 잔재 ― 매수인이 없이 쭈그러진 채 그대로 버려져 있는 용광로 등 ― 가 옛 성터와 함께 증가하고 있다. 그렇더라도 법적 소유권은 경제적 소유권과 명백히 구별되어야 한다. 왜냐하면 전자는 자연물에 관계되는 것이고, 후자는 가치물로서의, 즉 자본기능을 지니고 있는 물건에 관계되는 것이기 때문이다. 그렇다고 하면 우리는 법적 소유권과 경제적 소유권을 구분하여 인정하는 것과 마찬가지로 법적 수탈과 경제적 수탈을 별도로 인정할 수 있고, 또한 이것을 인정할 수밖에 없다.

이러한 경우에서의 자본적 속성의 감소 또는 파괴를 마르크스는 수탈로 이해하고 있다. 소유권 객체가 매매되며, 따라서 법적으로 수탈되고 전유되는 경우에는 당연히 평균적으로 따져서 등가물이 교환된다. ─그렇지만 경제적 수탈은 그보다 훨씬 먼저 가치감소와 더불어 행하여지고 있으며, 그것이 이제 점차적으로 실현되어 목적으로 삼을 만하거나 측정할 수 있는 것으로 되고 있다. 이렇게 하여 자본주의적 발전은 소유권의 경우와 마찬가지로, 수탈의 경우에도 법적 구성과 그 경제적 기초를 분열시키는 것이다.

우리가 지금까지 설명해 온 바와 같은 수탈86)에 대하여 오

---

86) 침탈[Depossedierung; 강제적인 탈취(Entsetzung) 및 점거(Besetzung)]은 수탈과 구별되어야 한다. 어느 물건을 사실상 또는 법률상 점유하고 있는 사람으로부터 실제로 그 점유를 빼앗은 것은 그를 침탈하는 것이다. 이 구별은 사회적 발전의 과정에서는 중요한 것이 될 수 있다. 그 자신이 기업가로서 활동하는 어느 자본가는 비록 그가 일반적으로 자본가로서의 기능을 해내고 있지 못하다 하더라도, 그 기업자로서의 기능에서는 없어서는 안 될 존재일 수 있다. 즉 이 경우에는 그를 수탈할 필요가 있게 될 수는 있지만 그를 침탈하는 것은 잘못이다. 반대로 근로자에 의한 공장의 일반적인 점취(占取; Inbesitznahme)는 법학적으로 무의미한 것이다. 즉 근로자는 본래 생산과정에서 날마다 노동의 장소를 점유하고 있지만, 법적 소유권은 사회 전체에 귀속하고 그들에게 귀속하지 않는다. 더욱이 그들은 소유권에 결부되어 있는 여러 기능 중 오직

늘날에는 특정한 공황기에나 생겨나는 일이지만, 자본주의의 초기에는 아주 대규모로 빚어지곤 하였다. 그것은 아주 많은 각 지방의 소유자들이나 도시에서의 직공의 우두머리를 파멸시키고, 그 소유의 가치를 감소시키며, 그리고 마침내는 소유물을 경매에 붙이게 만들어 버리고 만다. 그 초기에서의 무산자계층은 새로이 생겨난 피수탈자들에 의하여 꾸며졌으며, 이후 마음속으로 수탈자에 대하여 끓어오르는 증오심을 갖고 있으면서도 그대로 좌절하지 않을 수 없었던 수공업자 또는 농민들에 의하여 충원되어 왔다. 오늘날에는 '수탈자들에 의한 수탈'이라고 하는 피수탈자들의 옛날의 복수의 절규에 관하여 직접적으로 조금도 이해할 수 없는 제2 또는 제3세대의 무산자의 숫자가 겉으로 보아서는 압도적으로 많다. 마르크스가 말하는 바의 수탈이 한 차례 의외의 체험을 겪어낸 아주 많은 무산자를 뒤편으로 물러앉게 하였음에도 불구하고, 제1차 세계대전으로 인한 무서운 경제적 동요 아래 경제를 타격하는 또 다른 충격은 이와 유사한 부류의 사람들의 수를 증가시키고, 그 체험의 고통을 다시금 불러일으키기도 한다.[87] 그렇지만 지금까지 말한 자본의

하나에만 정통하고 있을 뿐이고, 다른 기능은 떠맡을 수 없는 것으로 되어 있다. 따라서 침탈과 점취는 경영의 정지와 경제적 혼란을 초래한다. 재산소유의 여러 기능이 충분히 발달하고 분화된다면, 이러한 방식의 재수탈도 가능하다(이탈리아와 러시아에서의 경험). 따라서 점취와 수탈은 그렇게 될 수 있을 만큼 불완전한 사회적 수단이며, 그것을 소유권원의 법적 수탈과 혼동해서는 안 된다.

87) 칼 마르크스의 필생의 저작, 특히 그의 주저 「자본론」은 특정한 역사적 시기, 즉 지난 세기의 중기에 해당하는 것이고, 따라서 오늘날에는 역사가의 눈으로 읽어야 한다. 그러나 여기에 예외가 없는 것도 아니다. 오늘날 자본이 반봉건적인 사회 또는 단순상품생산에 침입하는 경우, 거기에서는 마르크스가 한 말이 그대로 적절하게 들어맞는다. 또한 제1차 세계대전과 같은 대변동이 갑작스럽게 많은 수탈을 가져오는 때에도

수탈기능은 그 대부분 오늘날에는 역사적인 것으로 되어버리고
말았다.

4. 잉여가치와 임금수입의 상호전환

자본주의적 수탈이 어떻게 이루어지든지 간에 그 중요성이
라고 할 수 있는 자본전유의 특징은 끊임없이 확대되면서 발전
해 나간다. 일반적으로 소유나 경영이 집적되어 있지 않음에도
불구하고, 잉여가치 권원의 총화는 누진적으로 증대한다. 이들
권원(주식, 채권, 저당증권 등) 중 상당한 일정 부분이 여러 중간
계층에 폭넓게 분산·소유되고, 또한 거기에서 하나의 특별수입
을 만들어 내고 있다. 이러한 분산소유는 이와 상반되는 경향에
의하여 대폭적으로 지양될 수밖에 없다. 오늘날 이미 대부분의
개인은 ─ 유산계급(有産階級)의 대부분에 이르기까지 ─ 소유에 의
거해서가 아니라 임금관계 내지 봉급관계에서 받게 되는 수입
의 비율이 계속적으로 증가한다. 유산자들은 종종 즐겨서 어느
지위에 머무르려고 한다. 따라서 그들은 그 개개의 재산보다도
각자의 지위를 잃는 것을 훨씬 더 고통스럽게 느낀다. 최근까지
도 재산보다 지위의 쪽이 일반적으로 사회적 주목을 더 끄는
셈이다. 종족적 존재로서의 인류는 날이 갈수록 증가해 가는 수
만큼 '노동력'의 증가로 뒤바뀌고, 그 소유의욕은 노동의욕의
뒤로 숨어 들어가 버린다. 무수한 혼성외관은 서로 유사해져 가
는 경향이 있다. 즉 임금수령자의 무리가 가치전유자의 무리로
향하여 파고 들어간다. 누가 뭐라 해도 이러한 변천은 우리들의
시대에 처음으로 나타난 것으로 그것은 마르크스의 시대에는

마찬가지다. 이것은 옛날 유럽대륙, 동부에서의 공산주의의 선전력 및
서부에서의 공산주의의 실추상을 말하여 주는 것이기도 하다.

물론 거의 문제로 되지 않았던 것이다.

Ⅳ. 자본소유권과 결합법

단순상품생산시대의 자본주의적 소유, 즉 자영세습재산은 그 기초 및 이념에서 모두 개인주의적이었다. 그 세계는 각 개인과 그 소유 위에 자리잡고 있다. 개인의 자조와 자기책임이 이 시기를 대변하는 말이고, 당해 시기는 봉건시대로부터 물려받은 개인에 대한 모든 구속을 분쇄해 버리려는 충동에서 자기를 회복하며, 따라서 무엇보다도 모든 종류의 결합(結合; Assoziation) 또는 단결에 대하여 의문을 가지고 있었다. 최초의 프랑스혁명은 여러 사람의 단결을 금지하고, 그러한 행동을 범죄로 선언하기까지 하였다. 이 과도기의 시민법은 로마법으로부터 물려받은 민법상의 조합(societas)을 제외하고는 어떠한 결합체(Gesellschaft) 형태도 인정하지 않았으며, 다만 특허(特許)를 거쳐서 몇몇의 대규모 상사회사를 생겨나게 하였음에 지나지 않았다(동인도회사 등). 나폴레옹 상법전(1806년)으로부터 독일보통상법전(1863년)에 이르기까지 19세기에 편찬된 여러 법전에 의하여 점차적으로 완전한 자본주의적 결사의 자유가 실현되고, 여러 결합형태의 완전한 전형도(典型圖)가 만들어졌다. 결합제도를 확립시킨 추진력은 곧 퇴적된 잉여가치를 축적하려고 하는 욕망이었다고 할 수 있다.

1. 축적과 결합

생산과정에서 산업자본에 의하여 전유된 잉여가치는 자본
가가 독차지하며, 시장에 내다 판다. 생산물의 매각은 생산물
전부의 가치를 실현하는가 하면, 또한 생산물에 포함되어 있으
면서 처음에는 분리되지 않았으나 계산에 의하여 비로소 분리
될 수 있는 잉여생산물의 가치 또는 잉여가치를 실현하기도 한
다. 그것은 생산에 이미 투입된 금액을 초과하는 잉여금으로 나
타나고, 그리고 이 잉여금은 기업가의 소유로 된다. 현실적으로
휴지상태의 화폐이기 때문에 그것은 아직 자본은 아니다.

전유된 잉여가치의 자본으로의 전화, 다시 말하여 새로이
가치증식을 계속하는 가치로의 전화는 여러 가지 형태로 이루
어진다. 자본은 확대된 동일의 개별적 기업에서 축적된다. 그와
함께 "본래의 자본으로부터 다수의 분지가 떨어져 나와 독립된
자본의 기능을 해내게 된다. 이때 무엇보다도 자본가의 가족이
가지는 분할된 재산이 크나큰 역할을 해낸다. 따라서 자본의 축
적과 함께 자본가들의 수는 적든지 많든지 간에 증대한다"(Ⅱ.,
S. 589 f.). 축적된 자본이 다시 각각 증대하는 다수의 재산에 분
산하는 것, 즉 마르크스가 '반발'(Repulsion)[88]이라고 부른 것은
결코 축적과 모순되는 것이 아니고, 오히려 축적의 한 작용인

---

88) Repulsion과 Attraktion, 즉 반발과 견인은 화학에서 따온 명칭으로서
　　여러 원소의 서로 대립되어 있는 상태를 묘사하는 말이다. 예를 들어
　　하나의 커다란 제분공장과 주조공장이 어느 상속인의 하나의 자본으로
　　한 가족에게 귀속된 경우, 아들들이 당해 자본을 분할하여 어느 아들이
　　제분공장을, 다른 아들이 주조공장을 가질 때에는 2개의 자본은 서로
　　반발한다. 또 같은 장소에 있는 2개의 방직공장이 만일 혼인에 수반하
　　여 합동되는 때에는 2개의 자본은 서로 견인한다.

셈이다. 그것은 사회적 총자본을 보다 크게 늘리고 동시에 자본가들의 수도 증가시킨다.

그렇기 때문에 가치증식을 몰고 올 수 있을 만큼 축적된 여러 잉여가치는 반드시 현존하는 여러 기업의 부가자본[89]으로 투자되지는 않으며, 또한 — 그것은 대부분 생산과정에서 일정한 비율에 맞추어 생겨나는 것이므로 — 그것이 그 규모에 비추어 직접 개별적 자본으로 메워 넘기기에는 적당하지도 않다. 어쨌든 그것은 큰 수요를 빗대어 투자를 불러일으킨다. 이때 잉여가치는 하나의 보다 높은 전체를 위한 여러 자본의 형태로 끌어모아져 투자로 바뀌게 되기도 한다.

이러한 상황에서 여러 잉여가치의 각 부분은 아직 기능자본이 아니고 오히려 단순한 가능자본(III., 2, S. 146), 따라서 다수의 소유권자의 소유권 객체, 정체되어 있는 여러 소유권의 각 부분이다. 그것이 살아나서 현실적으로 기능을 해내는 자본이 되기 위해서는, 그것은 하나의 통일적인 집합물, 하나의 권리 객체로 되어야 한다. 또한 이들의 경제적 집중 또는 집합물로, 바꾸어 말하여 다수의 주체를 가지는 하나의 소유권 객체, 결국 공유 또는 민법상의 조합을 통한 소유로의 법적 융합이 있어야 하든가, 아니면 그 법적인 변경이 여러 훼방이나 곤란에 당면하게 되는 경우에는, 다수의 부분 소유권자들의 수탈이 생겨나고, 따라서 자연인 또는 법인이라고 하는 한 개체에 대한 소유권의 이전이 뒤따르게 되기도 한다. 각 부분의 소유권자들은 법률행

---

89) 부가자본은 결합의 방법으로도 생겨날 수 있다. 예를 들면 유한책임사원의 출자형태 또는 현존하는 주식회사의 사채 내지 우선권 형태가 그것이다.

위에 의하여 자기들의 소유권을 바탕으로 하여 조합을 결성한다. 하나의 실질적인 개별자본을 향한 가능한 많은 부분 자본의 유도와 결합을 마르크스는 자본의 견인(Attraktion)이라고 부르고, 또한 이것을 2가지의 형태로 나누고 있다. 그는 앞에 말한 형태, 즉 평화적으로 법률행위에 의하여 이루어진 결합적 형태를 집중(Zentralisation)이라 하고, 다른 한편 경제적인 경쟁의 형태로 생겨나서 다투는 많은 경영의 줄기찬 정복과 전유(傳有)를 집적(Konzentration)이라고 달리 지칭하고 있다.

2. 결합과 소유권

자본가를 중심으로 하여 구성되는 의회(Parlamente)는 이 집중을 가능하게 하기 위하여, 다수의 법적 제도를 만들어 냈다. 그렇지만 이들 제도는 모두 소유권을 전제로 하고, 따라서 법적으로 그것을 변경하는 것은 아니었다. 사단(Verein), 조합(Gesellschaft), 협동조합(Genossenschaft), 영조물(營造物; Anstalt) 및 각 단체(Köperschaft)는 자본견인에 이바지하는 중요한 법적 제도이고, 급부의 교환(do ut des, do ut facias)과는 달리 완전히 '급부의 결합'(Vereinigung)이라고 하는 법적인 기본유형에 해당된다고 할 수밖에 없는, 자본주의적인 기능을 가지는 소유권의 연계제도이다. 결합, 즉 공동의 행위를 위한 통합은 그 자체로서 자본주의적이지도 않고, 그렇다고 사회주의적이라고도 할 수 없는, 어떻게 보면 하나의 공허한 법적 형상,[90] 즉 내용이 없는 기구(Gefäß)

90) 그러므로 결합이라는 것을 단지 사회화(Sozialisierung)를 위한 형태로서 다루는 것은 잘못이다. 그렇지만 칼 마르크스는 그가 자본의 단순한 결합형태를 문제로 할 때 실제로 사회화(Vergesellschaftung)라는 말을 자주 사용한 것은 사실이다. 마르크스의 '사회화'라는 말은 마르크스가 언제

이다. 바꾸어 말하면 이 기구는 결합의 목적과 그 수단에 의하여 채워지고, 이렇게 함으로써 현실적으로 그 기능을 해낸다. 결국 이 결합도 인간단체의 한 형태에 지나지 않는다. 공장의 근로자들은 사회화된 개인이고, 함께 결속하여 하나의 단체를 형성하게 된다. 이 단체는 하나의 수동단체(受動團體)이자 하나의 강제단체이다. 이에 비하여 사단은 하나의 능동단체, 즉 개인의 동의 위에 성립한 변종, 결국 특수한 계약단체이다. 결합은 자주적인 개인을 전제로 하고, 따라서 자본주의적 경제질서를 그리고 재산질서를 기반으로 하여 존속하게 된다.

자본의 견인은 급부결합, 즉 자본의 집중에 의하여 또한 비록 소유권이 법적으로 포기되더라도 모든 자본주의적인 기능을 그대로 보유하면서 현실적으로 생겨난다. 소유권 주체는 잉여가치 권원을, 즉 모든 질료적인 구속으로부터 해방된 잉여가치 권원을 그 손에서 풀어놓지는 않는다. 이렇게 되고 나서 그 자체로서는 아무런 형체를 갖추고 있지 아니한 이 권원은 이제는 법적으로 물건으로, 그 결과 가능적 소유권 객체로 취급되는 한 조각의 증서 형태로 바뀌어 점차 물건으로 되어 간다. 즉 각종의 유가증권(채권, 주권 등)이 그것이다. 따라서 법적으로 고정된 이 권원은 인도된 소유권 객체와 동일한 가치를 지니는 것이다.

이렇게 하여 소유권은 경제적으로 사회적인 물건으로, 자본으로 바뀌어 피결합자의 수중에 남게 되고, 기술적으로 자연물로서, 사용가치로서 집합인(集合人), 즉 결합자의 손에 매여 있게 된다. 이 결합에 법인격이 주어지는 경우, 즉 법이 이것을 한

나 결합을 사회화의 한 전단계로 여기기는 하지만, 단순한 사회화라고 이해하여서는 안 된다.

인격자로 인정하는 경우에는 그 사물의 법적 형상은 달라지게
된다. 즉 종래의 소유자는 더 이상 소유권자가 되지 못하고, 결
합이 유일한 소유권자로 된다. 개인적 소유권이 법적으로 지양
되고, 이에 갈음하게 되는 여러 무기명증권의 경우에는, 아무런
가치도 없는 인쇄된 한 조각 종이의 단순한 소지(所持)에 연결
되어 있는 일정한 종류의 순채권적 청구권이, 바꾸어 말하면 법
적으로 결코 소유권과 동일한 것으로 될 수 있는 것이 아니면
서도 이 연계에 의하여 소유권과 마찬가지로 유통될 수 있는
하나의 '결합된' 채권적 권리가 생긴다. 하여튼 법질서는 하나
의 상품과 마찬가지로 유통시키기 위하여 그것을 일종의 새로
운 물건으로 탈바꿈시킨 것이다.

　　이와 같이 일정한 법적 구조에 경제적 실질을 덧붙이는 것
은 후자를 고정시키는 것이 될지는 몰라도 그것을 변경시키는
것은 아니다. 법인격이 있든지 없든지 또한 단순채무증서, 지시
증권, 무기명증권이거나 공유할 수 있는 것이든지 아니든지, 법
률상 구성, 형성과 고정화를 하는 것, 일정한 의사적 관계를 어
느 법규상 유형으로까지 높이는 것,[91] 이러한 모든 형식은 경
제적 관계 자체에 대하여는 어떠한 내용을 증감시키는 것이 아
니다. 본원적 소유권자는 전과 마찬가지로 경제적, 결국 자본주
의적 소유권자이고, 잉여가치권원을 그 손에서 내놓지 않는다. ―

---

91) 법규상의 모든 효과는 계약상의 하나의 사회적 구성양식에 의하여 달
　성되고, 또한 이것이 모든 결합이 취하는 최초의 형태이다. 주식회사,
　조합 등이 사실상 성립되고, 특정한 계약방식이 정형적으로 될 때에 비
　로소 법규는 그 정형을 규범으로까지 고양시키고, 계약체결자들을 위하
　여 그 행위를 단순화시킨 백지방식(Blankett)으로서 주식법, 협동조합법
　을 만드는 것이다. 계약의 자유 또는 계약의 내용에 대한 법규상 제한
　은 소유권의 기능에 아무런 영향도 미치지 않는다.

자연소재, 소유권의 사용가치는 없어지더라도, 소유권자는 지금 당장 이 점에 관하여 관심을 가지고 있지 않든가, 그렇지 않으면 전부터 관심을 가지고 있지 않았던 것이다.

그렇지만 여러 결합은 필연적으로 자본주의적인 것만은 아니다. '급부(給付)의 결합'이라고 하는 의사(意思)의 도식은 경제와는 아무 관계도 없는 다양한 내용을 포함하고 있다. 즉 이른바 혼인의무를 이행하기 위한 두 사람의 결합은 자본주의적인 것도 사회주의적인 것도 아니고, 또한 그 자체 경제적인 것도 아니다. 급부는 법적으로 주는 것(dare)이거나 하는 것(facere)의 어느 한쪽이다. 따라서 결합은 주는 결합(unio dandi)이든가 또는 하는 결합(unio faciendi)의 어느 한쪽이거나, 아니면 이 양자일 수도 있다. 하는 결합은 급부를 위한 결합이고, 따라서 반드시 노동을 위한 결합은 아니며, 법적으로 급부로서의 적성을 가진 모든 종류의 활동 또는 기능을 위한 결합이다. 그렇지만 어느 결합은 노동을 위한 결합인 한에서만은 직접 사회적 요소로 되어 작용하고, 오늘날 이미 사회주의적인 사회질서로의 발전요소로 되고 있다.[92] 이와 달리 자본주의적인 전제 위에서의 결합은 다소 보잘것없는 것일지는 모르지만 일정한 내용의 출자를 전제로 하며, 언제나 부여(附與)를 위한 결합이고, 따라서 그것이 자본주의적이기는 하지만 대체로 작위적 결합, 즉 활동을 위한 결합이다. ─대부분의 주식회사는 이미 그러한 것도 아니다. 이 활동은 사회학적인 의미에서의 노동이라고 할 수 있지만, 상사회사의 경우처럼 그것이 단순히 기업가로서의 기능일 수도 있다. 철저히 임의적으로 되어 있는 주식회사의 경우를 제외하

---

92) 이것이 또한 유일한 발전계기는 아니다. 이 밖에 계약상의 노동결합 및 공장의 노동·강제단체가 있다.

고는 모든 결합은 그것이 소유권과 기업가 기능 위에 서 있는
(근로자 결합과 같이 아주 최저한도에 머무는 것이 있더라도) 한에서
는 두 가지 특성을 함께 지닌 조직일 수밖에 없다. 따라서 결
합형태는 언제나 주는 것과 하는 것의 양면성을 띤다.

그렇지만 결합목적은 없어서는 안 되는 요인이다. 조합은
보통 자본기능의 실현을 목적으로 하고, 그렇기 때문에 전적으
로 자본주의적이다. 또한 협동조합에서 소유권에 반드시 따라붙
게 되어 있는 자본기능을 떼어 버릴 수는 없다. 그러한 협동조
합이라 할지라도 그것이 조합원을 위하여 이바지하게 하고, 또
한 그것이 조합원들에게 도움이 될 수 있도록 계도하며, 특히
상업자본과 고리자본이 되지 못하게 할 수 있다. 그렇지만 어떠
한 종류의 결합도 필연적으로 소유권에 결부되어 있는 자본기
능을 배제할 수는 없다. ― 거꾸로 결합의 형태 이것이야말로 소
유권자들에게 이용되고, 그들에게 자본주의적 생산양식을 최고
의 발전단계로까지 끌어올리는 가능성을 가져다주는 것이다.

3. 결합과 신용

많은 상황변화 속에서도 주로 이 결합의 매개에 의하여 하
나의 아주 새로운 힘, 즉 신용제도가 자본주의적인 생산양식 중
에서 형성된다.[93] 그것은 사회 전체에 흩어져 있는 많고 적은
여러 가지 화폐수단, 축적될 수 있는 모든 잉여가치의 조각을
보이지 않는 실에 의하여, 개개의 또는 결합된 자본가들의 손에

---

93) 여기에서 신용제도와 결합제도의 상호관계에 관하여는 더 이상 상세
하게 논하지 않기로 한다. 이에 관하여는 *Wirtschaft als Gesamtprozess*, S.
205 ff. 참조.

끌어들이고, 마침내는 자본집중이라는 하나의 거대한 기구로 탈바꿈해 버린다(Ⅰ., S. 591).

소유권의 사회적 기능은, 그것이 주식회사에서의 소유권인 한, 첫째는 경제적 소유권자 자신이 기능을 잃었고, 따라서 그 무용성이 확실하게 드러났으며, 둘째는 사적 소유권 자체가 자본주의적 생산양식의 내부에서 지양 — 어느 소유권자가 더 이상 소유권자가 아니거나 또는 다수의 소유권자 중에서 단지 한 성원에 지나지 않게 된다 — 되었고, 셋째는 자본가 기능이 유급의 관리자에게 옮겨간다는 것, 결국 소유권이라고 하는 법제도가 생활자 전체에 이바지하는 최후의 기능이 노동계약(locatio-conductio operarum)에 의하여 실현된다고 하는 점이다. 따라서 지금까지는 눈에 띄지 않았던 이 법제도는 점차적으로 사회적 생산과 재생산의 모든 기능을 소유권으로부터 빼앗고, 소유권 자체의 기능을 잃게 하였으며, 바꾸어 말하면 소유권이 반사회적인 것이 되게 하고 말았다. 소유권에는 오로지 사회의 발전을 저해한다고 하는 하나의 기능만이 남게 된 셈이다.(Ⅲ. 2 S. 423 참조).

"그것은 자본주의적 생산양식 자체 내부에서의 자본주의적 생산양식의 바뀜이다"(Ebd., S. 425). "이 제도는 사적 소유권의 통제를 받지 않는 사적 생산체제이다"(Ebd., S. 426). 이와 동시에 틀림없이 사회적 소유권인 이 사적 소유권에 관하여, 주주와 사채권자의 경제적 소유권에 관하여, 조레스(Jaures)는 "이제 소유권은 소유권자가 신문에서나 그 상황을 알 수 있게 되었으리만큼 그와 거리가 먼 것으로 되어 버렸다"(*Theorie und Praxis*, S. 259)고 말하고 있다. — 그렇지만 자본주의적 생산양식의 이 종식과 부각은 아직도 전유양식의 바뀜, 바꾸어 말하면 정말로 어떠

한 자동적 발전에 의하여도 파괴되지 않는 소유권 핵심의 지양
(止揚)과 같은 것은 아니다.

너무나도 적절하다고 할 수 있을 만큼 카르텔(Kartelle)은 자
본주의적 사회질서의 테두리 안에서의 자본주의적 생산양식의
바뀜이다. 그렇지만 그것은 사회적으로 기능을 상실한 개인에
의한 사회적 잉여생산물의 전유라고 하는 사실을 지양(止揚)하는
것은 아니다. 소유권은 단순상품생산체제에서 지니고 있었던,
그리고 자본주의적 생산양식으로의 진화과정에서 획득한 모든
기능을 오로지 이 하나만을 제외하고, 즉 잉여가치 권원으로서
의 기능 및 전유된 잉여가치를 축적하는 기능을 제외하고서는
아마도 그 발전과정에서 모두 포기해 버리게 될 것이다.

V. 소유권과 가족법

옛날의 자영세습재산은 여러 세대를 지내오는 동안에 걸쳐
서 가족생활의 기초를 보장해 주었다.[94] 결국 가족은 그 어느

---

94) 우리의 종(種)의 보존에 관한 법제도로서의 가족의 중요성에 관하여는
엥겔스의 *Der Ursprung der Familie, des Privateigentum und des Staates*(22.
Auflage, S. 8)를 참조하면 된다. "유물사관에 의하면 역사상에서의 결정
적인 요인은 결국 직접적인 생명의 생산과 재생산이다. 이것은 다시 두
가지로 나누어진다. 즉 한편으로 생활수단의 생산, 곧 의식주를 위한 여
러 물품의 생산과 그것의 생산에 필요한 여러 도구의 생산, 다른 한편
으로는 인류 자체의 생산, 곧 종(種)의 생산이 그것이다. 특정한 역사적
시기 및 일정한 국가의 사람들이 그 속에서 살아가고 있는 다양한 사회
제도는 2종류의 생산에 의하여, 즉 한편으로 노동의, 다른 한편으로 가
족의 발전단계에 의하여 제약된다."

한 측면이고, 이론적 고찰에서는 자영공동체와 구별되지만 실제로는 그것과 밀접하게 연결되어 있었다. '가(家)'는 물건과 사람을 동시에 나타내고, 가족은 단지 가의 종족생산 및 소비와 관계되는 측면에 지나지 않았다.

개인생활에서 중요한 모든 사건, 이를테면 출생, 혼인, 사망은 모두 자영공동체에 연결되어 있고, 또한 신성한 많은 전통을 그 속에서 만들어 냈다.

무엇보다도 자영공동체는 자영세습재산의 통일체로서의 가족의 생활기금으로 되었다. 개인은 생식(生殖)에 의하여 존재하게 되고 또한 그에 맞추어 살아가게 되어 있지만 그것만으로 생활하는 것은 아니다. 즉 소비의 규제, 사회적 소비기금의 조달과 사용은 가족이 여러 관계에서 개인을 규정하는 것과 마찬가지로, 가족의 성격을 규정짓게 된다. 단순상품생산에서의 자영공동체의 분화와 특수화, 즉 소우주의 붕괴는 가족을 '혼인'이라고 하는 성적 결합관계로, 또한 비현실적인 여러 친족관계로 분해시켜 버리고 말았다. 부부도 형제자매도 노동공동체 속에서 생활하지 않는다. ─고작해야 아주 많은 재산을 가지고 있는 사람이 게으른 사람들의 공동체 속에서 생활하는 데 지나지 않는다. 독립하여 살아갈 수 있게 된 모든 사람들은 가의 밖에서, 또는 가의 대용물로서의 '주거'에서 지난날에서와는 다른 방식으로 그 '수입'을 확보한다.

1. 가족과 수입

오늘날 개인의 경우에는 개인적 수입과 그것에 의하여 가능하게 되는 소비가 모든 경제활동의 목적이고, 따라서 개인의 욕망충족은 당해 활동 및 국민경제 총체의 규제 실체로 여겨진다. 이것은 단순상품생산을 전혀 이해하지 못하는 입장이다. 하여튼 그것은 현대에서는 오로지 사물의 주관적인 반영에 불과하고, 개인정신의 좁은 시야에서 본 세계에 지나지 않는다. 그렇지만 인류는 기계적으로 합산된 여러 개인의 총화인 것은 아니다. 인간으로서의 개인은, 종족보다 훨씬 앞서서 또는 종족과 동떨어져서 존재하였던 것이 아니다. 인간은 종족에 의하여, 더구나 다른 어떠한 유기적인 존재와는 전혀 다른 한층 엄격한 양식으로 제약되고 있다. 사회적 존재로서의 인간은 단순한 추상으로서의 인간과는 전혀 다른 행동을 한다. 후자는 공허한 추상이고, 개인 자신의 표상을 떠나서는 존재하지 못한다.[95] 생리학적으로 개인은 과거의 끊임없는 연속에 의하여 규정되고, 변천하는 여러 세대에 걸친 단순한 과도기적인 존재이며, 육체와 정신에 걸친 유전적 생산물이다. 개인의 현실적인 정신 중에는 사회적 사유, 감정, 의욕과 같은 다양한 성향의 교차점 외에는 다른 아무것도 존재하지 않는다. 사회는 언어에 의하여 사유형태를, 다른 한편에서는 사회에 현재 존재하는 여러 사실에 의하여 사유내용을 개인에게 입으로 전해 주고, 자녀들의 취향에 맞추어 개인적 의욕을 훈련하며, 개인에게 평가의 방식을 가르쳐준다. 개인은 심리학적으로는 환경의 산물이다. 생리학과 심리학은 "개인의 개념은 유지될 수 없다"[96]는 것을 명백하게 인식

---

95) 여기에서는 물론 우리에게 필연적인 것으로 의식되고, 철학적으로 보아 유일한 경험적·현실적 논거로 파악되는, 순수하게 자기완결적(自己完結的)인 개인을 고찰하는 것이다.

96) Mach, *Analyse der Sinnesempfindungen*. 그렇지만 여기에서는 다른 의미로 사용되고 있다.

하고 있거나 또는 점차적으로 그렇게 인식해 가고 있다. 경제학
에서는 현대의 경제질서와 법질서에 의하여 필연적으로 생겨나
는 개인의 자기규정성과 평가의 가상(假象)은 마르크스에 의하여
그 현실적인 핵심이 밝혀졌다. 즉 개인의 전반적인 사회적 종속
성, 바꾸어 말하면 사회가 직접 인류의 종족관계를 규제하고 있
지 않는 한, 인류의 사회적 성질이 무의식적으로 표현될 수밖에
없는 자본주의시대에서는 개인이 물건에 전적으로 종속되는 것
이 바로 그것이다.97)

　　소비를 개인의 행위로서 다룬다면, 그것을 올바르게 이해할
수 없다. 우리가 한계효용학설(限界效用學說)이 시도한 것처럼 개
인의 소비를 기초로 하여 경제를 설명하려고 한다면, 그것을 파
악하기 어렵게 된다. 자기의 생애를 넘어서 그 가족을 위하여
축적하는, 또한 가족이 없는 경우에도 축적하는 자본가는 자기
로서는 아무런 쓸데없는 여러 가지 사용가치를 생산하는 자본
주의적 생산자와 마찬가지로, 이해할 수 없는 사람으로 취급될
것이다.
　　경제학상의 개념으로서의 소비98)는 종족보존과 종족재생산
을 위한 것이다. 그러므로 그것은 인간 결국 노동력의 생산이
다. 이 기능에 관한 한, 생식이라고 하는 생리학적으로 중요한
행위이기는 하지만, 아주 단순한 계기에 지나지 않는다. 미개인

---

97) "이때부터 비로소 인간은 완전한 의식을 가지고 그 역사를 만들었을
　　것이다. 또한 이때부터 처음으로 인간에 의하여 작동하게 된 여러 원인은
　　주로, 그리고 점증적으로 의도된 바의 결과를 빚어내게 되었을 것이다. 이
　　것이 인류의 필연성의 세계로부터 자유세계로의 비약이다"(Friedrich Engels,
　　Entwicklung des Sozialismus von der Utopie zur Wissenschaft).
98) 개별적인 행위로서의 소비는 생리학적 개념이고, 또한 그와 마찬가지
　　로 경제학상의 순수한 전제개념이다.

이나 야만인처럼 주로 선점에 의하여 생활하고, 따라서 노동이 아직 중요한 영향력을 가지지 못했던 여러 사회에서는 생식의 기능, 즉 도태는 가장 사회적인 관심사이고 또한 아주 다양한 번식의 법체제, 종족제도도 생겨나게 된다. 그것을 사람들은 인식할 수 있게 되었다. 따라서 그것은 규칙으로서 일반에게 알려진 도태의 자연법칙, 결국 규범화한 자연법칙에 지나지 않는다. 현대의 혼인에 관한 법제는 사회적 노동질서에 밀려서 해체되고, 그 일부는 이미 그 기능을 잃어버린, 앞에서 말한 제도의 한 슬프고 참혹한 잔해에 지나지 않는다. 종족보존이 번식과 소비의 과정에서 이루어지거나 아니면 그렇지 못하는 아주 많은 상호관계는 오늘날에도 일부에서는 계속적으로 소비시설 내지 세대라고 하는 실제 구조체제 속에서 생겨나고 있다.

단순상품생산의 시대에는 자영세습재산이 생산시설 및 소비시설이자 또한 양육시설이기도 하였다. 한 개의 소유주가 그 자체로서 그 생존수단의 생산과 재생산을 해내기도 하였다. 소유권은 이러한 의미에서 보편적이고 특히 통일적인 법제임이 실증된다. 오늘날에도 소유권은 사회의 소비를 규제하는가 하면 그렇게 함으로써 사회의 종족재생산을 규정짓기도 한다. 다만 그 방식은 전혀 다르고 많은 형태로 분화되어 있다. 소유권은 무엇보다도 가족의 밖에서, 가의 영역 밖에서 이들을 규제한다. 가족은 대부분의 경우 보통의 혼인, 성적 공동체, 평범한 세대, 소비공동체에 머물고, 때로는 생식을 위한 결합이 아닌 경우도 있다. 즉 몇 명의 어린애가 어떻게, 그리고 무엇에 의하여 생활하든가, 어디에서 생활하다가 사망하든가는 그들의 가(家)가 정하는 것이 아니라 오히려 노동시장의 경제상황에 따라 정해질 수밖에 없다. 혼인은 유산자들에게는 때때로 두 당사자의 육체와 정신의 결합이 아니라 2개의 재산의 결합, 2개의 자본의 견인이 되기도 한다.

따라서 우리는 개인의 생활기금, 종족재생산의 기금, 즉 인구기금을 찾아내기 위하여 혼인제도와는 별개로 현대에는 분화된 형태를 취하고 있는 소유권과 그 연계제도를 살펴보지 않으면 안 된다.

우리는 다음과 같은 것, 즉 해마다 자본은 자본가에게 이윤을, 또는 토지는 토지소유권자에게 지대를, 그리고 노동력은 ─정상적인 관계에서는─ 근로자에게 노임을 가져다준다는 것을 잘 알고 있다. 해마다 생산되는 총가치 중의 이들 세 가지의 가치와 해마다 생산되는 총생산물 중의 이들 가치에 상응하는 세 부분은 ─축적을 제외하고는─ 그 각 소유권자들에 의하여 그 해에 재생산을 위한 원천으로 남김없이 처리된다. 그러한 것은 자본가, 토지소유권자 및 근로자 3계급의 매년의 소득, 결국 수입을 이룬다(Ⅲ., 2, S. 356-357). 따라서 우리는 소유권이 본원적으로 일원적인 소비질서와 인구질서 이외에, 이제는 여러 형태의 그것을 만들어 내고 있음을 알 수 있다.

2. 자본소유자의 가정살림

자본가는 "어느 행동이든지 그에게 의식작용이나 의식작용을 할 수 있게 해 준 자본의 기능인 한에서는, 그 자신의 사적 소비가 그에게는 축적에 대한 하나의 절취행위로서의 의미를 가지는 것"임을 스스로 잘 알고 있다.[99] 그렇지만 부의 발전과 함께 자본가는 "자본의 단순한 화신에서 벗어나게 된다. 그는 자신의 아담(Adam)에 대하여 인간다운 감동을 깨닫는다"(Ebd., Ⅰ., S. 557). 자본주의의 아주 초창기에는 화폐증식 충동이 지배적이고 축적하지 않는 것은 죄악이었던 것에 반하여, 오늘날 축적은 "금욕" 또는 시대에 뒤떨어진 편견으로 여겨지고 낭비와 사치가 생활의 목적, 신용강화의 수단으로까지 되고 있다. "따라서 자본가의 낭비는 제멋대로 하는 봉건군주의 낭비와 같은 선의(bona fide)의 성격을 가지는 것이 아니고, 오히려 그 배후에는 계속적으로 저급한 탐욕과 확실치 않은 계산이 도사리고 있다. 그렇지만 이러한 과정에서 그의 낭비는 그 축적과 함께 증대한다. … 그와 동시에 자본가 개인의 의기양양한 가슴 속에는 축적충동과 향락충동 사이의 파우스트적인 충돌이 전개된다"(Ebenda).

자본가계급이 지내는 삶, 그 부녀자들의 사치, 그 번식기능을 빼앗아가면서 임신 적기의 미모가 수려한 여자들과의 호사, 점증하는 사회적 노동력의 일정한 비율을 빼앗으면서 하는 사치, 여러 세대를 거치면서 쌓이게 되는 낭비, 인간사회 자체에 대한 이들 탈취행각, 이러한 여러 사실에 관하여는 여기에서 설명을 하지 않기로 한다. 자본주의적 소유권은 이러한 형태로서 소극적 도태의 기능, 따라서 재화와 노동력의 낭비의 기능을 지니게 된다. 그것은 인류의 재생산을 저해하고 생산단계에 있어서와 아주 똑같이 소비영역에서도 인구를 감축시키는 작용을 한다.

---

99) "이탈리아의 복식부기에서는 자본가의 사적 지출(私的 支出)은 그 계정(計定)의 차변(借邊)에 기재하게 되어 있다"(Marx, *Kapital*, Ⅰ., S. 556). 자본가는 그 자신의 눈으로 보아서도 타인의 소유물의 관리자로 여겨진다.

3. 근로자의 가정살림: 사회보험

근로자계급은 자기를 유지하고 재생산을 해나갈 수 있는 하나의 수단을 처분하는 데 어쩔 수 없이 노임계약에 의존하며, 또한 그렇게 함으로써 소유권자와 일정한 관련을 맺게 된다. 근로자는 언제나 비소유권자[100] 중에서 충원되기 때문에, 그들에게는 소유권은 기능제도가 아니라 보충제도이다. 근로자들은 계약이라고 하는 수단에 의하여, 즉 계속적으로 행사할 수 있는 권리(소유권이 그 예)에 의해서가 아니라 언제든지 갱신할 수 있는 사적 법률행위 — 더구나 그들은 그 대립계급과 이를 체결하여야 한다 — 에 의하여 총생산물의 일부를 자기를 위하여 실현한다.

인간의 생활은, 비록 어느 한 무산자의 그것이라 하더라도, 결코 자주 체결되는 법률행위와 같은 것이 아니라, 하나의 계속적인 과정, 즉 끈질기게 버텨나가야 하는, 말하자면 미묘한 성질을 가지는 일련의 생리과정이다. 비록 시장에서 근로자들이 넘쳐 '처분되어야 할 마지막 일정량'의 노동력이 그만큼 무가치한 것으로 된다 하더라도, 그들은 살아 나가야 하고, 또한 그렇게 하기 위한 소비를 하면서 다른 한편 생산수단을 확보해야 한다. 생활수단의 일부, 예를 들어 식료품은 날마다 소비되고 조달되어야 하는가 하면 의복류나 가구와 같은 것은 비교적 장기에 걸쳐 소비되고 보충되면 된다. 그러므로 단순히 노동력만

---

100) 법적인 의미로서는 모든 사람이 어쨌든 소유권자임이 분명하다. 그렇지만 경제적인 의미로서는 그 소유권이 앞에서 설명한 사회적 기능을 해내고 잉여가치권원이 되며, 또한 자본기능을 떠맡을 수 있는 양과 질을 갖추는 경우에만 소유자이다.

을 유지하기 위해서라도 하루의 소비금액과 함께 주·월 또는 연간의 소비지출금이 필요하다. 그렇지만 노동력도 재생산되어야 한다. 비록 노동력의 완전한 법적 처분능력, 법적 노동성년―소유권 성년과는 구별되어야 한다―이 이미 14세 또는 12세로 정해져 있다 하더라도, 이 개인이 '어떠한 법률행위'로도 취득할 수 없는 12년 내지 14년의 미성년소비분은 이 개인의 몫으로 확보되어야 한다. 여러 해를 대비하기 위한 폐질 지출금도 대체로 이와 마찬가지다. 또한 이 '개인들'의 각 부부의 경우에도 그저 1회로 그치는 것이긴 하지만 다급한 질병이나 재해 등을 위한 것과는 별도로 혼인준비금이라고 지칭하는 특정한 생활급여분이 계산된다. 여기에서는 한결같이 더 이상 아무런 자본기능도 해내지 못하게 되어 버린 소비재가 문제된다. 이들 모든 기능은 오늘날 대부분의 사람들의 경우 성과급임금, 일급, 주급, 가장 좋은 경우에는 월급을 지급하는 하나의 법제도에 의하여 실현된다. 이제 이러한 방식으로 생활의 밑천을 얻게 된 개인에게는 그 주 또는 월의 평균액을 어느 불확정적인 기간의 생활을 위해서, 불특정 수의 자녀들에게, 그리고 헤아릴 수 없는 많은 우발사고에 대비하여 각각 배분하는 임무가 맡겨진다.

소유권 곧 자본은, 우리가 이미 살펴본 바와 같이, 노동기금을 불합리하고 어리석은 방식으로 배정하여 내놓게 한다. 인간생활이 시작된 이후 소비기금을 그렇게 바보 같은 방식으로 처리한 사회질서는 일찍이 없었다. 특히 단순상품생산에서도 소유권은 그것을 기계적으로 처리하기는 하였지만, 그렇게 불합리하게 처리하지는 않았다. 목축은 날마다 또는 1년에 걸쳐서, 그리고 농업은 1년마다 그 생산물을 소유자에게 공급하고, 다른 한편 대목장은 그에 따른 잉여와 부족을 조정한다. 더욱이 삼림은 1세대를 넘어서까지도 어김없이 새로운 세대에게 살림에 필요한 비품을 공급해 준다. 자영세습재산의 소우주에서도 많은 소비자금이 배분된다. 이에 반하여 임금근로자는, 아주 뛰어난 보험학자에게까지 대단히 명예가 될 만한 방식으로, 얼마 되지 않는 일정한 임금을 남김없이 모두 분할하여 소비해야 한다.

더구나 자본가계급은 그 많은 손이 아무런 방해도 받지 않고 재생산되는 것에 관심을 가지고 있다. 따라서 노임계약에 의한 노동기금의 할당은 이성적 요구에 들어맞지 않는다. 거기에서 자본가계급은 여러 소비세 등에 의하여 가변자본으로부터의 공제를 하는가 하면, 기아보육시설, 학교, 병원 등에 의한 무산자의 양육을 사회화함으로써 근로자계급까지도 강제하여 이 기금의 일부분을 담당하게 하였다. 이 밖에 자본가계급은 구빈법(救貧法)에 의하여 여러 가지 세금으로부터 일반적 예비금을 각종의 구빈시설에 모아둔다. 이들 모든 공적 제도는 임금계약에 대한 관계에서는 그 보충제도이고, 또한 그 확대에 의하여 촉발되거나 규정된다.

근로자계급은 그 자체로서 각종의 구제기금을 그 적당한 목적을 위하여 배분하고 그것을 집단화하려고 하였는가 하면, 이것을 그 계급의 공동점유로 삼으려고 도모하였다. 또한 이렇게 하여 근로자계급에 지불하는 방식으로 그 '많은 관계'에 걸쳐서 집단적으로 지불할 것을 유산자로 하여금 생각하게 하였다. 물론 이것은 사회적 형태로서가 아니고 개인주의적 형태로서 결국 사회보험제도의 형태로 행하여진다. 그렇지만 이 개인주의적 형태는 비용이 옮겨가는 순환회로이다. 전체 노동기금이 자기에 걸친 총소비금액을 고려하여 이러한 방식으로 지불된다

면, 보험료는 틀림없이 질병·재해·양로·폐질·매장·임신·
출산·교육·양육·혼인비용 등의 보험에 관련된 것으로 되고 말
것이다. 이 경우에는 전과 마찬가지로 지불된 주급분의 임금은 모
두 얼마나 될까? 더구나 그 보험의 형태는 무엇을 위한 것일까?

　　마르크스가 사망한 후 45년 동안에 거의 모든 문화국가에
서는 사회보험이라고 하는 사회학적으로도 가장 중요한 하나의
제도가 생겨났다. 그 본질은 내가 이미 25년 전에 완결한 논문
에서 명백하게 밝힌 바 있다. 그것은 임금관계의 하나의 부분적
인 사회화를 보여 주는 것이다. 그렇지만 그것에 관하여는 여기
에서 설명할 수 없는 더 상세한 기능적인 분석이 필요하다.

4. 임금보조금

　　지금까지 설명한 바의 그다지 충분하지 못한 노임계약은
몇 가지 현상을 발생시키는데, 그러한 것들이 지금까지 제대로
이해되지 못해 왔다. 많은 소용비용의 주기적 필요에 맞추어 근
로자들은 우선적으로 여러 가지 수입에서 어김없이 예비기금을
설정한다. 그들은 이것을 자기의 숙고와 그 국가의 경제상태에
의하여 정화(正貨)의 축적(재산형성), 물품의 축적(예를 들면 정기적
으로 전당포에 가지고 가는 장식품), 일시적인 토지의 매입(동시에
그들은 이것을 이용하고, 따라서 부분적으로 소비할 수가 있다), 여러
저당에의 투자, 저축, 복권, 연금 및 주식의 매입 등의 형태로
구성한다. 이렇게 하여 그들은 소유권자, 이자채권자 등의 법적
가면을 쓰게 되지만, 그와 같은 종류의 소유권자의 경제적 성격
은 어디까지나 예비적 소비기금에 지나지 않는다. 그것은 그 주
체에게는 자본축적기금이 아니라 소비예비기금이고, 따라서 주

체를 중심으로 생각하면 아무런 자본기능도 하지 못한다. 우리가 이미 살펴본 바와 같이, 자본주의적 생산양식은 각자에 상응하는 액수의 봉급을 받고, 자녀들을 위하여 학비나 혼인비용 ─ 이들 기금은 어디까지나 근로자들의 저축과 동일한 성격을 가진다 ─ 을 모으면서 살아가야 하는, 고도의 적성을 지닌 완전한 근로자 계층을 만들어 내고 있다. 이렇게 함으로써 가변자본은 순수 소비적 성격을 가지는 여러 중소 소유권 안에서 공고히 다져지게 된다. 그러한 기금의 존속과 증대가 자본의 집적을 부정하는 근거가 되는 것은 아니다.

가변자본으로서의 이 예비기금은 보험전문가가 승인하는 것처럼 그 자체가 필연적인 것은 아니다. 어느 나라의 근로자 계급을 전체적으로 파악한다면 매월 일정수의 출생, 사망, 혼인 등이 있게 된다. 따라서 소비기금을 계급 전체로 산정한다면, 그것은 주기적인 변동을 하게 되는 것도 아니고, 설령 그렇다 하더라도 얼마 되지 않는 범위에서만 주기적인 변동을 하게 된다. 노동기금이(보험통계적 기초 위에서) 집단적으로 규제된다고 하면, 임금, 봉급 등에서 예비기금을 설정하려는 충동은 모두 없어져 버릴 것이다. 그리고 노동기금의 운용은 단순한 것으로 되고, 노동기금은 근로자계급 전체에게 균등하게 갹출될 것이다. 우리는 자본주의사회체제 내에서 이와 같은 상태를 빚어내는 일을 상상할 수는 있지만, 당해 사회가 그러한 일을 완전히 실현시키리라고 보기는 어렵다. 개별적으로 지급된 임금은 다시 보험료나 생활용품에 부과되는 세금으로 거둬들여져야 비로소 합계금액이 된다. 바꾸어 말하면 아주 많은 소액으로 분산되어 있는 가변자본은 재투자되고 소유권으로 변용되어 신용의 방법으로 다시 이용할 수 있는 자본으로 되돌아와야 한다. 이들 모

든 기금은 소유자들에게는 단순한 하나의 임치물(任置物)에 지나
지 않는 것으로, 소유자들은 얼마 되지 않는 이자를 받게 되는
데, 이것은 그다지 중요한 것이 아니다. 그렇지만 당해 기금은
수탁기관, 즉 은행 및 저축금고에서 자본의 기능을 해낸다. 다
시 말하여 이들 기관에서 기금은 축적되고 집중되며, 따라서 특
수한 자본주의적 소유권의 기능을 해내게 된다.

지금까지 우리가 기술한 것은 가변자본이 순수하고 단순한
자본으로 옮겨가는 일시적이고 가상적인 변형에 지나지 않는다.
그러한 변형은 이와 유사한 변형, 즉 단순한 전(前)자본주의적
소유권의 가변자본으로의 끊임없는 전화(電化)와 함께 일어나게
되는데, 필자는 이것을 노동보조금(Arbeitsfondszubuße)이라고 부르
고자 한다. 왜냐하면 이것은 자본가들로 하여금 만일 이러한 것
이 아니었더라면 근로자들에게 지불하였을지도 모를 자본의 일
부를 절약시켜주기 때문이다.101)

자본주의적 생산양식이 영세소유권자(자기가 사는 가옥·좁은
토지 또는 단순한 생산수단의 소유자)의 노동력을 지배하는 곳에서
는, 그렇지 않은 곳에서라면 근로자로서 그들이 받을 수도 있는
임금을 노동력의 재생산비 이하로 묶어 놓을 수 있다. 자기가
사는 한 채의 가옥은 단순한 소비수단이고, 또한 우리가 감자와
야채를 가꾸어 먹는 땅은 경제적인 관점에서 보게 되면 통상적
인 소비물품과 다를 바 없다. 이러한 성질의 법적 소유권은 자
본주의적 소유권의 경제적 기능을 해내지 못하며, 그것은 오로

---

101) 다소의 재산을 가지고 있는 근로자는 아무것도 가지고 있지 못한 근
로자보다 한층 더 좋은 착취의 대상이 된다. 따라서 대부분의 경우, 재
산은 그것이 근로자에게 속해 있든지 그의 고용주에게 속해 있든지, 근
로자에게는 저주스러운 것으로 된다.

지 투하된 가변자본일 따름이다. 이 경우 자본가는 국가가 관사까지 제공받아 살아가는 공무원에게 급료를 지급하는 것과 마찬가지로, 그 근로자들에게 임금을 지불한다. 다만 후자의 경우에는 근로자가 자기의 숙소를 스스로 마련한다는 조금의 차이가 있다. 근로자가 그러한 집을 스스로 절약하여 사거나 또는 상속받거나 경제적인 관점에서는 아무런 차이도 없다. 이러한 집은 언제든지 가변자본의 예비기금으로서, 때로는 그로 말미암아 근로자들에게 집과 일정한 땅을 마련하여 주기 위하여 고통을 겪는 자본가들에게 유리하게 작용한다.

노동보조금의 산정에는 이 밖에도 여러 가지 방법이 있는데, 예를 들면 농지를 상속하지 않는 형제자매가 저당을 하는 예와 같은 것이다. 사망한 농부의 자녀들이 상속재산을 분할할 때는, 화폐로써 할당받게 되는 형제자매들은 그 상속 몫을 승계인의 토지 위에 저당으로서 그대로 두고, 자기들이 공업근로자가 되지 못하는 경우에는 그 저당채무자로 되어 있는 자에게 가서 농업근로자로서 일하는 것이 보통이다. 그들은 이 저당을 대단히 안전한 임치방법으로 여기지만 그들이 이자를 받는 한, 그것은 그들 노임의 일부로 나타나며, 따라서 임금은 그로 말미암아 낮은 수준에 머물러 있게 된다. 이들 근로자들이 자기 자신의 세대를 이루게 되면 그들은 곧 저당을 해약하여 하나의 신용제도로 갈음하고, 자기들의 '자본'을 세간으로 바꾸는가 하면, 그것을 자녀들의 교육비와 혼인비용으로, 요컨대 소비기금으로서 써버린다. 여러 세대가 거듭됨에 따라서, 이와 같이 합체되었던 모든 자본은 흩어지고 궁극적으로 소비되고 만다.

자본주의적 사회질서에서는 사회의 노동기금이 소유권 이

외의 다른 법적 양상을 띨 수 없다는 것은 아주 명백하다. 일
정한 체계를 이루고 있는 노동력은 적거나 많은 금액의 임금을
발생시킬 뿐만 아니라 여러 소액예금에서부터 늙어서 쓰고 살
게 되는 산업체 간부의 여러 은급을 위한, 공장근로자의 좁은
감자 재배 터전으로부터 공장관리인의 다양한 별장을 위한, 저
축조합의 계정으로부터 재해보험협회의 수백만의 지출기금에
이르기까지의 여러 규모의 예비기금을 만들어 낸다. 이러한 종
류의 소유권은 법적 소유권자들에게는 오로지 일시적으로 맡겨
져 있는 소비기금이고, 또한 그것으로만 존재한다. 그것은 자본
가의 수중에서만 실제로 그 자본기능을 해낸다.[102] 그리고 사회
적 관점에서 소유권을 평가하는 데는 이것이 대단히 중요하다.
완전무결한 소비규제를 확립한 사회는, 조그만 집을 할당받은
젊은 부부들이 그것을 그렇게 편리하게 여기지 않는 경우에는,
그 허구적인 저축을 더 이상 지속할 수 없게 될 것이며, 또한
수탈당하지 않으려고 주의를 기울이는 영세소유자들이 가지는
소유물의 '수탈'에 대한 모든 저항도 그쳐버리고 말 것이다.

5. 근로자의 가족

노임계약 이외에도 근로자 계급의 재생산을 보장해 주는
여러 가지 법적 제도가 있다. 즉 구빈법, 자선의 형식으로 베풀
어지는 증여, 각종의 재단, 더 나아가 자본주의적 사회질서의
테두리 내에서의 최초의 보편적·집단적인 시설 또한 근로자계
급의 수호신이자 법적 제도로서의 강제교육기관인 초등학교가
그것이다. 이들 제도의 사회적 기능, 사회의 경제질서 내에서

---

102) 이 경우 간접적으로 축적되는 것은 노동력이다. 예비기금은 인구를 증
　 가시키는 것이고, 직접적으로 자본을 증가시키는 것은 아니다.

당해 제도가 해내는 역할을 연구하는 것은 그 자체 하나의 특수한 과제가 될 것이다. 이 예외를 제외한다면, 사회적 노동력의 재생산기능은 사회적 분배와 마찬가지로 불확실하고 무질서하게 규제된다.

　이들 모든 변천을 겪고 난 다음에는 근로자의 가족은 도대체 어떤 모양을 갖추게 될까? 그것은 이른바 부권 아래에서가 아니라 셋방의 숫자에 맞추어 통일된 여러 개인의 수학적 총화일 것이다. 그도 그럴 것이 아버지는 아침부터 저녁 늦게까지 그 가족을 보지도 못하고 지낼 것이기 때문이다. 아버지와 어머니까지 포함하는 모든 성년자들은 각각 다른 기업가의 감독 아래 놓여 있고, 젊은 견습공들은 사장(師匠)의 지배 아래 놓여 있으며, 미성년자들은 교사의 지도권에 따르게 되고, 어린애는 잠겨 있는 방안에서 혼자서 애처롭게 울어댄다. 따라서 지난날 온갖 통제수단을 그 내용으로 하던 부권(父權)은 나누어져 많은 권력보유자에게 나뉘어 속해진다. 그 단위사회의 생활을 가능하게 해주던 자영생활공동체는 더 이상 존재하지 않고, 어른들은 같은 도시 내에서도 각각 다른 구역에서 각자의 임금을 벌어온다. 친권이 발동된다면 그것은 오히려 자녀들에게 해를 미치게 될 것이다. 왜냐하면 그러한 경우 아버지는 자녀의 수입으로 생활하는 것이 보통이기 때문이다. 한편 모든 사람이 개별적으로 자기의 임금을 벌어온다 하더라도 이때 일할 수 있을 만큼 나이 먹은 사람은 또한 혼인할 수 있는 연령에 달한 처지이다. 이제 자녀들은 비교적 젊은 나이에 그 가족과 헤어진다. 그렇다 보니 적지 않은 사람은 어쩌면 고아로 태어나는 것이 차라리 더 행복스러울지 모를 일이다. 설령 아주 좋은 처지에 있는 근로자들이라 하더라도 이제 가족은 더 이상 단위조직체가 아니다. 인간의 생활이 어떻게 일정한 주급(週給)으로 영위되어 나갈 수 있을까? 사람들이 어떻게 돌이나 흙이나 모래로 된 기반 위에 집을 지으려 하지 않고, 임의로 해약할 수 있으며, 그 존속 여부도 늘 불확실한 노임계약 위에 자기의 집을 지을 터를 잡을 수 있을까? 어떻게 하여 사람들은 1년에 4회 지급하기로 되어 있는 차임으로 '가정'(Heim)을 꾸려나갈 수 있을까?

Ⅵ. 소유권과 상속법

웅거(Unger)에 의하면, 죽음이 정신계 일반에 미치는 힘을 가지고 있지 않은 것과 마찬가지로 그것이 법적 조직체에 대하여도 아무런 힘을 지니고 있지 못하다는 것은 법의 본질에 비추어 파악할 수 있으며, 일반적인 신념에 확실하게 자리잡고 있는 명제로 여겨진다.[103] 좀더 솔직하게 말한다면, 이러한 사실은 개인의 경우 누구든지 죽어 없어지지만 종족은 그대로 이어져 지속하게 됨을 뜻한다. 개인은 종족의 존속을 위해서 없어서는 안 될 실체이기는 하지만, 종족으로 보아서는 단지 일시적인 화신에 지나지 않는다. 종족은 그다지 중요시하지 않고 개인으로부터 그 특성을 빼앗아가 버리는가 하면, 사형이 다양한 형태의 법에 따라서 엄격하게 집행되기도 한다. "비록 개인이 죽는다 하더라도 그의 인격에 전속하지 않는 법률관계는 그대로 존속한다. 종래의 재산소유자가 죽어 없어지더라도 재산은 그 주인보다 더 오래 살아남는다. 다른 사람이 비게 된 자리를 차지

---

103) *Erbrecht*의 서설.

하여 사망으로 말미암아 생겨난 공백상태를 메꾼다"(Ebenda). 사
람은 '바뀔 수 있고 우연적인 것'이지만, 사회는 '영속적이고
본질적인 것'이다.

사회는 순수하고 단순한 존재이고, 그 우연히 드러나는 표
적물을 통하여, 그리고 자연을 지배하여야만 존재할 수 있기 때
문에, 그것은 그 자체가 지배하는 개개의 자연물 전부를 개인들
에게 점유시키지 않을 수 없다. 따라서 죽어 없어지는 개인에
갈음하여 새로운 개인을 대체시키고, 그의 지위를 이어가도록
한다. 어느 사회를 물론하고 승계 및 그 임명질서를 갖추고 있
다. 그러나 역사적으로 살펴보면, 승계가 반드시 상속법에 의하
여 조정되었던 것은 아니다.

사실상 상속법이 유일한 승계질서이고, 지방경찰관으로부터
백작 내지 한 나라의 원수에 이르기까지 모든 공직자들이 당해
상속법에 의하여 임명되었던 사회는 계속적으로 존재하여 왔다.
세습적인 승계제도로부터 완전히 벗어난 최초의 조직체는 교회
이다. 상속에 의한 승계가 사회 전반에 풍미하던 시대였는데도
독신생활만이 성직을 얻을 수 있는 유일한 길이었다. 교회법은
선거에서부터 지명에 이르는 승계형태 및 임명양식을 거의 빠
짐없이 정함과 동시에 서로 다른 임명자 사이에 서로 다른 권
력의 분립을 인정하였다. 이 점에서 앞으로의 사회는 교회법으
로부터 배울 만한 것을 많이 발견하게 될 것이다.

소유권제도가 점유를 규제하는 유일한 제도가 아닌 것과
마찬가지로 상속법도 인간의 역사에서 찾아볼 수 있는 유일한
승계질서는 아니다. 이러한 두 제도는 오로지 특정한 역사적 시

기에만 두드러진 것이고, 그것이 가장 완전하게 발전하였던 것
은 단순상품생산의 시기였다.

　법적으로 본다면 상속은 하나의 권리가 아니라 어느 사람
의 일정한 자격이다. '상속인'은 일정한 유산에 대하여 그러한
자격을 가지고 있는 사람이고, 갓 태어난 어린아이가 '자'(子)라
는 신분을 취득하는 것과 마찬가지로 일정한 유산에 대하여 자
격을 가지고 있는 사람이 상속하게 된다. 일반적으로 사람의 신
분에는 특정한 법률효과가 결부되게 마련인데, 여기에서는 그
특수한 법률효과가 유산의 승계이다.

　유산이라는 것은 오로지 소유권 객체의 한 집단만은 아니
다.[104] 그것은 이미 그 주체에 얽매여 있지 아니한 상당수의 법

_____

104) 어느 권리주체의 수중에 들어 있는 재화, 그의 재산소유객체의 전부는
　　법적으로 보아서는 권리주체에 대한 당해 물건의 관계에 의하여서만 하
　　나의 단일체이다. 이 법적 개별화가 실제로 있는 것이고, 본질적인 것이
　　며 긴요한 것이라면, 모든 상속재산은 소유자가 사망하는 순간에 번개
　　를 맞아 부숴진 선체의 조각처럼 표류하는 다수의 파편으로 된다. 그렇
　　지만 대부분의 경우 실정은 그렇지 않다. 상속재산은 일반적으로 하나
　　의 경제적 경영, 하나의 기업, 소비경영으로서의 하나의 세대(世帶)이며,
　　경제적으로 하나의 전체이다. 경제적 통일체로서만 상속재산은 한 사람
　　의 법적 승계자를 필요로 하고, 그렇지 않으면 법적 승계자의 지정이라
　　는 것이 아무런 의미도 없게 된다. 소유권자는 사회적으로 실재하는 일
　　단의 재화의 혼령체(魂靈體)이다. 그러나 이 재화물체는 개인의 객체화라
　　고는 할 수 없다. 사망에 의하여 혼령이 없어진 다음에는 사회는 승계
　　자의 임용에 의하여 그것에 새로운 혼령을 불어 넣는다. 적어도 사회학
　　적 목적에서 보아서는 그러하고, 그러한 것이 상속법의 사회적 기능이
　　다. 그렇지만 그의 소유재산이 사회적 기능을 상실한 자본가라 하더라
　　도 여러 가지 주식(株式)과 채권(債券)－물론 이것은 경제적 통일체를 이
　　루고 있는 것이 아니다－이 가득 들어 있는 금고를 상속재산으로서 남
　　겨 놓을 수 있을 것이다. 그러면 이 경우에는 상속법도 소유재산과 마

률관계로 되어 있으며, 특히 그것은 채권과 채무로, 나아가 다른 개인에 대한 권리와 의무로까지 되어 있다. 이들 관계가 '전적으로 일신전속적'이지 않는 한, 그러한 것들은 재산권이 될 수 있으며, 또한 그 총체로서 어느 사람의 '재산'을 이루는 것이다. 따라서 유산은 자연적이거나 또는 개인적으로 만들어진 개념이 아니라, 한편으로 유산을 가지고 있는 개인의 단일성에 의하여, 다른 한편으로 법적으로 그 개인과 결합되어 있는 그 밖의 여러 권리주체의 다수성에 의하여 그 성격이 규명되는 하나의 사회관계다. 그 형태 및 권리주체의 개성 자체는 이 재산에 고유의 본질을 함양시켜 주는 것이 아니다. 만일 그렇다면 소유자의 사망과 동시에 그것은 소멸해 버리고 말 것이다. 그 관계는 순전히 사회적이다. 사회가 새로운 주체를 지정하는 것은 피상속인을 위하여서가 아니고 사회를 위하여, 다시 말하여 경제제도의 계속을 위해서이며, 자본주의적으로 말하면 채권자와 채무자를 위하여, 곧 법질서 전체의 보전을 위해서다. 이러한 재산이 바로 유산이다.

상속인은 법이 유산을 승계할 수 있는 자격을 부여한 개인이다. 사회가 이 법적 자격을 의식적으로 설정한 이상, 그것은 사회의 생산 및 재생산에 가장 적절한 방식으로 규정된 것이며, 또한 상속인이 될 사람의 경제적 자격임에 틀림없다. 만일 상속법이 아무런 마찰도 없이 그 기능을 수행해 낼 수 있다면, 법적으로 인정된 승계자격은 경제적 자격[105]과 일치하는 셈이다. 이러한 것이 단순상품생산시대에 그대로 들어맞았다는 것은

찬가지로 그 기능을 잃고 말게 된다.

105) 마르크스가 사용한 것과 마찬가지로 우리는 '경제적'이라는 용어를 종족의 재생산과 주민의 부양도 포함하는 넓은 의미로 사용한다.

의심할 바 없다. 법정상속인은 '자영생활공동체' 속에서 자라나면, 가장 가까운 혈족이 되고, 그는 자기의 아버지로부터 각각의 모든 재산을 간수하고 이용하는 방법을 배우는가 하면, 부분적으로 자기가 직접 참여하고 도와서 만들어 낸, 즉 그의 '재산'과 관련된 노동을 배워서 습득한다. 결국 법정상속법은 유산에 가장 적절한 상속인을 선정하여 주고, 또한 당해 법은 공동근로자에게 그 노동수익의 일부를 돌아가게 한다. 동시에 피상속인의 신임을 받은 자는 피상속인의 모든 법률관계를 알게 되고, 그로 말미암아 경제질서의 계속성은 가장 잘 보장된다. 법과 기능의 이 놀랄 만한 조화에 비추어 보건대, 이 규제가 변경시킬 수 없는, 영구히 신성한 제도 또는 하나의 '자연법'이라는 신념을 생겨나게 하였으리라는 점은 쉽게 이해할 수 있다. 이 조화는 자영세습재산이라는 이름의 재산에 잘 나타나 있다.

　이와 같이 자영세습재산(自營世襲財産)은 일정한 사회질서의 거의 모든 기능을 해낸다. 그것은 혈연의 유대에 바탕을 둔 하나의 군건한 권력질서와 노동질서를 만들어 내는데, 이 경우에 강제노동의 어려움은 혈족에 대한 사랑으로 완화되고 노동수익은 궁극적으로 노동과정에서 종속적 역할을 해내는 자녀들에게 돌아갔었다. 자영세습재산은 분배 및 소비의 모든 기능을 해내고 축적을 할 수 있는 효과적인 촉발제도를 마련하여 주는가 하면, 부양을 할 수 있는 함량에 맞추어 종족재생산은 엄격하게 규제되었다. 간단히 말하여 법형식과 사회적 기능의 완전한 조화가 이 제도의 특징이었다.

　그러나 법정상속인이 없는 경우에는, 법은 피상속인으로 하여금 알아서 일정한 승계인을 유언에 의해서 지정하도록 떠맡겼었다. 법정상속의 경우, 법은 직접 상속인의 자격을 규정하였었음에 반하여, 여기에서는 법은 사적 분할에 의한 상속을 시인할 뿐만 아니라, 이것을 그 자체의 것으로 하기도 한다. 자영세습재산이 1인의 승계인뿐만 아니라 보다 많은 사람들이 그에 의존하여 살아가게 되어 있는 경우에 흔히 그러한 것처럼 피상속인에게 다수의 승계인이 있는 때에는, 법은 피상속인의 재량으로 그 경제적 경영을 여러 부분적 경영으로, 말하자면 많은 특유재산으로 분할하고 한 몫으로 되어 있는 각 부분을 어느 특정한 승계인에게 따로따로 물려주기도 하고, 아니면 기본경영을 어느 한 상속인에게 맡기고 집단적으로 경영하는 공동상속인들에게 물려줄 수 있도록 허용하였다. 상속인을 지정하는 방식에 의하지 않고 유증(遺贈)이 행해지기도 하였다.

자연형태의 재산이 가치형태, 즉 자본으로 옮겨가고, 개개의 재산이 단순한 화폐액으로 여겨지게 됨에 따라 그 승계도 경제적인 것으로부터 수리적인 것으로, 즉 하나의 순수한 가치승계로 바뀌게 된다. 이제 모든 상속의 개시는 경영에서 하나의 변란으로 되고 있다. 어느 집의 자식은 자본주의의 발전에 따라 전적으로 달라진 노동질서의 규제에 맞추어 아주 어려서 집을 떠나 버리어 더 이상 경영의 승계자가 될 수 없는 실정이다. 유산은 매각되고 그 대금은 분할된다. 그렇지 않으면 여전히 낡은 사고방식을 고집하고 종래의 경영방식을 지켜나가려고 하는 어느 한 자녀가 경영을 떠맡게 되는데, 이 경우에는 그는 집을 떠난 형제자매에 대하여 차용증서 및 저당에 따른 부담을 지게된다. 유산이 아무런 기능도 하지 못하고 순수한 자본주의적 성격을 가지는 경우에는, 소유권자는 화폐수입을 축적하고 소비하는 이상의 아무런 기능을 하지 못하고, 더구나 그것도 임의의 세분화에 의하게 되기 때문에, 유산은 아무런 어려움 없이 상속된다. 상속법은 하층계급에서는 그것이 경영의 계속성을 어지럽게 한다는 점에서 반사회적이라고 한다면, 상층계급에서는 소유권 그것이 본래부터 반사회적이라는 점에서 마찬가지로 반사회적이다. 이것은 마치 개꼬리가 꽁무니에 매달려 다니는 격이다. 왜냐하면 일단 소유권이 반사회적으로 되어 버린 이상 소유권의 상속도 반사회적일 수밖에 없다는 것은 너무나도 명백하기 때문이다. 그렇기 때문에 마르크스는 상속법에 관하여는 거의 한 마디도 논급한 바 없다.

중소규모의 보유인 경우에는 상속법이 승계기능을 해내는 예는 거의 없다. 이 기능이 한사상속법(限嗣相續法)에 의하여 유지되고 있는 곳에서는 한 사람을 제외하고는 모든 상속인이 바로 무산자로 전락해 버리고 만다. 왜냐하면 이제 인구는 자영세습재산의 법칙에 따라서가 아니라 가변자본의 증대에 의하여 늘어나기 때문이다. 법률상 유산의 자유로운 분할이 허용된다면, 수학적으로 계산된 각 상속분은 점차적으로 노동보조금으로 되고, 다시 말하여, 그것은 제1세대에서가 아니면 제2세대 및 제3세대에서는 혼인비용, 교육비, 구입비 등으로 쓰여서 없어져 버리고 만다. 왜냐하면 이들 소유자들은 자본주의의 발전에 의하여 수탈당해 왔으며, 일정한 기간은 열정과 자본을 투입함으로써 유지시키고 아마도 자기들의 상속인에게 물려 줄 만큼 되는 소규모의 경영은 중간규모소유의 상속인들이 사들이는 예도 적지 않게 볼 수 있는 일이었기 때문이다. 그러나 이러한 상속분은 주로 그 마지막 상속인이 소비하고 마는 소득의 부가금(附加金)이 되었던 것으로 생각된다.

상속법의 이 특수한 기능은 끊임없이 여러 중간단계의 소유등급자의 필요를 메워 주고 또한 때때로 자본가의 가족을 무산자로 만들어 버리기도 한다. 그러나 이러한 과정에서 유산을 학자금으로 이용하는 각 사람은 많은 경우 노동계급의 높은 단계 또는 최고의 단계에 달할 수도 있으며, 때로는 자유직종을 가지게 되거나 관료요원으로 채용되기도 한다. 이와 같이 소유권은 그 여러 연계제도에 의해서 다양한 크기의 생활영역에서 그 자체를 유지해 나간다. 그러나 이들 모든 범역(犯域)에서의 그 기능은 다양하며 변경될 수도 있는 것이다.

상속법은 어느 경우에나 대개는 불합리하거나 전혀 효과가 없는 방식으로 승계질서를 규제한다. 대부분의 경우에 경영체는 피상속인이 살아 있는 동안에 그 자신에 의하여 또는 그가 사망한 다음에 그 상속인에 의하여 제3자에게 팔리거나,[106] 아니면 미성년자에 갈음하여 후견법원이 취하는 일정한 조치에 의하여 임대되기도 한다. 이와 같이 경영체를 보존해 나가는 경제적 승계는 생존자(inter vivos) 사이에서 거의 전부 법률행위에 의하여 이전되는데, 이 경우 경영체는 분산되거나 그 기능이 떨어지게 된다. 그 기능이 아주 특수한 경우에만 유지되고 전반적으로 반사회적인 것으로 된 이 법제도는 방계친족에 의한 상속을 빚어내기도 하는데, 이 경우 방계친족들끼리는 서로 또는 피상속인과 아무런 왕래도 없으며, 때로는 각각 다른 대륙에 떨어져 살기도 하여, 이들에게 상속이라고 하는 것은 경제적인 관점에서 보면 마치 복권의 당첨과 같은 것이기도 하다. 그것은 아주 이상하리만큼 복잡한 절차를 거쳐서 상속인을 정하게도 되고,

---

106) 재산 전부의 매각, 그 법적·경제적 성질에 관해서는 주 56을 참조.

경우에 따라 그렇게 함에는 보통 사람 또는 전문가에 의한 직업적 사기상속을 알아내야 하는 노력을 필요로 할 수도 있다.

　이와 같은 상속법의 기능상의 모순이 생겨나는 까닭은 무엇인가를 알아보기로 하자. 자연적 목적물로서의 유산은 공업기술의 관점에서 보게 되면 전체 사회유기체의 일부분, 기술적으로 말하여 하나의 영업이다. 단순상품생산단계에서는 그것은 생산, 소비 및 양육에 이바지하였으며, 자본주의단계에서는 그것은 생산, 소비 또는 양육 어느 하나에 기여한다. 그렇지만 자본주의경제는 유산을 가치로서만, 즉 숫자로 평가할 수 있고 화폐로 표현할 수 있는 하나의 가치적 총화로 파악한다. 일반적으로 생산적인 노동이 아무런 작용도 하지 못하는 소유로부터 분리되는 것과 마찬가지로 경영체의 승계는 가치의 승계와 달라진다. 실질적인 승계는 법적 승계와 분리되고, 경영체를 사들여 유산을 승계하는 자는 상속인이 아니며, 가치를 승계하는 상속인이 경영체를 승계하는 것도 아니다. 경영을 승계하는 자는 누구나 경제적인 자주경영을 할 수 있어야 하고, 특수한 활동 및 노동을 할 수 있어야 한다. 가치를 승계하는 자는 이윤권원 또는 지대권원을 얻는 것으로 만족하고, 따라서 상속재산의 분할은 순전한 계산문제가 되고 만다. 상속재산의 분할 몫은 상속인의 수에 상응하게 되고 결국 일정한 총액의 상속권에 의한 배정액과 같게 되지만, 이들 상속분에 맞추어 유산의 가치가 가액으로 환산되어야 한다. 그러므로 일반적으로 유산은 매각되거나 부채와 상계되고, 가장 좋은 경우라야 하나의 회사로 바뀌게 될 따름이다. 거의 모든 경우에 상속은 실제로는 그 법제도의 존재이유와는 반대되는 방법으로 실행된다. 다시 말하여 그것은 경영체의 정연한 계속성을 보장하여 주는 것이 아니고, 그것의 혼란 또는 분산을 일으킨다. 그것은 발전을 촉발시키기도 하지만 때로는 그에 역행하는 결과를 빚어내기고 하여, 이러한 경향은 사회적 축적기금의 수반 및 그 끊임없는 반복적 분리에 의하여 더욱 강화된다.

단순상품생산시대의 상속법은 자기 가족을 부양할 수 있도록 축적하는 자극을 어느 사람에게나 골고루 줌으로써, 사회적 축적을 보장하는 다른 하나의 기능을 떠맡고 있기도 하였다. 종족생활은 종래의 가산에 의하여 보장된다. 오늘날에도 상속법은 자본가 계급에서는 축적을 하게 하는 하나의 자극제가 되는 것이지만 모든 가족의 똑같은 축적을 보장하여 주는 것은 아니다. 오늘날 중소규모의 소유자가 축적할 수 있는 것은 2세대가 지난 다음에는 언제나 소비기금으로 바뀌기 마련이고, 이 경우 가장 바람직한 경우라야 그것은 노동보조금이 된다. 무산자들에게는 이 법제도는 완전히 망상적인 것이다. 노동계급에 있어서는 피상속인이 소유하고 있는 소비재는, 그 사람이 폐질 및 질환의 치료비용으로 모두 써버리거나 아니면 자기가 살아 있는 동안에 주위에 있는 사람에게 나누어주게 되는 것이 보통이다.
이와 같이 다양한 대체제도가 상속법의 실질적인 기능, 즉 새로운 주체에게로의 경영과 노동의 이전을 떠맡게 되었다.

따라서 오늘날에는 노동 및 자본주의적 활동을 하게 되는 일반정직(一般定職)을 규제하는 것은 결코 상속이 아니다. 당해 기능은 모든 경영체의 매입 또는 노임계약에 기초를 두고 그 경영을 더욱 발전시켜 나가는 그 밖의 여러 제도가 떠맡게 되었다. 노동계급에 속하는 사람들은 짧은 기간으로 취업하였다가는 다시 그만두어 버리는데, 그것은 다소 높은 노동계층으로의

임용이 좀더 안정적이기 때문이다.[107] 일반적인 불안정성으로
말미암아 종신임용은 사실상 매우 드물다. 때로는 선거나 추첨,
위임이나 지명, 건의와 동의에 의한 임용도 행하여진다. 오늘날
이러한 법유형은 임시방편적인 것에 지나지 않으며, 그러한 법
형식이 적용될 만한 분야도 거의 없다. 그러나 당해 법유형은
오늘날에는 도저히 상상도 할 수 없을 정도의 발전을 이룩하고
있는지도 모른다. 이러한 여러 사정으로 말미암아 수천 가지의
변종이 있는 노임계약, 어느 것보다 많은 기능을 담당하고 있는
오늘날의 가장 보편적인 이 제도가 역사적으로 전해 내려 온
모든 승계제도, 즉 종래의 일반정직질서에 갈음하고 말았다.

---

107) 노동관계가 '지위'로 변형되어 가는 것과 마찬가지로, 우리가 오늘날
   까지도 임대차(locatio conductio)라고 법적 구성을 하는 것은 한층 명백
   히 '임용'의 성격을 띠는 것으로 변형되어 가고 있다. 특수한 경우, 예
   컨대 대학교수에 관해서처럼 이미 규범적 임용절차를 밟아야 하는 것으
   로 되어 있는 이 관계에 관한 많은 범례를, 공법 특히 독일법과 교회법
   은 보여준다. 이 관계에 관해서는 새로운 분석과 법률구성을 하여야 할
   것이다.

제3장
기능변천의 사회학적 분석

이제 우리는 근대시민법을 살피는 긴 과정의 막바지에 이르렀다. 그 어느 부분에서나 사물의 변천과 직면할 수밖에 없었으며, 그 때마다 크게 영향을 끼친 획기적인 사건에 주의를 기울이려고 하였는가 하면 그에 따른 변화를 기술하고자 노력하였다. 그 복잡한 세부사항의 관련 속에서도 독자들은 여기저기에서 저마다 내면적으로 얽혀 있는 관계를 알 수 있었을 것이며, 또한 지금 우리가 하고 있는 연구가 체계적인 서술을 필요로 하는 사회학적 문제에 관한 것임도 알았을 것이다. 이 연구의 주제는 법과 경제의 발전진화사적 관계인데 여기에서는 특히 법제도의 관점에서 검토하고 고찰하려는, 다시 말하여 법규정을 본래의 영역 밖으로 신장시키려고 하는 관점에서, 경제가 법과 관련되어 있는 것과 마찬가지로 어느 곳에서는 법도 경제와 관련되어 있는 것으로 파악하는 법률가의 눈으로 논하려는 것이다. 지금까지 우리가 해 온 고찰을 관심 있게 보아온 법률전문가들은 다음과 같은 점, 즉 법과 경제는 어느 한 시점에서만 정적(靜的)으로 고찰하게 되면 이들을 분리시킬 수 없을 만큼 결속되어 있는 것처럼 보일지 모르지만, 역사의 흐름 속에서 보게 되면 각각 독자적인 발전을 하고 있다는 놀라운 사실을 알게 되었을 것이다. 또한 그 관계 속에서 많은 모순과 대립이 생겨나는가 하면 이와 다른 반대의 경우도 적지 않게 발생한다. 귀납적 연구를 필요로 하는 시민법상의 넓은 분야를 검토하고 나면, 곧 이들 변증법적 발전에 내재해 있는 공통의 특성을 알 수 있게 된다. 그렇게 되면 이들 사실에 기초하여 그 법칙성을 이해하는 것도 가능하게 된다. 다음과 같은 요약은 우리가 고찰한 바를 체계적으로 정리하는 데 도움을 줄 것으로 생각한다.

I. 규범과 기초

우리가 제2장에서 살펴본 바와 같이 소유권이라고 하는 법제도는 비교적 짧은 기간 동안에 여러 부분에 걸쳐서 발전하게 되었다. 그러나 아주 괄목할 만한 변혁을 하였음에도 불구하고 그 법적 성질의 면에서는 그다지 크나큰 수정을 받지 않았다. 이러한 사실은 법제도의 변경 없이도 사회의 근본적인 변혁이 가능하다는 우리의 첫 번째 명제를 입증해 주는 것이다.

1. 기초의 변천: 경제의 변화

경제적 발전을 유발시키는 것이 법이 아니라는 두 번째의 명제도 입증할 수 있다. 앞에 열거한 여러 사례는 다음과 같은 것, 즉 현재의 사회존재는 역사적으로 주어진 일정한 법질서에 의존하고 그것을 전제로 하지만, 법질서가 사회존재를 변경시키는 원인이 되지는 않는다는 것을 보여 준다. 일정한 역사적 기초, 즉 단순상품생산에 적합한 법질서는 그 중요한 의미를 이 기초로부터 이끌어 내었으며, 그것의 목적은 당해 기초를 유지시키고 안정되게 하는 것이다. 그러나 이 법질서는 기초의 변천을 훼방하지는 않는다. 종족의 유지 및 재생산과 같은 사회과정의 본질적인 특성은 끊임없는 변혁을 겪고 있지만, 법의 형태는 여전히 동일하다. 법형태는 변혁을 일으키는 원인이 아니다. 법질서의 사회적 기능은 법률상 아무런 변경을 수반하지 않으면서 그 모습을 달리해 간다.

이러한 결론은 경제의 변천이 법까지 변경시키는 것은 아니라고 하는 세 번째의 명제도 함께 포함하고 있음직하다. 왜냐하면 여러 제도의 법적 성격은 변하지 않는다는 것이 우리의 편향적인 전제로 되어 왔기 때문이다. 이렇다고 하면 우리의 연구는 법적 상부구조가 경제적 토대 즉, 법의 기초에 전혀 의존하지 않으며, 법체계의 변경이 경제 이외의 다른 요인에서 유발하는 것임에 틀림없음을 입증해 주기나 하는 것 같기도 하다. 그러나 이 결론은 너무나 성급한 것이다. 왜냐하면 규범의 변경에 관한 다른 어느 연구는 경제적 기초가 엄격하게 규범형식의 특수한 형태에 따라 이루어지는 것이기는 하지만, 궁극적으로 법을 변형시킨다는 것을 밝혀 주고 있기도 하기 때문이다. 아무튼 이 세 번째 명제는 경제의 변천이 직접적이며 자동적으로 법의 변경을 야기시키지 않는다는 조건이 붙게 되기는 하지만 그대로 타당하다.

이 기능의 변천은 어떻게 하여 생겨나는 것일까? 이미 우리는 다음과 같은 것, 즉 그것은 식물의 성장과 마찬가지로 조직적 발전의 여러 법칙에 따라 꾸준히 지속적으로 그러면서도 감지할 수 없게 진전한다는 것을 알았다. 어느 식물을 한번 살펴보고 그 성장과정을 알 수 없고, 오로지 발아에서부터 결실까지, 그리고 다시 발아까지의 계속적인 모든 과정을 통찰함으로써 이해할 수 있는 것과 마찬가지로, 기능의 변천은 발전해 나가는 단계에서만, 그리고 역사적인 비교를 통해서만 파악할 수 있다. 다시 말하여 기능의 변천은 그것이 완숙되었을 때에만 알 수 있는 것이다. 그러므로 우리의 네 번째 명제, 즉 사회의 초기에서는 급속한 발전은 찾아볼 수 없으며, 이 시기에는 혁명이 아니라 진화만을 하게 된다는 것이 자명해진다.[108] 비록 법적

상부구조가 필연적으로 다른 법칙을 따르는 것이라고 생각할
수는 있지만, 우리는 법의 영역에서 혁명이 자주 일어나고 그로
부터의 반동이 다시 기초에 영향을 미치게 되는 것으로 추단할
수도 있다. 그렇지만 이것은 우리가 해 나가는 연구의 영역을
벗어나는 것이다.

이제 우리는 법이 자본주의경제발전을 위한 조건은 되지만
그것이 그 경제 자체의 발전을 창출해 내는 것은 아님을 증명
한 셈이다.[109] 예를 들면 법은 소유권자에게 일정한 행위를 할
수 있는 전권을 부여하기는 하지만 특정한 행위양식을 규정하
지는 않는다. 법은 소유물을 자본으로 변형시킬 수는 있지만 그
렇게 유발시키지는 못한다.

이에 대하여는 법이 소유권자에게 어떠한 영향력도 행사하
지 않으려고 하는, 다시 말하여 소극적인 자세로 접하게 되어
있는 경우 소유권에 한하여 그러하다는 이론이 있을 수 있다.
그리고 법이 일정한 행위를 강제하는 경우에는 그것이 발전의
결정적인 요인이 된다고 생각할 수도 있다. 그렇지만 이것은 옳
지 않은 단정에 지나지 않는다. 여기서 우리는 이미 효력을 상

---

108) 칼 마르크스는 「철학의 빈곤」(*Das Elend der Philosophie*, 3. Auflage,
Stuttgart 1895, S. 164)에서 다음과 같이 말하고 있다. "계급도 계급대
립도 없는 물건의 질서에서만 사회적 진화는 정치적 혁명으로 되는 것
을 그칠 것이다." 마르크스의 이 말은 사회적 변혁과 법적 변혁의 다른
점에 관한 그의 견해를 보여 주는 것이다.

109) 이 명제가 기초를 두고 있는 증거는 한정적이고 그것은 오직 한 시
기, 즉 단순상품생산으로부터 자본주의적 상품생산으로 넘어오는 동안에
만 적합한 것은 사실이다. 그렇지만 이 시기의 여러 범주가 일반적인
범주의 오직 특정한 현상 양식인 한에서는, 그것은 또한 일반성을 지니
는 것이기도 하다.

실한 지난날의 명령이 요구하지 않았던 것을 새로운 오늘날의 법이 명령할 수 있다는 잠정적인 가정을 해서는 안 된다. 그러한 가정은 규범의 변경을 함축하게 되는 것인데, 우리는 이에 앞서서 새로운 규범이 어디에서 생겨나는지에 관한 답을 밝혀내어야 한다. 그렇지만 자녀에 대한 아버지의 부양의무에서와 같이 특정한 행위에 대한 의무가 아득한 옛날부터 존재하는 경우에는, 아버지는 천 년 전에 하였던 것과 마찬가지로, 자기의 자녀를 부양한다는 사실 이상의 어떠한 관계도 있을 수 없다. 다만 현재 효력을 가지고 있는 법이 그것을 변경시킬 수는 있다. 그러나 법 자체는 사회를 변천시키지도 않고 사회적 진화를 유발시키지도 않는다. 그도 그럴 것이 사회를 그대로 유지시키는 것이 바로 법의 목적이기 때문이다. 따라서 문제가 되는 것은 다음과 같은 것이다. 즉 법은 구속력이 있으면서도 구속하지는 않는다는 것, 법을 뛰어넘어서 또는 법에 반하여 발전이 이루어질 수 있다는 것을 어떻게 선험적으로 생각할 수가 있을까 하는 것이다.

2. 규범력의 외적 한계

모든 법은 스스로를 의식한 실체로서의 사회의 개인에 대한 명령이다. 그것은 총체의사－개인의사라고 하는 정식(定式)으로 표현된다. 현재 실효성이 있는 법이 구속력을 가진다는 것은 의심할 바 없으며, 개인의사를 구속하는 것이 총체의사의 목적이기도 하다.[110] 그러나 개인의 책무가 사회 자체의 의무는 아

---

110) 법규가 어떠한 힘에 의하여 구속력을 가지는가의 문제는 여기에서 고찰하고 있지 않다. 법규의 내재적인 힘의 한계, 즉 법규의 타당성 (Geltungskraft)에 관하여도 마찬가지이다. 그것은 앞에서 제기한 법규효

니다. 법의 힘은 이보다 한 걸음 더 나아가 개인의 경제적 행위까지 구속한다. 개인의 경제행위는 언제든지 법적으로 중요한 사실로서의 법률행위 또는 권리의 행사이지만, 그것의 법적 성질의 특색은 경제적 중요성을 그 일면으로 하고 있다는 점이다. 더구나 총체의사는 그것이 법전이라고 하는 서면상의 형태로서 독립적인 외양을 가지고 있기는 하지만, 초개인적으로 존재하지는 않는다. 왜냐하면 하나의 실체로서의 사회의식 자체는 개인의 의식 속이 아니면 존재할 수 없기 때문이다. 총체의사의 구체적 발현자는 개인이고, 바로 이 개인은 권력의 소지자이다. 그리고 개인의사도 총체의사의 구현자로서의 개인에게 복종하게 된다. 총체의사 — 개인의사라고 하는 정식은 권력의사 — 종속의사라고 하는 형태로서만 표현될 수 있고, 바꾸어 말하여 당해 정식은 그 개인의사의 관계로서만 존재할 수 있는 것이다.

우리는 이들 전제로부터 다음과 같은 점을 이끌어 낼 수 있다.

(1) 법질서는 개인에 대하여서만 명령할 수 있고, 자연에 대하여는 명령할 수 없다. 법질서는 A가 소유하는 말(馬)에 대하여 그 주인인 A에게 복종할 것을 명령할 수 없다. 이것은 현재 소유권에 관한 일반인의 관념이 잘못된 것임을 보여 준다. 법은 소유권자에 대하여 물건에 대한 실질적인 처분권력을 넘겨주지는 않는다. 그것은 법이 할 수 없는 일이다. 법은 오로지 다른 모든 개인에 대하여 어느 물건에 손을 대지 말도록 명령할 따름이다. 이와 같이 일반적으로 자연에 대한 법의 통제는

___

력의 외적 한계의 문제와는 다른 순수한 법학의 문제이다.

간접적이다. 법은 그 성질상 개인에 대하여 자연을 지배할 수 있는 권력을 부여하거나 위임하게 되어 있다. 그렇다 하더라도 지배하는 개인이나 지배당하는 자연 사이에는 개인과 기술적 관계만 있을 뿐이고, 그 실질에 관하여 법은 아무런 힘도 갖고 있지 못하다.

개인과 자연물의 관계, 인간의 기술적인 힘, 개인의 생산력은 법의 감시 아래 발전하지만, 법을 수단으로 하여 발전하는 것은 아니다.

(2) 법은 개인에 대하여서만 명령할 수 있다. 법이 여러 집단의 통제를 목표로 하는 경우, 법은 개인에 대하여 명령할 수 있을 뿐이지 그 이상의 다른 아무것도 할 수 없다. 종속자의 순주관적 저항은 그대로 내버려두더라도 법은 인간의 모든 집단적 관계를 개인의 권리와 의무로 분해해야 한다. 그런데 인간이 예를 들어 공장제수공업적인 협업 중에서 또는 일단의 공장근로자로서 한정적인, 그러나 법률외적인 관계에 서 있는 경우에는, 그들은 단순히 사실상의 집단을 형성하고 있는 것이고, 이 집단의 행위(예를 들어 스트라이크)는 법의 영역 밖의 일이다. 심지어 군중과 같은 개인의 우연적 집결도 법의 직접적인 통제가 영향을 미치지 못하는 사회적 세력을 만들어낸다. 무엇보다도 협업은 개인과 자연물의 관계를 집단적인 생산력으로까지 발전시킨다. 법이 그 제1차항인 개인의 생산력에 대하여 아무런 힘도 가지지 못하는 것과 마찬가지로, 그것은 제n차항인 집단적 생산력에 관하여도 아무런 영향을 미치지 못한다. 법은 결합체[111]와 같은 각종의 법적 형태의 단체를 형성할 수가 있고, 그것에 특정한 권력을 부여할 수는 있지만, 그 요소를 완전히 지

배하지는 못하고 오로지 그 전체에 대한 부분적인 통제만 할 수 있을 따름이다.

법을 전혀 고려하지 않는다 하더라도 사회의 전 구성원은 그들이 단순히 동일한 시대에, 그리고 인접된 장소에 산다는 사실만으로 특정한, 그러나 변경시킬 수 있는 상호관계를 맺게 된다. 시간·장소 및 기술적인 관계에서의 모든 변천은 언제나 개인의 의식에 나타나지 않으면서 사회 전체에 영향을 미친다. 심지어 그러한 변천은 새로운 사회에 대하여 새로운 법으로 대응하여야 하는 사회 전체의 의식에서까지 나타나지 않기도 한다.

(3) 이러한 관계 이외에 여러 자연물의 관계가 존재한다. 이 자연물의 관계는 인간의 아무런 간섭도 받지 않고 존재하는 것이다. 물건의 세계는 인간의 세계와 마찬가지로 하나의 우주다. 여기에서 하나의 중요한 결론이 나온다. 즉 만일 법이 A 대 B라고 하는 개인의 관계를 확정하게 되면, 이 경우 법은 A와 B라고 하는 이 관계는 겉으로 사회의 다른 구성원에게는 아무런 관심사항이 아닌 순수하게 개인적인 관계가 된다. 법이 개인 A에게 자연물 N을 연결시키는 경우에는 이 A와 N이라고 하는 관계는 사적인 것처럼 보인다. 그러나 이 관계는 처음부터 사회적인 것이고, 사회가 어느 법체제 아래에서 일정한 변천을 하게 되면, A와 B의 관계는 별도의 내용 또는 의미를 가지게 된다. 그리고 전체 사회구조 내에서의 N의 기술적인 의미의 변화는 A가 가지고 있는 N에 대하여, 입법자가 본래 A와 N의

---

111) 법적으로 결합은 한 인격자로서 취급될 수는 있다. 그러나 이 효과는 오로지 개인을 구속함으로써만 지향할 수 있고, 어느 정도 달성할 수 있다.

관계를 설정할 때 의도하였던 바와는 사뭇 다른 속성을 부여하게 될 것이다.

이로부터 우리는 다음과 같은 사실, 즉 법이 사실에 관하여 사용하는 지렛대는 너무 짧아 그것을 통제할 수 없다는 것을 알게 된다. 법적인 구속은 자연생활의 헤라클레스(Herkules)적인 힘에 대한 단순한 실오라기에 지나지 않는다. 그러나 이 헤라클레스는 느릿느릿, 더구나 알아차릴 수 없을 정도로밖에 자기의 사지를 뻗치지 않기 때문에 당해 실오라기는 갑자기 끊어져서 곳곳으로 튕겨나가지 않는 것이다.

(4) 그렇기는 하지만 법은 인간을 통하여 그 명령을 할 수밖에 없다. 사회의 이름으로 법적 권력을 행사하여야 하는 권력소지자로서의 개인은 사실상 개인으로서도 권력을 가지고 있어야 한다. 당해 권력은 물리적인 힘일 수도 있을 것이고, 도덕적인 권위일 수도 있을 것이다. 법은 그에 기초하여 행사하게 되는 권력을 규정할 수 있을 따름이다. 그렇지만 권력소지자로서의 개인이 권력을 행사하는 조건은 실제의 생활사실이고 법적 사실이 아니다. 법적 사실이 활과 화살이나 연발총으로 무장을 하든지, 지주 자신이 지방관리이든, 또는 노임계약에 의하여 채용된 경찰서장과 그 부하들이 권력을 행사하는지의 여부는 특정한 역사적 시대에 유포되어 있는 사회조건의 문제이다. 이 점에 관하여 법을 선택함에는 엄격한 제한이 뒤따른다. 법이 권력소지자를 설정하고, 그에게 당해 권력을 행사할 수 있는 수단을 마련하여 주고 나면, 어느 정도로 얼마 동안이나 그 사람과 권력수단이 그 목적을 위하여 적절히 이바지할 것인가 하는 문제가 생겨난다.

지금까지 우리는 법의 기초에 관한 개요를 간추려 보았다. 그렇지만 이 고찰은 법이 형성될 때 핵심적인 수단이 되고, 그 적용점이 되는 것이 고립되어 있는 개인의사임을 명백하게 밝혀 준다. 더구나 법은 자연의 유기적인 조직, 인간 상호간의 관계 및 인간과 사물의 관계를 통제하려고 한다. 이 복잡한 구조의 전부가 법의 기반인 기초사실을 이루는 것이다. 그런데 이 기초사실은 변하게 되어 있고, 그로 말미암아 법도 변천한다. 그러나 우리가 알아차릴 수 없는 정도로 미미한 변천과정은 직접적으로 규범에 영향을 미치지 않는다. 우선 그 과정을 개인이 알게 되는 예는 드물고, 사회가 그것을 알게 되는 경우는 개인의 경우보다 훨씬 더 적을 수밖에 없다. 그리하여 규범은 그대로 지속하게 된다. 법제도도 그 규범적 내용에 관하여 그대로 지속하기는 하지만, 그것은 더 이상 이전의 사회적 기능을 유지할 수는 없는 것이 되고 만다.

3. 기능의 변천과 절대적인 기능상실

자영세습재산의 자본주의적 소유권으로의 발전은 기능의 변천과 절대적인 기능상실을 다른 어느 것보다도 한층 더 명백하게 보여준다. 이 논지를 설명하기 위하여 하나의 사례를 들어 보기로 하자. 어느 개인이 얼마간의 화폐를 재산으로 가지고 있는데, 그는 당해 화폐를 예비금으로 생각하고 간직하는 것이다. 법은 어느 누구도 이 사람한테서 그 돈을 빼앗아가서는 안 된다고 선언하고 있다. 경제적 용어로는 이 돈은 '재화'가 되는 것이다. 얼마쯤 지나서 이웃사람의 집이 불에 타버렸다면, 이 화재에 대하여 책임이 있는 것은 법이 아니다. 이에 맞물려 이웃사람이 돈이 필요하게 되면, 화폐를 재화로 가지고 있던 사람은 상당한 이자를 받기로 하고 그 돈을 이웃사람에게 빌려 주게 된다. 자기 자신의 긴요한 필요에 대비한 안전판이었던 기능이 다른 사람의 소용에 맞추어 다른 사람에 대한 착취로 뒤바뀐 것이다. 인간과 재화의 병존 및 '존재'와 '소유'양식에서의 법률외적인 변천은 규범을 폐지하거나 법제도를 없애버리지 않고, 어느 한쪽에 새로운 기능을 부여한다.

사회의 경제적·자연적인 기반에서의 변천으로 말미암아 생겨나는 기능의 변화는 모든 기능의 폐지까지도 빚어낼 수 있다. 이것은 바로, 법이 폐지되지 않았음에도 불구하고 법제도가 사실상 중지되고 마는 것, 즉 폐멸(廢滅; Desuetudo)에 관한 설명이 되는 것이다. 이와 같이 어느 법제도가 그 기능을 상실하게 되면, 당해 제도는 아무런 격식도 거치지 않고 사회로부터 없어지기도 한다. 그 소멸이 공식적으로 선언되지 않을 뿐만 아니라, 사회의 구성원이 그 소실 자체를 알아차리지 못하기까지 한다. 예를 들어 경제적 발전의 결과, 이제는 아무런 유언도 하지 않고 모든 사람이 스스로 그 소유물을 정당한 상속인에게 물려줄 수 있게 되면, 유언에 관한 법제도는 몇 세대를 거쳐 내려가는 동안에 우리의 기억에서 사라져 버릴 것이다. 이 경우 당해 법제도의 폐지는 사실의 은밀한 힘에서 연유하는 셈이다. 그러나 모든 법제도가 그 성질상 이와 같이 폐멸되는 것은 아니다.

이 폐멸은 첫째로 어느 주체도 더 이상 법제도를 활용하지 않아야 할 것과, 둘째로 법적으로 중요한 어느 객체도 당해 법제도의 기초를 이루지 않을 것을 필요로 한다. 그러나 소유권규범이 효력을 가지고 있는 한에는, 모든 객체는 반드시 어느 자연인 또는 법인에게 귀속하고 또한 무주물은 어느 것이나 선점

자의 소유로 돌아간다(res nullius cedit occupanti). 유산자계급사회
는 이와는 다른 소지양식을 알지 못하고, 또한 어느 형태의 인
간사회에서나 모든 물건은 어느 사람에 의하여 소지되어야 하
는 것이므로, 소유권은 결코 폐멸시킬 수 없다. 그렇지만 어느
법제도가 폐멸된다고 하는 사실은 언제나 그 자체의 기초를 지
속적으로 통제할 수 없게 되어 버리고 말았다고 하는 법의 무
력(無力)에 관한 증명이 되는 것이다.

4. 기능의 흠결과 법만능사고

이상에서 설명한 바와 같기 때문에 경제에 대한 법의 힘은
이미 법의 한정적인 기술에 의하여 제한되고 있다. 결국 법은
이론상으로만 전능일 따름이다. 법이 다양한 명령에 의하여 창
조적으로 경제에 영향을 미치는 것은 사실이다. 그러나 비록 그
러한 규범의 영향을 검토하는 것이 우리가 하고자 하는 목적은
아니지만, 우리가 수집한 증거는 이미 우리로 하여금 인간 상호
간의 관계, 인간과 물건의 관계, 그리고 물건 상호간의 관계가
인류역사상 어느 시대에나 법과는 관계없이 기초로서 존재하였
음을 알게 해 주었다. 조각가의 대리석재와 마찬가지로, 법생성
의 이 기초가 우선 존재하였던 것이 사실이다. 그러나 대리석재
와는 전혀 달리, 당해 기초는 규범의 규제를 받는다기보다는 오
히려 규범을 규제한다. 입법기술은 무엇보다도 규범과 기초의
상호작용을 올바르게 평가하는 데 달려 있다고 할 수 있다.

여기서 많은 역사적 사례 가운데서 하나만을 들어 보기로
하자. 경제제도상으로 교역과 화폐의 영향을 그다지 많이 받지
않았던 중세의 절정기에는 관리가 국왕에 의하여 여러 형태의

신하로 임명되었는데, 관리가 되는 사람은 기장(旗帳)을 받아들고 충성스럽게 봉직하겠다는 맹세를 하여야만 되었다. 그는 직위(職位; officium)와 함께 영지(領地)도 부여받았기 때문에, 그의 직은 그에 부합하는 실질이 갖추어진 것이었다. 충근(忠勤)의 맹약을 제대로 수행하지 않는 경우에는 이 두 가지가 몰수되었고, 또한 원칙적으로 사망의 경우에도 그러하였다. 새로이 임명되는 고위관리는 격식에 따라서 직위와 영지를 부여받았다. 당시의 경제사정으로 관리에게는 자연지대를 할당해 주는 것 이외에는 다른 어떠한 방법으로도 보수를 지급해 줄 수가 없었다. 임용질서는 실제로 경제질서, 즉 기초에 의거하여 사전적으로 결정되어 있었던 셈이다. 그러함에도 불구하고 이것은 얼마 가지 않아 규범보다도 한층 더 강력한 것으로 된다. 즉 당시의 규제수단이 그렇게 확고부동하지는 못하였기 때문에 사람과 토지의 종신적인 결합은 대단히 강력하였으며, 그 결과 봉지(封地)는 사실상 (via facti) 세습적인 것으로 되고 이와 함께 관직과 재산도 세습적인 것으로 되고 만다. 중세의 후기에는 교역과 화폐를 기초로 하는 경제제도로의 회귀와 함께 권력수단도 변하게 되었다. 새로이 세워진 유산자계급국가가 봉급제를 기본으로 하여 공무원을 임용하게 되고는, 봉건영주의 관직(官職; officium)은 영지의 지배(beneficium)가 그대로 남아 있었음에도 불구하고 종래의 기능을 상실하게 된다. 유산자계급의 혁명은 공식적으로 기존의 관직 명칭의 사용을 지양하고(귀족제의 폐지), 또한 토지소유권을 자유로운 것으로 선언하기까지 하였다. 우리는 1천 년에 걸쳐서 전개된 이 과정을 통하여 다음과 같은 것, 즉 본원적인 규범은 그 목적 규정성, 곧 의도된 기능을 가지고 있음을 알게 된다. 그러나 이 의도는 시간의 경과와 함께 끝내 달성되지 못하고, 그 제도는 쓸모없는 것이 되든가, 아니면 본래는 의도하지도 않았던 기능을 떠맡기도 한다. 이렇게 되면 우선 처음의 의도가 왜곡되기도 하고, 어쩌면 거꾸로 되어 버리는가 하면 마침내는 모든 기능이 탈락되어 버리기도 한다. 기초에 내재되어 있으며, 경제적 법칙성에 따르는 발전 성향은 법의 힘보다도 훨씬 강력하다.

우리는 입법기술, 곧 법기술이 사회에 막대한 중요성을 지니고 있다는 것을 인정한다. 경제적 분석이나 법적 분석은 입법을 위한 적절한 방침을 마련해 주지 못하며, 우리가 이 연구에서 제기한 문제, 즉 법과 경제의 상호관계 곧 법제도와 경제구조의 이 놀랄 만한 교착(交錯)의 탐구만이 그것을 마련해 줄 수 있다. 토대와 상부구조의 전통적인 유비(類比) 또는 슈탐러(Rudolf Stammler)의 형식과 실질의 구별에서는 이 관계는 거의 나타나 있지 않으며, 포함되어 있는 경우에도 그 실질적인 내용이 기술되어 있지 않을 뿐만 아니라, 때로는 부분적으로 잘못 서술되어 있기도 하다.

인간사회가 그 자체의 사회적인 성격을 알고 나서는, 바꾸어 말하여 인간사회가 총체의사를 발전시키고, 그렇게 함으로써 그 자체와 주변세계의 잠재적인 지배자가 되었음을 알고 나서는―엥겔스의 표현을 빌려 말하면 인류사회가 필연의 세계로부터 자유의 세계로 도약하게 된 다음―이 의식은 입법으로 기적 같은 일도 할 수 있다는 심원한 신념으로까지 고양되었다. 이러한 현상은 특히 성공적으로 끝난 모든 혁명 다음의 대중의 감정성향이 현저하게 드러나는가 하면, 그렇게 하는 동안에는 당해 확신이 대단히 강하고 압도적인 것으로 된다. 법은 전능인 것으로 생각된다. 물리학자인 아르키메데스(Arkhimedes)의 "Δὸς μοι πη σῶ"(우리에게 착지점을 주시오)라고 하는 것이 바로 그것이다. 이 법만능사고(Dekretglaube) 또는 이른바 법령주의(Dekretinismus)는 결코 볼세비키 혁명에 국한되었던 것이 아니고, 다만 그것이 당시에 특히 현저하였고 또한 참혹한 결과를 빚어냈던 것일 따름이다.

무산자계급의 압도적인 승리로 끝나버린 혁명의 결과, 특히 토지소유권에 관한 유산자계급식의 법조항이 폐지되었음을 생각해 보자. 그러나 정작 이렇게 되고 난 다음에도 사실상 똑같은 사람이 다시 다양한 재화를 소지하였을 것이며, 바로 직후에는 그 실질적인 지위에도 아무런 변화가 없었을 것이다. 따라서 법은 어떠한 방법으로든지 새로이 이 점유를 규제하여야 했다. 소유권의 절대성과 그 사적 성질을 제거하고 모든 점유를 일종의 의무적인 세습재산으로 전환시키기로 한다면, 이것은 결국 모든 사적인 소유권을 한꺼번에 공동체적 소유권으로 전환시키는 것이라고 할 수 있을 텐데, 필자의 생각으로 그러한 조치가 전혀 의미 없는 것은 아니지만, 그것으로써 경제제도의 자본주의적 성격을 완전히 불식시킬 수 있었을 것으로 생각하지는 않는다. 민사법을 통해 검토해 온 지금까지의 우리의 여정은 다음과 같은 사실, 즉 이 새로운 법형태에서도 소유권은 그 모든 기능을 그대로 보유하고 있으며, 또한 그것은 그 연계제도와 결합하여 순수한 사적 소유권과 전적으로 동일한 사회적 효과를 가지고 있다는 것에 관한 직접적인 증거를 밝혀주고 있다. 따라서 새로운 법은 그 자체의 기능을 제대로 해내지 못하고, 그 입법에 대한 신념은 망상으로 무산되고 말지도 모른다. 최근 러시아에서의 농업관계의 재편은 이 견해에 관한 뚜렷한 증거가 되는 것이다.

II. 기능의 변천과 그 형태

　　지금까지 우리는 기능변천의 일반적·이론적 가능성 및 그 인과관계를 논술해 왔다. 이제 그 변천이 겉으로 나타나는 형태를 살펴보기로 한다.

1. 순수한 양적 추이

　　규범은 개인에 대하여 발하여지는 것으로, 개인에게 다양한 권리 또는 권한을 부여하는가 하면, 여러 가지 의무나 지시를 부과하기도 한다. 모든 법제도는 그 실행자로서 활동할 사람을 필요로 한다. 이들 실행자의 수와 속성이 당해 제도의 주체적인 범위를 결정한다.[112] 법제도로서의 소유권은 모든 사람 또는 대다수의 사람이 실질적인 소유자인지, 또는 소수의 사람만이 실질적인 소유자인지의 여부에 따라 각각 다른 성격을 띠게 된다. 만일 어느 한 사람도 법제도의 실행자로서 활동하지 않는 경우에는, 당해 법제도는 법규범으로서 그대로 존속할 수는 있지만 실제의 생활에서는 사라져 버릴 수도 있다. 그리고 어느 법제도가 소수의 사람들에게만 국한된 경우에는 그것은 다수의 사람들에게는 쓸데없는 것이 될 수도 있다. 이러한 관점에서 본다면 그러한 추이는 자체 내에서의 순전히 양적인 것이고, 이론적으

---

112) 이와 같이 봉건제도 아래에서는 비봉지(非封地; Allod) 형태로서의 소유권이 유일한 예외로서 유지되고 있었다. 도시가 발달해 감에 따라, 이것은 당해 특정한 예외적인 도시지역에서 원칙으로 되어 갔다. 그렇지만 교외지역(郊外地域)에서의 점유관계는 그대로 지켜지고 있었다.

로 그것이 기능의 변천을 가져오는 것은 아니다. 그렇지만 이 실행자의 수가 많아지고 적어짐에 따라 제도의 효과가 각각 다른 성격을 띠게 될 것임은 너무나도 명백하다. 여기에서 다시 한번 우리는 양적인 다소의 규모가 질적인 수준의 높낮이로 바뀌게 됨을 알 수 있게 된다.

주체적인 여러 관계와는 별도로 모든 법제도에는 객체적인 내용이 있다. 특히 소유권은 유체물, 자연물 그리고 일정한 양의 물질을 그 객체로 한다. 소유권은 그것이 포섭하고 있는 객체의 양의 다소에 따라서 상이한 사회적 성격을 지니게 된다. 이와 같은 양의 증가 또는 감축도 비록 이론상으로 그렇지 않다 하더라도 적어도 사실상 제도의 사회적 기능에 영향을 준다.

이 두 측면에서의 변화, 즉 순전한 양적인 추이는 우선 명백하게 될 따름이고, 피상적인 고찰로는 더 이상 깊이 파고 들어갈 수 없다. 그리하여 어떤 사회민주주의자들은 소유권 객체가 몇몇 사람의 수중에 집중되는 것을 사회발전의 유일한 보장책이라고 생각하고, 그 양적인 관계는 결코 소유권의 기능에서 가장 중요한 변화의 골자가 되는 것이 아님에도 불구하고 아주 열심히 소유권 관계 통계를 검토한다. 그런가 하면 많은 사회개량주의자들은 소유의 최대한도와 최소한도의 설정이 그 억제책이라고 생각한다. 그러나 이러한 종류의 기계적인 견해는 현상의 표면만을 살피는 데 지나지 않는 것이다.

자본주의경제양식에서는 끊임없이 소유권의 주체와 객체의 변동이 생겨나는가 하면, 부단한 전유(傳有)와 수탈이 행하여지고 있다는 것은 의심할 나위도 없다. 자영세습재산(Erb'und

Eigen)은 주체와 그 승계자에 의하여 확고부동하게 장악되었고, 가족이 그것을 보유하고 있었으며, 이러한 경제의 안정성이 그 존립기초였다. 이에 비하여 오늘날에는 여러 주체와 객체가 끊임없이 손과 위치를 바꾼다. 이상스럽게 생각할 것도 아니지만, 이 변동은 소유권 객체가 몇몇 사람의 손에 집중되는 과정 속에서 이루어진다. 그렇지만 이미 자본의 견인과 반발을 다룰 때 (상기 176면) 고찰한 것처럼 이 집중경향은 많은 경우 세습적인 상속으로 인한 소유권의 분산을 빚어내게 된다. 그러나 생산기금 및 노동기금으로의 필연적인 분할로 말미암아(상기 195면) 적어도 일정한 부분의 재화는 언제든지 모든 사람의 수중에 귀속하게 되어 있으며, 법률적인 관점에서 보게 되면, 소유권을 전혀 갖고 있지 않은 사람은 하나도 없다. 이러한 양적 고찰은 결국에는 '현재 존재하고 있는 소유권의 절대불멸성', 다시 말하여 그 정점에서는 점차적으로 마멸되어 가고 있는 피라밋형의 소유권 양상을 잘 표명해 주는 것이라고 할 수 있다.

2. 사회적 결합

주체 및 객체에 관련하여 소유권의 신장과 제한에 의하여 발생하게 되는 이러한 간접적인 기능의 변천은 지금까지 사회주의적 문헌에서 완전히 빠져 있던[113] 직접적인 기능의 변천과 비교하여 볼 때, 그다지 문제될 바가 되지 못한다. 이 직접적인 기능변천의 본질은 주로 다음과 같은 점에 있다. 즉 소유권은

---

113) 바로 이 사실을 두드러지게 밝혀 낸 칼 마르크스의 연구에도 불구하고 이것은 그대로 사실이다. 마르크스의 사회비판의 핵심을 이해하지 못하면서도 그 이론을 계속적으로 연구하거나 그것을 무조건 믿거나 아니면 그것을 비난하는 사람들이 많이 있다.

법률상(de jure) A라는 사람의 N이라는 물건에 대한 처분권력, 다시 말하여 다른 개인이나 다른 물건에는 법에 의거하여 아무런 영향도 미치지 아니하는 개인과 자연물의 단순한 관계라는 것이다. 결국 물건은 사적인 소유물이고, 개인은 사적인 사람이며, 법은 사법이다. 이것은 제도 자체도 사적으로, 비사회적으로, 그리고 비공식적으로 운영되었던 단순상품생산의 시기에는 사실상으로도 그러하였다. 왜냐하면 법의 기초, 노동력과 재화의 사실상 분배가 이것을 가능하게 하고 또한 그 원인이 되었기 때문이다. 기존의 기초가 달라졌기 때문에 개인과 자연물의 관계는 아주 다른 내용을 가지게 되며, 사회의 전구성원과 자연물과의 관련성은 물건과 물건의 관계로 변장하게 되는 사람과 사람의 관계로 그것을 뒤바꿔 놓는다. 어느 사람의 물건에 대한 확정적인 지배는 그의 다른 사람에 대한 지배로 되고, 물건 사이의 관계로 변장되어 있기 때문에 그것은 사회 자체에 대한 지배로 된다.

하나의 물건의 권능은 주체나 객체를 통하여 나타나지 않을 뿐만 아니라, 법적 권력은 오로지 법에 의하여 주어진 행동의 자유에 지나지 않기 때문에, 개별적인 객체에 대한 주체의 법적 관계로도 나타나지 않는다. 그 기능은 권리의 적극적인 이용 내지는 행사양식으로 나타나는데, 이 행사양식은 대부분의 경우 규범이 효력을 미치는 범위 밖에 놓여 있다. 권리의 행사는 단순상품생산의 시기에는 사적이고 고립적인 행위로 나타나지만, 사실상 그것은 언제나 사회적 총 조직체의 한 세포가 사회적 총 물질의 한 원자에 대하여 행하는 전반적 사회생활과정 중에서의 한 부분행위이다. 그렇지만 이 경우에 소유권의 행사는 우리가 앞 장에서 살펴본 바와 같이 소우주의 내부에서 일

어난다. 이 소우주가 해체되고 그 개별적인 잔류물(殘留物)이 사
회적 경영양식의 일부로 되고 나서는 권리의 행사양식이 바로
사회적으로 결정되는가 하면 사회적 중요성을 띠게 된다. 혼자
따로이 살고 있는 농민은 자기의 경작지를 경작하지 않고 내버
려 두더라도 다른 어떤 사람을 해하게 되는 것이 아니고, 오로
지 자기 자신의 식량만을 감축시킬 따름이다. 그러나 경영을 정
지한 탄광소유자는 모든 사람들이 사용하는 연료를 감축시키고,
자기가 채용하고 있는 근로자로부터 생계수단을 빼앗아 버리는
것이 되는가 하면, 경우에 따라서는 석탄가격의 등귀에 의하여
그 수입을 증가시키기도 한다. 그렇지만 그의 권리행사는 사회
적 중요성을 지니는 것일 뿐만 아니라, 당해 권리행사 자체가
사회에 의하여 결정된다. 혼자서 살아가는 농민은 자기의 토지
를 어떠한 방식으로 이용할지를 자기 마음대로 결정하지만, 자
본주의적 생산자의 경우에는 시장의 상황에 맞추어, 따라서 사
회에 좇아서 그 동기를 정하게 된다. 자본주의적 생산자는 법적
으로 자유이지만 경제적으로 구속된다. 이 구속은 그의 소유권
객체와 다른 모든 소유권 객체의 관계로 이어져 있다. 이렇게
하여 권리의 행사는 법에 의하여서가 아니라 법률외적인 여러
사실에 의하여 정하여지기 때문에, 법은 물건에 대한 통제력을
잃게 된다.

3. 기술적 행사와 법적 행사의 분류

단순상품생산 시기에서의 소유권 행사는 소유권 객체의 보
편성으로 말미암아 소유자의 일반적 권능을 필요로 한다. 그렇
지만 경제적 발전은 소우주를 그 각 부분으로 해체시킨다. 이제
그 개별적인 각 부분은 특정한 처분방식을 필요로 하고, 그 발

전 여부는 물건의 기술적인 성질 및 그것을 처분하는 사람의 기술적인 자질에 의하여 결정된다. 이제 그러한 사람은 하나의 전문가로 되고 만 셈이다. 만일 물건이 생산도구라면, 정신적 또는 손재주의 노동력만이 그것을 이용할 수 있고, 그렇지 않고 그것이 소비수단이라고 하면 그것의 이용은 소비자에게 한정된다. 사실상 소유자는 노동력으로 보아 만능이 아닐 뿐만 아니라, 오로지 소비자로만 한정되어 있지도 아니하다. 기술적인 의미에서 소유자는 개별적인 객체의 지배자가 아니기 때문에, 당해 객체가 사회적으로 작용할 수 있게 하기 위해서는 그는 소지(所持)를 그만두어야 한다. 그는 기술적으로 소유자로서 존속해 나갈 수 없으면서도 법적으로 소유자로서의 지위를 포기하려고 하지 않는다. 소유자가 더 이상 물건에 대한 처분권한을 행사할 수 없게 된 경우에는, 그는 재빨리 머리를 써서 자기 권리를 법적으로 행사하기 시작한다. 다시 말하여 그는 물건을 양도하거나, 법률행위에 의하여 그것을 타인이 점유하도록 하여, 오로지 법적 처리를 함으로써 그것을 이용한다.

어떻게 하여 이렇게 될 수 있는 것일까? 법질서는 온갖 물건이 그 기술적 지배자에게 점유될 수 있도록 해야 한다. 그렇지 못하면 사회는 존속해 나갈 수 없게 될 것이다. 그렇지만 이 문제는 그것이 현실적으로 절박하게 되기 전에 그 해결책이 마련되어 왔다. 즉 지난날의 많은 법적 제도가 세습재산제도의 결함을 보충해 주었다. 그럴 수밖에 없었던 것은 어느 법제도라 하더라도 그에 관련된 모든 문제를 완벽하게 해결하지는 못하고, 그렇기 때문에 어느 제도나 보완책을 필요로 한다. 그리하여 오랜 옛날에 이미 매매, 사용대차, 소비대차 및 임대차가 생겨났다. 그렇지만 이들 각 제도의 주체적 및 객체적인 적용범위는 극히 좁았고, 또한 그러한 것들은 단지 개별적이고 부차적인 제도에 지나지 않았다. 얼마 안 있어 이들 제도에 진화의 시기가 오고 말았다. 소유자에 의한 점유는 사회로 보나 소유자로 보나 하나의 절대적인 장애였다. 이와 관련하여 입법자에게는 소유권 규범을 폐지해 버려야 할 것인가라는 문제가 제기된다. 그러나 입법자는 이 장애를 알아차리지도 못한 채 지내는 가운데, 소유자 자신이 먼저 자위책을 강구하여 여러 가지의 보조적 제도가 소유권의 연계제도로까지 되게 만들었다. 어느 사람이 세습재산을 파는 것은 일찍이 금지되어 온 바이고, 그렇지 않다 하여도 적어도 사회적으로 비난의 대상이 되었다. 소유권이 법적 처리를 거쳐 이용되기 위하여, 다시 말하여 매매되기 위하여서 존재한다고 하는 생각은 어떠한 사람도 하지 않았다. 그러나 이제 소유권 객체는 매매 이외의 다른 방법으로는 이용될 수 없는 상품으로 되어 버리고 말았다. 또한 소유권 객체는 기계(機械)로 되어 계약에 의하여 다른 사람을 거기에 배치하고, 그 점유와 권리의 기술적 행사를 위탁하는 이외에는 달리 사용할 수 없게 되었다. 그런가 하면 이제 토지는 그 목적과 상태에 따라서 소작계약에 의하여 시비(施肥)의 기술에 능통한 사람이 점유하게 되고 말았다. 소유권은 법률행위에 의하여 행사된다. 다양한 품목으로 되어 있고 특별한 기술적·경제적 기능을 해내는 소유권은, 이제 사회적으로 그 연계제도 없이는 존재할 수 없게 되었다. 이 연계제도가 기술적·경제적인 기능을 실현하고, 소유권은 사적인 기능으로 축소된다. 즉 소유권 객체를 사실상 소지하지 못하면서도 보유할 수 있는 권리를 가지고 있는 사람의 수중에 소유권 객체의 점유를 고정시키는 불행스러운 기능에 한정되고 말았다. 사회의 입장에서 본다면 소유권은 아주 특이한 기능을 해내는 것으로 되어 있다. 그렇지만 여러 경제법칙에 따라 한층 더 발전하기 위해서는 소유권을 부여한 사회는 소유자의 사적 공물(貢物)로부터 점차적으로 그것을 해방시켜 나가야 한다.

　　단순상품생산을 하던 시기의 소유권은 대부분의 경우, 어떠한 다른 법제도의 개입 없이 행사되고 아무런 법률행위도 필요로 하지 않았다. 토지는 경작되고 그 과실은 소비되었다. 소유권이 수공업적 생산제도에 이바지하는 한에서는, 도급계약(都給契約; locatio conductio operis) 또는 매매계약의 방식으로 고객을 위하여 또는 지방의 시장을 위하여 직접 작업이 이루어지는 것이 보통이었다. 그렇지만 이러한 매매는 오로지 완제품과 관계되는 것이었고, 이것저것을 팔고 사는 끊임없는 매매는 없었다. 파는 일은 오로지 노동과정의 마지막 처분일 뿐이고, 소유권의 행사는 일반적으로 물건의 기술적인 처분이었다. 그렇지만 이제 법률행위에 의한 이 권리의 행사는 소유자의 특수한 기능으로 되고, 기술적인 처분은 비소유자의 특수한 기능으로 된다. 그리고 소유자는 노동력과 소비자 사이에 재화를 분배하는 사회적 기능을 획득하게 된다. 이제 어떠한 것이 발생하였는가를 잠시 생각해 보기로 하자. 입법자는 근로자와 소비자가 노동수단과 소비수단을 종국적으로 확보하고, 세대를 넘어서까지 그 점유를 계속할 수 있도록 그들에게 당해 소유권을 부여하지 않았는가? 그러므로 근로자와 소비자들에게 재화를 분배하여 준 것은 입법자가 아니었는가? 이제 와서 그 관계는 정반대로 되고 말았다. 이제 소유자는 근로자도 아니고 소비자도 아니다. 그렇지만 그 동안 입법자의 기능은 축소되어 왔기 때문에, 소유자가 입법자가 해내던 분배의 역할을 떠맡게 된 것이다.

4. 특수한 기능으로의 분화

지금까지 전개되어 온 바와는 전혀 관계없이 이제부터는 소유권은 그 특수한 기능양식을 획득하고, 그러한 소유권의 각 세부사항은 그 자체의 연계제도와 결합하여 작용하기 시작한다. 단순상품생산의 시기에는 그것은 부분적으로 원시적인 채권법의, 시장거래의 제도를 매개로 하여 존재한다. 소유권은 노임계약과 결합하게 되면 생산자본이 되고, 소비대차제도와 결합하게 되면 이자부자본이 되며, 소작계약 등과 결합하게 되면 근대적 소유권으로 된다. 이렇게 하여 법적 제도의 전형적인 결합, 즉 한층 고도의 법적 요소의 융합이 생겨나게 되고, 이들 각각은 특수한 이론적인 분석을 필요로 한다(토지소유권법, 가옥소유권법, 광업법, 상법 등). 소유권이 특정한 연계제도와 결합하여 예전과 다름없이 그 특수한 기능을 해내게 되자, 당해 기능을 더 이상 소유권에서 끄집어낼 수 없다는 것이 명백하게 되었다. 아무리 신중하게 소유권의 내용(일반적인 처분권력)을 개별적인 기능으로 분해한다 하더라도 소유권의 해악을 찾아내지는 못할 것이다. 왜냐하면, 그러한 해악은 소유권이 노임계약, 소비대차 등과 결합될 때에야 비로소 드러나기 때문이다. 사람과 물건의 관계와 마찬가지로, 법적 제도도 서로 사회적 연계관계에 놓여 있다. 기계류에 대한 단순한 처분권은 우리가 아무리 완전하게 그것에 대한 소유권을 조사한다 하더라도, 우리에게 아무것도 말하여 주지 않는다. 그러므로 이론상으로 고립되어 있는 권리 자체에 아무런 결함도 깃들어 있지 않는 것으로 된다. 처분권력의 '절대성'은 재화의 남용, 낭비 또는 파괴까지도 가능하게 한다는 것을 이유로 하여, 사회평론가가 그것에 대하여 이의를 표명한다면, 소유자는 아무 거리낌 없이 다음과 같이 대답할 것이다. "재산을 낭비하고 파괴하는 자는 당연히 정신병원에 보내야 한다. 소유자 개인의 정신착란 또는 정신박약은 소유권제도와 관계없다. 절대적이고 무제한한 처분권에 관하여서라면, 나의 처분은 절대적이지도 않고 자의적이지도 않다. 나는 특정한 방식으로밖에 처분하지 못한다. 나는 기계를 돌아가게 하거나 또는 쉬게 하는 이외에는 기계에 관하여 아무것도 할 수 없다. 여러분은 기계가 멈춰 서 있는 것이 더 좋다고 생각하는가?" 노임계약을 개별적으로 검토해 보게 되면, 그것은 양 당사자의 완전한 의사의 합치라는 흠잡을 수 없는 사실 이외에는 아무것도 드러나지 않기 때문에, 여기에서도 우려할 만한 근거는 하나도 찾아볼 수 없다. 바로 이 두 제도의 결합 위에 그들 경제적 기능의 기반이 짜여 있는 것이다. 그 자체가 단순한 자연적 행위, 즉 비법률적 활동이고, 어느 시대에는 단지 사실행위에 지나지 않았던 권리의 행사가 여기에서는 하나의 법률행위로 행하여진다. 소유자는 기계라고 하는 소유권 객체를 노임계약을 매개로 하여 처분하고, 근로자는 다른 사람의 재산인 기계를 가동시킴으로써 계약을 이행한다. 하나의 경제적 행위가 두 가지의 관련 법제도를 통하여 표출된다. 이렇게 하여 소유권의 모든 특수화된 기능은 법적·역사적으로 발전하고, 또한 앞에 설명한 바와 같이 양적으로 확대된 다른 법적 제도의 어느 특수한 결합 중에 나타난다. 여기에서의 소유권의 분화는 이전에는 법체계의 단순한 보충제도에 지나지 않았던 매매, 노임계약 및 소비대차의 예기하지 못했던 진화의 결과이기도 하다.

5. 총체적 기능

어느 한 법적 제도의 특성, 규범적 내용이나 그것과 그 연계제도와의 결합에서 생겨나는 효과도 법적 제도의 사회적 기능을 완전하게 드러내 보이지는 못한다. 그것은 당해 제도를 그 전체적인 경제적 관계 속에서 고찰하고 나서야 겨우 이해할 수 있게 된다. 간략하게 말하여 우리는 어느 사회의 기술적 측면에서의 그 생산과 재생산과정의 전부를 사회적 운영질서라고 부를 수 있을 것이다. 이 사회의 운영질서는 모든 개인에 대하여 그 권리의 일정한 행사양식을 규정하는데, 결코 규범으로서가 아니라 그의 행위에 대한 일반적인 격률(格率; Maxime)로 규정한다. 법은 행위의 자유, 가능성 및 권한을 부여하기는 하지만, 실질적인 활동을 결정하고, 법이 규정하는 공백에 구체적인 내용을 불어넣어 주는 것은 사회적 운영질서이다. 바꾸어 말하여 사회적 운영질서는 모든 권리주체에 대하여 변하지 않는 가면(假面)을 주는가 하면, 모든 객체에 대하여 특정한 경제적 형태를 정하여 준다. 말하자면 사회 전체는 모두 개인적·물량적 관계와 깊이 관련되어 있다. 그도 그럴 것이, 사회는 개인의 사회적 역할 및 물건의 경제적 목적을 정하여 주기 때문이다. 이렇게 하여 사회는 눈에 띄지 않는 비물질적인 영혼으로 되고, 이 영혼은 사람, 물건 및 제도 중에 그 자체를 드러내지만, 반지의 무게 중심이 당해 물체의 밖에 있는 것과 마찬가지로, 언제든지 사람이나 물건 또는 제도를 초월하여 존재한다.

　　어느 개인의 소유재산은 그에게 경제적 경영으로 나타난다. 사회적 경영 중에서 한 개의 부분적 경영은 분리되고, 거꾸로 그것은 다시 전체적인 것으로 나타나며, 법에 의하여 개별화되고 법적 통일체로 된다. 모든 부분경영은 재산이다. 그렇지만 이 법적 통일체, 즉 소유재산의 총체는 경영조직의 결집기초라는 면에서는 모든 사회운영질서의 부분이자 분할조직으로 존속

한다. 법은 소유재산을 경영조직으로 고정시켜 주는 일반적인
기능을 가지고 있는 데 반하여, 사회적 총 운영질서는 다양한
부분경영을 자기 속에 함유시키고, 사정에 따라 이들을 해체시
키거나 또는 새로이 그것을 형성한다. 경영조직의 운영기술은
언제나 소유양식과 대립적이다. 소유양식은 경영발전의 끊임없
는 장애물이다. 인류의 생산능력은 반드시 소유권을 매개로 하
여서만 발전하여 온 것이 아니고, 때로는 그것에 반하여, 때로
는 그것을 무시하고 발전하였으며, 또한 연계제도는 소유권을
보충함으로써 그것을 장애물이 되게 하여 배제시키는 데 이바
지하기도 한다.

　모든 사적 경영에서는 사람, 물건 및 재산은 일정한 역할
을 해내고, 이들 여러 요소는 그 특정한 기능을 담당하고 있다.
어느 사람은 공장경영자이고, 다른 많은 사람들은 근로자이며,
소유권 객체의 전부는 그것이 연계되어 있을 때에만 산업자본
이 되고, 이러한 관계 아래에서만 소유권이 자본기능, 즉 소유
자를 위하여 타인 노동의 생산물을 착취하는 기능을 하는 것도
그러하다. 상품창고나 은행도 예외는 아니다. 소유권에 관한 비
판이 대단히 어려운 것도 바로 이러한 이유에서이다. 동일한 사
람, 동일한 물건 및 동일한 권리는 다른 사적 경영에서는 운영
기술에 크나큰 변화가 없는 경우에도 그 기능을 달리 할 수 있
다. 그러한 것들은 전유하거나 착취할 수 있는 수단이 되는 대
신에 전유 및 착취의 객체가 될 수도 있다. 이러한 예는 자본
주의적 소작인의 경우에 자주 생겨난다. 소유권의 양적 확장과
집중 및 그로부터 파생한 기능양식을 파악하는 것이 용이하다
하더라도, 유산자사회에서의 소유권의 질적 기능을 파악하고 분
석하는 것은 그렇게 쉽지 않다. 이렇게 어려운 것은 질적 기능

이 개인이나 유체물 또는 법제도나 이 법제도의 총체에 기초를
두고 있지 아니하고, 이들 여러 요소가 모두 개별적인 사적 경
영의 관계 속에서 고려되어야 하고, 그것은 다시 모든 사회적
운영질서에 관련시켜야만 이해할 수 있기 때문이다. 법제도의
사회적 기능을 결정하는 것은 모든 종족생활에 대한 그 중요성
이라고 하여도 결코 지나친 말이 아니다.

Ⅲ. 법제도로부터의 기능의 이탈: 상대적
  인 기능상실

우리가 법의 영역에서 마르크스에게 고맙게 여기는 것은
그가 사회적 운영질서의 모든 단계에서의 다양한 종류의 소유
권의 기능양식에 관한 대단히 정확한 분석을 하였다는 점이다.
우리는 이미 중요한 기능양식을 쉽게 파악할 수 있는 체계로
만들어 보려고 하였으며(상술 28면 이하), 모든 구체적인 사례는
혼합된 성격을 가질 수 있고, 많은 기능의 흔적이 오늘날까지
보존되어 오고 있음을 되풀이하여 강조하여 온 바이다.

1. 소유권과 소유권자의 분리

오늘날 소유권이라고 하면 어느 것에나 그 강약의 차이는
있겠지만 하나의 특성, 즉 비록 소규모의 경영에는 그다지 현저
하지 않고 또한 많은 경우에는 그렇게 중요하지도 않지만, 그것
이 사람을 지배하고 착취한다고 하는 특성이 내재되어 있는 것
이 보통이다. 다소 이상하게 느껴질지 모르겠지만, 객체에 대한

기술적·경제적 처분능력, 기술적 점유를 차지하고 있는 자가 보통 자기를 위하여 그의 소유권을 실현하는 것이 아니라 노임계약, 소작, 소비대차에 의하여 단지 법적으로 소유권 객체를 지배하는 자가 일반적으로 자기를 위하여 소유권을 경제적으로 실현한다. 발달된 자본주의적 경제에서의 경제적 소유권은 사실상 기술적 의미에서는 처분능력이 없는 것과 마찬가지이다. 결국 본래의 관계가 거꾸로 뒤집혀진 셈이다.

그런데 소유권 객체에는 자본기능이 대단히 많이 결부되어 있기 때문에, 그 법적 주체가 반드시 그것을 이용하는 것은 아니다. 금전의 대주는 소비대차라고 하는 법률행위를 하기 이전에는 대부금의 법적 소유권자이다. 그는 그 객체의 점유를 그만두고, 지주가 자기의 토지를 소작으로 내놓는 경우와 마찬가지로, 그것을 법률행위에 의하여 타인에게 점유시킨다. 그러나 화폐의 경우에는 이 점유의 일탈은 객체의 성질상 필연적으로 양도, 즉 법적으로 다른 사람에게로의 점유의 이전이 된다. 이 경우에는 자기를 위하여 자본기능을 이용하는 경제적 소유자는 법적인 의미에서 소유권자가 되지 못하지만, 그는 소유권의 기능을 장악하고 있는 것이다. 이 기능은 독립적인 것으로 되어 소유권의 법제도로부터 떨어져 나오고 말았다. 이러한 사실은 흔히 볼 수 있는 일의 하나이다. 예컨대 저당권자가 지료(地料)를 전유하고 주주가 배당금의 형식으로 기업자이득을 전유하며, 더구나 이 두 사람이 기재되거나 인쇄된 증서 이외에는, 즉 채무증서와 주권 이외에는 아무것도 가지고 있지 아니한 경우에는, 이 사실은 너무나도 명백하게 드러난다. 그들은 소유권을 가지고 있지 않으면서 자기 자신의 목적을 위하여 소유권의 부분적 기능을 이용한다. 이 경우에 법률상 소유권제도는 더 이상 소유권의 실질적인 내용을 전부 포괄하고 있다고는 할 수 없다. 그 자체 소유권의 연계제도인 채무계약은 소유권을 이끌어 들여 그 주된 기능을 떠맡게 되고, 그렇게 함으로써 잉여가치 권원으로서의 재산의 진정한 성격을 확실하게 보여 준다. 이 사례는 경제적 소유권이 그 원초형태였던 법적 소유권으로부터 명백하게 구별되는 것임을 밝혀 주는 것이다.

2. 자본기능의 객관화

지금까지 설명한 것이 사실이기는 하지만, 어느 물건이 다른 사람에게 넘어가 있음에도 불구하고 특정한 사람이 당해 물건의 자본기능을 이용하는 경우에 관한 유일한 예도 아니고, 가장 두드러진 사례도 아니다. 오늘날 자본기능은 무관심한 관찰자로서는 알아차리지도 못할 정도로 어느 소유권 객체에나 내재되어 있다. 심지어 근로자가 받는 임금 및 이 임금을 가지고 사들인 근로자의 소비재도 자본이다. 즉 이러한 것들은 가변자본이다. 임금이라는 것은 다만 근로자에게 선불된 것에 지나지 않는 기업가의 경영자본의 일부이고, 근로자에게 이전되었다고 하여 그 가치가 기업가에게서 떨어져 나간 것이 아니다. 그것은 여전히 기업가의 자본이다. 이 돈은 기업가를 위하여서만 자본이고, 그것을 소비재로 바꿀 수밖에 없는 근로자들에게는 교환가치에 지나지 않는다. 하나의 물건이 동시에 두 가지의 기능을 해낸다. 이 현상은 각각의 경우에 자본기능이 풀어내지 않으면 안 되는 물건과의 융합관계에 관한 전형적인 양상을 보여주는 것이다.

근로자가 가지고 있는 한 덩어리의 빵은 법적으로 당해 근

로자의 재산이다. 법적인 관점에서 보면 이 주체와 물건의 관계
는 자기 완결적이고 단순하며 명백하다. 그것은 법적으로 소유
권, 근로자의 소유권에 지나지 않는다. 그렇지만 경제적으로는
그러하지 아니하다. 이 경우에 한 덩어리의 빵은 어제는 자본가
계급이 처분하게 되어 있던 일정한 액수의 금전, 즉 임금에 해
당하는 것이지만, 그것은 재생산된 노동력으로서 다시 당해 계
급에 되돌아가게 될 것이다. 한 덩어리의 빵을 살 돈이 지금은
근로자의 수중에 있지만, 빵값으로 지불될 때 당해 돈은 빵과의
교환으로 자본가계급에 되돌아간다. 그리고 이 돈은 자기가 생
산한 제품가격의 일부로 지불한 바 있는 개개의 기업가에게 돌
아갈 수도 있으며, 이렇게 하여 선불되었던 자본의 일부로서의
그 기능을 실증해 주기도 한다. 자본주의적 소유권의 일부분,
즉 자본가의 경제적 소유권은 손에서 손으로 옮겨짐으로써 소
유권자로부터 이탈하게 되는가 하면, 법률상 소유권자를 달리하
게 되기도 한다. 그렇지만 여전히 그의 자본이다. 이것은 물건
과 관계 있는 자본기능이 각각 다르게 구별되어야 하는 특이한
요소가 포함되어 있어서 복잡한 양상을 빚어내는 전형적인 사
례라고 할 수 있다.

　자본가는 근로자가 자기(자본가)의 금전으로 생활한다고 말
할 것이다. 그렇지만 법적으로 보아서는 그것은 이미 근로자의
금전으로 된 것이다. 자본가는 상품이 전매자(轉賣者)의 소유권
으로 되어 있는 때라도, 그것은 '자기의' 상품이라고 말한다. 자
본가가 자기의 상품을 팔아서 생산비를 환수하려고 하는 때에
는 비록 '자기의' 돈이 수많은 사람의 소유권으로 바뀐 뒤라 하
더라도, 그는 '자기의' 돈을 거두어 들여야 한다고 말한다. 그런
데 이것은 자본가의 한낱 과장된 말이 아니다. 그것도 그럴 것

이 이들 모든 금액은 그의 계정 중 대변(貸邊)에 기재되고, 자본가의 자본은 이들 금액의 합산으로 이루어지기 때문이다. 또한 경제적으로 보더라도 그의 말이 옳다. 즉 이들 물건 전부는 그에게 속하며, 그에 의하여 단일 조직체의 일부로 되며, 통일적인 법칙, 다시 말하여 자본가의 의사에 의하여 가동되며, 이렇게 함으로써 자본이 된다. 그리고 이들 물건은 심지어 일시적이나마 법적으로까지 X나 Y 또는 Z의 소유로 되어 있는 경우라 하더라도 계속적으로 그의 자본인 것이다.

물건을 X의 입장에서 보게 되면, 그 자본성은 완전히 없어지고 만다. 이 경우에는 개인과 자연물의 기술적 관계 및 소유권 주체와 소유권 객체의 의사관계만이 남게 된다. 이와 같이 자본기능은 그 일시적인 법적 주체와 관계없이 소유권 객체에 부착되어 있다. 이쯤 되면 자본가의 기능, 그 경제적 가면은 더 이상 소유권자의 법적 가면과 일치하지 않는다. 자기의 재화 전부를 채무증서와 교환하여 건네 준 고리대금업자는 법적으로 아무런 소유권도 가지고 있는 것이 아니다. 그의 채무자가 임금 근로자이고 자본가가 아니라면, 법적으로 말하여 소유권자로서의 자본가의 관계는 완전히 없어지고 만다. 그렇지만 자본과 자본가의 관계는 명백하게 현재도 이전과 마찬가지로 존재하고 있음이 명백하다.

따라서 경제적 소유권과 발전의 기초인 법적 소유권을 구별하는 것은 아주 중요한 일이다.[114] 법적 소유권은 유체물에 관한 것이고(경우에 따라서는 집합물), 다시 말하여 자연물에 관한

---

114) 그렇지만 이 두 종류의 소유권을 서로 혼동하여서는 안 된다. 이 책 12면의 주 5참조.

것이다. 그렇지만 경제적 소유권은 다양한 가치의 총화이고, 그렇기 때문에 본래 사회적인 것이다. '경제적 소유권'이라고 하는 표현은 그것의 유래와 역사적 발전을 나타내는 데는 적절하지만, 법적 소유권과의 혼란을 불러일으키기 쉽다는 점에서는 적절하지 못하다. 법적 생활은 경제적 소유권이 차지할 수 있는 충분한 범주를 발전시켰다. 그런 속에서 어느 사람의 경제적 소유물을 우리는 그의 '재산'이라고 부른다. 이것은 용어의 천재적·무의식적인 발견이다. 왜냐하면 이 말은 어느 사람의 사회적인 힘을 드러내기 때문이다(후술 Ⅴ. "재산" 참조).

3. 객체의 다원적 기능: 주체의 기능상실

단순상품생산에는 거의 알려져 있지 않았던 법적 소유권과 경제적 소유권의 이러한 분리에서 무관심한 관찰자들은 잘못 생각할 수도 있는 많은 현상이 생겨난다. 우선 우리가 앞에서 이미 언급한 바 있는 기능의 분화를 생각하여 보기로 하자.

단순상품생산의 시기에는 많은 구성부분으로 되어 있었던 집합물로서의 소유권객체는 자영세습재산으로서 주체를 위하여 전반적으로 이바지하였다. 모든 경제적인 기능양식은 분화되지 않고 하나로 통일되어 있다. 따라서 법적 소유권의 통일적 성격은 경제적 소유권의 그것과 일치한다. 한편 오늘날 토지는 소유자에게는 지대의 원천이자 재산이지만, 소작인과 근로자에게는 재산이 아니라, 이윤의 원천이고 노동수단일 뿐이다. 그러므로 어느 물건의 기능은 소유권의 각 연계제도에 맞추어 당해 물건에 관계를 가지게 되는 사람에 따라서 달라진다. 오늘날 다시 동일한 물건에 대한 다수의 점유양식이 나타나고 있는가 하면,

게베레(Gewere)의 모든 체계가 문제되고 있다.

더구나 이분화는 주체의 상대적인 기능상실의 현상을 잘 말해 주는 것이다. 점유할 수 있는 모든 자연물질은 그것에서 결코 없애버릴 수 없는 사회적 기능을 해내고, 이러한 점에서는 소유권 객체도 마찬가지다. 많은 사람들이 소유권의 폐지는 절대적으로 불가능하다고 확신하고 있는 것도 바로 이러한 점 때문이다.

소유권이 여러 기능을 가지는 것으로 다양화되자, 그것은 한 개인을 위해서는 하나의 기능만을 해내는 것으로 굳혀지게 되었다. 빵 덩어리는 근로자에게는 단지 소비수단일 뿐이고, 다른 각도에서는 아무런 기능을 해내지 못한다. 그렇지만 물건은 그것이 하나의 요소로 되어 있는 모든 관계에서 적어도 한 가지의 기능을 가지게 되는 것임에 틀림없다.

그렇다고 하더라도 사람에게는 그러하지 아니하다. 주권(株券)으로 드러나는 소유권 객체는 물론 아주 특수한 경제적 기능을 해낸다. 하지만 이 주권을 그 재산으로 하는 소유권자는 아무런 사회적 기능도 해내지 못하며, 다시 말하여 그의 기능은 그 실질에서 반사회적인 것으로 되고 말았다. 이 경우 소유권의 기능은 변하게 되는데, 그것은 제도 자체가 그 기능을 상실하게 되는 데 맞춰서가 아니라, 그 주체가 베스탈린(Vestalin)이나 탁발 수도승처럼 전혀 쓸모없게 되었기 때문이다. 이와 같은 상대적인 기능상실은 제도 자체의 폐지를 몰고 오지는 않았고, 사실상 그럴 수도 없는 것이다. 왜냐하면 그 물건은 결코 아무런 기능을 가지지 않을 수 없는 것이고, 또한 모든 물건은 법칙상 어느 누구의 소유로 되도록 하고 있는 현재의 제도 아래 놓여 있기 때문이다. 그러므로 소유권의 폐멸은 있을 수 없으며, 그것은 오로지 변질되고 있는 데 지나지 않는다.

Ⅳ. 소유와 경영의 분리

이상에서 설명한 바와 같기 때문에 다음과 같은 것, 즉 소유권의 변질이 모든 소유권자가 그 물건으로부터 잉여가치만을 갈취하는 유일한 기능만을 보유하는 상태로까지 또는 대부분의 소유자가 생산과정으로부터 너무나 멀어져서 그 무용성과 유해성이 드러나는 단계에까지 진척될 수 있고 진척되어야 하는지의 여부, 그리고 이러한 발전이 피할 수 없는 것이어서 이제 모든 기능을 박탈당한 이들 소유자는 사회의 실질적인 기능을 해내는 사람들의 증오의 대상이 되고, 마침내는 법질서 자체도 그들을 없애버리지 않을 수 없게 되는지의 여부만이 문제로 남게 되었을 따름이다. 너무나도 강대한 경제의 발전경향은 소유자들을 이와 아주 근접한 극한 상황으로까지 몰아붙이는 듯하였고, 오늘날까지도 많은 마르크스주의자들은 그러한 현실의 도래에 상당한 기대를 걸고 있다.

그렇지만 이러한 발전은 사회 전반에 걸쳐서는 그렇게 충분히 진척되지도 못했고, 어느 곳에서나 자동적으로 그러한 추세가 지속될 수도 없었다. 이러한 한계성은 자본의 존재 자체에서 연유하는 것이다.

1. 기술적 조건으로서의 경영규모

모든 기능자본은 사적 경영의 형태로 존재한다.[115]

그러나 사회의 총 운영질서는 어느 정황에서나 심지어 공산주의사회에서까지도 기술적으로 사람들이 살고 있는 모든 지역에 걸쳐서 확립되어 있고, 다시 각 사람들에게 분배되는 부분경영으로 나누어진다. 여러 가지 사회적 활동을 할 수 있는 지역이 여기저기 흩어져 있지 않게 되어 있다든지, 기술적인 분할이 없는 사회질서는 상상도 할 수 없다. 이 경영의 분할과 분산은 공산주의사회에서까지도 생겨날 수밖에 없는 순전히 기술적인 문제다. 그 원리는 단순하다. 기업의 장소는 시장을 고려하여 결정되고, 경영의 조직은 생산, 분배 또는 소비를 위하여 이용되는 재화의 성질에 의하여 결정되며, 더구나 당해 경영의 조직은 인간기술의 발달비율 및 통틀어서 '사회적 생산력'이라고 할 수 있는 경영방법의 이론적·실질적인 발전에 따른 영향을 받게 된다. 단순상품생산시기의 경영방식과 경영장소는 자영세습재산의 법적 형태와 완전히 일치하고, 그것은 모두 아주 가까이에 위치해 있는 생산적 소우주를 필요로 하였다.[116]

---

115) 공적 경영은 경제적으로 보통 사법(私法)에 따라 행해진다.
116) 마르크스의 *Der 18. Brumaire*(3. Auflage S. 98)에서는 이 사정에 관하여 인상적으로 기술되어 있다. "각 농민의 가족은 거의 모두 자급자족하고, 그 소비물의 대부분을 생산한다. 그리하여 당해 가족은 그 생활물자를 사회적인 관계를 통해서보다도 자연과의 교환 속에서 더 많이 얻어낸다. 분할지(分割地)와 농민 및 그 가족이 있으며, 이와 나란히 다른 분할지와 농민 및 그 가족이 있다. 이것들의 일단(一團)이 한 마을을 이루고, 일단의 마을은 지역구(地域區; Department)가 된다. 이렇게 하여 마치 감자가 들어 있는 자루가 감자자루가 되듯이, 프랑스국민이라고 하는 대중은 동등한 다수인의 단순한 가산에 의하여 이루어진 것이다."

그러나 실로 오늘날의 경영제도는 모든 개별적인 생산력을 해방시키고, 그 특수화에 의하여 제조업소 및 공장에서 이전에는 상상도 하지 못하였던 정도로 생산력을 증대시켰다. 노동력과 재화는 미분자의 결합으로 되어 있으며, 계속적인 가동과정을 통하여 움직이기 시작하고, 각 요소는 융성을 띠게 되었다 — 이것들은 일정한 방식으로 작동하지 않으면 형태를 이루지 못한다(corpora non avent, nisi fluunt). 이제 재화에 관하여 하나의 새로운 집단화과정이 이루어지기 시작하였으며, 노동력은 좋든 싫든 그에 따를 수밖에 없게 되었다. 새로이 형성되어 가는 경영은 그 자체 우주가 아니지만, 내국적 시장 또는 나중에는 세계적 시장에 의하여 결합되는 하나의 크고도 완전한 대경제우주의 특수경영, 전문적 경영이라 할 수 있다.

모든 사적 경영조직의 운영은 이와 같은 사회의 운영질서 내에서의 위치에 의하여 결정되지만, 그 규모는 오로지 생산수단과 생산방법에 의하여 결정된다. 경영의 규모를 결정하는 것은 그 시대의 기술이고, 이러한 사실은 이론상으로 언제나 그럴 뿐만 아니라 적어도 사회생활에서는 기술이 궁극적인 요인이다. 오늘날 철은 거대한 공장에서 제련되어야 하지만, 소의 젖은 따로따로 짤 수밖에 없다는 것을 쉽게 알 수 있다. 또한 사람들은 원료를 얻기 위하여 지구의 이곳저곳에 흩어져 살아야 하지만, 팔아야 하는 상품은 처리하기 편리한 창고에 쌓아두게 됨은

이 서술은 1847년의 프랑스농민에 관하여는 들어맞는 것이 될지 모르겠지만, 그것이 오늘날 프랑스의 농민, 또는 다른 유럽지역의 농민에게도 타당하리라고 생각하는 것은 참으로 잘못이고, 정치적으로도 좋지 못한 결과를 초래할 것이다. 어느 곳에서나 대단히 많은 수의 농민이 이미 시장생산자로 되었다. 이것만이 완전히 달라진 농민의 심리를 설명해 줄 것이다.

누구나 잘 아는 사실이다. 이동하기 어려운 생산수단은 사람들이 그것이 놓여 있는 데를 찾아가서 이용해야 하지만, 그렇지 않은 것은 사람들이 가는 곳에 함께 옮겨가게 된다. 노동력과 생산수단은 어떠한 상황에서나 개별적으로 조절되어야 하고, 조금이라도 잘 조절되면 될수록 보다더 편리하게 된다. 이를테면 의사가 환자에게, 또는 구두가 발에 딱 들어맞아야 하는 것과 마찬가지로 소비품도 개개의 소비자에게 들어맞아야 한다.

빵이나 포도주와 같은 사회의 모든 부분생산물은 다소나마 서로 뚜렷이 구분되는 수많은 과정을 거쳐서 만들어진다. 목화를 가지고 한 장소에서 여러 가지 웃옷을 만들 수도 있지만, 이 작업의 여러 부문을 다른 곳, 예컨대 방적공장, 직물공장 등에서 할 수도 있을 것이다. 어느 것이 가장 편리한지를 결정하는 것은 기술적 전문가가 할 일이다. 그렇지만 포도의 재배, 포도의 수확, 압착, 양조 및 포도주의 소매를 한꺼번에 소매상에 부속되어 있는 하나의 건조물에서 해낼 수는 없다. 특히 농업, 목축 및 낙농은 일정한 규모를 초과하지 않는 경영업체로 운영되는 경우라야만 성과를 거둘 수 있다. 재배하여 가꾸는 식물과 귀하게 사육되는 동물은 각 부문에서의 특별한 보살핌과 주의를 필요로 한다. 이러한 것들은 모두 당연한 일이다.

그렇지만 사정에 따라서는 기술적으로 적은 규모의 경영을 옹호까지 하게 되는 이 경영의 분리가 이들 개별 경영의 전체적인 사회적 운영질서와 딱 들어맞아야 할 필요가 있음을 배제하지 않는다는 것도 그대로 사실이다. 이와 같은 경영의 개별화는 언제든지 부분적인 것으로 될 수밖에 없다. 아주 능숙하게 소의 젖을 짜는 사람이라고 하여 반드시 완전한 수의사, 장부계원 또는 요즈음의 현실에 비추어 상인이 될 수 있는 것은 아니다. 따라서 소규모의 목축은 사육과 젖짜기에는 편리할지 모르지만 품종개량, 가공, 고기제품과 유제품의 발송, 계산에서는 그렇지 못하다. 전적으로 기술적인 면으로만 보게 되면 경영의 부분적인 개별화만이 있게 되며, 이것은 어느 경우에나 다른 개별적인 경영과의 결합을 필요로 한다. 무엇보다 중요한 경제계획은 특정한 사회적 생산양식을 위한 기술적인 종합계획으로 생각하여야 한다.

이제 사적인 소유권제도가 하나의 법적 제도로 실시되고 나서는, 어떻게 하여 경영조건을 실현할 수 있을 것인가 하는 것이 문제로 떠오르게 된다.

2. 우연적인 법적 수치로서의 소유규모

오늘날 다양한 규모의 개별경영의 부분적·상대적 독자성은 법적으로 어느 경우에나 절대적인 특별소유권의 형태로 표현할 수 있다. 왜냐하면 소유권은 우리가 알고 있는 유일한 일반적인 점유양식이고, 재산의 각 부분은 필연적으로 개별적인 소유물이 될 수밖에 없기 때문이다. 그러나 모든 경영의 상호관계는 동시에 개별경영의 사회운영에 대한 필연적인 의존성향으로 나타나고, 이 의존성은 보통의 경우 다시 상업자본과 대부자본에 대한 소유권자의 의존경향으로 나타난다. 사적 소유권제도로서의 현재의 소유규제는 때로는 기술적으로 편의적인 개별경영을 사적 소유권이 될 수 있도록 하며, 심지어는 그것을 강제하기까지 하는데, 그렇다고 하여 이것이 결코 사적 소유권을 위한 논거가 되는 것은 아니다. 법적으로 보면, 이들 경영은 완전히 비종속적·사적인 소유물인데, 그것은 법적으로 우연한 일, 대개의 경우에는 상속의 결과로 생겨난다. 그렇지만 경제적으로는 앞에 말한 바와 같은 의존관계에 따르는 사회적 조직체의 개별경영이다. 이와 같은 법과 기초의 모순은 경영체 내에서의 항구적인 마찰을 발생시키며, 이러한 마찰은 처음에는 소유자의 다양한 손실을 빚어내는데, 그것은 소유자로 하여금 이자부자본과 상업자본에 의존하게 하는 것으로 끝나는 것이 보통이다. 사회 전체의 생산력의 충분한 발전을 저해하는 것은 무엇보다도 이 모순이다. 여기에서 우리는 소유권이 사회발전의 장애물로 되고 말았다는 주장이 잘못된 것이 아님을 알 수 있다.

이러한 방식으로 법적 소유자가 자본에 의존하는 경우에는, 소유권 자체는 자연적으로 폐지되지 않는다. 그렇지만 법적 소유권과 경제적 소유권이 분리되는 결과, 법적 소유자는 경제적 소유자에 대신하는 단순한 점유자가 되고 만다. 소유자들이 소유권에 해가 되는 영향으로부터 자기들을 보호하기 위하여 협동조합을 결성할 때에는, 그들은 유산자사회의 전체를 위하여 그 해로운 영향을 중화하려고도 하지 않고 그렇게 할 수도 없으며, 그들이 해 놓은 것은 모두가 자기들을 위하여 잉여가치권원을 확보하는 것뿐이다. 어느 한 생산부문의 전체 소유자들이 일정한 공동의 경제계획에 맞추어 협력해 나가고, 카르텔의 경우처럼 그들의 여러 경영의 모든 집단적 관계를 규제하게 될 때까지도 소유권의 자본주의적 기능은 무너지지 않고 그대로 존속한다. 우리가 소유자의 결합된 집단까지도 하나의 단위조직체로 보는 경우에는, 소유권이라는 것은 이들 통합된 집단에게도 하나의 장애이자 방해물로 남게 된다.

우리는 그 규모가 어떻든지 간에 기업체는 자본주의적 기능과 양립할 수 있고 그 기능을 떠맡을 수 있다는 것을 알고 있다. 그러므로 경영규모를 통계적으로 검토하였다고 하여 그것을 소유규모의 통계적 검토와 마찬가지로 소유권을 인정할 것인지의 여부 또는 사회주의를 인정할 것인지의 여부에 관한 논거로 삼을 수는 없다. 문제가 되는 것은 양적인 것이 아니라 질적인 것이고, 소유권이 어떻게 그 기능을 발휘하는지의 여부이다.

3. 집적과 사회화의 장애물로서의 소유권

이상에서 말한 바와 같이 자본의 존재양식도 자동적 집적을 끝까지 저지한다. 만일 그렇지 않다면 사적인 소유권은 일정한 발전에 대한 장애요소가 되지 않을 것이다. 산업경영자의 자본은 끊임없이 여러 부분으로 분열되어 고정자본은 경영에 투하되고, 유동자본은 계속적으로 순환하게 될 것이다. 유동자본의 일부는 화폐자본이나 상품자본이 되어 손에서 손으로 순환되고, 그렇게 함으로써 자동적으로 제3자의 수중에서 적거나 많거나 간에 소유권의 단위를 이루게 되며, 다른 일부는 가변자본으로서 근로자의 호주머니로 흘러 들어가 근로자들까지도 법적 소유자가 되게 한다. 따라서 자본은 생산적 경영과 분배적 경영으로 나누어질 뿐만 아니라, 적든지 크든지 간에 수많은 사법적인 소비적 경영으로 나누어지고, 그 결과 그것은 사회적 생산기금뿐만 아니라 사회적 노동기금까지도, 더구나 그 대부분을 무정부적으로 지배한다.

따라서 봉건시대에 봉건영주가 어느 곳에서나 전부 단순한 기식자(寄食者)로 되지는 않았던 것과 마찬가지로, 모든 소유권의 이자권원과 지대권원으로의 분해, 그리고 자본가의 생산과정에서의 퇴진은, 재산소유에 관한 현행법이 그대로 실시되는 한 널리 행하여질 수는 없다. 일정한 전통적 법질서가 발전을 저해한다는 점은 그저 단순한 문구가 아니며, 우리로 하여금 일정한 활동을 하게끔 고취시키기까지 하는데, 그러한 점은 부인할 것도 아니고, 어느 부분에서는 다행스러운 일이라고까지 할 수 있다. 소유권에 관한 법은 경영을 하나의 소유권의 단위로 확정하는가 하면, 그것을 소유권자의 수중에 고정적으로 머물러 있게 하려고 한다. 사회적 생산양식의 변천은 사적 경영의 운영방식의 변화를 가져오고, 그 운영방식은 언제든지 소유물의 분배와 어긋나는 것이 되기 마련이다. 이렇게 생겨나게 되는 경영의 변천은 일부에서는 경영의 확대 또는 그 강화를 위한 부가자본을 필요로 하게 되는데, 이 부가자본은 영세경영체로서는 도저히 축적할 수 없기 때문에 대부를 받아 충당할 수밖에 없으며, 어느 일부에서는 영세경영이 상업에 의존하게 되는가 하면, 다른 일부에서는 어쩔 수 없이 개별적인 경영 자체가 청산되어, 그 잔재는 자본에 의하여 합병된다. 모든 경영의 변천은 소유자의 자유성을 위협하고, 그 결과 소유자들은 수탈당하거나 또는 상업자본 및 이자부자본에 복속할 수밖에 없게 된다.

이와 같은 집산적(集産的) 경제로 나아가게 되는 위험은 자본가들을 강하게 고취시켰던 것이 사실이다. 그렇지만 자본가들은 소유자로서 그 자본이 완전히 사회화되는 것은 반대하고, 근대적 결합형태의 범위 안에서 그 경영의 개별적인 면만을 사회에 떠맡기는 것으로 만족한다. 한편 이러한 방법으로, 그들은 단지 자기들의 자본단위의 본질에 내재되어 있는 성향을 의식

적으로 나타내 주는 데 그치고, 더 이상 어떠한 것도 할 수 없
게 된 점은 너무나도 명백하다. 심지어 이들 자본단위는 전체로
서 자본가계급의 총자본을 형성하였으며, 자본가들은 누구나 이
총자본에서 평균이윤을 얻어낼 따름이었다. 이렇게 하여 자본가
들은 근로자계급이 노동기금을 사회보험의 형태로 집단 관리하
는 것에 맞추어 법적 제도를 확립한 것과 유사하게, 유산자사회
및 법적인 입장에서 스스로 하나의 계급을 형성하기 시작한다.
이들 결합은 자본주의적 제도를 안정시키고 조직화하며,[117] 자
본에 의한 사회의 착취를 영속화시키는 성향을 띠게 된다. 이에
비추어 그 다양한 현상은 완벽한 자본주의의 징표이고 그 붕괴
의 초기적인 징표는 아니다. 자본가계급이 적어도 형식적으로
소유권을 집산화(集産化)하지 않거나 그 실체를 사회화하지 않고
서는, 그 자체 영속적으로 존속해 나갈 수 없으며, 그렇게 하면
자본가계급은 사회적 소유권으로 옮겨가야 할 처지에서 그 소
유재산을 보유하게 된다는 것은 당해 계급이 만족스럽게 여기
지 않았던 점이다. 그러나 여기에서 드러난 형태는 본질적인 것
이 아니다. 그리고 결합한 자본가계급은 하나의 계급, 즉 사회
의 어느 한 일부로 그대로 존속한다. 또한 소유권은 자본주의적
의미에서 착취하는 것, 즉 비소유자들을 착취하는 기능을 그대
로 지니고 있게 된다.

    그러나 형식적일 따름인 이러한 사회화까지도 보편화되기
쉽지 않았다. 사적 소유권만이 유일한 소지양식으로 인정되는

---

117) 우리가 살고 있는 시대는 이 분야에서는 많은 진보를 이룩하였으며,
    따라서 '조직화된 자본주의'의 시대라고 불러도 괜찮을 것이다. 이에 관
    하여는 Karl Renner, *Marxismus, Krieg und Internationale*(2. Auflage S.
    15ff.) 및 1928년의 브뤼셀국제사회주의회의의 경제결의를 참조.

사회에서는 사회적인 전체 경영질서의 독특한 기술적인 부분을 이루는 모든 경영은 언제든지 사적인 소유권의 객체가 되지 않을 수 없다. 그리하여 소유자는 많은 경우 기능자본가 또는 근로자로 남아 있게 되어, 자기 본래의 기능을 완전히 상실하지는 않은 채, 동시에 기능을 수행하는 사람이나 기능을 갖지 못한 사람으로 될 수도 있다는 오해를 불러일으키기 쉬운 가면을 쓰게 된다. 그렇지만 소유권의 반사회적인 기능이 이러한 애매모호한 현상 속에서 그대로 폐지된다고 말할 수 있을까?

결코 그렇게 될 수 없으며, 발전적인 집적과정이 결국 소유권 및 자본주의를 폐지시켜 버릴 것으로 믿는 사회주의자들은 그 생각이 잘못되었다고밖에 할 수 없다.

V. 근대적 소유 또는 재산

우리가 앞에서(상술 제1장·제2장) 자영세습재산(自營世襲財産)과 관련하여 설명한 것처럼, 소유권 발전의 마지막 단계에서 규범과 기초를 비교하여 보면, 기능변천(機能變遷)의 현상은 아주 명백하게 드러난다.

소유권은 하나의 물건에 대한 개인의 권리, 결국 소유자의 개별적 의사에 물건을 배타적으로 종속시키는 것이다. 그런데 은행의 고객, 주주, 협동조합원 등은 자기의 물건을 개인적으로 처분하는 것일까? 또한 가장 자립능력이 강한 공장경영자나 외딴 농장에 살고 있는 농민을 지배하는 것은 시장(市場)이 아닌가? 소유권은 절대적이다. 즉, 소유권은 다른 모든 규범준수자에 대하여 물건에 대한 간섭을 자제할 것을 요구한다. 그러나 현실을 보면, 가옥의 소유자는 거리에서 낯모르는 사람을 만나고 나서는 이 사람을 자기의 이른바 자영체(自營體) 중에 살게 함으로써, 또한 지주는 소작인(小作人)에게 일단의 노동자와 함께 자기의 소유권을 10년 또는 심지어 99년 동안에 걸쳐 완전히 양도함으로써 그 절대권을 행사한다. 임차인과 소작인의 소유는 보호되고, 이들은 초대를 받지도 않고 들어와 간섭하는 경우에는 소유자라 하더라도 당국의 도움을 받아 돌려보낼 수 있다. 철도의 소유자는 아무 사람이나 불러들여 자기의 소유물 위를 돌아다니게 하는데, 이러한 사람들은 많으면 많을수록 더 좋은 것으로 여기게 된다. 소유권은 물건에 대한 개인의 완전한 힘을 확립시켜 주지만, 법의 기초인 경제적인 물건은 결코 물건의 전체도 아니고 소우주(小宇宙)도 아니다. 그것은 전체적인 사회운영질서의 한 단편이고, 또한 겨우 특정한 처분방식이 허용된 것에 지나지 않는다. 심지어 물레의 회전수까지도 기술조건에 맞추어 정하게 되고, 법이 부여하는 전체적인 처분권은 경제현실에서는 당해 권력을 행사할 수 있는 아주 제한된 영역 내에서만 실효성이 있는 것으로 되고 만다. 소유권은 주체의 입장에서 보거나 객체의 입장에서 보거나 보편적이다. ─개인은 누구나 어느 물건이든지 소유할 수 있고, 또한 단순상품생산에서는 사실상 그러하였다. 즉, 성년에 달한 개인[118]은 누구든지 다양한 물건으로 된 하나의 소우주를 처분하였었다. 이제 아주 많은 수를 차지하고 있는 일부의 사람들은 1주일 정도 먹고 살아갈 수 있는 식량밖에 가지고 있지 못하고, 다른 일부분은 집밖

---

118) 견습생과 직공에 관한 설명은 조금 뒤에 나온다.

에는 가지고 있지 못한가 하면, 또 다른 일부분은 기계와 이에
필요한 급유밖에는 가지고 있지 못하며, 그 나머지는 인쇄된 증
권밖에는 아무것도 가지고 있지 못하다. 근대의 재산은 많거나
적거나 간에 더 이상 우주가 아니다. 그것은 소우주도 대우주도
아니다. ─그것은 소비와 생산을 위한 무조직의 소유의 응집이
고, 다시 그 일부분은 단순히 '증권소유'일 따름이다. 증권소유
는 국내외의 여러 철도회사와 다양한 제조기업의 주식 및 국채
등을 포함한다. 그것은 여러 조각으로 되어 있는 느슨한 대팻밥
더미에 불과한데, 오로지 그것이 평균이윤을 보장하여 준다고
하는 사실에 의하여 통일체로 여겨진다. 증권소유는 개성과는
아무런 관계가 없으며, 따라서 임의로 증가시킬 수도 있는 것이
다. 전제군주의 법적 징표는 소주증류자(燒酒蒸溜者)의 경제적 외
관과, 수상(首相)의 법적 징표는 증권거래소에 있는 도박꾼의 경
제적 외관과, 또한 대사교의 성직자로서의 징표는 노동착취고용
주의 경제적 외관과 서로 모순되지 않는다. '재산'이라는 것은
그 기초에 경제적인 통일적 기초를 필요로 하지 않는 순전히
법률적 작업의 소산물이다. 바꾸어 말하여 상속은 2, 3, 5 등의
수치에 맞추어 수리적으로만 완전히 분할되는 하나의 개체화이
다. 이렇게 되고 나면 재산은 결코 물건의 전체가 아니고, 하나
의 단순한 대수학적 총화에 지나지 않는다.

규범과 기초사실관계는 유사성이 없어지고 비교할 수 없는
것이 되어 소유권이 기능을 발휘하는 양상, 즉 소유권의 작동은
소유권규범으로 더 이상 설명될 수도 없고 이해될 수도 없게
되고 말았다. 이제 우리는 소유권의 연계제도에 주의를 기울 수
밖에 없게 되었다. 대부분의 사람들은 심지어 자본가들까지도
차가법(借家法)의 적용을 받으며 살아가고, 시장법의 규율 아래

음식물을 조달해 가며, 임금법의 통제 아래 옷을 사 입고 생계를 꾸려 나가며 생활을 즐기면서 지낸다. 또한 법적으로 소유권은 현재 적용되고 있는 어느 특별법의 일반적 전제로서 오로지 그 배후에 존재하고, '마지막으로' 물건을 처분하여야 할 어느 사람이 존재하여야 한다고 하는 한낱 거추장스러운 사실로서 의식되고 있는 데 지나지 않는다. '맨 먼저' 처분하는 사람은 기계·연장이나 쟁기의 경우에는 노동자이고, 가옥의 경우에는 임차인이며, 일반적으로 소유자가 아닌 사람이다. 주체적·절대적·전체적·보편적인 처분권은 무심한 관찰자에게는 완전히 제거되어야 할 것처럼 보일지도 모른다. 그렇지만 그것은 인적·물적인 사회 전체와 각 연도의 잉여생산물에 대한 자본가계급의 주체적·절대적·전체적·보편적인 처분권력으로서 존속한다.

그러나 이 사실은 규범에 의하여 표현되는 것이 아니고, 의도적으로 도모되는 것도 아니며, 또한 규범의 틀에 반영되는 것도 아니다. 이것은 법의 해석에 의하여 발견되지 않는다. 규범과 기초사실은 이제 거의 일치하지도 않고, 더 이상 조화할 수도 없게 되고 말았다. 또한 규범의 예전과 현재의 기능은 '생산관계와 법률관계가 서로 독자적인 발전을 해온 과정'의 결과다. 소유권의 자본주의적 기능은 하나의 생성과정에 있으면서 〈부분적으로 완성되었다〉 통일적으로 의식된 사회운영과 종래의 소(小)우주적인 사적 경영에 적합한 것이면서도 아직까지 존속하는 법의 모순에 기인한다. 끊임없이 증대하는 이 모순 속에서 근대적 소유권의 여러 기능은 보다 두드러지게 발전하고 한층 더 분화되어 간다. 그와 같은 기능은 보다 많은 연계제도를 만들어 내고, 또한 소유권은 한층 더 아주 단순한 가치처분능력

내지는 가치전유의 위치로 후퇴한다.

Ⅵ. 법발전의 진로

필자는 다음과 같이, 즉 마르크스는 자본주의시대의 모든 개별적인 현상을 의식적으로, 오늘날까지 내려오고 엄격하며 또한 시대에 뒤떨어지고 굳어져 버린 법체계를 기초로 하고, 인류 사회의 끊임없는 발전과 관계시켜 고찰하고 서술하였다고 주장하는 바이다. 그렇기 때문에 사실상 그의 정치경제학비판(政治經濟學批判; *Kritik der politischen Ökonomie*)으로부터 경제행동의 지침, 바꾸어 말하면 주관적 평가의 분석 또는 그와 같은 것을 기대하는 사람들은 그의 이론을 오해하기 마련이다. 어느 한 역사적 연극을 그것이 공연되었던 대로 칼 마르크스가 다시 전개하게 되면 그것은 옛날 모습 그대로 되살아난다. 즉 소상품생산자들의 사회에서는 어려운 투쟁을 겪고서, 또한 많은 봉건적인 구속에서 벗어난 다음에 생산자가 비로소 그 생산수단을 자유롭게 처분하는 사회체제를 수립하게 되었던 것이다. 그리고 나서는 다음과 같이, 즉 모든 사람은 자기의 여러 가지 생산조건을 소유하게 되고, 또한 자유롭게 자기 노동의 생산물을 타인과 교환할 수 있게 되어야 한다고 선언한다. 또한 모든 사람은 그가 봉건제의 붕괴와 함께 간직해 온 자기 자신의 것을 평온하게 보유할 수 있다는 것을 규정하게 된다. 법은 모든 사람에 대하여 그 합목적성의 판단에 따라 자기의 노동수단을 사용하고 노동하는 것을 맡긴다. 법이 이렇게 할 수 있는 것은 노동생산물도 그렇게 함으로써 자연히 모든 사람의 소유로 되기 때문이다.

법은 또한 모든 사람들에게 그 자손의 부양을 떠맡기는데 법이 이렇게까지 할 수 있는 것은 아버지의 자영재산(Eigen)이 그것을 상속하는 자녀들에게는 생활기금이 되기 때문이다. 이와 같이 소박하고 단순한 소유권질서가 목적으로 하는 것은 이미 존재하는 이 사회의 생활조건을 법적으로 고정시키는 것이다.[119]

1. 기능의 변천과 규범의 변천

앞에서 말한 것은 그렇다고 하더라도, 지나온 현실을 보건대, 자기 물건의 평온한 소지는 타인의 여러 노동력에 대한 엄격한 지배로 바뀌고, 봉건시대 또는 파라오(pharaoh)시대의 그것보다도 더욱 가혹하게, 그리고 그 초기에는 한층 잔인한 새로운 노동규칙을 만들어낸 바 있다. — 연소자의 노동을 상기해 보라. — 이와 같은 자기 물건의 평온한 소지는 타인의 노동생산물의 계속적인 전유로 되고 잉여가치권원으로 되며, 사회 전체의 생산물을 어느 한 유한계급(有閑階級)에게 이윤, 이자, 지대로서 분배하고, 반면에 노동계급은 부양과 생식에 필요한 것만을 갖게 할 따름이다. 따라서 궁극적으로 보아 그것은 그 본래의 여러 기능을 거꾸로 뒤집어 놓는 셈이다. 결국 소유자는 이제 그 소유권을 더 이상 가지지 못하게 되기까지 한다. — 소유권은 예치물이 되어 어느 은행에 보존된다. — 소유자는 그가 근로자이든지 기능자본가이든지 간에 어떠한 양식을 갖추어서라도 자기의 소유권을 처

---

119) 유산자계급혁명은 농민의 자유화 이외에 새로운 사회적 집단을 만든다거나 소유물을 재분배할 필요가 없었기 때문에 훨씬 용이하였다. 그 혁명은 근본적으로 두 가지의 계율(戒律)만을 선언하였다. 즉 "모든 사람은 자기가 가지고 있는 것을 보유할 수 있어야 한다"는 물질적인 계율과 "모든 사람은 자기가 하는 일에 전념할 수 있어야 한다"는 인격적인 계율이 그것이다.

분할 수 없다. 소유자는 심지어 자기의 소유물이 투자된 기업이 어디에 있는지조차 모르기까지 한다. 그렇게까지 되었음에도 불구하고 소유권의 한 기능만은 그 권리자에게 그대로 남아 있다. 그것은 타인의 노동생산물의 전유이다. ─은행원은 매월 그 소유권 경영에서 얻어진 수입을 권리자의 집에까지 가져다준다.

이 어마어마한 변화과정이 그에 따른 수반현상과 함께 칼 마르크스의 눈앞에서 전개되었다. 그는 이러한 현상을 작금의 중요문제로, 또한 현대의 인류사회 전체의 사활문제로 파악하였다. 그는 자신의 사고 자체를 인류사회 전체에 확장시킴과 동시에 그 가장 본질적이면서도 아주 신비적인 존재원리로까지 탈바꿈시켰는데 이렇게 함으로써 그의 두뇌는 인류 전체의 사고기관으로 되었고, 그는 우리 세대의 압도적 대다수의 선구적 사상가가 된 것이다.

그는 우리들에게 다음과 같은 것, 즉 자본주의시대의 소유권은 단순상품생산시대에 그것이 해내던 것과는 전혀 다른, 심지어 부분적으로 상반되기까지 하는 여러 기능을 수행하고 있음을 가르쳐 주었다. 그는 또한 소유권은 사회에 반하는 것으로 되고, 본질적으로 사회의 실질적 이익에 상반되는 것이 되고 말았음을 밝혀냈다. 그렇지만 소유권은 모두 법에 의하여, 다시 말하여 사회권력의 의식적인 작동에 의하여 주어진다. 어느 사회든지 일정한 규제가 존재한 후에는 그 사회는 각 유체물의 처분권을 개인들에게 나누어주었다. 그렇게 되었던 것임에도 이제 유체물은 거꾸로 개인, 노동력, 심지어 사회 자체를 지배하는가 하면, 권력질서와 노동질서 및 사회의 부양과 생식법칙을 규제하게까지 한다. 인류는 자기 자신의 창조물에 종속되고 말았다.

규범은 그 자체의 존재를 의식하게 된 사회의 자유로운 작
동의 결과이다. 단순상품생산의 사회는 규범에 의하여 그 자체
의 생활조건, 그 존재의 기초를 안정되게 하려고 한다. 그렇지
만 일정한 규범이 있음에도 불구하고 그 기초사실관계는 변화
한다. 그렇기는 해도 이 기초의 변화는 법의 테두리 안에서 일
어난다. 그리하여 법적 제도는 자연스럽게 그 기능을 정반대로
까지 변화시키게 되기도 하는데, 이 변화는 거의 눈에 띄지도
않고 알아차릴 수도 없다. 이러한 다양한 사실에 비추어 보아
다음과 같은, 즉 어느 사회가 이러한 기능의 변화 실상을 알고
난 다음에는 곧 당해 사회는 마땅히 규범을 변경시켜야 하는
것이 아닌지 여부의 의문이 생겨난다.

2. 연계제도는 기본제도를 배제한다

자유롭게 그리고 의식적으로 활동하며 완전히 독자적으로
그 규범을 만들어내고자 하는 인간사회에 대한 간절한 욕구, 이
것이 바로 사회주의(社會主義; Sozialismus)이다. 이 어구 자체가
그것을 그대로 표현해 준다. 인류가 필연의 영역으로부터 자유
의 영역으로 전환된 것은 조직화된 사회의사가 어느 한 개인의
보잘것 없는 오만에 저항하고 결집한 것으로 이해될 수밖에 없
다. 그 결과 인류의 지배자가 된 물건은 다시 사회의 통제에
따를 수 있게 되기도 한다. 총체의사는 직접적으로 그 목표를
올바르게 정립함으로써만 인간 서로의 관계 및 인간과 자연의
관계를 제대로 성취할 수 있으며, 이렇게 되면 모든 사람과 모
든 물건은 본래의 속성대로 그 기능을 드러내 보일 수도 있고

또한 당해 기능을 올바른 방식으로 실현하게 될 것이다.

공상적 사회주의자들은 이것을 어떻게 달성할 수 있겠는지를 꿈꿔 왔으며 또한 그 공론에 몰입하고 있다. 그리고 법학과 철학을 광신하는 자들은 여러 가지 교정수단을 고쳐시켜야 하는 것으로 믿어 왔다. 사람들은 완전히 새로운 법적 제도가 수립되고 과거의 제도는 법령에 의거하여 폐지되어야 하며, 또한 예전에는 전혀 모르고 있었던 어떠한 것이 실행될 수 있어야 한다고 생각하였다. 사회주의를 펼쳐나갈 구세주가 온 것으로 여길 만한 시기였던 이 당시의 사회주의자들은 새로운 것으로의 길은 무엇보다도 경험의 길이어야 한다는 것, 그러면서도 미래의 국가도 과거에 의하여 조건지어지는 것이고 그 밖의 것이 될 수 없다는 사실을 알아차리지 못했다. 그 시대는 이미 오래전에 지나가 버렸다. 오늘날은 누구나 경험을 절대적으로 신뢰하는데 이것은 실로 올바른 태도다. 그러나 다수의 사회주의자 및 불행스럽게도 이들의 지도적 집단인 마르크스주의자(Marxist)들은 법과 국가의 영역에서 이 경험을 문제삼으려고 하지 않는다. 그들은 새로운 사회의 도래가능성이 과거 사회의 내부에서, 심지어 법의 영역에서까지 이미 어느 정도로 진작되고 있는지를 구명하여 이해하지 못한다. 여기에서도 새로운 생명이 이미 모태 안에서 완전히 성숙하여 오로지 출생이라고 하는 일탈행위만을 기다리고 있는 것이라고 한다면 좀 지나친 말일까?

우리와 함께 경제를 통한 편력을 해왔고 또한 인류의 고행에 대한 우리의 비판적인 고찰을 공감해 온 사람들에게는 장래에 대한 몇 가지의 전망, 그리고 우리가 제기하고 있는 문제에 대한 그럴 듯한 해답이 떠올랐을 수 있다. 어느 사회든지 권력질서와 노동질서를 필요로 하게 마련이다. 어째서 우리는 그것을 직접 만들어내지 못하는 것일까? 어째서 우리는 숙련된 기술을 가지고 있는 교사로 하여금 우리의 견습생을 가르치는 사장(師匠)이 되게 하지 못하고, 어째서 사회는 가르치는 일에는 전혀 적합하지 않음에도 불구하고 출생 또는 상속과 같은 우연적인 사실에 의하여 사업을 물려받는 자를 그대로 용인해 마지 않는 것일까? 어째서 사회는 남달리 유능한 농민을 선정하여 그로 하여금 경작할 사람이 없는 농장을 물려받게 하지 못하고, 취향에 맞추어 농장을 사 둔 도시인 또는 그다지 만족스럽게 생각하지도 않는 상속인으로 하여금 그 농장을 차지하게 하는 것일까? 그렇게 중요하지 않은 공무에 관하여는 세습적인 임용이 말끔히 폐지되어 버렸음에도 불구하고 어째서 수많은 근로자들의 행복이나 불운이 거기에 달려 있고, 또한 어쩌면 전체 사회의 특정한 물품의 공급이 그것에 의하여 좌우될 수도 있는 중요한 경제적 경영은 우연적인 상속인으로 하여금 그대로 상속하게 하는가? 누가 보더라도 사회는 직접적인 임용질서를 필요로 한다는 것을 쉽게 알 수 있다. 또한 우리가 고찰하여 온 바에 따르면, 일정한 사업의 경제적 기능을 수행하는 실질적인 승계자는 노임계약에 의하여 임용되고, 그 결과 상속인은 아무런 기능도 하지 않으면서 오로지 잉여가치권원의 소유자로서만 역할을 함에 지나지 않는 것으로 드러났다. 우리는 오늘날까지도 소유권이 그 실질적인 기능을 떠맡고 있는 관련제도에 의하여 보충되고 있음을 살펴보았다. 여기서 우리는 새로운 법질서를 향한 변화과정이 이미 시작되었으며, 과거 질서의 체제 속에서 벌써 완성된 연계제도가 기본제도로까지 발전하게 될 것이고 그 결과 종래의 기본제도는, 그것이 더 이상 쓸모 있는 사회목적을 위하여 이바지하지 못하는 한에서는, 경제과정을 조금도 교란시키지 않으면서 폐지될 수 있다는 결론을 내릴 수는 없는 것일까? 이 견해는 아주 그럴 듯하게 생각되는 것임에도 불구하고, 편견적 반대에 직면해 있다. 이들 견해에 의하면, 노임계약은 실로 사회적 노동질서의 근간제도로까지 진전·보급되었다고 할 수 있는 것이지만, 이 제도는 지난 1세기 동안 모든 사회적 재해의 근원이 되었다는 비난을 받아 왔다. 우리는 우리 자신의 상념을 말끔히 개혁하여야 된다는 요구에 직면하고 있다. 더구나 우리는 이미 이 생각을 고쳐야 하는 두 가지의 결정적인 이유를 알고 있다. 첫째로 우리는 노임계약이 다른 모든 법적인 정식(定式)과 마찬가지로 그 자체로서는 선(善)도 아니고 악(惡)도 아니라는 것, 다시 말하여 이 정식의 가치는 오로지 당해 법제도의 사회적 기능에 의하여 규정된다는 것을 살펴보았다. 그리하여 우리는 노임계약이 착취수단이 된 것은 이 법의 정식이 아니라 그것과 소유권과의 관계라는 것을 알게 되었다. 둘째로 지난날의 경험은 오늘날 노임계약이 심지어 정립된 '지위'로까지 발전하였으며, 다양한 사회권(社會權)에 의하여 광범위한 생활영역에 걸쳐서 사회화되어 보장되고 있음을 우리들에게 가르쳐 준 바 있다.

3. 공법상의 보충제도는 사적 제도를 배제한다

제2차적인 그러나 어쩌면 더욱 중요할지도 모를 현상이 드러났는데, 이러한 부분은 아주 박식한 연구자에 의하여 깊이 있게 연구되어야 한다. 소유권은 사법상의 문제다. 오늘날의 법이론의 전체계는 이 사실 위에 서 있다. 주지하는 바와 같이 우리는 오늘날의 법과학을 사법과 공법이라는 2가지의 기본부분으로 나눈다. 근대적 실정법규의 규범적 구성은 이러한 분류와 그대로 들어맞고, 그러한 면에서 이러한 구별을 하는 것도 어쩔 수 없는 일이다. 그러나 우리는 지금까지의 여러 고찰을 통하여 어느 법질서에서나 총체의사라고 하여 개개인에 대하여 침입해 들어가서는 안 되는 일정한 사적 영역이 있다는 것을 알게 되었다. 실제로는 봉건제도에 대한 자본가계급의 승리에 상응하는 자연권을 그 내용으로 하는 자유주의적 사상이 성과를 올리고 난 다음, 헌법이론은 국가권력에 제한을 설정하고 심지어 공법에까지 영향을 미치는 방향으로 발전하였다. 공법이라고 하여 이러한 한계를 뛰어넘을 수 있는 것은 아니고, 개인은 이러한 한계 내에서 자유이고 국가의 통제도 받지 않는다. 여기에서는 개인은 더 이상 국가적 시민(Staatsbüerger)이 아니고 어디까지나 사상과 종교의 자유 및 국가도 침해하지 못하는 확신의 자유를 누리는 인간일 따름이다. 우리는 이 개인의 자유를 높이 평가한다. 그것은 자연이 준 선물이 아니고, 쓰라린 사회적·정치적 투쟁을 거치고 난 다음에 비로소 얻게 된 고귀한 문명의 재산이다. 그리고 사리를 제대로 분별할 줄 아는 사람이라면 어느 사회주의자도 그것을 포기해 버린다는 것은 꿈도 꾸지 못할 것이다.[120] 앞으로의 생활상에 비추어 곰곰이 생각하여 본다 하더라도 다양한 재화는 이 영역에 속할 것이다. 더구나 가족의 초상화와 그 밖의 여러 가지 정서적인 가치물, 그리고 소비해 버릴 많은 물품, 생활도구 심지어 집 자체도 이에 속할 것이다. 인간이 어떠한 사회질서를 이루고 살아가게 되더라도 물권에서

---

[120] 이 설명은 볼셰비키즘이 다시 국가권력의 만능성을 확립하고 정신적 영역에서의 절대적인 인간적 자유를 그럴 듯하게 제한한 것과 모순되는 것이 아니다. 나는 이것을 안타까운 퇴보로 생각한다. 문명의 성과를 증오스러운 유산자계급인 적대자(敵對者)의 창조물로 여긴다 하더라도 그것을 포기해 버리는 것은 옳지 못하다.

의 물건이라고 하는 사유물(私有物), 즉 '법적 소유물'은 언제나
남아 있을 것이다.

　그러나 오늘날의 소유권은 법적으로(de jure) 사적 소유권이
지만, '자본'이라고 하는 소유권 객체로 된 것처럼, 이미 전적으
로 사적인 것이라고는 할 수 없게 되었다. 이제는 더 이상 소
유권자 자신이 기술적인 방법으로 소유권을 이용하지 않게 되
어 버린 가운데, 임대가옥은 수많은 타인에 의하여 이용되고,
철도는 모든 사람들이 이를 이용할 수 있게 되었다. 기술적인
면에서 소유권은 소유자와 완전히 분리되었다. 로마시대의 민사
법학자들은 소유자가 그의 법에 의거하여 물건을 지배한다
(Dominus rei suae legem dicit)고 생각하였다. 자본소유권에 관한
한, 이 명제는 더 이상 타당한 것으로 인정될 수 없다. 즉 어느
물건을 처분하고 그 이용에 관한 법규를 정립하는 것은 사회다.
어쩔 수 없이 각 물건은 이미 사적인 것이 아니고 사회적인 것
으로 되어 가고 있다고 단언할 수 있다. 수많은 광산근로자들의
크나큰 집단, 다시 말하여 그 자체의 여러 명의 장군, 장교, 하
사관을 두고 있는 한 집단이 ― 모두 임금관계로서 ― 하나의 광
산을 기술적으로 완전히 지배한다. 즉 그들은 광산의 밑바닥을
파헤치는가 하면 그 매장물을 운반해 나르고, 또한 그것의 존속
뿐만 아니라 그 존재까지도 확보한다. 그리고 그들은 이 목적을
위하여 자기들의 생명을 내걸고 살아간다. 이 대군을 아무런 관
계도 없는 부랑자의 집단으로 보고, 심지어 자기의 소유물이 어
디에 있는지조차도 알지 못하는 주주를 실제의 소유자라고 하
는 것은 단지 하나의 도발적인 의제(擬制)에 지나지 않는 말이
다. 이미 이 말 자체가 그러한 용어의 남용에 대한 저항감을
불러일으킨다.

그러함에도 불구하고 이러한 남용이 표면적으로 아무런 문제도 되지 않는 것으로 만드는 것은 도대체 무엇인가? 공법상으로 이미 오래 전부터 기본적으로 보아 인간사회 전체에 관계되는 물건은 더 이상 순수한 사유물(私有物)로 취급될 수 없다는 것을 인정해 왔다. 그리하여 사법은 물건에 관한 공법의 규칙에 의하여 보충되는 상황에 이르렀으며, 그 과정은 처음에는 신중하고 시험적이었으나 머지 않아 훨씬 단호하게 되었으며, 마지막에는 완전히 의식적으로 진척되었다.

자유주의시대의 국가는 경제제도 및 사법에 대한 모든 간섭을 이성에 어긋나고 자연법에 들어맞지 않는 것이라고 여겼다. 따라서 국가는 아무런 간섭도 하지 않고, 오로지 보호와 재판의 집행이라는 국한된 기능만을 수행할 따름이었다. 그러나 1800년대 중기 이후 국가는 오로지 철퇴와 저울을 잡고 있는데 만족할 수 없게 되고, 끝내는 적극적인 행정을 펼쳐나가기 시작하였다. 새로운 규범은 해를 거듭할수록 국가적 행정가의 여러 법률, 명령 또는 훈령의 형태로 그 수가 증가해 간다. 행정법은 법체계의 독립된 일부분으로 되고, 얼마 안 되어 경제행정이 행정법 범역 내에서 가장 광범위한 분야로 되고 말았다. 공장에 적용되는 소유권과 노임계약에서는 많은 폐해가 발생하게 되어, 이에 행정법은 일정한 간섭을 할 수밖에 없게 되었다. 정규적인 노동일, 공장검사, 연소자와 여성의 보호에 관한 규칙들이 그에 관한 사법제도를 점차적으로 보충하는 공법상의 제도들이다. 질병, 재해 및 노령을 위한 보험이 뒤이어 나타나고, 공공직업소개소가 사적 노동시장을 갈음하게 된다. 그리하여 마침내 노동관계는 90% 정도는 공법에 의하여 규제되고, 사법이 영향을 미치는 분야는 그 나머지 10%에 그치게 되고 말았다.

자본의 기능을 다루어 오면서 우리는 어느 경우에나 거의 모든 공법상의 보충적 제도에 관하여 언급하고, 또한 이 보충적 제도들은 새로운 창조물이라는 것, 다시 말하여 주로 그것들은 칼 마르크스의 사후에 비로소 채용되거나 또는 적어도 완성되었다는 것을 강조하였다.

이렇게 보면, 그러한 재정비 속에 어떠한 발전이 일어나고 있었던 것이 아닌가 하는 생각도 하게 된다. 즉 첫째로 사법상의 연계제도가 기술적으로 소유권자의 수중에서 소유권을 빼앗아 버렸다는 것, 그리고 둘째로 총체의사가 법적으로 사법적 소유권을 자기에게 직접 종속시켰다는 점이 바로 그것이다. 구 사회체제 안에서 하나의 새로운 질서와 관련된 여러 요소가 양성되어 왔다. 그러므로 신비로운 영적 힘으로부터 예언을 이끌어 내는 예언자를 요란스럽게 등장시킬 필요도 없었다. 또한 합리적인 사회의 새로운 법적 제도를 창안해내는 사람들을 위하여 특별한 보수를 지불할 필요도 없었던 것이다. 그렇지만 우리가 과거와 현재의 경험에 비추어 얻게 되는 여러 자료로부터 미래의 법을 이끌어 낼 수 있다는 것만은 명백한 사실이라 할 수 있을 것이다.

만일 이렇게 되어 버린 것이 사실이고, 또한 우리가 그렇게 믿을 만한 충분한 이유가 있다면, 오로지 문제가 되는 것은 새로운 발전에 계속적으로 저해요소가 되는 껍질을 부수어 버리고, 연계제도와 보충적 제도를 해방시켜서 아무런 제한도 가하지 않고, 그것을 현실적이고 실제적인 기능에 따라서 직접 이용하며, 과거에는 소유권의 시녀에 지나지 않았던 이들 여러 제도를 주요 제도로까지 끌어올리고, 또한 그 본래의 기능을 잃게 하고 그 자체 일종의 장애가 되었던 전통적인 소유권의 질곡으로부터 그것을 해방시키는 일일 것이다.

그렇지만 우리가 지금까지 고찰해 온 바는 이것이 기능변화의 자동적인 결과일 수 없는 것이고, 그것을 달성하기 위해서는 새로운 규범이 필요하다는 것을 잘 검증해 주었다. 왜냐하면 일단 정립된 규범은 규범에 의해서만 폐기될 수 있기 때문이다. 그렇게 보더라도 규범은 어느 한 사회의 자각적인 의사행위이다.

4. 법과학과 사회의 임무

만일 사회가 소유권 기능의 변화와 그에 수반하는 효과를 알게 되고 나면, 사회는 또한 규범을 변경시키지 않을까 하는 의문이 생긴다. 사회가 소유권에 너무나도 많은 장벽을 둘러친 결과, 이들 장벽이 법적 조직[121]의 특정한 우월적 중요성을 얻게 되었던 것이라고 한다면, 사회는 이러한 새로운 법적 조직을 그 원천적 구속으로부터 해방시켜야 되지 않을까? 그렇지 않으면 사회는 그 자립성까지도 포기해 버리고 만 것으로 되었기 때문에, 이제는 더 이상 최후의 한 발자국도 내디딜 수 없거나 또는 감히 그렇게 하지도 못하게 되는 것이 아닐까? 아직까지도 사회는 그 자체의 의사의 자유를 누리고, 새로운 규범을 창조할 수 있는 힘을 행사하는 것일까?

---

121) 오늘날 노동법과 경제법의 법부문은 한편으로는 채권법과, 다른 한편으로는 행정법과 중첩된다. 따라서 당해 법은 사법과 공법의 중간에 속하는 것이다. 그렇지만 발전의 추세로 보아 이들 두 법부문이 궁극적으로는 새로운 노동질서 및 사회질서의 기초가 될 것이다.

　　그러나 사회가 규범정립이라고 하는 무기를 쥐고 있고, 또한 자유로운 입법에 대한 법적 권리가 전혀 의론할 여지가 없다 하더라도, 다음과 같은 문제는 그대로 남게 된다. 즉 사회는 자유로운 발전의 힘을 기술적으로 계속하여 지배할 수 있을까? 사회는 입법자로서는 절대자이지만 실제로도 절대자일까? 그렇지 않으면 사회는 실제로는 그 자체가 해서는 안 되는 것만을 하는 데 지나지 않는 것이란 말인가? 우리는 이미 규범의 효력을 저해하는 외적 한계를 익히 알고 있다. 법이 그 기능을 달리 하게 되면, 이것은 또한 규범을 변질시키기까지 해 버리는 것은 아닌가? 어째서 규범의 변천은 자동적으로 함께 일어나지 않는 것일까? 규범의 변화가 언제든지 규범변천의 원인이 되는 것이라면, 무엇 때문에 이 원인은 그와 함께 여러 사실에 관하여 조용한 방법으로 작용하지 못하는 것일까? 어떠한 방식으로 경제는 법을 규정하는 것일까?

　　우리는 이미 다음과 같은 것, 즉 경제적 기초는 규범의 기능을 뒤바꿔 놓고, 이것을 반대의 것으로 만들어 버리기까지 하지만, 규범 자체는 조금도 파괴되지 않고 남아 있다는 것을 알았다. 자본의 기능도 파괴되지 않고 남아 있으면서 모든 발전은 오로지 규범의 완성을 위해서만 이바지한다. 따라서 초창기 기능의 변화는 애매모호한 창조물 위에, 이 비물질적인 형식 위에, 그리고 겉으로 보기에는 법령집의 지면에 적혀 있을 나름이든지 또는 아주 미미하게 실려 있으면서 무수히 많은 법령에 아무런 반작용도 일으키지 않는 것으로 보일 수도 있다. 그렇다면 이것이 규범은 파괴할 수 없다거나, 아니면 그 자체에 의거하지 않고서는 어떠한 다른 힘에 의하여도 규정되지 않는 것임을 뜻하는 것이란 말인가?

이 지상의 다른 모든 것과 마찬가지로, 규범도 그 원인이 있는 것이라면 도대체 그것은 어디에 있는 것일까? 그것이 실제로 존재하는 것이라고 한다면 그 특성은 무엇이며, 그 존재양식은 어떻게 되어 있고, 그리고 어떻게 변화할까? 그것이 인류의 다양한 생활조건에서 유래하고, 또한 그 자체 인류의 자기보존의 수단에 지나지 않는 것이라고 한다면, 그것은 우리 세대 사람들의 존재와 발전에서 실제로 어떠한 역할을 하는 것일까?

이러한 것은 법학이 아직도 해결하지 못하고 있는 문제들이다. 지금이야말로 그러한 문제의 해결을 위하여 손을 써야 할 바로 그 시점이다.

부 록

주요 각국 민법의 소유권 규정

제2편 재 산 권

제1부 물 권

제2장 소 유 권

소유권의 정의·객관적 소유권

제353조 소유권이라 함은 어느 사람에게 속해 있는 유체물 및 무체물의 모든 것을 말한다.

주관적 소유권

제354조 소유권은 자기의 뜻에 따라 물건의 실체와 용익을 지배하고 타인을 배제할 수 있는 권능이다.

소유권을 취득할 수 있는 객관적 가능성과 주관적 가능성

제355조 모든 물건은 일반적으로 소유권의 목적물이며, 법률이 명시적으로 제외시키지 아니한 사람은 누구나 직접 또는 타인을 통하여 자신의 명의로 물건을 취득할 수 있다.

제356조 어느 물건을 취득하고자 하는 사람이 일신상의 능력에 있어서 또는 취득할 물건에 관

하여 법률적인 장애요인이 있다고 주장하는 사람은 그 입증책임이 있다.

완전소유권과 불완전소유권의 구분

제357조 물건의 실체에 관한 권리와 용익권이 동일한 사람에게 합체되어 있는 경우에는 그 소유권은 완전하고 불가분적이다. 그러나 물건의 실체에 관한 권리만이 어느 사람에게 속하고 당해 물건의 용익에 관한 배타적 권리가 다른 사람에게 속하면 그 소유권은 구분되어 있는 것이고 양자에게 불완전적이다. 전자는 상급소유권자라 하고 후자는 용익소유권자라 한다.

제358조 법률 또는 소유권자 의사에 의한 어떠한 다른 종류의 제한으로도 소유권의 완전성은 변경시키지 못한다.

제359조 실체에 관한 권리와 용익에 관한 권리의 분리는 한편으로는 소유권자의 처분에 의하여, 다른 한편으로는 법률상의 조령(條令)에 의하여 성립한다. 상급소유권자와 용익소유권자 사이에 개재하는 사정의 상위성을 고려하여 구분하면 소유권이 구분되어 있는 재산은 (봉토재산),

영구소작재산 및 세습차지료재산으로 나누어진다. 그러나 (봉토재산은 종래의 봉토법에서) 그리고 영구소작재산과 세습차지료재산은 영속계약(永續契約)의 장에서 규정한다.

제360조 계속적인 차지료 또는 연도별지대의 상환만으로는 소유권의 분할이 있다고 할 수 없다. 실체에 관한 권리와 용익에 관한 권리가 명확하게 밝혀지지 아니한 경우에는 언제든지 선의의 소유자를 완전한 소유권자로 본다.

공동소유

제361조 구분되지 아니한 물건이 동시에 다수인에게 속하는 경우에는 공동소유권이 성립한다. 전부에 관한 관계에 있어서는 공유자는 단일인으로 본다. 그러나 공유자에게 특정한 비분할의 부분이 지정되어 있는 경우에는 각 공유자는 자기에게 속하는 부분의 완전한 소유권을 가진다.

소유권자의 권리

제362조 자기의 소유물을 자유롭게 처분할 수 있는 권리에 의거하여, 완전소유권자는 일반적으로 자기의 물건을 이용하거나 이용하지 않을 수 있다. 소유자는 자기의 물건을 파괴하거나, 전부 또는 일부를 타인에게 양도하거나 또는 조건 없이 단념, 즉 포기할 수 있다.

제 한

제363조 상급소유권자이든지 용익소유권자이든지 불완전소유권자도 동일한 권리를 가진다. 다만 다른 사람의 권리와 저촉되는 일은 하지 못한다.

제364조 ① 일반적으로 소유권의 행사는 그것에 의하여 제3자의 권리가 침해되지 않고, 공공복리의 유지와 증진을 위하여 법률에 규정되어 있는 한계를 위반하지 아니하는 한에서만 인정된다.

② 토지소유자는 상린자로 하여금 그의 토지로부터 폐수, 매연, 가스, 열기체, 악취, 소음, 진동 기타 이와 유사한 것을 유출시키는 작용을 하지 못하도록 할 수 있다. 그러나, 그것이 당해 지방의 생활상 허용되어 있는 정도를 넘지 않고 지방관습에 따른 토지의 이용을 본질적으로 침해하지 아니하는 경우에는 그러하지 아니하다. 특수한 권원이 없는 직접적 도출은 어떠한 경우에도 허용되지 아니한다.

제364조의1 광산설비 또는 정식으로 허가를 받아서 이웃 토지 위에 설치된 설비로 인하여 전조에 규정되어 있는 정도를 넘는 방식으로 침해가 빚어진 경우에는, 토지점유자는 관청의 심리로서는 어떠한 조치도 취할

수 없는 사정에 의하여 침해가
발생한 때에도 법원에 손해의
보상을 청구할 수 있다.

제364조의2 토지점유자는 상린자
의 대지 또는 건물이 필요한 지
탱력을 상실할 방식으로 깊이
파지 못한다. 그러나 다른 방법
에 의하여 충분히 고정할 수 있
도록 사전조치를 취한 경우에는
그러하지 아니하다.

제364조의3 물건 또는 물권에 관
한 계약 또는 유언에 의한 처분
금지 또는 부담금지는 최초의
소유권자만을 구속하고 상속인
또는 기타의 권리승계인을 구속
하지 못한다. 당해 처분금지 또
는 부담금지가 부부 사이, 부모
와 자녀·양자나 수양자 또는
이들 배우자 사이에 내려지고
공적 장부에 등기된 때에는 제3
자에 대하여도 효력이 있다.

제365조 공공복리를 위하여 필요
한 때에는 국민은 적절한 손해
보상을 받고 완전소유권까지도
양도하여야 한다.

소유권에 의거한 소

(1) 고유의 소유권소; 당사자

제366조 다른 사람으로 하여금
자기 물건을 점유하지 못하도록
배제할 수 있는 권리에 의거하
여 소유권자는 모든 소지자에
대하여 자기가 가져야 할 물건
의 인도를 소유권소송에 의하여
재판상 청구할 수 있다. 그러나

자기가 소유권자가 아니였을 때
그의 명의로 물건을 처분하고
나중에 소유권을 취득한 자는
이 권리를 가지지 못한다.

제367조 선의의 동산 점유자가
그 물건을 공경매에서, 그러한
거래를 할 수 있는 상인으로부
터 또는 원고 자신이 사용·보
관이나 기타의 목적으로 당해
물건을 맡겼던 사람으로부터의
매입에 의하여 취득하였음을 입
증하였을 때에는 그 점유자에
대하여는 소유권소를 제기하지
못한다. 이 경우에는 선의의 점
유자가 소유권을 취득하고, 종
래의 소유권자는 그에 관하여
책임이 있는 자에 대하여 손해
보상을 청구할 수 있는 권리만
을 가진다.

제368조 점유자가 그가 취득한
물건의 성질에서, 그 지나치게
저렴한 가격에서 또는 그보다
먼저 점유하였던 자의 공지된
성품이나 그 영업 또는 다른 관
계에서 그의 점유의 선의성에
의심을 받을 만하다는 것이 입
증된 경우에는, 그 점유자는 악
의의 점유자로서 당해 물건을
소유권자에게 넘겨 주어야 한
다.

원고의 입증책임

제369조 소유권소를 제기한 자는
피고가 제소된 물건을 지배하고
있으며, 당해 물건이 자기의 소유
물이라는 것을 입증하여야 한다.

제370조   재판상 동산의 반환을 청구하는 자는 당해 물건이 동일한 종류의 모든 유사한 물건과 구별되는 징표를 명기하여야 한다.

제371조   뒤섞인 현금 또는 무기명채무증서처럼 상기의 방법으로 구별할 수 없는 물건은, 원고가 자기의 소유권을 증명할 수 있는 사정 또는 피고가 그 물건을 취득할 수 없음을 알고 있었다는 사정이 없는 한, 소유권소의 목적물로 하지 못한다.

(2) 법률적으로 추정된 원고의 소유권에 기한 소유권소

추정을 받는 점유권

제372조   자기가 소지하고 있는 물건의 소유권취득을 충분하게 입증하지는 못하지마는 법률상 유효한 권원과 자기가 그 점유를 하게 된 솔직한 방법을 밝히는 원고는 자기의 점유에 관한 권원을 전혀 밝히지 못하거나 약한 권원만을 밝히는 모든 점유자와 관련하여서는 실제의 소유권자로 추정한다.

제373조   피고가 악의 또는 불법적인 방법으로 물건을 점유한 때, 피고가 이전의 점유자를 전혀 밝히지 못하거나 의심스러운 이전의 점유자만을 열거하는 때 또는 피고는 지불하지 않고 보유하였으나 원고는 지불하고 보유하게 된 때에는, 피고는 원고에게 물건을 넘겨 주어야 한다.

제374조   피고와 원고가 자기들의 정당한 점유에 관하여 동일한 권원을 가지고 있는 경우에는, 피고가 점유에 의거하여 우선권을 가지는 것으로 한다.

제375조   타인의 명의로 물건을 점유하고 있는 자는 자기보다 이전의 점유자의 이름을 들고 그것을 입증함으로써 소유권소에 대하여 보호를 받을 수 있다.

법률상의 효과

(1) 점유의 부인

제376조   재판상 물건의 점유를 부인하고 그 점유를 하여야 하는 자는 그 사실만으로 원고에게 점유를 넘겨 주어야 한다. 그러나 그 사람은 나중에 소유권소를 제기할 수 있는 권리는 보유한다.

(2) 가장점유

제377조   자기가 점유하고 있지 아니한 물건을 점유하고 있는 것으로 가장함으로써 원고를 기만한 자는 그로 말미암아 발생한 모든 손해를 배상할 책임을 진다.

(3) 계쟁중인 물건의 점유이전

제378조   물건을 점유하고 있다가 소가 제기된 다음에 이전시킨 자는, 원고가 현재의 소지자에게서 반환하려고 하지 아니하는 때에는, 자기의 비용으로 되돌려 와야 하거나 또는 그것의 특별한 가액을 보상하여야 한다.

점유자의 소유권자에 대한 배상

제379조 악의의 점유자 및 선의의
　　　점유자가 일실된 이익 또는 발
생된 손해에 관하여 배상하여야
하는 것은 전장(前章)에 규정되
어 있는 바에 의한다.

제2편 물건 및 소유권의 변경

제2장 소 유 권

제544조 소유권이라 함은 법령에 의하여 금지된 용도로 사용하지 아니하는 한 절대무제한으로 이를 사용, 수익 및 처분할 수 있는 권리이다.

제545조 누구든지 소유권의 양도를 강제당하지 아니한다. 그러나, 공익을 위하여 사전에 정당한 보상을 지불한 때에는 그러하지 아니하다.

제546조 물건의 소유권은 동산·부동산을 불문하고, 이 물건에서 산출되는 모든 천연과실 또는 인공과실과 이에 부속되는 종물에 미친다. 이 권리를 수취권이라 한다.

제1절 물건에서 산출되는 과실의 수취권

제547조 다음 각 호의 1에 대한 수취권은 그 소유자에게 속한다.
  1. 토지에서 산출되는 천연과실 또는 인공과실
  2. 법정과실
  3. 번식시킨 동물의 새끼

제548조 물건으로부터 산출되는 과실은 물건의 소유자에게 속한다. 다만, 소유자는 제3자가 제공한 노동 및 종자(種子)에 관한 비용을 상환하여야 하며, 비용은 상환일을 기준으로 하여 이를 정한다.

제549조 단순점유자는 선의점유의 경우에 한하여 과실을 취득한다. 악의의 경우에는, 그 과실을 점유물과 함께 점유물의 반환을 청구하는 소유자에게 반환하여야 한다. 과실이 현존하지 아니하는 때에는 그 가액을 상환하여야 하며, 그 가액은 상환일을 기준으로 하여 이를 평가한다.

제550조 ① 점유자가 소유권양도 증서에 의거하여 그 하자를 알지 못하고 소유자로서 점유한 때에는 선의인 것으로 본다.
② 점유자는 하자를 안 때로부터 악의의 점유자가 된다.

제2절 물건에 합체된
부속물의 취득권

제551조 물건에 합체된 모든 부속물은 이 장의 규정에 따라 그 물건의 소유자에게 속한다.

제1관 부동산취득권

제552조 ① 토지의 소유권은 그 토지의 상하에 미친다.

② 소유자는 지역권에 관한 장에 규정된 예외를 제외하고는 그 지상에서 자기가 하고자 하는 모든 식재를 하고 공작물을 설치할 수 있다.

③ 소유자는 광산 및 경찰에 관한 법령에 의한 제한의 경우를 제외하고는 그 지하에서 적당한 공작물을 설치하고 발굴을 할 수 있으며, 발굴에 의하여 획득할 수 있는 모든 산출물을 채굴할 수 있다.

제553조 지상 또는 지중에 있는 모든 공작, 식재물 및 설치물은 반증이 없는 한 토지소유자가 자기의 비용으로 이를 건축, 식재 및 설치하고 그 소유에 속하는 것으로 추정한다. 그러나, 제3자가 타인 건물의 지하실 또는 그 건물의 다른 부분에 대한 소유권을 취득하거나, 시효에 의하여 취득함에 영향을 미치지 아니한다.

제554조 토지소유자는 자기의 소유에 속하지 아니하는 재료로써 공작물을 설치하고 식재하고 설치물을 시설한 때에는 상환일을 기준으로 하여 평가한 그 가액을 상환하여야 한다. 손해가 발생한 때에는 토지소유자로 하여금 그 손해를 보상하게 할 수 있다. 그러나 재료의 소유자는 그 재료를 수거하지는 못한다.

제555조 ① 제3자가 자기의 소유인 재료를 가지고 공작, 식재 및 설치를 한 때에는, 토지소유자는 제4항에 규정되어 있는 경우를 제외하고는, 그 소유권을 보존하거나, 제3자로 하여금 이를 수거하게 할 권리를 가진다.

② 토지소유자가 공작물, 식재물 및 설치물의 수거를 요구하는 때에는 보상없이 제3자의 비용으로 이를 수거한다. 이로 인하여 토지소유자에게 손해가 생긴 때에는 제3자로 하여금 이를 보상하게 할 수 있다.

③ 토지소유자가 건축물, 식재물 및 공작물의 소유권을 보유하기로 한 때에는 공작물, 식재물 및 설치물의 현존상태를 참작하여, 선택에 따라서 토지의 증가액에 상당하는 금액 또는 상환일을 기준으로 하여 평가한 재료비 및 노동비용을 제3자에게 상환하여야 한다.

④ 제3자가 공작물, 식재물 및 설치물을 가설하고 선의를 이유로 하여 그 과실의 반환명령을 받지 아니한 때에는 토지소유자는 이 건축물, 식재물 및 공작물의 수거를 요구하지 못한다.

다만, 토지소유자는 제3자에게 제3항에 규정된 토지증가액에 상당하는 금액을 상환하거나, 재료비 및 노동비용을 상환할 수 있는 선택권을 가진다.

제556조 ① 하천의 연안지에 점차적으로 자연히 형성되는 퇴적지 및 중적지는 이를 하천연안의 자연집적지로 한다.

② 하천연안의 자연집적지는 당해 하천의 항행가능성 여부에 관계없이 하천연안의 토지소유자에게 속한다. 그러나, 당해 하천이 항행가능한 것인 때에는 규칙이 정하는 바에 따라 예선로(曳船路)를 그대로 두어야 한다.

제557조 ① 하천의 유수가 연안의 일방에서 벗어나 점차적으로 다른 일방을 침식함으로써 생기는 개펄도 제556조의 경우와 같다. 개펄은 그 발생한 연안지소유자에게 속한다. 대안지소유자는 그 상실한 토지의 복구를 청구할 수 있다.

② 해수에 의하여 생긴 해안의 개펄에 대하여는 권리가 생기지 아니한다.

제558조 ① 호수와 연못에 관하여는 자연집적지의 형성이 인정되지 아니하며, 호수와 연못의 소유자는 수량이 감소되더라도 물이 배수구의 높이까지 달하였을 때에 물이 차게 되는 토지에 대한 소유권을 보유한다.

② 호수와 연못의 소유자는 일시적으로 증수되어 그 물에 덮이게 된 하천연안지에 대하여는 어떠한 권리도 취득하지 못한다.

제559조 항행가능성의 유무와 관계없이 하천이 급격한 수력에 의하여 하천연안지의 상당부분을 침식하고 이를 하류지역 또는 대안에 옮겨놓은 때에는, 침식당한 하천연안지의 소유자는 그 소유권을 청구할 수 있다. 소유권 청구의 소는 1년 이내에 이를 제기하여야 하며, 이 기간이 경과하면 소를 제기하지 못한다. 다만, 침식된 부분이 부속된 토지의 소유자가 아직 이를 점유하지 아니한 때에는 그러하지 아니하다.

제560조 항행가능한 하천의 하상에 생긴 도서 및 퇴적지는 권리증서 또는 시효를 이유로 하여 다투지 아니하는 한 국유에 속하는 것으로 한다.

제561조 항행할 수 없는 하천 내에 형성되는 도서와 퇴적지는 그 형성된 쪽의 하천연안지 소유자가 그 소유권을 취득한다. 도서가 하천의 어느 한쪽에서만 형성되지 아니한 때에는 하천의 중앙선에 따라 양측의 하천연안지소유자가 각각 그 소유권을 취득한다.

제562조 하천에 새로운 지류가 생기고, 이 지류가 하천연안지를 가로질러 에워쌈으로써 도서가 형성되는 때에는 이 도서가

항행가능한 하천 내에 형성되어도 그 소유권은 도서가 형성된 하천연안지소유자가 이를 보유한다.

제563조 ① 항행가능한 하천이 이전의 구하상(舊河床)을 떠나 새로운 수로를 형성한 때에는, 하천연안지소유자는 하천의 중앙선을 기준으로 하여 각자 구하상의 소유권을 취득한다. 구하상의 가격은 도지사의 청구에 의하여 구하상소재지의 법원장이 지정하는 감정인이 이를 정한다.

② 하천연안지 소유자가 도지사가 통지한 날로부터 3월 이내에, 감정인이 평가한 가격으로 구하상을 매수하겠다는 의사를 표시하지 아니하는 때에는 국유지매각에 관한 규정에 따라 이를 매각한다.

③ 매각대금은 새로운 수로의 형성으로 침식된 토지의 소유자에게 각자의 토지가액에 비례하여 보상의 형식으로 이를 분급한다.

제564조 비둘기, 토끼 또는 물고기가 다른 비둘기장, 토끼장 또는 연못으로 옮겨간 때에는 비둘기장, 토끼장 또는 연못의 소유자가 그 소유권을 취득한다. 그러나 위계에 의하여 유치된 경우에는 그러하지 아니하다.

제2관 동산취득권

제565조 ① 각 2인의 소유자에게 속한 2개의 동산을 목적으로 하는 취득권은 자연적인 형평의 원칙에 따라서 정한다.

② 판사는 예측하지 못한 사건이 생긴 때에는 그 특별한 사정에 따라 다음 각 조의 규정에 의하여 이를 결정한다.

제566조 서로 다른 소유자에게 속한 2개의 물건이 하나로 합체된 경우에는 분리하여 각기 독립하여 존립할 수 있는 때에도 주된 부분을 이루는 물건의 소유자가 그 합성물의 소유권을 취득한다. 이 경우 주된 부분의 소유자는 다른 부분의 소유자에게 상환일을 기준으로 하여 평가한 그 가액을 상환하여야 한다.

제567조 사용, 장식 또는 보충을 위하여만 다른 물건의 부속을 필요로 하는 물건은 이를 주된 부분으로 본다.

제568조 종물이 주물보다 더 비싸고 종물의 소유자가 모르는 사이에 사용된 경우에는 종물의 소유자는 그 부속된 주물이 훼손될 우려가 있는 때에도 이를 분리하여 반환할 것을 청구할 수 있다.

제569조 2개의 물건이 부합하여 일체를 구성하고, 주종을 구별할 수 없는 때에는 그 가액이 더 큰 것을 주물로 보며, 가액이 거의 동등한 때에는 그 양이 더 많은 것을 주물로 본다.

제570조 수공업자 또는 타인이 자기의 소유가 아닌 재료를 사

용하여 새로운 종류의 물건을 만든 때에는 그 재료의 소유자는 상환일을 기준으로 하여 평가한 수공비를 상환하고 그 가공물의 인도를 청구할 권리를 가진다.

제571조 수공비가 사용된 재료의 가액을 초과하는 때에는, 그 가공물을 주된 부분으로 보며, 가공자는 상환일을 기준으로 하여 평가한 재료비를 그 소유자에게 상환하고 그 가공물을 보유할 권리를 가진다.

제572조 자기 소유의 재료와 타인 소유의 재료를 사용하여 새로운 종류의 물건을 만들고, 이 2개의 재료를 분리하려면 그 원형이 완전히 파괴되는 아니하더라도 심히 불이익한 때에는 가공물은 각 소유자의 공유로 한다. 공유관계는 그 일방 소유자에 관하여 그 소유에 속한 재료에 비례하고 다른 소유자에 관하여는 그 소유에 속한 재료와 공임에 비례하는 것으로 한다. 수공비는 제575조에 규정된 경매일을 기준으로 하여 평가한다.

제573조 ① 각각 다른 소유자에게 속한 다수의 재료를 혼화(混和)하여 하나의 물건을 만들고, 그 중 어느 것도 주물로 볼 수 없는 경우에, 그 재료를 분리할 수 있는 때에는 자기의 재료가 혼화된 사실을 모르는 소유자는 그 분리를 청구할 수 있다.

② 재료를 분리하려면 심히 불이익할 때에는, 그 소유자는 각자에게 속한 재료의 양, 질 및 가액에 비례하여 그 물건을 공유한다.

제574조 소유자의 1인에게 속한 재료가 그 양 및 가액에 있어서 다른 소유자의 재료를 현저히 초과하는 때에는 가액초과재료의 소유자는 다른 재료의 소유자에게 상환일을 기준하여 평가한 그 재료의 가액을 상환하고, 혼화에 의하여 생긴 물건을 청구할 수 있다.

제575조 물건이 그 구성재료의 소유자의 공유로 되어 있는 때에는, 공동이익을 위하여 이를 경매하여야 한다.

제576조 소유자가 모르는 사이에 그 재료가 다른 종류의 물건을 만드는 데 사용되고, 이로 인하여 당해 물건의 소유권을 취득하게 되는 각 경우에는, 각 재료의 소유자는 자기의 재료와 동종, 동량, 동액, 동척(同尺) 및 동질의 재료의 반환을 청구하거나, 상환일을 기준으로 하여 평가한 그 가액의 상환을 청구할 수 있는 선택권을 가진다.

제577조 타인에게 속한 재료를 그 소유자가 모르게 사용한 자에 대하여는 경우에 따라 손해를 배상하여야 하며, 이 손해배상은 특별한 요건을 갖추어 하게 되는 소추에 영향을 미치지 아니한다.

제3편 물 권

제3장 소 유 권

제1절 소유권의 내용

제903조【소유권자의 권한】 물건의 소유자는 법률 또는 제삼자의 권리에 저촉되지 아니하는 한 임의로 그 소유물을 처분하고 타인의 모든 간섭을 배제할 수 있다. 동물의 소유자는 그 권리를 행사함에 있어서 동물의 보호에 관한 특별규정을 준수하여야 한다.

제904조【긴급피난】 물건의 소유자는 물건에 대한 타인의 간섭이 당장의 위험을 방지하기 위하여 필요하고, 그 급박한 손해가 간섭으로 인하여 소유자에게 발생할 손해보다 지나치게 큰 경우에는 소유물에 대한 타인의 간섭을 중지시킬 권리를 가지지 못한다. 소유자는 간섭으로 인하여 발생한 손해의 배상을 청구할 수 있다.

제905조【토지소유권의 한계】 토지소유자의 권리는 그 지표상의 공간 및 지표하의 지중에까지 미친다. 그러나 소유자는 간섭의 배제에 관하여 아무런 이익도 없는 높은 곳 또는 깊은 곳에서 행하여지는 타인의 간섭은 배제할 수 없다.

제906조【인접지로부터의 작용】

① 토지의 소유자는 가스·증기·취기(臭氣)·연기·매열(媒熱)·소음·진동의 침입 및 다른 토지로부터 오는 이와 유사한 작용이 자기의 토지의 이용을 침해하지 아니하거나 또는 그 침해가 심하지 아니한 때에는 이를 금할 수 없다.

② 중대한 침해가 다른 토지의 토지관례상의 이용으로 인하여 초래되며 이러한 종류의 이용자에게 경제상 기대할 수 있는 조치에 의하여 그 침해를 저지할 수 없는 때에도 또한 같다. 소유자가 이 조에 따라서 그러한 작용을 참아야 하는 경우에 그 작용이 자기 토지의 토지관례상의 이용 또는 자기의 토지의 수익을 지나치게 침해하는 때에는 소유자는 그 다른 토지의 이용자에게 금전에 의한 상당한 보상을 청구할 수 있다.

③ 특별한 유도에 의한 침입은 이를 허용하지 아니한다.

제907조【위험한 공작물】 ① 토지소유자는 이웃 토지의 공작물의 존재 또는 그 이용이 자기의 토지에 허용되지 아니한 간섭을 미칠 것을 확실히 예견할 수 있는 경우에는 그 설치 또는 존속을 중지하도록 청구할 수 있다. 이 공작물이 경계선으로부터 일정한 간격을 떼도록 하거나 다른 예방방법을 규정한 분방법(分邦法)의 규정에 따라서 설치된 경우에는 허용되지 아니한 간섭이 실제로 발생한 경우에 한하여 그 제거를 청구할 수 있다.

② 수목 및 관목은 이 조에서 정하 는 공작물에 속하지 아니한다.

제908조【공작물도괴의 위험】 인접지에 정착한 건물 기타의 공작물의 도괴 또는 그 일부의 붕괴로 인하여 토지에 손해를 미칠 염려가 있는 경우에는 그 토지의 소유자는 제836조 제1항 또는 제837조·제838조의 규정에 의하여 발생할 손해에 관하여 책임을 질 자에 대하여 위험의 방지에 필요한 예방조치를 취할 것을 청구할 수 있다.

제909조【토지의 깊이 팜】 다른 방법으로 충분한 방어공사를 하지 아니하는 한 인접지의 지반을 지지하기에 위험 할 정도로 토지를 깊이 파 들어갈 수 없다.

제910조【경계 넘어 뻗은 가지나 뿌리 지근】 ① 토지소유자는 인접지의 수목 또는 관목의 뿌리가 경계를 넘는 때에는 절취할 수 있다. 가지가 경계를 넘은 경우에 토지소유자가 인접지의 점유자에 대하여 상당한 기간을 정하여 그 제거를 최고하여도 그 기간 내에 제거하지 아니한 때에는 같다.

② 전항의 뿌리 또는 가지가 토지의 이용을 방해하지 아니하는 때에는 소유자는 전항의 권리를 가지지 못한다.

제911조【경계 넘어 떨어진 과실】 수목 또는 관목으로부터 인접지에 떨어진 과실은 그 토지의 과실로 본다. 이 조는 인접지가 공용으로 사용되는 경우에는 적용하지 아니한다.

제912조【경계 넘어 지은 건축물】 ① 토지소유자가 그의 책임이 될 고의 또는 중대한 과실 없이 경계선을 넘는 건물을 축조한 경우에는 경계선유월의 전 또는 후에 즉시 이의를 제기하지 아니한 한 인지자는 침계건축물을 인용하여야 한다.

② 인지자는 지대로써 배상을 청구할 수 있다. 지대의 금액에 관하여는 경계선유월의 때를 표준으로 한다.

제913조【경계 넘은 건축물에 대한 지대】 ① 침계건축물에 대한 지대는 인지의 현재의 소유자에 대하여 다른 토지의 현재의 소유자가 지급하여야 한다.

② 지대는 해마다 미리 지급하여야 한다.

제914조【지대의 순위 · 등기 · 소멸】 ① 지대청구권은 지대를 부담하는 토지에 설정되는 모든 권리에 우선하며 지대청구권 발생 전에 설정된 권리에 대하여도 같다. 이 권리는 침계건물의 제거와 동시에 소멸한다.

② 전항의 권리는 부동산등기부에 등기할 필요가 없다. 이 권리의 포기와 계약으로 인한 지대액의 확정에 관하여는 이를 등기하여야 한다.

③ 기타 지대에 관하여는 토지의 현재의 소유자를 위하여 성립되는 물적 부담에 관한 규정을 적용한다.

제915조【매수청구】 ① 지대권리자는 언제든지 지대의무자에 대하여 건물이 유월된 부분의 토지의 소유권을 양도하고 이에 대하여 그 토지의 부분이 경계선유월시에 해당하던 가격의 배상을 청구할 수 있다. 지대권리자가 이 조의 권리를 행사한 때에는 당사자의 권리의무는 매매에 관한 규정에 따라서 정한다.

② 소유권을 양도하기까지에는 계속하여 지대를 지급하여야 한다.

제916조【지상권 또는 지역권의 침해】 침계건축물로 인하여 인접지의 지상권 또는 지역권이 침해된 경우에는 권리자의 이익을 위하여 제912조 내지 제914조의 규정을 준용한다.

제917조【필요통로】 ① 어느 토지와 공로 사이에 그 토지의 용법에 따른 이용에 필요한 통로가 없는 경우에는 토지소유자는 인지자에 대하여 왕래하는 데 필요한 통로의 개설을 위하여 그의 토지의 이용을 인용하도록 청구할 수 있다. 필요통로의 방향과 이용권의 범위는 필요한 경우에는 판결로써 정한다.

② 필요통로가 통과되는 토지를 가진 인지자는 지대로써 배상을 청구할 수 있다. 지대에 관하여서는 제912조 제2항 후단 및 제913조 · 제914조 · 제916조의 규정을 준용한다.

제918조【필요통로개설권의 배제】 ① 어느 토지와 공로 사이의 종래의 통로가 토지소유자의 임의의 행위로 인하여 폐쇄된 경우에는 필요통로를 인용할 의무가 발생하지 아니한다.

② 토지의 일부의 양도로 인하여 양도된 부분 또는 보유된 부분이 공로와의 통로가 차단된 경우에는 종래 통로가 존재한 부분의 소유자는 필요통로를 인용하여야 한다. 동일소유자에게 속하는 수개의 토지 중 1필의 토지가 양도된 경우에는 일부양도와 동일하다.

제919조【경계표의 설치】 ① 토지소유자는 인접지소유자에 대하여 견고한 경계표의 설치에 협력할 것과 경계표가 이동되거

나 불분명하게 된 때에는 그 수복에 협력할 것을 청구할 수 있다.

② 경계표의 설치와 절차는 각 분방의 법률에 따라 정하고 분방법에 규정되지 아니한 경우에는 지방의 관습에 따른다.

③ 경계표설치의 비용은 당사자 간의 법률관계로부터 다른 부담방법이 정해지지 않는 한, 당사자가 균등하게 부담한다.

제920조【경계의 혼란】 ① 경계가 복잡하게 얽혀 있어서 정당한 경계를 알 수 없는 때에는 점유상태를 표준으로 하여 경계를 정한다. 점유상태를 확정할 수 없는 때에는 계쟁지면을 등분하여 각자에게 할당하여야 한다.

② 전항의 규정에 따라서 행한 경계의 결정이 알려진 사정 특히 토지의 확정면적과 일치하지 아니하는 결과를 발생하는 경우에는 경계는 이 사정을 참작하여 공평에 맞는 방법으로 정하여야 한다.

제921조【경계선상 시설물의 공동이용】 2필의 토지가 중간지·두둑·지각·구거·토벽·울타리·판병(板屛) 기타 양 토지의 이익을 위하여 사용되는 시설물로 인하여 서로 분계되어 있는 경우에는 양 토지의 소유자는 그 시설물을 공동으로 이용할 권리를 가지는 것으로 추정한다. 그러나 그 시설물이 상린자의 일방에게만 속한다는 것을 표시하는 외적 표지가 있는 때에는 그러하지 아니한다.

제922조【이용과 보존의 방법】 상린자가 제921조에 규정된 시설물을 공동으로 이용할 권리를 가지는 경우에 각 상린자는 다른 상린자의 공동이용을 방해하지 아니하는 범위 안에서 시설물의 성질로부터 발생하는 목적을 위하여 이용할 수 있다. 시설물의 보존비용은 상린자가 똑같이 나누어 부담한다. 상린자의 어느 한 사람이 시설물의 존속에 관하여 이익을 가지는 경우에는 그 사람의 동의 없이는 이를 제거하거나 변경할 수 없다. 그 밖에 상린자간의 법률관계는 공동관계에 관한 규정에 따라서 이를 정한다.

제923조【경계선상의 수목】 ① 수목이 경계선상에 서 있는 경우에 그 과실은 상린자가 똑같이 나누어 가지며 그 수목이 부러진 경우에는 그 수목에 관하여도 동일하다.

② 각 상린자는 수목의 제거를 청구할 수 있다. 제거의 비용은 상린자가 똑같이 나누어 부담한다. 제거를 청구한 상린자는 다른 상린자가 수목에 대한 권리를 포기한 경우에는 그 비용은 단독으로 부담하여야 한다. 이 경우에 비용을 부담하는 상린자는 수목이 토지에서 분리됨과 동시에 단독소유권을 취득한다.

그 수목이 경계표로서 사용되고 다른 적당한 경계표로서 이에 대신할 수 없는 경우에는 그 제거를 청구할 수 없다.

③ 전 2항의 규정은 경계선상에 서 있는 관목에도 적용한다.

제924조【소멸시효】 제907조 내지 제909조, 제915조, 제917조 제1항, 제918조 제2항, 제919조, 제920조 및 제923조 제2항의 규정에 의거한 청구권은 소멸시효에 걸리지 아니한다.

제2절 부동산소유권의 취득과 상실

제925조【부동산소유권이전의 합의】 ① 제873조에 의한 부동산소유권의 이전에 필요한 양도인과 취득자의 합의(부동산소유권이전의 합의)는 양 당사자가 동시에 관할관청에 출석하여 표시하여야 한다. 공증인은 누구든지 다른 기관의 권한에 영향을 주지 않는 한, 부동산소유권이전의 합의를 접수할 수 있다. 부동산소유권이전의 합의는 재판상의 화해 또는 기판력 있게 확정된 도산계획에서도 표시될 수 있다.

② 조건 또는 기한을 붙인 부동산소유권이전의 합의는 무효이다.

제925조의 2【원인행위에 관한 증서】 부동산소유권이전에 관한 합의의 표시는 제313조 제1문단에 규정되어 있는 계약증서를 제출하거나 이 증서와 동시에 작성된 경우에 한하여 접수하여야 한다.

제926조【토지의 종물】 ① 양도인과 취득자가 양도는 부동산의 종물에 미친다는 것을 합의한 경우에는 종물이 양도인의 소유에 속하는 한 취득자는 부동산의 소유권과 함께 취득시에 존재하는 종물의 소유권도 취득한다. 의심이 있는 경우에는 양도는 종물에 미치는 것으로 본다.

② 취득자가 양도로 인하여 양도인의 소유에 속하지 아니하거나 제삼자의 권리의 목적이 되는 종물의 점유를 취득한 경우에는 제932조 내지 제936조의 규정을 적용하며 취득자의 선의에 관하여는 점유취득의 때를 표준으로 한다.

제927조【공시최고 절차】 ① 부동산의 소유자는 그 부동산이 30년간 타인의 자주점유에 있는 경우에는 공시최고의 절차에 의하여 그의 권리와 함께 이를 제외할 수 있다. 이 점유기간은 동산의 취득시효에 관한 기간과 동일한 방법으로 계산한다. 소유자가 부동산등기부에 등기한 경우에는 그 소유자가 사망 또는 실종하고 소유자의 동의를 요하는 부동산등기부등기가 30년간 행하여지지 아니한 때에 한하여 공시최고를 할 수 있다.

② 제권판결을 얻은 자는 부동

산등기부에 소유자로 등기함으로써 소유권을 취득한다.

③ 제권판결의 선고 전에 제삼자가 소유자로 등기되거나 그 제삼자의 소유권에 의거하여 부동산등기부의 정당성에 대한 이의가 등기된 경우에는 판결은 제삼자에 대하여 효력을 발생하지 아니한다.

제928조【소유권의 포기, 국고의 선점】 ① 부동산의 소유권은 소유자가 등기관청에 포기의 의사를 표시하고 포기가 부동산등기부에 등기됨으로써 포기할 수 있다.

② 포기한 부동산의 선점권은 부동산이 존재하는 연방의 국고에 귀속한다. 국고는 소유자로서 부동산등기부에 등기함으로써 그 소유권을 취득한다.

제3절 동산소유권의 취득과 상실

제1관 양 도

제929조【합의 및 인도】 동산소유권을 양도하기 위하여는 소유자가 물건을 취득자에게 인도하고 쌍방이 소유권의 이전에 관하여 합의하여야 한다. 취득자가 물건을 점유하고 있는 경우에는 소유권이전의 합의만으로 할 수 있다.

제929조의 2【미등기선박에 대한 합의】 ① 선박등록부에 등기되지 아니한 선박 또는 그러한 선박에 대한 지분의 소유권을 양도하기 위하여는 소유자와 취득자가 소유권을 즉시 이전할 것에 관하여 합의한 경우에는 인도를 필요로 하지 아니한다.

② 각 당사자는 자기의 비용으로 양도에 관한 공정증서의 교부를 요구할 수 있다.

제930조【점유개정】 소유자가 물건을 점유하고 있는 경우에는 소유자와 취득자 사이에 취득자가 간접점유를 취득할 수 있는 법률관계를 약정함으로써 물건의 인도에 갈음할 수 있다.

제931조【반환청구권의 양도】 제삼자가 물건을 점유하고 있는 경우에는 소유자가 취득자에게 물건의 인도청구권을 양도함으로써 물건의 인도에 갈음할 수 있다.

제932조【무권리자로부터의 선의취득】 ① 제929조에 의하여 양도가 행하여진 경우에는 물건이 양도인에게 속하지 아니한 때에도, 취득자가 이 조에 의하여 소유권을 취득할 당시에 선의인 한, 취득자는 소유자가 된다. 제929조 제2문단의 경우에는 취득자가 양도인으로부터 점유를 취득한 경우에 한하여 이 조를 적용한다.

② 물건이 양도인에게 속하지 아니함을 취득자가 알거나 중대한 과실로 인하여 알지 못한 경우에는 취득자는 선의가 아니다.

제932조의 2【등기되지 아니한 선박】 제929조의 2에 의하여 양

도된 선박이 양도인에게 속하지 아니한 경우에도 선박이 양도인에 의하여 취득자에게 인도된 때에는, 인도시에 취득자가 선의인 한, 취득자는 소유자가 된다; 선박에 대한 지분이 양도의 목적인 경우에는 선박에 대한 공동점유의 양도로써 인도에 갈음한다.

제933조【점유개정시의 선의】

제930조에 의하여 양도된 물건이 양도인에게 속하지 아니하는 경우에도 물건이 양도인에 의하여 취득자에게 인도된 때에는, 인도시에 취득자가 선의인 한, 취득자는 소유자가 된다.

제934조【반환청구권양도시의 선의】

제931조에 의하여 양도된 물건이 양도인에게 속하지 아니한 경우에도 양도인이 물건의 간접점유자인 때에는 청구권의 양도와 함께, 기타의 경우 취득자가 제삼자로부터 물건의 점유를 취득한 때에는, 그가 양도 또는 점유취득시에 선의인 한, 취득자는 소유자가 된다.

제935조【점유이탈물의 선의취득 불허】

① 물건이 도품·유실물 또는 점유이탈물인 경우에는 소유권의 취득은 제932조 내지 제934조의 규정에 의거하여 행하여지지 아니한다. 소유자가 간접점유자에 불과한 경우에는 물건이 점유자의 점유를 이탈하기만 한 경우에도 그러하다.

② 전항의 규정은 금액 또는 유가증권과 공적 경매절차에 의하여 양도된 물건에 관하여는 적용하지 아니한다.

제936조【제삼자의 권리의 소멸】

① 양도된 물건이 제삼자의 권리의 목적인 경우에는 제삼자의 권리는 소유권의 취득과 동시에 소멸한다. 제929조 제2문단의 경우에 있어서는 취득자가 양도인으로부터 점유를 취득한 때에 한하여 이 조를 적용한다. 양도가 제930조에 의하여 행하여진 경우 또는 제931조에 의하여 양도된 물건이 양도인의 간접점유중에 있는 경우에는 취득자가 양도에 의거하여 물건의 점유를 취득한 때에 한하여 제삼자의 권리는 소멸한다.

② 취득자가 제삼자의 권리에 관하여 전항에 규정되어 있는 때에 선의가 아닌 경우에는 제삼자의 권리는 소멸하지 아니한다.

③ 제931조의 경우에 있어서 권리가 제삼점유자에게 속하는 경우에는 그 권리는 선의취득자에 대하여도 소멸하지 아니한다.

제2관 취득시효

제937조【요건, 악의시의 배제】

① 동산을 10년간 자주점유한 자는 그 소유권을 취득한다(취득시효).

② 취득자가 자주점유의 취득시에 선의가 아닌 경우 또는 그 후에 소유권이 자기에게 속하지

아니함을 안 경우에는 취득시효가 완성되지 아니한다.

제938조【자주점유의 추정】 기간의 전후 양시에 물건을 자주점유한 경우에는 그의 자주점유는 계속한 것으로 추정한다.

제939조【취득시효의 정지】 소유권에 의한 청구권의 소멸시효가 정지되거나 그 완성이 제206조·제207조의 규정에 의하여 방해된 동안에는 취득시효의 진행이 개시되지 않으며 이미 진행이 개시된 때에는 정지된다.

제940조【취득시효의 중단】 ① 취득시효는 자주점유의 상실로 인하여 중단된다.
② 자주점유자가 자기의 의사에 의하지 아니하고 자주점유를 상실하고 1년 이내에 또는 이 기간 이내에 제기한 소에 의하여 자주점유를 회복한 때에는 취득시효는 중단되지 아니한 것으로 본다.

제941조【집행행위로 인한 시효중단】 법원 또는 관청의 집행행위가 실행되거나 이를 신청함으로써 취득시효는 중단된다. 제212조 제2항, 제3항은 이에 준용된다.

제942조【시효중단의 효과】 취득시효가 중단된 때에는 중단시까지 경과한 시간은 고려되지 아니하며, 새로운 취득시효는 중단이 종료한 때로부터 다시 진행한다.

제943조【권리승계시의 취득시효】 물권적 청구권이 성립한 물건을 권리승계에 의하여 제3자가 자주점유하게 된 경우에는 전주(前主)의 점유기간 중에 경과한 취득시효기간은 승계인에게 이익이 되는 것으로 한다.

제944조【상속재산점유자】 상속재산점유자의 이익으로 경과한 취득시효기간은 상속인에게 이익이 되는 것으로 한다.

제955조【제3자의 권리의 소멸】 자주점유의 취득 전에 물건 위에 성립한 제3자의 권리는 취득시효의 완성으로 인한 소유권의 취득과 동시에 소멸한다. 그러나 자주점유자가 자주점유 취득시에 그 권리에 대하여 선의가 아닌 경우 또는 나중에 그 존재를 알게 된 경우에는 그러하지 아니하다. 취득시효기간은 제3자의 권리에 관하여도 경과하여야 한다; 이에 제939조 내지 제944조를 준용한다.

제3관 부합·혼화·가공

제946조【부동산과의 부합】 동산이 부동산과 부합하여 그 부동산의 본질적인 구성부분을 이루는 경우에는 부동산소유권은 그 동산에 미친다.

제947조【동산과의 부합】 ① 수개의 동산이 상호간에 부합하여 1개의 합성물의 본질적인 구성부분을 이루는 경우에는 종래의 각 소유자는 이 합성물의 공동소유자가 된다. 그 지분은 부합시의 물건의 가격비율에 따라서

정한다.

② 수개의 물건 중 1개의 물건을 주물로 인정하여야 할 경우에는 그 물건의 소유자는 단독소유권을 취득한다.

제948조【혼화】 ①수개의 동산이 상호간에 분리할 수 없도록 혼화되거나 또는 융화된 경우에는 제947조의 규정을 준용한다.

② 혼화 또는 융화된 물건의 분리를 위하여는 지나친 비용을 필요로 하는 때에는 분리할 수 없는 경우와 동일하다.

제949조【제삼자의 권리의 소멸】 제946조 내지 제948조의 규정에 의하여 물건의 소유권이 소멸한 경우에는 그 물건 위에 존재하는 기타의 권리도 소멸한다. 부담있는 물권의 소유자가 공동소유권을 취득한 경우에는 그의 권리는 이후 물건에 대신하는 지분 위에 존재한다. 부담있는 물건의 소유자가 단독소유자로 된 경우에는 그의 권리는 첨가물에 미친다.

제950조【가공】 ① 1개 또는 수개의 재료를 가공 또는 개조하여 새로운 동산을 만든 사람은 가공 또는 개조의 가격이 재료의 가격보다 현저히 소액인 경우를 제외하고는 새로운 물건의 소유권을 취득한다. 필서・기호・회화・인각・조각 기타 이와 유사한 표면상의 공작도 가공으로 본다.

② 새로운 물건에 대한 소유권의 취득과 동시에 재료 위에 존재하던 권리는 소멸한다.

제951조【권리상실에 대한 보상】 ① 제946조 내지 제950조의 규정의 적용으로 인하여 권리를 상실한 자는 권리의 변경으로 인하여 이익을 받은 사람에 대하여 부당이득의 반환에 관한 규정에 의거하여 금전보상을 청구할 수 있다. 원상회복은 청구할 수 없다.

② 불법행위로 인한 손해배상의무에 관한 규정과 비용의 상환 및 설비의 수거권에 관한 규정은 그대로 적용한다. 제946조, 제947조의 경우에 있어서는 주물의 점유자가 부합을 이루지 아니한 때에도 소유자에 대한 점유자의 수거권에 관한 규정에 의하여 수거를 할 수 있다.

제952조【채권증서의 소유권】 ① 채권에 관하여 발행된 채권증서의 소유권은 채권자에게 속한다. 채권 위에 존재하는 제삼자의 권리는 그 채권증서에 미친다.

② 기타 이행을 청구할 수 있는 권리에 관한 증권, 특히 저당증권, 토지채무증권 및 정기토지채무에 관하여도 같다.

제4관 물건의 산출물 및 기타의 구성부분의 취득

제953조【분리된 산출물과 구성부분의 소유권】 물건의 산출물 및 기타의 구성부분은 제954조

내지 제957조에 다르게 규정되어 있지 아니한 한 분리된 후에도 그 물건의 소유자에게 속한다.

제954조【물권적 권리자에 의한 취득】 타인의 물건 위에 존재하는 권리에 의거하여 물건의 산출물 또는 기타의 구성부분을 수취할 권리를 가진 자는 제955조 내지 제957조의 규정에 관계없이 분리와 동시에 그 소유권을 취득한다.

제955조【선의의 자주점유자에 의한 취득】 ① 물건을 자주점유하는 사람은 제956조·제957조의 규정에 관계없이 산출물 및 기타 물건의 과실에 속하는 구성부분의 분리와 동시에 그 소유권을 취득한다. 다만, 자주점유자가 자주점유할 권리를 갖지 못한 경우 또는 타인이 물권에 의거하여 과실수득권을 가지고 자주점유자가 자주점유취득시에 선의가 아니었던 경우 또는 분리 전에 권리의 하자를 알았던 경우에는 그러하지 아니하다.

② 수익권을 행사할 목적으로 점유하는 자는 자주점유자와 동일하다.

③ 자주점유 및 이와 동일한 점유에 관하여는 제640조 제2항의 규정을 준용한다.

제956조【개별적 권리자에 의한 취득】 ① 소유자가 물건의 산출물 또는 기타의 구성부분의 수취를 타인에게 허용한 경우에 그 사람은 물건의 점유의 인도가 있는 때에는 분리와 동시에, 기타의 경우에는 점유의 취득과 동시에 그 소유권을 취득한다. 소유자가 허용하여야 할 의무가 있는 경우에는 소유자는 타인이 인도받은 물건의 점유를 계속하는 동안에는 그 허용을 철회할 수 없다.

② 물건의 산출물 또는 기타의 구성부분이 분리 후에 속하여야 할 소유자 이외의 사람이 전항의 허용을 할 때에도 같다.

제957조【무권리자의 수취허용】 제956조의 규정은 타인에게 수취를 허용한 자가 그 권한을 가지지 아니한 경우에도 적용한다. 다만, 그 타인이 물건의 점유를 인도받은 때에는 그 인도시에, 기타의 경우에는 산출물 또는 구성부분의 점유취득시에 선의가 아닌 경우 또는 분리 전에 권리의 하자를 안 경우에는 그러하지 아니하다.

제5관 선 점

제958조【무주동산에 대한 소유권 취득】 ① 무주의 동산을 자주점유한 자는 그 소유권을 취득한다.

② 선점이 법률상 금지된 경우 또는 점유취득으로 인하여 타인의 선점권을 침해하는 경우에는 소유권을 취득하지 못한다.

제959조【소유권의 포기】 동산의 소유자가 소유권을 포기할 의사

로써 점유를 포기한 때에는 그 동산은 무주물이 된다.

제960조【야생동물】 ① 야생동 물은 자유로운 상태에 있는 동 안에는 무주물이다. 동물원에 있는 야생동물 및 못 기타의 폐 쇄된 개인의 연못에 있는 어류 는 무주물이 아니다.

② 잡혔던 야생동물이 다시 달 아난 경우에 소유자가 지체없이 추적하지 아니한 때 또는 그 추 적을 포기한 때에는 무주물이 된다.

③ 사육된 동물이 그 우리로 정하여진 장소에 돌아오는 습관 을 잃은 때에는 무주물이 된다.

제961조【꿀벌떼】 꿀벌떼가 옮겨 간 경우에 소유자가 지체없이 추적하지 아니한 때 또는 그 추 적을 포기한 때에는 무주물이 된다.

제962조【소유자의 추적권】 꿀 벌떼의 소유자는 추적시에 타인 의 토지에 들어갈 수 있다. 꿀 벌이 타인의 꿀벌이 점거하지 아니한 벌집통에 들어가 사는 경우에는 꿀벌의 소유자는 이를 포획하기 위하여 그 벌집을 열 고 벌집을 추출하거나 또는 파 손할 수 있다. 다만 이로 인하 여 발생한 손해를 배상하여야 한다.

제963조【수개의 꿀벌떼의 혼합】 수인이 소유하는 꿀벌떼가 이주 하여 서로 혼합한 경우에는 포 획된 전체의 꿀벌은 각각 자기

의 꿀벌을 추적한 소유자의 공 유로 한다. 공유의 지분은 추적 한 꿀벌의 수에 따라 정한다.

제964조【다른 꿀벌이 점거한 꿀 벌통에의 진입】 꿀벌떼가 타 인의 벌떼가 점거한 꿀벌통에 들어가 사는 경우에는 그 통을 점거하고 있는 꿀벌에 대한 소 유권 및 기타의 권리는 들어와 사는 꿀벌 위에 미친다. 들어와 사는 벌떼에 대한 소유권 및 기 타의 권리는 소멸한다.

제6관 유실물의 습득

제965조【습득자의 통지의무】 ① 유실물을 발견하고 점유한 자는 유실자나 소유자 또는 기 타의 수취권자에게 지체없이 통 지하여야 한다.

② 습득자가 수취권자를 알지 못하거나 또는 그의 거소를 알 지 못하는 때에는 습득하였다는 것과 수취권자의 조사에 관하여 중요한 것일 수 있는 사정을 지 체없이 경찰관청에 신고하여야 한다. 물건의 가액이 10「유로」 이하인 경우에는 신고할 필요가 없다.

제966조【보관의무】 ① 습득자 는 물건을 보관할 의무가 있다.

② 물건이 부패할 염려가 있거 나 보관에 지나친 비용이 필요 한 경우에는 습득자는 물건을 공적인 경매에 붙여야 한다. 경 매 전에 관할 관청에 신고하여 야 한다. 이 경우에는 매각대금

은 물건에 갈음한다.

제967조【인도의무】 습득자는 물건 또는 경매대금을 관할 관청에 인도할 권리가 있으며 관할 관청의 요구가 있으면 인도할 의무가 있다.

제968조【책임의 범위】 습득자는 고의 및 중대한 과실에 관하여만 책임을 진다.

제969조【유실자에의 반환】 습득자는 유실자에게 물건을 반환함으로써 기타의 수취권자에 대하여도 그 책임을 면한다.

제970조【비용의 상환】 습득자가 물건의 보관 또는 보존을 위하여 또는 수취권자의 조사를 위하여 사정에 따라서 필요하다고 인정한 비용을 지출한 때에는 수취권자에 대하여 그 상환을 청구할 수 있다.

제971조【습득자보상금】 ① 습득자는 수취권자에 대하여 보상금을 청구할 수 있다. 보상금의 금액은 500유로 이하의 물건의 가액에 관하여는 100분의 5, 그 이상의 가액에 관하여는 100분의 1, 동물의 경우에 있어서는 그 가액의 100분의 1로 한다. 물건이 수취권자에 관하여서만 가치를 가지는 경우에는 보상금은 공평한 평가에 따라서 정한다.
② 습득자가 통지의무에 위반한 때 또는 조회에 대하여 습득을 숨긴 때에는 청구권이 발생하지 아니한다.

제972조【습득자의 유치권】 제970조・제971조에 규정된 청구권에 관하여는 점유자에 대한 비용상환청구권에 관한 제1000조 내지 제1002조의 규정을 준용한다.

제973조【습득자의 소유권취득】
① 습득을 관할 관청에 신고한 후 1년이 경과한 때에는 그 전에 수취권자가 습득자에게 알려지거나 수취권자가 그의 권리를 경찰관서에 신고하지 아니한 한 습득자가 물건의 소유권을 취득한다. 소유권의 취득과 동시에 물건 위에 존재하는 기타의 권리는 소멸한다.
② 물건의 가액이 10유로 이하인 경우에는 1년의 기간은 습득의 때로부터 진행한다. 습득자가 조회에 대하여 습득을 숨긴 경우에는 소유권을 취득할 수 없다. 이 경우 경찰관서에 한 권리의 신고는 소유권의 취득에 영향을 미치지 아니한다.

제974조【수취권자의 불인도】 6개월의 기간이 경과하기 전에 수취권자가 습득자에게 알려진 때 또는 수취권자가 그 가액이 10유로 이상인 물건에 관하여 적당한 시기에 그 권리를 경찰관서에 신고한 때에는 습득자는 제1003조의 규정에 따라 수취권자에 대하여 제970조 내지 제972조에 의하여 자기가 가지는 청구권에 관하여 의사표시를 하도록 최고할 수 있다. 의사표

시에 관하여 규정된 기간이 경과하도록 수취권자가 적시에 채무를 이행할 것을 미리 표시하지 아니한 때에는 습득자는 소유권을 취득하며 물건 위에 존재하는 기타의 권리는 소멸한다.

제975조【인도한 후의 습득자의 권리】 습득자의 권리는 물건 또는 경매대금을 관할 관청에 인도하는 것에 의하여 영향을 받지 아니한다. 경찰관서가 물건을 경매에 붙인 때에는 그 매각대금은 물건에 갈음한다. 경찰관서는 습득자의 승인이 있는 경우에 한하여 물건 또는 매각대금을 수취권자에게 반환할 수 있다.

제976조【기초지방자치단체의 소유권취득】 ① 습득자가 관할 관청에 대하여 물건의 소유권을 취득할 권리를 포기한 경우에는 그의 권리는 습득지의 기초지방자치단체에 이전된다.
② 습득자가 물건 또는 경매대금을 관할 관청에 인도한 후 제973조, 제974조의 규정에 의하여 소유권을 취득한 경우에 습득자가 관할 관청이 정한 기간의 경과 전에 그 반환을 청구하지 아니한 때에는 그 소유권은 습득지의 기초지방자치단체에 이전된다.

제977조【부담 이득반환청구권】 제973조, 제974조, 제976조의 규정에 의하여 권리를 상실한 사람은 제973조, 제974조의 경우에는 습득자에 대하여, 제976조의 경우에는 습득지의 지방자치단체에 대하여 부당이득의 반환에 관한 규정에 따라서 권리변경으로 인하여 취득한 것의 반환을 청구할 수 있다. 이 청구권은 미리 재판상 실행하지 아니하면 소유권이 습득자 또는 기초지방자치단체에 이전한 때로부터 3년이 경과한 때에는 소멸한다.

제978조【관청 또는 교통시설에서의 습득】 ① 관청 또는 공공운송에 사용되는 교통영조물의 업무공간 또는 운송수단 내에서 물건을 발견하여 습득한 사람은 그 관청이나 교통영조물 또는 그 직원에게 그 물건을 지체없이 교부하여야 한다. 제965조 내지 제967조 및 제969조 내지 제977조는 적용되지 아니한다.
② 물건의 가액이 50유로 이상인 경우에는 습득자는 수령권자에게 보상금을 청구할 수 있다. 보상금은 제971조 제1항 제 2 문, 제3문을 적용하는 경우의 액수의 반으로 한다. 습득자가 그 관청 또는 교통영조물의 직원인 경우 또는 습득자가 교부의무를 위반한 경우에는 이 청구권은 배제된다. 비용지출을 이유로 한 점유자의 소유자에 대한 청구권에 관한 제1001조의 규정은 보상금청구권에 준용된다. 보상금청구권이 성립하는 경우

에 그 관청 또는 교통영조물은 수령권자에의 물건의 반환을 습득자에 대하여 통지하여야 한다.

③ 경매대금 또는 습득된 금전이 제981조 제1항에 의한 권리자에게 귀속되는 경우에, 그에 대하여 제2항 제1문 내지 제3문에 의한 보상금청구권이 발생한다. 제1문에 정하여진 권리자에 대한 청구권은 그 성립 후 3년이 경과함으로써 소멸한다.

제979조【공경매】 ① 관청 또는 교통영조물은 인도받은 물건을 경매할 수 있다. 관청과 연방·주 및 기초지방자치단체의 교통영조물은 그 공무원의 1인으로 하여금 경매를 하게 할 수 있다.

② 매각대금은 물건에 갈음한다.

제980조【습득공고】 ① 경매는 습득의 공고중에 일정기간을 정하여 수취권자에게 그의 권리를 신고하도록 최고하고 그 기간이 경과한 후에 비로소 실시할 수 있다; 신고가 적시에 행하여진 경우에는 경매를 실시할 수 없다.

② 물건이 부패할 우려가 있거나 그 보관에 지나친 비용이 필요한 경우에는 공고할 필요가 없다.

제981조【경매대금의 귀속】 ① 수취권자가 그의 권리를 신고함이 없이 공고에 규정된 기간의 만료 후 3년이 경과한 때에는 경매대금은 연방의 관청 또는 영조물의 경우에는 연방금고에, 주의 관청 또는 영조물의 경우에는 그 주금고에, 기초지방자치단체의 관청 또는 영조물의 경우에는 그 기초지방자치단체에, 사인이 경영하는 교통영조물의 경우에는 그 사인에게 귀속한다.

② 공고 없이 경매한 때에는 3년의 기간은 습득의 공고중에 수취권자에게 그의 권리를 신고하도록 최고한 후에 비로소 진행한다. 습득된 금전이 인도된 경우에도 동일하다.

③ 비용은 반환할 금액으로부터 공제한다.

제982조【시행규정】 제980조, 제981조에 규정된 공고는 연방의 관청 또는 영조물의 경우에는 연방참의원, 기타의 경우에는 주의 중앙관청이 공포하는 규정에 의거하여 행한다.

제983조【관청에 있으나 배달할 수 없는 물건】 관청이 계약에 의하지 아니하고 반환할 의무를 진 물건을 점유하고 있으면서 수취권자 또는 그의 거소를 알지 못하는 경우에는 제979조 내지 제982조의 규정을 준용한다.

제984조【매장물발견】 장기간 매몰되었기 때문에 그 소유자를 알 수 없게 된 물건(매장물)을 발견하여 그것을 점유한 경우에

는, 발견자는 그 소유권의 반을 취득하며 다른 반은 매장물이 매몰되어 있던 물건의 소유자가 취득한다.

제4절 소유권에 의거한 청구권

제985조【반환청구권】 소유자는 점유자에 대하여 물건의 반환을 청구할 수 있다.

제986조【점유자의 항변권】 ① 점유자 또는 점유자가 점유할 권리를 승계한 간접점유자가 소유자에 대하여 점유할 권리를 가진 경우에는 점유자는 물건의 반환을 거절할 수 있다.

간접점유자가 소유자에 대하여 점유자에게 점유를 양도할 권한을 가지지 아니하게 된 경우에는 소유자는 점유자에 대하여 간접점유자에게 물건을 반환하도록 청구할 수 있으며 또한 간접점유자가 점유를 회수할 수 없거나 회수하려 하지 아니하는 때에는 자기에게 반환하도록 청구할 수 있다.

② 물건이 제931조에 의한 반환청구권의 양도로 말미암아 양도된 경우에는 그 물건의 점유자는 양도된 청구권에 대하여 가진 항변으로써 신소유자에게 대항할 수 있다.

제987조【소송계속 후의 수익】 ① 점유자는 소송계속 후에 수취한 수익을 소유자에게 반환하여야 한다.

② 점유자가 소송계속발생 후에 통상의 경영법칙에 따라서 수취할 수 있었던 수익을 수취하지 아니한 경우에는 점유자가 그 책임을 져야 하는 한 소유자에게 배상할 의무를 진다.

제988조【무상점유자의 수익】 소유의 의사로 또는 실제로는 그에게 속하지 아니한 수익권을 행사할 목적으로 물건을 점유한 선의의 점유자가 그 점유를 무상으로 취득한 경우에는 점유자는 소유자에 대하여 부당이득의 반환에 관한 규정에 의거하여 소송계속발생 전에 수취한 수익을 반환할 의무를 진다.

제989조【소송계속 후의 손해배상】 점유자는 소송계속시로부터 그의 귀책사유로 인하여 물건이 훼손·멸실하거나 기타의 이유로 물건을 반환할 수 없게 된 결과로 발생한 손해에 관하여 소유자에 대하여 책임을 진다.

제990조【악의의 점유자의 책임】 ① 점유자가 점유취득시에 선의가 아니었던 때에는 소유자에 대하여 점유취득의 때로부터 제987조·제989조에 의하여 책임을 진다. 점유자가 점유취득 후에 점유할 권리를 가지지 아니함을 알았을 때에는 그 때로부터 동일한 책임을 진다.

② 지체로 인한 점유자의 기타의 책임은 이로 인하여 영향을 받지 아니한다.

제991조【간접점유자의 책임】 ① 점유자가 점유할 권리를 간접점유자에게서 승계한 경우에는 제990조의 요건이 간접점유자에게도 존재하는 때 또는 간접점유자에 대하여 소송계속이 발생한 때에만 수익에 관하여 제990조의 규정을 적용한다.

② 점유자가 점유취득시에 선의였던 경우에도 간접점유자에 대하여 책임을 질 때에는 그 한도에서 점유취득시로부터 제989조에 규정된 손해에 관하여 소유자에 대하여 책임을 진다.

제992조【불법한 점유자의 책임】 점유자가 불법한 사력(私力) 또는 범죄행위에 의하여 점유를 취득한 경우에는 소유자에 대하여 불법행위로 인한 손해배상에 관한 규정에 따라서 책임을 진다.

제993조【선의의 점유자의 책임】 ① 제978조 내지 제992조에 규정된 요건이 존재하지 아니하는 경우에는 점유자는 수취한 과실이 통상의 경영법칙에 의하여 물건의 수익으로 인정되지 아니하는 한 부당이득의 반환에 관한 규정에 따라서 반환하여야 한다. 기타의 경우에 있어서는 수익의 반환 또는 손해배상의 의무를 부담하지 아니한다.

② 점유자가 수익을 취득할 기간에 관하여는 제101조의 규정을 적용한다.

제994조【필요비의 상환】 ① 점유자는 소유자에 대하여 물건에 관하여 지출한 필요비의 상환을 청구할 수 있다. 통상의 보존비는 점유자가 수익을 취득하는 동안에는 상환하지 아니한다.

② 점유자가 소송계속 발생 후 또는 제990조에 규정된 책임의 개시 후에 필요비를 지출한 때에는 소유자의 상환의무는 사무관리에 관한 규정에 따라서 정한다.

제995조【부담】 점유자가 물건의 부담의 변제를 위하여 지출한 비용도 제994조의 의미에 있어서의 필요비에 속한다. 점유자가 수익을 취득하는 동안에는 물건의 기본가액에 관하여 진 것이라고 인정할 특별한 부담을 위한 비용만을 상환한다.

제996조【유익비의 상환】 필요비 이외의 지출에 관하여는 그 지출이 소송계속 발생 전 또는 제990조에 규정된 책임의 개시 전에 행하여졌고 그 지출로 인한 물건의 가액의 증가가 소유자가 물건을 회수한 당시에 현존하는 경우에 한하여 점유자는 그 상환을 청구할 수 있다.

제997조【수거권】 ① 점유자가 물건을 부합시켜 타물의 본질적 구성부분이 되게 한 경우에는 그 물건을 분리하여 취득할 수 있다. 이 경우에는 제258조의 규정을 적용한다.

② 점유자가 제994조 제1항 제2문단에 의거하여 지출에 관

한 상환을 청구할 수 없을 때 또는 분리하는 것이 이익이 없을 때 또는 적어도 구성부분이 분리 후에 가졌었을 가액을 상환받은 때에는 분리권을 행사할 수 없다.

제998조【농경지의 경작비용】 농경지를 반환할 때에는 소유자는 아직 분리하지 아니하였으나 통상의 경영법칙에 따라서 경영년도의 종료 전에 분리할 과실에 관하여 점유자가 지출한 비용을 통상의 경영에 상당하고 과실의 가액을 초과하지 아니하는 한도에서 상환하여야 한다.

제999조【전(前)권리자의 지출비의 상환】 ① 전 점유자의 권리승계인이 된 점유자는 전 점유자의 지출에 관하여 전 점유자가 물건을 반환하였을 경우에 청구할 수 있었을 것과 동일한 범위에서 그 상환을 청구할 수 있다.
② 소유자의 지출비상환의무는 그가 소유권을 취득하기 전에 행한 지출비에도 미친다.

제1000조【점유자의 유치권】 점유자는 상환될 지출비의 상환을 받을 때까지는 물건의 반환을 거절할 수 있다. 점유자가 고의에 의한 불법행위로 인하여 물건을 취득한 때에는 유치권을 가지지 못한다.

제1001조【비용상환의 소】 점유자는 소유자가 물건을 회수하거나 지출을 승인한 경우에 한하여 비용상환청구권을 주장할 수 있다. 지출을 승인하기까지 소유자는 회수한 물건을 반환하여 청구권의 주장에서 면탈할 수 있다. 점유자가 청구권을 유보하여 제공한 물건을 소유자가 수취한 때에는 승인한 것으로 본다.

제1002조【비용상환청구권의 소멸】 ① 점유자가 소유자에게 물건을 반환한 경우에는 반환 후 1월, 토지에 관하여는 6월이 경과한 때에 비용상환청구권이 소멸한다. 다만, 그 이전에 재판상의 주장이 있거나 소유자가 지출을 승인한 때에는 그러하지 아니하다.
② 전항의 기간에 관하여는 소멸시효에 관한 제206조·제210조·제211조의 규정을 준용한다.

제1003조【점유자의 상환받을 권리】 ① 점유자는 소유자에 대하여 상환청구액을 표시하고 약정된 상당한 기간 내에 지출을 승인하는 여부에 관하여 의사표시를 하도록 최고할 수 있다. 승인이 적시에 행하여지지 아니한 경우에는 기간경과 후에 점유자가 질물매각에 관한 규정에 의하여, 토지에 관하여는 부동산에 대한 강제집행에 관한 규정에 의하여 물건으로부터 상환을 받을 수 있는 권리를 가진다.
② 전항의 기간경과 전에 소유

자가 청구권에 대하여 이의를 제기한 경우에는 점유자는 지출액에 대한 확정재판이 있은 후 소유자에 대하여 상당한 기간을 정하여 의사표시를 하도록 최고하고 그 기간이 경과한 때에 한하여 물건으로부터 변제를 받을 수 있다. 다만, 승인이 적시에 행하여진 경우에는 물건으로부터 변제받을 권리는 소멸한다.

제1004조【방해배제청구권·침해정지청구권】 ① 소유권이 점유의 침탈 또는 유치 이외의 방법에 의하여 침해된 경우에는 소유자는 방해자에 대하여 그 침해의 제거를 청구할 수 있다. 계속하여 침해될 우려가 있을 때에는 그 침해의 정지를 청구할 수 있다.

② 소유자가 인용할 의무를 지는 경우에는 청구할 수 없다.

제1005조【추급권】 물건이 그 소유자 이외의 자가 점유하는 부동산상에 존재할 때에는 물건의 소유자는 부동산의 점유자에 대하여 제867조에 규정된 청구권을 가진다.

제1006조【점유자의 소유권추정】 ① 동산의 점유자는 그의 이익을 위하여 물건의 소유자로 추정한다. 물건이 도품·유실물 또는 기타의 점유이탈물인 때에는 그것이 금전 또는 무기명증권이 아닌 한 전 점유자에 대하여는 이 규정을 적용하지 아니한다.

② 전 점유자가 점유를 계속한 동안은 그의 이익을 위하여 물건의 소유자이었던 것으로 추정한다.

③ 간접점유의 경우에 있어서는 추정은 간접점유자에 관하여 효력을 가진다.

제1007조【종전 점유자의 청구권】 ① 동산의 전 점유자는 점유자가 점유취득시에 선의가 아니었던 경우에는 물건의 반환을 청구할 수 있다.

② 물건이 전 점유자로부터의 도품·유실물 또는 기타의 점유이탈물인 경우에는 그 전 점유자는 선의의 점유자에 대하여도 반환을 청구할 수 있다. 금전 및 무기명증권에는 이 규정을 적용하지 아니한다.

③ 전 점유자가 점유취득시에 선의가 아니었던 경우 또는 점유를 포기한 경우에는 반환을 청구할 수 없다. 기타의 경우에는 제986조 내지 제1003조의 규정을 준용한다.

제5절 공 유

제1008조【지분에 의한 공유】 1개의 물건이 지분에 의하여 수인에게 속하는 경우에는 제1009조 내지 제1011조의 규정을 적용한다.

제1009조【1인의 공유자를 위한 물권설정】 ① 1인의 공유자의 이익을 위하여서도 공유물에 물

권을 설정할 수 있다.

② 다른 부동산의 현재의 소유자의 이익을 위하여 공유부동산에 물권을 설정하거나 공유부동산의 현재의 소유자의 이익을 위하여 다른 부동산에 물권을 설정하는 것은 다른 부동산이 공유부동산의 공유자의 1인에게 속하는 것에 의하여 영향을 받지 아니한다.

제1010조【공유자의 특정승계인】

① 부동산의 공유자가 관리 및 이용을 규정한 때 또는 공동관계의 폐지를 청구할 권리를 영구히 또는 일시적으로 배제하거나 고지기간을 정한 때에는 이러한 결정이 지분의 부담으로서 부동산등기부에 등기된 경우에 한하여 공유자 1인의 특정승계인의 불이익을 위하여 효력을 발생한다.

② 제755조·제756조에 규정된 청구권은 이것이 부동산등기부에 등기된 경우에 한하여 공유자 1인의 특정승계인에 대하여 주장할 수 있다.

제1011조【공유에 의한 청구권】

각 공유자는 소유권에 의한 청구권을 제3자에 대하여 전(全) 공유물에 관하여 주장할 수 있다. 다만, 반환청구권은 제432조에 따라서만 주장할 수 있다.

제1012조 내지 제1017조 삭제

제2편 물 권

제3장 소 유 권

제1절 소유권의 한계

제206조【소유권의 내용】 소유자는 법령의 제한 내에서 자유롭게 그 소유물을 사용·수익·처분할 권리를 가진다.

제207조【토지소유권의 범위】 토지의 소유권은 법령의 제한 내에서 그 토지의 상하에 미친다.

제208조【건물의 구분소유】 삭제(昭37 법69호)

제209조【인지사용·진입권】 ① 토지의 소유자는 경계나 그 근방에서 담 또는 건물을 축조하거나 수선하기 위하여 필요한 범위 내에서 이웃 토지의 사용을 청구할 수 있다. 그러나 이웃사람의 승낙이 없으면 그 주거에 들어가지 못한다.
② 전항의 경우에 이웃사람이 손해를 받은 때에는 그 보상을 청구할 수 있다.

제210조【주위토지통행권 1】 어느 토지가 다른 토지에 둘러싸여 있어서 공로에 출입할 수 없는 때에는 그 주위의 토지를 통행할 수 있다.

제211조【주위토지통행권 2】 ① 전조의 경우에 통행의 장소와 방법은 통행권을 가지는 자를 위하여 필요하고, 또한 주위토지에 손해가 가장 적은 것을 선택하여야 한다.
② 통행권을 가지는 자는 필요한 때에는 통로를 개설할 수 있다.

제212조【주위토지통행권 3】 통행권을 가지는 자는 통행지의 손해에 대하여 보상을 하여야 한다. 그러나 통로개설로 인하여 발생한 손해에 대한 것을 제외하고는 1년마다 보상금을 지불할 수 있다.

제213조【주위토지통행권 4】 ① 분할로 인하여 공로에 통하는 토지가 생긴 때에는 그 토지의 소유자는 공로에 출입하기 위하여 다른 분할자의 소유지를 통행할 수 있다. 이 경우에는 보상금을 지불할 필요가 없다.
② 전항의 규정은 토지소유자가 그 토지의 일부를 양도한 경우에 준용한다.

제214조【자연배수·승수의무】 토지의 소유자는 이웃 토지로부

터 자연히 흘러 오는 물을 막지 못한다.

제215조【소통공사권】 물의 흐름이 변동으로 인하여 저지에서 막힌 때에는 고지의 소유자는 자비로 그 소통에 필요한 공사를 할 수 있다.

제216조【파손공작물수선 등 청구권】 갑지에서 저수, 배수 또는 인수를 위하여 설치한 공작물이 파손 또는 막혀 을지에 손해를 가하거나 가할 염려가 있는 때에는 을지의 소유자는 갑지의 소유자로 하여금 수선 또는 소통을 하도록 시키거나 또는 필요한 때에는 예방공사를 하도록 시킬 수 있다.

제217조【비용부담에 관한 관습】 제2조의 경우에 비용의 부담에 관한 별도의 관습이 있으면 그 관습에 의한다.

제218조【빗물을 떨어져 들어 가게 하는 공작물의 설치금지】 토지의 소유자는 빗물이 직접 이웃 토지에 떨어져 들어 가게 될 지붕, 기타의 공작물을 설치하지 못한다.

제219조【수류변경권】 ① 구거, 기타 수류지의 소유자는 대안의 토지가 타인의 소유일 때에는 그 수로나 수류(水流)의 폭을 변경할 수 있다.
② 양안의 토지가 수류지의 소유인 때에는 그 소유자는 수로와 수류의 폭을 변경할 수 있다. 그러나 하류구에서는 자연

의 수로와 일치하도록 하여야 한다.
③ 전2항의 규정과 다른 관습이 있는 때에는 그 관습에 의한다.

제220조【배수를 위한 저지통수권】 고지의 소유자는 침수지를 건조하게 하기 위하여 또는 가용이나 농·공업용의 여수를 흘러 내려보내기 위하여 공로, 공류(公流) 또는 하수도에 달하기까지 저지에 물을 통과하게 할 수 있다. 그러나 저지의 손해가 가장 적은 장소와 방법을 선택하여야 한다.

제221조【통수용공작물의 사용권】 ① 토지의 소유자는 그 소유지의 물을 통과시키기 위하여 고지 또는 저지의 소유자가 설치한 공작물을 사용할 수 있다.
② 전항의 경우에 타인의 공작물을 사용하는 자는 그 이익을 받는 비율에 따라서 공작물의 설치와 보존의 비용을 분담하여야 한다.

제222조【언의 설치, 이용권】 ① 수류지의 소유자는 언(堰)을 설치할 필요가 있는 때에는 그 언을 대안에 접촉하게 할 수 있다. 그러나 이로 인하여 발생한 손해에 대하여는 보상을 하여야 한다.
② 대안의 소유자는 수류지의 일부가 자기의 소유인 때에는 그 언을 사용할 수 있다. 그러나 전조의 규정에 따라서 비용

을 분담하여야 한다.

제223조【경계표설치권 1】 토지의 소유자는 이웃 토지의 소유자와 함께 공동의 비용으로 경계를 표시하는 물건을 설치할 수 있다.

제224조【경계표설치권 2】 경계표의 설치 및 보존의 비용은 상린자가 똑같이 나누어 이를 부담한다. 그러나 측량의 비용은 그 토지의 면적에 따라서 이를 분담한다.

제225조【담의 설치권】 ① 2동의 건물이 다른 사람의 소유로 되어 있고 그 사이에 공지가 있는 때에는 각 소유자는 다른 소유자와 함께 공동의 비용으로 그 경계에 담을 설치할 수 있다. ② 당사자 간의 협의가 없는 경우에는 판자울타리나 대나무 울타리 기타 이와 유사한 재료로 울타리를 설치하고, 그 높이는 2미터가 되어야 한다.

제226조【담의 설치·보존비용의 부담】 담의 설치 및 보존의 비용은 상린자가 똑같이 나누어 이를 부담한다.

제227조【담의 재료에 관한 특칙】 상린자의 1인은 제225조 제2항에 규정되어 있는 재료보다 양호한 것을 사용하여 또는 그 높이를 높여서 담을 설치할 수 있다. 그러나 이로 인하여 증액된 비용을 부담하여야 한다.

제228조【담의 설치권에 관한 관습】 전(前) 3조와 다른 관습이 있는 때에는 그 관습에 의한다.

제229조【경계선 위에 있는 물건의 공유추정 1】 경계선 위에 설치된 경계표, 담, 담벽 및 구거는 상린자의 공유로 추정한다.

제230조【경계선 위에 있는 물건의 공유추정 2】 1동의 건물의 부분을 이루는 경계선 위의 담벽에는 전항의 규정을 적용하지 아니한다.

제231조【공유 담벽의 증축권 1】 ① 상린자의 1인은 공유의 담벽의 높이를 높일 수 있다. 그러나 그 담벽이 이 공사를 감당할 수 없는 때에는 자비로 공작을 더하거나 또는 그 담벽을 개축하여야 한다. ② 전항의 규정에 의하여 높여진 담벽의 부분은 그 공사를 한 자의 전유(專有)로 한다.

제232조【공유 담벽의 증축권 2】 전조의 경우에 이웃사람이 손해를 입은 때에는 그 보상금을 청구할 수 있다.

제233조【죽목의 제거·절취권】 ① 인접지의 죽목의 가지가 경계선을 넘은 때에는 그 죽목의 소유자로 하여금 당해 가지를 제거하도록 할 수 있다. ② 인접지의 죽목의 뿌리가 경계선을 넘은 때에는 이를 절취할 수 있다.

제234조【경계선부근의 건축제한】 ① 건물을 축조함에는 경계선으로부터 반미터 이상의 거리를 두

어야 한다.

② 전항의 규정에 위반하여 건축을 한 자가 있는 때에는 인접지소유자는 그 건축을 폐지하거나 또는 이를 변경하도록 할 수 있다. 그러나 건축에 착수한 후 1년이 경과하거나 또는 당해 건물이 완성된 다음에는 손해배상만을 청구할 수 있다.

제235조【관망시설의 제한】 경계선으로부터 1미터 미만의 거리에서 타인의 택지를 쳐다볼 수 있는 창이나 마루를 설치하는 자는 차면시설을 하여야 한다.

제236조【전(前) 2조에 관한 관습】 전(前) 2조와 다른 관습이 있는 때에는 그 관습에 의한다.

제237조【경계선부근의 천굴의 제한】 ① 우물, 용수시설, 하수시설 또는 비료시설을 팔 때에는 경계선으로부터 2미터 이상, 연못, 땅굴 또는 변소로 사용할 구덩이를 팔 때에는 1미터 이상의 거리를 두어야 한다.

② 수문을 막거나 또는 구거를 팔 때에는 경계선으로부터 그 깊이의 반 이상의 거리를 두어야 한다. 그러나 1미터를 넘을 필요는 없다.

제238조【천굴에 관한 주의의무】 경계선의 근방에서 전조의 공사를 할 때에는 토사의 붕괴 또는 물이나 더러운 액체의 침루를 막기에 필요한 주의를 하여야 한다.

제2절 소유권의 취득

제239조【무주물의 선점】 ① 무주의 동산은 소유의 의사로써 이를 점유함으로써 그 소유권을 취득한다.

② 무주의 부동산은 국고로 한다.

제240조【유실물의 습득】 유실물은 특별법이 정하는 바에 따라 공고한 후 6개월 내에 그 소유자를 알 수 없을 때에는 습득자가 그 소유권을 취득한다.

제241조【매장물의 발견】 매장물은 특별법이 정하는 바에 따라 공고한 후 6개월 내에 그 소유자를 알 수 없을 때에는 발견자가 그 소유권을 취득한다. 그러나 타인의 물건 중에서 발견한 매장물은 발견자와 그 물건의 소유자가 절반하여 그 소유권을 취득한다.

제242조【부동산의 부합】 부동산의 소유자는 그 부동산에 부합한 물건의 소유권을 취득한다. 그러나 권원에 의거하여 그 물건을 부속시킨 타인의 권리를 방해하지는 못한다.

제243조【동산의 부합 1】 각각 다른 소유자에게 속하는 수 개의 동산이 부합하여 훼손하지 아니하면 그것을 분리할 수 없는 때에는 당해 합성물의 소유권은 주된 동산의 소유자에게 속한다. 그 분리에 지나친 비용을 필요로 하는 경우에도 동일

하다.

제244조【동산의 부합 2】 부합한 동산에 관하여 주종의 구별을 할 수 없는 때에는 각 동산의 소유자는 그 부합 당시의 가격의 비율에 따라서 합성물을 공유한다.

제245조【혼화】 전2조의 규정은 각각 다른 소유자에게 속하는 물건이 혼화하여 식별할 수 없게 된 경우에 이를 준용한다.

제246조【가공】 ① 타인의 동산에 공작을 가한 자가 있는 때에는 그 가공물의 소유권은 재료의 소유자에게 속한다. 그러나 공작으로 인한 가액의 증가가 재료의 가격보다 현저히 많은 때에는 가공자가 그 물건의 소유권을 취득한다.

② 가공자가 재료의 일부를 제공한 때에는 그 가격에 공작으로 인하여 증가된 가격을 합친 것이 타인재료의 가격보다 많은 때에 한하여 가공자가 그 물건의 소유권을 취득한다.

제247조【첨부의 효과 1】 ① 전5조의 규정에 의하여 물건의 소유권이 소멸한 때에는 그 물건 위에 존재하는 다른 권리도 소멸한다.

② 전항의 물건의 소유자가 합성물, 혼화물 또는 가공물의 단독소유자가 된 때에는 전항의 권리는 합성물, 혼화물 또는 가공물 위에 존속하고, 그 공유자가 된 때에는 그 지분 위에 존

속한다.

제248조【첨부의 효과 2】 제6조의 규정을 적용함으로써 손실을 받은 자는 제703조와 제704조의 규정에 의하여 보상금을 청구할 수 있다.

제3절 공 유

제249조【공유물의 사용】 각 공유자는 공유물의 전부에 관하여 그 지분에 따라서 사용할 수 있다.

제250조【공유지분의 비율】 각 공유자의 지분은 균등한 것으로 추정한다.

제251조【공유물의 변경】 각 공유자는 다른 공유자의 동의 없이는 공유물에 변경을 가할 수 없다.

제252조【공유물의 관리】 공유물의 관리에 관한 사항은 전조의 경우를 제외하고는 각 공유자의 지분의 가격에 좇아 그 과반수로써 결정한다. 그러나 보존행위는 각 공유자가 할 수 있다.

제253조【공유물의 부담】 각 공유자는 그 지분에 따라서 관리의 비용을 지불하고 기타 공유물의 부담을 진다.

② 공유자가 1년 내에 전항의 의무를 이행하지 아니한 때에는 다른 공유자는 상당한 보상금을 지불하고 그 사람의 지분을 취득할 수 있다.

제254조【공유물에 관한 채권】

공유자의 1인이 공유물에 관하여 다른 공유자에 대하여 가지는 채권은 그 특정승계인에 대하여서도 이를 주장할 수 있다.

제255조【지분의 포기 등】 공유자의 1인이 그 지분을 포기한 때 또는 상속인 없이 사망한 때에는 그 지분은 다른 공유자에게 귀속한다.

제256조【공유물의 분할청구, 불분할계약】 ① 각 공유자는 언제든지 공유물의 분할을 청구할 수 있다. 그러나 5년을 넘지 않는 기간 내에 분할하지 않기로 하는 계약을 하는 것을 방해하지는 못한다.
② 이 계약은 갱신할 수 있다. 그러나 그 기간은 갱신한 날로부터 5년을 넘지 못한다.

제257조【특수한 공유물의 분할금지】 전조의 규정은 제229조에 열거되어 있는 공유물에는 적용하지 아니한다.

제258조【재판에 의한 분할, 분할방법】 ① 분할은 공유자의 협의가 성립되지 아니한 때에는 이를 법원에 청구할 수 있다.
② 전항의 경우에 현물로써 분할할 수 없는 때 또는 분할로 인하여 현저히 그 가격이 떨어질 우려가 있는 때에는 법원은 그 경매를 명할 수 있다.

제259조【공유자의 채권보호】 ① 공유자의 1인이 다른 공유자에 대하여 공유물에 관한 채권을 가지는 때에는 분할시에 채무자에게 돌아갈 공유물의 부분으로써 그 변제를 하도록 할 수 있다.
② 채권자는 전항의 변제를 받기 위하여 채무자에게 돌아갈 공유물의 부분을 매각할 필요가 있을 때에는 그 매각을 청구할 수 있다.

제260조【관계자의 분할에의 참가】 ① 공유물에 관하여 권리를 가지는 자 및 각 공유자의 채권자는 자기의 비용으로 분할에 참가할 수 있다.
② 전항의 규정에 의하여 참가의 청구를 하였음에도 불구하고 그 참가를 기다리지 아니하고 분할을 한 때에는 그 분할로써 참가를 청구한 자에게 대항하지 못한다.

제261조【분할로 인한 담보책임】 각 공유자는 다른 공유자가 분할로 인하여 취득한 물건에 대하여 그 지분에 따라서 매도인과 동일한 담보책임이 있다.

제262조【공유물에 관한 증서의 보존】 ① 분할이 종료된 때에는 각 분할자는 그 받은 물건에 관한 증서를 보존하여야 한다.
② 공유자의 공부 또는 그 중의 수인에게 분할된 물건에 관한 증서는 당해 물건의 가장 많은 부분을 받은 자가 이를 보존하여야 한다.
③ 전항의 경우에 가장 많은 부분을 받은 자가 없는 때에는 분할자의 협의로써 증서의 보존

자를 정한다. 만일 협의가 이루어지지 않은 때에는 법원이 증서의 보존자를 지정한다.

④ 증서의 보존자는 다른 분할자의 청구가 있는 때에는 그 증서를 사용할 수 있도록 하여야 한다.

제263조【공유의 성질을 가지는 입회권】공유의 성질을 가지는 입회권에 관하여는 각 지방의 관습에 따르는 것을 제외하고는 이 절의 규정을 적용한다.

제264조【준공유】 이 절의 규정은 수인이 소유권 이외의 재산권을 가지는 경우에 준용한다. 그러나 법령에 특별한 규정이 있으면 그러하지 아니하다.

제2편 소 유 권

제4장 일반규정

제39조 소유자는 자기의 부동산 또는 동산에 대하여 법에 따라 점유, 사용, 수익 및 처분할 권리를 가진다.

제40조 소유자는 자기의 부동산 또는 동산에 용익물권과 담보물권을 설정할 권리가 있다. 용익물권자, 담보물권자가 권리를 행사할 때에 소유자의 권익을 침해해서는 안 된다.

제41조 법률규정상 국가의 전속물로 되어 있는 부동산과 동산에 대해서는 어떠한 단위나 개인이든지 소유권을 취득하지 못한다.

제42조 공공이익의 필요를 위하여 법률이 정한 권한과 절차에 따라 집단소유의 토지와 단위, 개인의 주택 및 기타 부동산을 수용할 수 있다.

집단소유의 토지를 수용할 때에는 토지보상비, 안치보조비, 지상부착물인 청묘의 보상비 등의 비용을 법에 따라 전액 지불해야 하며 아울러 피수용토지의 농민들에게 사회보장비용을 충분히 배정함으로써 피수용토지의 농민들의 생활을 보장해주고 그들의 합법적인 권익을 수호해야 한다.

단위, 개인의 가옥 및 기타 부동산을 수용할 때에는 철거보상을 하여 피수용자들의 합법적인 권익을 수호하여야 한다. 개인의 주택을 수용할 때에는 피수용자의 거주조건도 보장해주어야 한다.

그 어떠한 단위나 개인이든지 수용보상비 등의 비용을 횡령, 유용, 은밀 분배, 억류, 체불해서는 안 된다.

제43조 국가는 경작지에 대해 특수 보호정책을 실시하며 농업용 토지의 건설용지 전환을 엄격히 제한하며 건설용지의 총량을 통제한다. 법률이 정한 권한과 절차를 어기고 집단소유의 토지를 수용해서는 안 된다.

제44조 긴급구조, 재해제거 등 긴급수요로 인하여 법률이 정한 권한과 절차에 따라 단위, 개인의 부동산 또는 동산을 수용할 수 있다. 수용한 부동산 또는 동산을 사용한 후에는 피수용자에게 반환하여야 한다. 단위, 개

인의 부동산 또는 동산이 수용
되었거나 수용된 후에 훼손, 멸
실된 경우에는 보상을 해주어야
한다.

제5장 국가소유권, 집단소유권과 개인소유권

제45조 법률규정상 국가가 소유
하는 재산은 국가소유 즉 전인
민적 소유에 속한다.
　국유재산은 국무원이 국가를
대표하여 소유권을 행사하며 법
률에 별도의 규정이 있는 경우
그 규정에 따른다.
제46조 지하자원, 하천, 해역은
국가소유에 속한다.
제47조 도시의 토지는 국가소유
에 속한다. 법률규정상 국가소
유로 되어 있는 농촌 및 도시
교외의 토지는 국가소유에 속한
다.
제48조 삼림, 산, 초원, 황무지,
개펄 등 자연자원은 국가소유에
속한다. 그러나 법률이 집단소
유에 속한다고 규정한 것은 제
외한다.
제49조 법률규정상 국가소유로
되어 있는 야생동식물자원은 국
가소유에 속한다.
제50조 무선전주파수 스펙트럼자
원은 국가소유에 속한다.
제51조 법률규정상 국가소유로
되어 있는 문화재는 국가소유에
속한다.
제52조 국방자산은 국가소유에

속한다.
　철도, 도로, 전력시설, 전신시
설 및 석유가스수송관 등 인프
라시설이 법률규정상 국가소유
로 되어 있는 경우 국가소유에
속한다.
제53조 국가기관은 그가 직접 지
배하는 부동산 또는 동산에 대
하여 점유, 사용 및 법률과 국
무원의 관련 규정에 따라 처분
할 권리를 가진다.
제54조 국가가 운영하는 사업단
위는 그가 직접 지배하는 부동
산과 동산에 대하여 점유, 사용
및 법률과 국무원의 관련 규정
에 따라 수익, 처분할 권리를
가진다.
제55조 국가가 출자한 기업은 국
무원과 지방인민정부가 법률,
행정법규의 규정에 따라 각각
국가를 대표하여 출자인의 책임
을 이행하고 출자인의 권익을
향유한다.
제56조 국가소유의 재산은 법률
의 보호를 받으며 그 어떠한 단
위나 개인이든지 이를 침점, 군
집절취, 착복, 억류, 파괴하는
것을 금지한다.
제57조 국유자산 관리, 감독 직
책을 이행하는 기관 및 그 요원
은 법에 의하여 국유자산에 대
한 관리, 감독을 강화하여 국유
자산의 가치 보존과 증가를 촉
진하고 국유자산의 손실을 방지
하여야 한다. 직권을 남용하고
직무를 유기하여 국유재산의 손

실을 조성한 경우에는 법에 의하여 법률책임을 부담하여야 한다.

국유재산관리규정을 위반하고 기업의 소유제개혁, 기업의 합병 또는 분리, 관련 거래 등 과정에 저가양도, 밀모착복, 자의적인 담보 또는 기타의 방식으로 국유재산에 손실을 조성시킨 경우 법에 의하여 법률책임을 부담하여야 한다.

제58조 집단소유의 부동산과 동산에는 다음 각 호의 내용이 포함된다.

⑴ 법률규정상 집단소유로 되어 있는 토지, 삼림, 산, 초원, 황무지, 개펄

⑵ 집단소유의 건물, 생산시설, 농지수리시설

⑶ 집단소유의 교육, 과학, 문화, 위생, 체육 등 시설

⑷ 집단소유의 기타 부동산과 동산

제59조 농민집단 소유의 부동산과 동산은 해당 집단성원의 집단소유에 속한다.

다음 각 호의 사항은 법정절차에 따라 당해 집단성원이 결정하여야 한다.

⑴ 토지도급방안 및 토지를 당해 집단 이외의 단위 또는 개인에게 도급을 주는 경우

⑵ 개별 도급경영자 사이에 도급 토지 조정사항

⑶ 토지보상비 등 비용의 사용, 분배 방법

⑷ 집단출자기업의 소유권변동 등 사항

⑸ 법률이 정한 기타 사항

제60조 집단소유의 토지와 삼림, 산, 초원, 황무지, 개펄 등에 대해서는 다음 각 호의 규정에 따라 소유권을 행사한다.

⑴ 촌 농민 집단소유에 속하는 것은 촌 집단경제조직 또는 촌민위원회가 집단을 대표하여 소유권을 행사한다.

⑵ 촌내 둘 이상의 농민집단의 소유에 속하는 것은 촌내 각 당해 집단경제조직 또는 촌민소조가 집단을 대표하여 소유권을 행사한다.

⑶ 향진 농민집단의 소유에 속하는 것은 향진 집단경제조직이 집단을 대표하여 소유권을 행사한다.

제61조 도시와 진 집단소유의 부동산과 동산은 법률, 행정법규의 규정에 따라 당해 집단이 점유, 사용, 수익 및 처분할 권리를 가진다.

제62조 집단경제조직 또는 촌민위원회, 촌민소조는 법률, 행정법규 및 정관, 촌민규약에 의하여 당해 집단성원들에게 집단의 재산상황을 공포하여야 한다.

제63조 집단소유의 재산은 법률의 보호를 받으며 그 어떠한 단위나 개인이든지 이를 침점, 군집절취, 착복, 파괴하는 것을 금지한다.

집단경제조직, 촌민위원회 또

는 그 책임자가 지은 결정이 집단성원의 합법적 권익을 침해한 경우 침해당한 집단성원은 인민법원에 취소를 청구할 수 있다.

제64조 개인은 자기의 합법적인 수입, 주택, 생활용품, 생산도구, 원자재 등 부동산과 동산에 대하여 소유권을 향유한다.

제65조 개인의 합법적인 예금, 투자 및 그 수익은 법률의 보호를 받는다.

국가는 법률규정에 의하여 개인의 상속권 및 기타 합법적인 권익을 보호한다.

제66조 개인의 합법적인 재산은 법률의 보호를 받으며 그 어떠한 단위나 개인이든지 이를 침점, 군집절취, 파괴하는 것을 금지한다.

제67조 국가, 집단 및 개인은 합법적으로 출자하여 유한책임회사, 주식유한회사 또는 기타 기업을 설립할 수 있다. 국가, 집단 및 개인 소유의 부동산 또는 동산을 기업에 투자한 경우 출자인은 약정 또는 출자비율에 따라 재산수익, 중대사항 의결 및 경영관리자 선택 등의 권리를 향유하며 아울러 의무를 이행한다.

제68조 기업의 법인은 그의 부동산과 동산을 법률, 행정법규 및 정관에 따라 점유, 사용, 수익 및 처분할 권리를 가진다.

부동산과 동산에 대한 기업법인 이외의 법인의 권리는 관련 법률, 행정법규 및 정관의 규정을 적용한다.

제69조 사회단체가 법적으로 소유하고 있는 부동산과 동산은 법률의 보호를 받는다.

제6장 건물소유자의 건물구분소유권

제70조 건물소유자는 건물 내의 주택 또는 상가 등 전유부분에 대하여 소유권을 가지며 전유부분 이외의 공유부분에 대하여는 공유권리와 공동관리권리를 가진다.

제71조 건물소유자는 그의 건물 전유부분에 대하여 점유, 사용, 수익 및 처분할 권리를 가진다. 건물소유자의 권리행사는 건물의 안전을 위협하거나 기타 건물소유자의 합법적인 권익을 침해해서는 안 된다.

제72조 건물소유자는 건물전유부분 이외의 공유부분에 대하여 권리를 가지고 의무를 부담한다. 권리포기를 이유로 의무를 이행하지 않아서는 안 된다.

건물소유자가 건물 내의 주택, 상가를 양도할 경우 건물의 공유부분에 대한 그의 공유권리와 공동관리권리는 동시에 양도하게 된다.

제73조 건축구획 내의 도로는 건물소유자의 공동소유에 속한다. 그러나 도시와 진의 공공도로에 속하는 것은 제외한다. 건축구

획 내의 녹지는 건물소유자의 공동소유에 속한다. 그러나 도시와 진의 공공녹지에 속하는 것과 개인에게 속하는 것으로 명시되어 있는 경우 제외한다. 건축구획 내의 기타 공공장소와 공공시설 및 건물관리 이용가옥은 건물소유자의 공동소유에 속한다.

제74조 건축구획 내에 주차용지를 내오거나 차고를 축조할 때에는 우선 건물소유자의 수요를 충족시켜야 한다.

건축구획 내에 내온 주차용지 또는 차고의 귀속은 당사자가 매각, 기증 또는 임대 등의 방식으로 약정한다.

건물소유자가 공유하는 도로 또는 기타 장소를 점한 주차용지는 건물소유자의 공동소유에 속한다.

제75조 건물소유자는 건물소유자대회를 설립하고 건물소유자위원회를 선거할 수 있다.

지방인민정부 유관부서는 건물소유자대회의 설립과 건물소유자위원회의 선거를 지도하고 협조해야 한다.

제76조 다음 각 호의 사항은 건물소유자가 공동으로 결정한다.

⑴ 건물소유자회의 의사규칙의 제정과 개정

⑵ 건물 및 그 부대시설 관리규약의 제정과 개정

⑶ 건물소유자위원회의 선거 또는 동 위원회 구성원의 경질

⑷ 건물관리서비스기구 또는 기타 관리인의 초빙과 해임

⑸ 건물 및 그 부대시설 유지보수자금의 조달과 사용

⑹ 건물 및 그 부대시설의 개축과 재건

⑺ 공유권리 및 공동관리권리 관련 기타 중대사항.

전항 제5호와 제6호의 사항을 결정할 때에는 전유부분 건물총면적의 3분의 2 이상을 차지하는 건물소유자의 동의와 전유부분 총인수의 3분의 2 이상을 차지하는 건물소유자의 동의를 받아야 한다. 전항의 기타 사항을 결정할 때에는 전유부분 건물총면적의 반수 이상을 차지하는 건물소유자의 동의와 전유부분 총인수의 반수 이상을 차지하는 건물소유자의 동의를 받아야 한다.

제77조 건물소유자가 법률, 법규 및 관리규약을 위반하고 주택을 상가로 변경해서는 안 된다. 건물소유자가 주택을 상가로 변경할 경우에는 법률, 행정법규 및 관리규약을 준수해야 하는 외에 이해관계가 있는 건물소유자의 동의를 받아야 한다.

제78조 건물소유자대회 또는 건물소유자위원회의 결정은 건물소유자에 대해 구속력을 가진다.

건물소유자대회 또는 건물소유자위원회의 결정이 건물소유자의 합법적인 권익을 침해하는 경우 해당 건물소유자는 인민법

318 사법제도의 사회적 기능

원에 그 결정의 취소를 청구할 수 있다.

제79조 건물 및 그 부대시설의 유지보수자금은 건물소유자의 공동소유에 속한다. 유지보수자금은 건물소유자의 공동결정을 거쳐 엘리베이터, 물탱크 등 공유부분의 시설을 유지, 보수하는 데 사용할 수 있다. 유지보수자금의 조달, 사용 상황은 공포하여야 한다.

제80조 건물 및 그 부대시설의 비용분담, 수익분배 등 사항은 약정이 있는 경우 그 약정에 따르고 약정이 없거나 약정이 명확하지 않은 경우 건물소유자의 전유부분이 건물총면적에서 차지하는 비율에 따라 확정한다.

제81조 건물소유자는 건물 및 그 부대시설을 자체로 관리할 수도 있고 건물관리서비스기업 또는 기타 관리인에게 위탁하여 관리하게 할 수도 있다.

건설단위가 초빙한 건물관리서비스기업 또는 기타 관리인에 대해 건물소유자는 법에 의하여 경질할 권리가 있다.

제82조 건물관리서비스기업 또는 기타 관리인은 건물소유자의 위탁에 의하여 건축구획 내의 건물 및 그 부대시설을 관리하며 아울러 건물소유자의 감독을 받는다.

제83조 건물소유자는 법률, 법규 및 관리규약을 준수하여야 한다.

건물소유자회의와 건물소유자위원회는 임의의 쓰레기 방치, 오염물질 방출 또는 소음 발사, 규정위반의 동물사육, 불법 가건물 축조, 통로 점거, 건물관리비의 지불거부 등 타인의 합법적인 권익을 침해하는 행위에 대하여 법률, 법규 및 관리규약에 따라 행위자에게 침해의 정지, 위험의 해소, 방해의 배제, 손실의 배상을 요구할 권리가 있다. 건물소유자는 자기의 합법적인 권익을 침해하는 행위에 대하여 법에 의하여 인민법원에 소를 제기할 수 있다.

제7장 상린관계

제84조 부동산상린권리자는 생산의 유리, 생활상의 편리, 단결과 호조, 공정합리의 원칙에 따라 상린관계를 정확히 처리하여야 한다.

제85조 법률, 법규에 상린관계의 처리에 대하여 규정이 있는 경우 그 규정을 따르고 법률, 법규에 규정이 없는 경우에는 현지 관습을 따를 수 있다.

제86조 부동산권리자는 상린권리자의 용수, 배수에 필요한 편리를 제공해주어야 한다.

자연유수의 이용에 있어서는 부동산 상린권리자들 간에 합리적으로 분배하여야 한다. 자연유수의 흐름은 자연적인 흐름 방향을 존중하여야 한다.

제87조 부동산권리자는 상린권리자가 통행 등을 위해 반드시 부동산권리자의 토지를 이용해야 할 경우 부동산권리자는 필요한 편의를 제공하여야 한다.

제88조 부동산권리자가 건물을 축조, 수선하거나 전선, 케이블, 수도관, 스팀 또는 가스관 등을 가설하기 위하여 반드시 상린의 토지나 건물을 이용해야 할 경우 상린 토지, 건물의 권리자는 필요한 편의를 제공하여야 한다.

제89조 건물을 축조할 때에는 국가의 건설공사 관련 표준을 위반하거나 상린건물의 통풍과 채광, 일조에 지장을 주어서는 안 된다.

제90조 부동산권리자가 국가의 규정을 위반하고 고체폐기물질을 방치하거나 대기오염물질과 수질오염물질을 배출하거나 소음, 빛, 전자파복사 등 유해물질을 발사해서는 안 된다.

제91조 부동산권리자가 굴착, 건물 축조, 도관 부설 또는 배선, 설비 설치시 상린부동산의 안전에 위험이 미치게 해서는 안 된다.

제92조 부동산권리자가 용수, 배수, 통행, 도관 부설 또는 배선 등을 위하여 상린부동산을 이용할 경우 가급적으로 상린부동산권리자에게 손해가 조성되지 않도록 해야 한다. 손해가 조성된 경우에는 보상해야 한다.

제8장 공 유

제93조 부동산 또는 동산은 둘 이상의 단위 또는 개인이 공동으로 소유할 수 있다. 공유는 비례적 공유와 공동소유로 구분된다.

제94조 비례적 공유자는 공유의 부동산 또는 동산에 대하여 그의 지분에 따라 소유권을 향유한다.

제95조 공동소유자는 공동으로 공유의 부동산 또는 동산에 대하여 소유권을 향유한다.

제96조 공유자는 약정에 따라 공유의 부동산 또는 동산을 관리한다. 약정이 없거나 약정이 불명확한 경우 공유자 각자에게 모두 관리의 권리와 의무가 있다.

제97조 공유의 부동산 또는 동산을 처분하거나 공유의 부동산 또는 동산에 대해 중대 수선을 할 경우 지분의 3분의 2 이상을 차지하는 비례적 공유자 또는 전체 공동소유자의 동의를 거쳐야 한다. 그러나 공유자간에 별도의 약정이 있는 경우는 예외로 한다.

제98조 공유물에 대한 관리비용과 기타 부담은 약정이 있는 경우 그 약정에 따르고 약정이 없거나 약정이 불명확한 경우 비례적 공유자는 각자의 지분에 따라 부담하고 공동소유자는 공

동으로 부담한다.

제99조 공유자가 공유의 부동산 또는 동산을 분할하지 않고 공유관계를 유지하기로 약정한 경우 그 약정에 따라야 한다. 단, 공유자가 분할해야 할 중대 사유가 있을 경우 분할을 청구할 수 있다. 약정이 없거나 약정이 불명확한 경우 비례적 공유자는 수시로 분할을 청구할 수 있으며 공동소유자는 공유의 기초를 상실했거나 분할을 해야 할 중대사유가 있을 경우 분할을 청구할 수 있다. 분할로 인하여 기타 공유자에게 손해를 준 경우에는 보상을 해야 한다.

제100조 공유자는 분할방식을 협상하여 결정할 수 있다. 합의가 이루어지지 않더라도 공유의 부동산 또는 동산이 분할이 가능하고 또 분할로 인한 가치 감소가 발생하지 않을 경우에는 현물을 분할해야 한다. 분할하기 어렵거나 분할로 인하여 가치 감소가 발생할 경우에는 환가 또는 경매, 매각 등으로 취득한 가액을 분할해야 한다.

공유자가 분할받은 부동산 또는 동산에 하자가 있을 경우 기타 공유자가 손실을 분담해야 한다.

제101조 비례적 공유자는 그가 보유하고 있는 공유의 부동산 또는 동산의 지분을 양도할 수 있다. 기타 공유자는 동등한 조건하에서 우선적으로 매입할 권리를 가진다.

제102조 공유의 부동산 또는 동산으로 인해 발생한 채권과 채무에 대하여 외부관계에 있어서는 공유자가 연대채권을 향유하고 연대채무를 부담한다. 그러나 법률에 별도의 규정이 있거나 제삼자가 공유자에게 연대채권채무관계가 없음을 알고 있는 경우는 예외로 한다. 공유자 내부관계에 있어서는 공유자가 별도의 약정이 있는 경우를 제외하고 비례적 공유자는 지분에 따라 채권을 향유하고 채무를 부담하며 공동소유자는 공동으로 채권을 향유하고 채무를 부담한다. 보유지분 이상의 채무를 상환한 비례적 공유자는 기타 공유자에게 구상할 권리가 있다.

제103조 공유자가 공유의 부동산 또는 동산에 대하여 비례적 공유 또는 공동소유의 약정을 하지 않았거나 약정이 불명확한 경우 공유자관계가 가정 관계 등인 것을 제외하고는 비례적 공유로 본다.

제104조 비례적 공유자가 공유의 부동산 또는 동산에 대해 보유지분을 약정하지 않았거나 약정이 불명확한 경우 출자액에 따라 지분을 확정하며 출자액을 확정할 수 없는 경우에는 지분을 균등하게 보유하고 있는 것으로 본다.

제105조 둘 이상의 단위와 개인

이 공동으로 용익물권, 담보물
권을 가질 경우에는 이 장의 규
정을 참조한다.

제9장 소유권 취득의 특별규정

제106조 권리 없는 자가 부동산
또는 동산을 양수인에게 양도한
경우 소유자는 이를 반환받을
권리가 있다. 법률에 별도의 규
정이 있는 것을 제외하고 다음
각 호의 사유에 부합되는 경우
양수인은 당해 부동산 또는 동
산의 소유권을 취득한다.
⑴ 양수인이 당해 부동산 또는
재산을 선의취득한 경우
⑵ 합리적인 가격으로 양도받은
경우
⑶ 양도하는 부동산 또는 재산
을 법률규정상 등기가 필요
한 것은 등기 후 양수인에게
인도하였고 등기의 필요가
없는 것은 그대로 인도한 경
우.
양수인이 전항의 규정에 따라
부동산 또는 동산의 소유권을
취득한 경우 원소유자는 무권
리자에게 손실의 배상을 청구
할 권리가 있다.
당사자가 기타 물권을 선의취
득한 경우에는 전 2항의 규정을
참조한다.
제107조 소유권자 또는 기타 권
리자는 유실물을 반환받을 권리
가 있다. 당해 유실물이 양도에
의해 타인이 점유하고 있는 경

우 소유자 등 권리자는 무권리
자에게 손해배상을 청구하거나
또는 양수인을 알았거나 알 수
있는 날로부터 2년 내에 양수인
에게 유실물의 반환을 청구할
권리가 있다. 그러나 양수인이
경매를 통해 또는 경영자격을
가진 경영자로부터 당해 유실물
을 구입한 경우 권리자는 유실
물의 반환을 청구할 때 양수인
에게 양수인이 지급한 비용을
변상해야 한다. 권리자는 양수
인에게 양수인이 지급한 비용을
변상한 후 무권리자에게 보상을
청구할 권리가 있다.
제108조 선의의 양수인이 동산을
취득한 후 당해 동산의 원권리
는 소멸된다. 그러나 선의의 양
수인이 당해 동산의 권리를 알
고 있었거나 알 수 있는 상황에
서 양수한 경우는 예외로 한다.
제109조 습득한 유실물은 권리자
에게 반환해야 한다. 습득자는
적시에 권리자에게 통지하여 수
령하도록 하거나 공안 등 관계
부문에 인도해야 한다.
제110조 관계부문은 유실물을 접
수한 후 권리자를 알고 있는 경
우에는 적시에 통지하여 수령하
도록 해야 한다. 권리자를 알지
못하는 경우에는 적시에 유실물
수령공시를 내야 한다.
제111조 습득자는 유실물을 관계
부문에 인도하기 전에, 관계부
문은 유실물을 주인이 수령하기
전에 잘 보관하여야 한다. 고의

또는 중대한 과실로 인하여 유실물이 훼손, 멸실된 경우에는 민사상 책임을 부담해야 한다.

제112조   권리자는 유실물 수령시 습득자 또는 관계부문에 유실물보관 등을 위하여 지급한 비용을 변상해야 한다.

권리자가 유실물 현상광고를 냈을 경우 유실물 수령시 약속대로 의무를 이행하여야 한다.

습득자가 유실물을 침점한 경우 유실물보관 등에 지급한 비용과 보수를 청구할 권리가 없으며 권리자에게 약속에 따라 의무를 이행할 것을 청구할 권리도 없다.

제113조   유실물 수령공시를 낸 날로부터 6개월 이내에 수령자가 없을 경우 유실물은 국가에 귀속된다.

제114조   표류물을 습득하였거나 매장물 또는 은닉물을 발견한 경우에는 유실물습득 관련 규정을 참조하여 처리한다. 문화재보호법 등 법률에 별도의 규정이 있는 경우 그 규정에 따른다.

제115조   주물을 양도할 경우에는 종물도 따라서 양도된다. 그러나 당사자가 별도의 약정을 한 경우는 예외로 한다.

제116조   천연과실은 소유자가 취득하며 소유자도 있고 용익물권자도 있는 경우 용익물권자가 천연과실을 취득한다. 당사자가 별도의 약정을 한 경우는 그 약정에 따른다.

법정과실은 당사자가 약정이 있는 경우 그 약정에 따라 취득하며 약정이 없거나 약정이 불명확한 경우 거래관습에 따라 취득한다.

제2편 소유권제도

제1장 일반규정

제37조 조선민주주의인민공화국에서 재산에 대한 소유권은 그 소유행태에 따라 국가소유권, 협동단체소유권, 개인소유권으로 나누어진다.

제38조 소유권은 법이나 계약, 그 밖의 행위와 사건에 기초하여 발생한다. 소유권의 발생은 법에 기초하는 경우에는 법이 정한 때, 계약에 기초하는 경우에는 계약을 맺고 그 대상을 넘겨받은 때부터 이루어진다.

제39조 소유권을 가진 자는 법이 정한 범위 안에서 자기의 소유재산을 차지하거나 이용, 처분할 수 있다. 재산에 대한 처분은 해당 소유권을 가진 자만이 할 수 있다.

제40조 소유권을 가진 자는 자기의 재산을 다른 자가 비법적으로 차지하고 있는 경우에 그 반환을 요구할 수 있다.

제41조 소유권을 가진 자는 자기 소유권의 실현을 방해하는 행위를 하는 자에 대하여 그 행위를 그만둘 것을 요구할 수 있다.

제42조 소유권은 여럿이 몫으로 나누어 공동으로 가질 수 있다. 공동소유재산을 차지하거나 이용, 처분하는 것은 공동으로 소유권을 가진 자들의 합의에 따라 한다.

제43조 공동으로 소유권을 가진 자들은 공동소유재산에서 자기의 몫을 갈라 가질 수 있다. 재산을 현물로 가르기 어려울 경우에는 자기 몫에 해당하는 값을 받을 수 있다. 공동으로 소유권을 가진 자들의 몫이 명백하지 않은 경우에 그들의 몫은 같은 것으로 본다.

제2장 국가소유권

제44조 국가소유는 전체 인민의 소유이다. 국가소유는 국유화한 재산, 국가투자에 의하여 마련한 재산, 국가기업소의 생산물, 국가기관, 기업소가 산 재산, 국가의 결정에 따라 국가기관, 기업소에 넘어온 재산, 협동단체나 공민이 국가에 바친 재산, 그밖에 국고에 넣기로 된 재산으로 이루어진다.

제45조 국가소유권의 대상에는 제

한이 없다.

다음의 재산은 국가만이 소유할 수 있다.

1. 지하자원, 산림자원, 수산자원을 비롯한 나라의 모든 자연부원

2. 중공업, 경공업, 수산업, 임업을 비롯한 인민경제 여러 부문의 중요 공장, 기업소와 농기계작업소, 관개관리소 같은 농촌경리 부문에 복무하는 기업소, 수매량결정, 도시경영, 중요상업 및 출판인쇄기업소

3. 항만, 은행, 교통운수 및 체신, 방송기관

4. 각급 학교 및 중요 문화보건시설

제46조 국가소유권의 담당자는 전체인민을 대표하는 국가이다. 국가는 나라의 부강발전과 인민들의 복리향상을 위하여 자기의 소유재산을 제한 없이 차지하거나 이용, 처분할 수 있다.

제47조 국가소유권은 국가가 직접 또는 개별적인 국가기관, 기업소를 통하여 실현한다. 국가기관, 기업소는 자기가 맡은 국가소유재산에 대한 경영상 관리권을 가지고 국가의 지도 밑에 그 재산을 자기의 이름으로 차지하거나 이용, 처분할 수 있다.

제48조 국가기관, 기업소의 재산이 협동단체나 공민에게 공급, 판매되는 경우에 국가소유권은 그 협동단체나 공민에게 넘어간다. 그러나 국가기관, 기업소의 재산이 다른 국가기관, 기업소에 공급, 판매되는 경우에는 경영상 관리권만 넘어간다.

제49조 국가에서 협동농장에 배속시킨 뜨락또르, 모내는 기계, 수확기를 비롯한 현대적 농기계, 국가부담으로 협동농장에 마련하여준 문화시설, 탈곡장, 집짐승우리, 창고 같은 고정재산에 대하여 국가는 자기소유권을 계속 가지고 있으면서 이용권을 해당 협동농장에 넘겨준다. 협동농장은 국가가 지원하여 준 고정재산을 그 사명에 맞게 자기의 재산처럼 이용할 수 있다.

제50조 국가는 살림집을 지어 그 이용권을 노동자, 사무원, 협동농민에게 넘겨주며 그것을 법적으로 보호한다.

제51조 국가기관, 기업소는 자기 재산이 권한 없는 자로부터 협동단체나 공민에게 넘어간 경우에 그 반환을 요구할 수 있다.

제52조 주인 없는 물건은 국가소유로 한다. 주인 없는 물건에는 소유권을 가진 자가 없거나 소유권을 가진 자를 알 수 없는 물건이 속한다.

제3장 협동단체소유권

제53조 협동단체소유는 협동경리에 들어있는 근로자들의 집단적 소유이다. 협동단체소유는 협동단체성원들이 들어놓은 재산, 협

동단체의 자체투자에 의하여 마련한 재산, 협동경리의 생산물, 협동단체가 산 재산, 국가에서 협동단체에 소유권을 넘겨준 재산으로 이루어진다.

제54조 협동단체는 토지와 부림짐승, 농기구, 고깃배, 건물 등과 중소공장, 기업소와 문화보건시설, 그밖에 경영활동에 필요한 대상들을 소유할 수 있다.

제55조 협동단체소유권의 담당자는 개별적인 협동단체이다. 협동단체는 자기의 소유재산을 그 성원들의 의사에 따라 민주주의원칙에서 차지하거나 이용, 처분할 수 있다. 그러나 토지에 대한 처분은 법이 정한 데 따라 할 수 있다.

제56조 협동단체가 생산한 제품이 국가기관, 기업소 또는 다른 협동단체나 공민에게 공급, 판매되는 경우에 그에 대한 소유권은 상대방에 넘어간다.

제57조 협동단체는 자기의 소유재산이 권한 없는 자로부터 다른 협동단체나 공민에게 넘어간 경우에 그 반환을 요구할 수 있다.

제4장 개인소유권

제58조 개인소유는 근로자들의 개인적이며 소비적인 목적을 위한 소유이다. 개인소유는 노동에 의한 사회주의분배, 국가 및 사회의 추가적 혜택, 터밭 경리를 비롯한 개인부업경리에서 나오는 생산물, 공민이 샀거나 상속, 증여받은 재산, 그 밖의 법적 근거에 의하여 생겨난 재산으로 이루어진다.

제59조 공민은 살림집과 가정생활에 필요한 여러 가지 가정용품, 문화용품, 그 밖의 생활용품과 승용차 같은 기재를 소유할 수 있다.

제60조 개인소유권의 담당자는 개별적 공민이다. 공민은 자기의 소유재산을 사회주의적 생활규범과 소비적 목적에 맞게 자유로이 차지하거나 이용, 처분할 수 있다.

제61조 공민이 가정성원으로 있으면서 살림살이에 공동으로 이용하기 위하여 번 재산은 가정재산으로 되며 가정성원으로 들어올 때에 가지고 왔거나 결혼하기 전부터 가지고 있는 재산, 상속 또는 증여받은 재산과 그 밖의 개인적 성격을 띠는 재산은 개별재산으로 된다.

제62조 공민은 자기의 소유재산을 권한 없는 자에게서 넘겨받는다는 것을 알면서 가진 공민에 대하여 그 반환을 요구할 수 있다. 잃어버린 물건에 대하여서는 그 사실을 모르고 가진 경우에도 반환을 요구할 수 있다.

제63조 국가는 개인소유재산에 대한 상속권을 보장한다. 공민의 개인소유재산은 법에 따라 상속된다. 공민은 유언에 의하여서도 자기의 소유재산을 가정성원이나 그 밖의 공민 또는 기관, 기업소, 단체에 넘겨줄 수 있다.

제2편 소유권과 그 밖의 물권

제13장 일반규정

제209조【소유권의 내용】① 소유자는 자기 재산을 점유, 사용 및 처분하는 권리를 갖는다.

② 소유자는 자기의 판단에 따라 자기에게 속하는 재산에 대하여 법률과 그 밖의 법령에 반하지 아니하고, 법률에 따라 보호되는 타인의 권리와 이익을 침해하지 아니하는 어떠한 행위를 할 권리를 가지며, 여기에는 자기 재산의 소유권을 타인에게 양도하고 재산을 소유자가 보유하면서 재산의 점유권, 사용권 및 처분권을 타인에게 양도하며, 자기 재산을 담보에 제공하고 그 밖의 방법으로 재산에 부담을 설정하고, 그 밖의 방법으로 재산을 처분하는 것이 포함된다.

③ 토지와 그 밖의 자연자원의 점유, 사용 및 처분은 법률(제129조)이 허용하는 범위 내에서 그 소유자가 자유로이 할 수 있다. 다만, 환경에 손해를 가하고, 타인의 권리와 법익을 침해하여서는 아니된다.

④ 소유자는 자기 재산을 타인(위탁관리인)에게 이전하고 위임관리를 하게 할 수 있다. 재산의 위임관리는 위탁관리인으로의 소유권 이전을 수반하지 아니하며, 위탁관리인은 소유자 또는 소유자가 지정하는 제3자의 이익을 위하여 재산을 관리하여야 한다.

제210조【재산관리의 부담】소유자는 법률 또는 계약에 다른 규정이 있는 경우를 제외하고는 자기에게 속하는 재산관리에 대한 부담을 진다.

제211조【의외의 재산 멸실의 위험】의외의 재산 멸실 또는 의외의 재산 손괴의 위험은 법률 또는 계약에 다른 규정이 있는 경우를 제외하고는 그 소유자가 진다.

제212조【소유권의 주체】① 러시아연방에서는 사적 소유, 국유, 지방자치단체소유와 그 밖의 형태의 소유가 인정된다.

② 재산은 시민과 법인의 소유 및 러시아연방·러시아연방구성체와 지방자치단체의 소유로 할 수 있다.

③ 재산에 대한 소유권, 점유권, 사용권과 처분권의 취득과 소멸의 특수성은 재산이 시민 또는 법인의 소유, 러시아연방·러시아연방구성체 또는 지방자치단체의 소유인가의 여부에 따라 법률로만 정할 수 있다.

국유 또는 지방자치단체소유로만 될 수 있는 재산의 종류는 법률로 정한다.

④ 모든 소유자의 권리는 평등하게 보호된다.

제213조 【시민과 법인의 소유권】

① 시민과 법인은 어떠한 재산이라도 소유할 수 있다. 다만, 법률에 따라 시민 또는 법인에게 귀속될 수 없는 특정종류의 재산은 그러하지 아니하다.

② 시민과 법인이 소유하는 재산의 수량과 가액은 제한되지 아니한다. 다만, 이 법전 제1조 제2항이 규정하는 목적을 위하여 법률에 따라 제한이 정하여져 있는 경우에는 그러하지 아니하다.

③ 영리단체와 비영리단체는 국영 및 공영기업과 시설을 제외하고는 그 설립자(참가자, 구성원)가 출자금(분담금)으로 인도한 재산과 그 밖의 사유에 따라 이들 법인이 취득한 재산의 소유자로 된다.

④ 사회단체와 종교단체(협회), 자선단체와 그 밖의 재단은 취득한 재산의 소유자로 되고, 설립서면에 규정된 목적을 달성하기 위하여서만 그 재산을 사용할 수 있다. 당해 단체의 설립자(참가자, 구성원)는 당해 단체에 인도된 자기 재산에 대한 권리를 상실한다. 당해 단체가 해산하는 경우에는 채권자에 대한 채무를 변제하고 남은 재산은 그 설립서면에 명시된 목적에 따라 사용하여야 한다.

제214조 【국가소유권】

① 러시아연방에서 국가소유로 되는 것은 러시아연방의 소유(연방소유)에 속하는 재산, 러시아연방구성체, 즉 공화국, 변구, 주, 연방직할시, 자치주와 자치관할구(러시아연방구성체소유)에 속하는 재산이다.

② 시민, 법인 또는 지방자치단체의 소유가 아닌 토지와 그 밖의 자연자원은 국유재산이다.

③ 이 법전 제125조에 명시된 기관과 사람은 러시아연방과 러시아연방구성체의 이름으로 소유권을 행사한다.

④ 국가소유재산은 이 법전(제294조와 제296조)에 따라 국영기업과 시설에 그 점유, 사용 및 처분의 권리가 귀속된다.

예산자금 및 국영기업과 시설에 속하지 아니하는 그 밖의 국유재산은 러시아연방의 국유재산, 러시아연방을 구성하는 공화국의 국유재산, 변구·주·연방직할시·자치주와 자치관할구의 자치단체소유재산으로 한다.

⑤ 국유재산의 연방소유와 러시아연방구성체소유로의 이관은 법률이 정하는 절차에 따라 한다.

제215조 【지방자치단체소유권】 ① 도시와 농촌 및 그 밖의 지방자치단체소유권에 속하는 재산은 공유(公有)재산이다.

② 지방자치단체의 기관과 이 법전 제125조에 명시된 사람은 지방자치단체의 이름으로 소유권을 행사한다.

③ 공유(公有)재산은 이 법전(제294조와 제296조)에 따라 공영기업과 시설에 그 점유, 사용 및 처분의 권리가 귀속한다.

지방예산자금 및 공영기업과 시설에 속하지 아니하는 그 밖의 공유(公有)재산은 당해 도시와 농촌 또는 그 밖의 지방자치단체의 공유(公有)자산으로 한다.

제216조 【소유자 아닌 자의 물권】 ① 소유권과 함께 물권으로 되는 것은 다음의 것이다.

– 상속가능종신토지점유권(제265조)

– 토지의 영구(무기한) 이용권(제268조)

– 지역권(제274조, 제277조)

– 재산의 경영관리권(제294조)과 운용관리권(제296조)

② 재산에 대한 물권은 그 재산의 소유자 아닌 자에게 귀속하게 할 수 있다.

③ 재산에 대한 소유권의 타인으로의 이전은 그 재산에 대한 다른 물권의 소멸사유로 되지 아니한다.

④ 소유자 아닌 자의 물권은 이 법전 제350조에 규정하는 절차에 따라 어떠한 자의 침해로부터도 보호된다.

제217조 【국유와 공유(公有)재산의 민영화】 국유 또는 공유(公有)재산은 그 소유자에 의하여 국유와 공유(公有)재산의 민영화에 관한 법률이 규정하는 절차에 따라 시민과 법인의 소유로 이전할 수 있다.

국유와 공유(公有)재산을 민영화할 때에는 민영화에 관한 법률에 다른 규정이 있는 경우를 제외하고는 이 법전이 규정하는 소유권의 취득과 소멸에 대한 절차를 규율하는 규정을 적용한다.

제14장 소유권의 취득

제218조 【소유권의 취득사유】 ① 사람이 자기를 위하여 법률과 그 밖의 법령을 준수하여 제조 또는 창작한 새로운 물건에 대한 소유권은 그 자가 취득한다.

재산의 이용에 따라 취득한 과실, 생산물과 수익에 대한 소유권은 이 법전 제136조에 규정하는 사유에 근거하여 취득한다.

② 소유자가 가지는 재산에 대한 소유권은 매매계약, 교환계

약과 증여계약 또는 재산양도에 관한 그 밖의 법률행위에 근거하여 타인이 취득할 수 있다.

시민이 사망한 경우에는 그 자에게 속하였던 재산에 대한 소유권은 유언 또는 법률에 따라 상속에 근거하여 타인에게 이전한다.

법인을 조직변경하는 경우에는 그 법인에게 속하였던 재산에 대한 소유권은 조직변경되는 법인의 권리승계인으로 되는 법인으로 이전한다.

③ 이 법전이 규정하는 경우와 절차에 따라 사람은 소유자 없는 재산, 소유자 불명의 재산, 소유자가 포기하거나 또는 법률이 규정하는 그 밖의 사유에 따라 소유권을 상실한 재산에 대한 소유권을 취득할 수 있다.

④ 주택협동조합, 주택건설협동조합, 별장협동조합, 차고협동조합 또는 그 밖의 소비협동조합의 조합원과 협동조합이 제공한 주거, 별장, 차고 그 밖의 건물에 대한 자기의 출자금 전액을 납입하고 협동조합의 출자적립금에 대한 권리를 가지는 그 밖의 사람은 이들 재산에 대한 소유권을 취득한다.

제219조【신설부동산에 대한 소유권의 발생】 건물, 건조물과 국가등기의 대상이 되는 그 밖의 신설부동산에 대한 소유권은 등기시에 발생한다.

제220조【가공】 ① 사람이 자기에게 속하지 아니하는 재료를 가공하여 제조한 새로운 동산에 대한 소유권은 계약에 다른 규정이 있는 경우를 제외하고는 재료의 소유자가 취득한다.

그러나 가공의 가액이 재료의 가액을 현저하게 넘을 경우에는 새로운 물건에 대한 소유권은 선의로 행동하고 자기를 위하여 가공을 한 자가 취득한다.

② 재료의 소유자로서 그 재료로 제조된 물건에 대한 소유권을 취득하는 자는 계약에 다른 규정이 있는 경우를 제외하고는 가공을 한 자에게 그 가액을 보상하여야 하며, 가공을 한 자가 새로운 물건에 대한 소유권을 취득하는 경우에는 가공을 한 자가 재료의 소유자에게 그 가액을 보상하여야 한다.

③ 가공을 한 자의 악의의 행위 결과로 재료를 상실한 재료의 소유자는 새로운 물건에 대한 소유권의 양도와 입은 손해의 배상을 청구할 수 있다.

제221조【쉽게 채취할 수 있는 물건의 소유】 법률, 소유자의 일반적인 허용 또는 지방관습에 따라 일정한 지역에서 딸기류의 채취, 물고기와 그 밖의 수중생물자원의 채취(포획) 또는 쉽게 채취할 수 있는 그 밖의 물건 및 동물의 채취와 포획이 인정될 경우에는 이들 물건에 대한 소유권은 채취 또는 포획을 한 자가 취득한다.

제222조【무허가건축물】① 무허가건축물이라 함은 법률과 그 밖의 법령이 정하는 절차에 따라 사용목적이 적합하지 아니한 토지에 건축되거나, 필요한 허가를 얻지 아니하거나 또는 도시계획과 건축기준 및 규칙에 현저하게 위반하여 건축된 주택, 그 밖의 건물, 건조물 또는 그 밖의 부동산을 말한다.

② 무허가건축을 한 자는 그 건축물에 대한 소유권을 취득하지 못한다. 또한 무허가건축을 한 자는 그 건축물을 처분하는 것, 즉 매도, 증여, 임대, 그 밖의 법률행위를 할 수 없다.

무허가건축물은 무허가건축을 한 자가 직접 또는 자기부담으로 철거하여야 한다. 다만, 이 조 제3항이 규정하는 경우에는 그러하지 아니하다.

③ 건축이 이루어진 토지의 소유권, 상속가능종신점유권, 영구(무기한)이용권을 가지는 자에 대하여 법원 또는 법률이 규정하는 경우에 당해 법률이 규정하는 그 밖의 절차에 따라 무허가 건출물에 대한 소유권이 인정될 수 있다. 이 경우 건축물에 대한 소유권을 인정받은 자는 건축을 한 자에 대하여 법원이 정하는 액수의 건축비용을 보상한다.

무허가건축물의 보존이 타인의 권리와 법률에 따라 보호되는 이익을 침해하거나 또는 시민의 생명과 건강을 위협할 경우에는 무허가건축물에 대한 위의 자의 소유권은 허용되지 아니한다.

제223조 【계약에 따라 물건을 취득한 자의 소유권 발생시기】① 계약에 따라 물건을 취득한 자의 소유권은 법률 또는 계약에 다른 규정이 있는 경우를 제외하고는 그 인도시에 발생한다.

② 재산의 양도에 대하여 국가등기를 하여야 할 경우에는 취득자의 소유권은 법률에 다른 규정이 있는 경우를 제외하고는 국가등기시에 발생한다.

선의취득자(제302조 제1항)의 부동산소유권취득은 국가등기시에 발생한다. 다만, 이 법전 제302조에서 규정하는 경우 즉 선의취득자로부터 당해 부동산의 반환을 청구할 수 있는 경우에는 그러하지 아니하다.

제224조【물건의 인도】① 인도라 함은 취득자에게 물건을 넘겨주는 것을 말하고, 송달의무가 없는 경우에는 취득자에게 발송하기 위하여 운송인 또는 통신기관에 물건을 넘겨주는 것을 포함한다.

물건은 실제로 취득자 또는 취득자가 지정한 자의 점유가 된 때에는 취득자에게 인도된 것으로 본다.

② 물건의 양도에 관한 계약을 체결하기 전에 물건이 이미 취득자의 점유로 되어 있는 경우

에는 그 물건은 계약체결시에 인도된 것으로 본다.

③ 선하증권 또는 그 밖의 물품증권의 인도는 물건의 인도와 동등한 것으로 본다.

제225조【무주물】 ① 무주물이라 함은 소유자 없는 물건, 소유자가 불분명한 물건 또는 법률이 달리 규정하지 아니하는 경우 소유자가 그 소유권을 포기한 물건을 말한다.

② 무주물에 대한 소유권은 소유자가 포기한 물건에 대한 소유권의 취득(제226조), 습득(제227조와 제228조), 방치된 동물(제230조와 제231조), 매장물(제233조)에 관한 이 법전의 규정에 예외가 없는 경우에는 취득시효에 의하여 취득할 수 있다.

③ 무주의 부동산은 그 소재지 지방자치단체기관의 신청에 따라 부동산에 대한 권리와 그 법률행위에 대하여 국가등기를 하는 기관이 등록한다.

무주의 부동산을 등록한 후 1년이 경과한 때에는 공유(公有)재산에 대한 관리권한을 가지는 기관은 그 물건에 대한 지방자치단체소유권의 인정을 법원에 청구할 수 있다.

법원의 결정에 따라 지방자치단체소유권으로 인정되지 아니한 무주의 부동산은 이를 방치한 소유자가 새로 점유, 사용 및 처분하거나 또는 취득시효에

의하여 소유권을 취득할 수 있다.

④ 모스크바와 상트페테르부르그 연방직할시 영역 내에 소재하는 무주인 부동산은 당해 도시의 수권된 국가기관의 신청에 따라 부동산에 대한 권리와 그 법률행위에 관한 국가등기를 하는 기관에 등록된다.

제226조【소유자가 포기한 동산】 ① 소유자가 폐기하거나 또는 소유권을 포기할 목적으로 다른 방법으로 방치한 동산(폐기물)은 이 조 제2항이 규정하는 절차에 따라 그 밖의 사람이 자기의 소유로 할 수 있다.

② 가액이 명백히 최저임금의 5배액에 밑도는 폐기물 또는 폐기된 금속쓰레기, 불량제품, 뗏목운송시 가라앉은 재목, 광물의 채굴시에 발생한 광물찌꺼기와 폐수, 산업폐기물과 그 밖의 폐기물이 있는 토지, 수체(水体) 또는 다른 시설을 소유, 점유 또는 사용하고 있는 자는 이들 물건의 이용을 개시하거나 또는 이들 물건의 소유를 증명하는 행위를 함으로써 자기 소유로 하는 권리를 갖는다.

그 밖의 폐기물은 점유하는 자의 신청에 따라 법원이 이를 무주물로 인정할 경우에는 그 자의 소유로 귀속한다.

제227조【습득물】 ① 유실물을 습득한 자는 이를 유실한 자 또는 소유자, 자신이 알고 있는

수령권을 가지고 있는 자에게 곧바로 통지하고 습득물을 반환하여야 한다.

건물 또는 교통기관 내에서 물건을 습득한 경우에는 당해 건물 또는 교통기관의 점유자를 대표하는 자에게 인도하여야 한다. 이 경우 습득물을 인도받은 자는 즉시 습득자의 권리를 취득하고 그 의무를 부담한다.

② 습득물의 반환을 청구하는 권리를 가지는 자 또는 그 자의 주소지가 불분명할 경우에는 습득물은 경찰 또는 지방자치단체 기관에 습득에 관한 신고를 하여야 한다.

③ 물건의 습득자는 습득물을 자신이 보관하거나 또는 경찰, 지방자치단체기관 또는 이들 기관이 지정하는 자에게 인도하여 보관하게 할 수 있다.

부패하기 쉬운 물건 또는 그 보관비용이 가액에 비하여 현저하게 높을 경우에는 그 매각액을 증명하는 문서를 수령하고 습득자가 현금화할 수 있다. 습득물의 현금화에 의하여 취득한 금전은 이 수령에 대하여 권한을 가지는 자에게 반환하여야 한다.

④ 물건의 습득자는 고의 또는 중대한 과실이 있는 경우에 한하여 물건의 가액범위 내에서 물건의 멸실 또는 훼손에 대하여 책임을 진다.

제228조【습득물에 대한 소유권의 취득】 ① 경찰 또는 지방자치단체기관(제227조 제2항)에 습득에 관한 신고를 한 때로부터 6개월 이내에 습득물을 수령할 권한을 가지는 자가 특정되지 아니하거나 또는 그 자 스스로가 습득자, 경찰 또는 지방자치단체기관에 습득물에 대한 자기의 권리를 신고하지 아니하는 경우에는 습득자는 바로 그에 대한 소유권을 취득한다.

② 습득자가 습득물의 수령을 거부할 경우에는 습득물은 지방자치단체의 소유로 된다.

제229조【취득에 관한 지출의 보상과 습득자에 대한 사례】 ① 취득자가 습득물의 수령에 대하여 권한을 가지는 자에게 습득물을 반환하고, 그 자로부터 물건의 소유가 지방자치단체로 이전된 경우에는, 해당 지방자치단체기관으로부터 습득물의 보관, 인도 또는 현금화에 관한 필요비의 보상과 습득물을 수령하는 권한을 가지는 자의 발견에 필요로 하는 비용의 보상을 받을 수 있다.

② 습득자는 습득물의 수령의 권한을 가지는 자에 대하여 습득물 가액의 20% 이내의 금액의 습득에 대한 사례를 청구할 수 있다. 습득물이 습득물의 수령권을 가지는 자에게만 가치가 있는 경우에는 사례의 액수는 그 자와의 합의에 의하여 정한다.

습득자가 습득물에 관한 신고를 하지 아니하거나 또는 이를 은닉하려고 한 경우에는 사례에 대한 권리는 발생하지 아니한다.

제230조 【방치된 동물】 ① 방치되거나 또는 도주한 가축, 그 밖의 방치된 사양(飼養)동물을 포획한 자는 그 소유자에게 반환하여야 하고, 동물의 소유자 또는 그 주소지가 불분명할 경우에는 포획으로부터 3일 이내에 경찰 또는 지방자치단체기관에 동물의 발견에 대하여 신고하여야 하며, 경찰 또는 지방자치단체기관은 소유자를 수색하기 위한 조치를 취하여야 한다.
② 동물 소유자를 수색하는 동안에는 그 포획자는 동물을 독자적으로 사양, 이용하거나 또는 필요한 요건을 갖춘 타인에게 인도하여 사양, 이용하게 할 수 있다. 방치된 동물을 포획한 자의 청구에 따라 경찰 또는 지방자치단체기관은 동물 사양에 필요한 요건을 갖춘 자를 찾아 그 자에게 동물을 인도한다.
③ 방치된 동물을 포획한 자와 동물의 인도를 받아 이를 사양, 이용하는 자는 적절하게 보관하여야 하고, 과실이 있는 경우에는 동물의 멸실과 훼손에 대하여 그 가액범위 내에서 책임을 진다.

제231조 【방치된 동물에 대한 소유권의 취득】 ① 방치된 사양동물의 포획에 관한 신고로부터 6개월 이내에 그 소유자가 발견되지 아니하거나 또는 소유자 단독으로 동물에 대한 권리에 대하여 신고하지 아니하는 경우에는 동물을 사양, 이용하는 자는 당해 동물에 대한 소유권을 취득할 수 있다.
그 자가 사양하고 있는 동물에 대한 소유권의 취득을 거부할 경우에는 당해 동물은 자치단체의 소유로 되고, 지방자치단체기관이 정하는 절차에 따라 이용된다.
② 동물의 소유권이 그 밖의 사람에게 이전된 후 원래의 소유자가 나타날 경우에는 동물이 원래의 소유자에 대한 애착을 보유하고 있는 것 또는 새로운 소유자가 동물을 학대 또는 그 밖에 부적절한 취급을 하고 있음을 증명하는 상황이 있는 경우에는, 원래의 소유자는 새로운 소유자와의 합의에 따라 정한 조건으로, 합의가 이루어지지 아니하는 경우에는 법원이 정하는 조건에 따라 동물의 반환을 청구할 권리를 갖는다.

제232조 【방치된 동물의 사양비용의 보상과 사례】 방치된 사양동물을 소유자에게 반환할 경우에는 동물을 포획한 자와 동물을 사양하고 이용한 자는 동물 소유자에게 동물의 사양에 관한 필요비의 보상을 요구하는 권리를 갖는다. 다만, 동물을 이

용하여 얻은 이익과 상계하여야 한다.

방치된 사양동물을 포획한 자는 이 법전 제229조 제2항에 따라 사례를 받을 권리를 갖는다.

제233조【매장물】 ① 매장물 즉 땅 속에 묻혀 있거나 또는 그 밖의 방법으로 은닉된 금전 또는 가치가 있는 물건으로 소유자가 특정되지 아니하거나 또는 법률에 따라 바로 그에 대한 권리가 상실되는 물건인 경우에는, 매장물이 은닉된 재산(토지, 건물 등)을 소유하는 자와 매장물을 발견한 자가 절반하여 소유권을 취득한다. 다만, 양자 사이의 협의로 달리 정할 경우에는 그러하지 아니하다.

매장물이 은닉되어 있는 토지 또는 그 밖의 재산소유자의 동의 없이 고가인 물품의 발굴 또는 탐색을 한 자가 매장물을 발견한 경우에는, 매장물이 발견된 토지 또는 그 밖의 재산소유자에게 매장물을 인도하여야 한다.

② 역사적 또는 문화적 기념물에 속하는 물건을 포함하는 매장물을 발견한 경우에는 국가소유로 이전하여야 한다. 이 경우 매장물이 은닉되어 있는 토지 또는 그 밖의 재산소유자와 매장물을 발견한 자는 공동으로 매장물 가액의 50% 금액의 사례를 받을 권리를 갖는다. 사례

는 양자 사이의 합의로 달리 정하고 있는 경우를 제외하고는 양자가 절반씩 취득한다.

매장물이 은닉되어 있는 재산소유자의 동의 없이 고가인 물품의 발굴 또는 탐색을 한 자가 매장물을 발견한 경우에는 사례는 그 자에게 지급되지 아니하며, 사례 전액은 소유자에게 지급되어야 한다.

③ 이 조의 규정은 매장물의 발견을 위한 발굴과 탐색의 실시가 노동의무 또는 직무로 되어 있는 자에 대하여는 적용하지 아니한다.

제234조【취득시효】 ① 재산의 소유자는 아니나 시민 또는 법인이 선의로 공연하게 계속하여 부동산에 관하여는 15년간, 그 밖의 재산에 관하여는 5년간 자기 재산으로 점유한 경우에는 그 재산에 대한 소유권을 취득한다.(취득시효)

국가등기를 하여야 하는 부동산과 그 밖의 재산인 경우에는 취득시효에 의하여 재산을 취득하는 자는 국가등기를 한 때로부터 그 재산의 소유권을 취득한다.

② 재산을 자기의 소유로 점유하는 자는 취득시효에 의하여 당해 재산에 대한 소유권을 취득하기 전까지는 그 재산의 소유자가 아닌 제3자와 법률 또는 계약이 규정하는 그 밖의 사유에 따라 점유권을 가지지 아니

하는 제3자에 대하여 자기의 점유에 대한 보호를 받을 권리를 갖는다.

③ 점유의 시효를 원용하는 자는 자기에게 권리를 승계한 자가 재산을 점유한 기간을 자기의 점유기간에 가산할 수 있다.

④ 이 법전 제301조와 제305조에 따라 점유자에 대하여 점유의 반환을 청구할 수 있는 경우에는 취득시효 기간계산의 진행은 당해 청구에 관한 소송시효가 만료한 때부터 기산한다.

제15장 소유권의 소멸

제235조【소유권의 소멸사유】 ① 소유자가 자기 재산을 타인에게 양도한 경우, 소유권을 포기한 경우, 재산이 멸실 또는 훼손된 경우 및 법률이 재산에 대한 소유권 상실을 규정한 그 밖의 경우에는 소유권은 소멸한다.

② 소유자 재산의 강제적인 수용은 허용되지 아니한다. 다만, 법률이 규정하는 사유에 근거한 다음 각호의 1의 경우에는 그러하지 아니하다.

1. 채무에 근거한 재산의 강제집행(제237조)
2. 법률에 따라 특정인에게 귀속될 수 없는 재산의 수용(제238조)
3. 토지수용에 따른 부동산의 수용(제239조)
4. 관리불량의 문화재와 사양동물의 매수(제240조와 제241조)
5. 징발(제242조)
6. 몰수(제243조)
7. 이 법전 제252조 제4항, 제272조 제2항, 제282조, 제285조, 제293조와 제1252조 제4항과 제5항이 규정하는 경우에서의 재산의 수용(개정 2006. 12. 18. 연방법률 제231호)

국유 또는 공유(公有)재산은 소유자의 결정에 따라 민영화에 관한 법률이 규정하는 절차에 따라 시민과 법인의 소유로 양도된다.

시민과 법인이 소유하는 재산은 법률에 근거하여 국유로 변경(국유화)되며, 이 법전 제306조가 정하는 절차에 따라 당해 재산의 가액과 그 밖의 손해가 보상된다.

제236조【소유권의 포기】 시민 또는 법인은 자기에게 속하는 재산에 대한 소유권의 포기를 선언하거나 또는 재산에 대한 어떠한 권리의 유보 의사 없이 재산을 점유, 사용 및 처분하는 권리를 포기하는 것을 명확하게 증명하는 그 밖의 행위를 함으로써 자기에게 속하는 재산에 대한 소유권을 포기할 수 있다.

소유권을 포기하여도 그 재산에 대한 소유권을 타인이 취득할 때까지 당해 재산에 대한 소유자의 권리의무는 소멸하지 아니한다.

제237조【소유자의 채무에 근거한 재산의 강제집행】 ① 소유자의 채무에 근거한 재산의 강제집행에 따른 재산의 수용은 법률 또는 계약에 다른 강제집행에 관한 규정이 없는 경우에는 법원의 결정에 따라 하여야 한다.

② 강제집행되는 재산에 대한 소유권은 당해 재산이 이전되는 자에게 소유권이 발생한 때에 원래의 소유자로부터 소멸한다.

제238조【귀속될 수 없는 재산에 대한 소유권의 소멸】 ① 법률이 인정하는 사유에 근거하여 법률에 의하여 귀속될 수 없는 재산을 소유할 경우 소유자는 법률이 기간에 관하여 달리 규정하고 있는 아니한 경우에는 당해 재산에 대한 소유권의 발생으로부터 1년 이내에 이를 포기하여야 한다.

② 이 조 제1항에 명시된 기간 내에 소유자가 재산을 포기하지 아니하는 경우에는 당해 재산은 그 성질과 용도를 고려하고 국가기관 또는 지방자치기관의 신청에 근거하여 법원의 결정에 따라 강제매각하여 취득한 대금을 원래의 소유자에게 교부하거나 또는 원래의 소유자에게 법원이 정한 재산의 가액을 보상하고 국유 또는 공유(公有)재산으로 이전하여야 한다. 이 경우 재산의 수용에 소요되는 비용은 상계한다.

③ 시민 또는 법인이 법률이 인정하는 사유에 근거하여 취득에 특별한 허가가 필요한 물건을 소유하고 그 원래의 소유자로의 인도를 거부할 경우에는, 당해 소유자에게 귀속될 수 없는 재산에 대하여는 소정절차에 따라 이를 포기하여야 한다.

제239조【부동산이 소재하는 토지수용에 따른 부동산의 수용】 ① 국가 또는 지방자치단체의 필요를 위하여 또는 토지의 부적절한 사용을 원인으로 하는 토지수용이 그 토지에 소재하는 건물, 건조물 또는 그 밖의 부동산에 대한 소유권을 소멸시키지 아니하면 불가능할 경우에는, 당해 부동산은 각각 이 법전 제279조부터 제282조 및 제284조부터 제286조에 규정하는 절차에 따라 국가에 의한 매수 또는 공매(公賣)에 의하여 소유자로부터 수용할 수 있다.

부동산의 수용에 관한 청구는 법원에 청구를 한 국가 또는 지방자치단체기관이 수용을 필요로 하는 토지의 사용이 당해 부동산에 대한 소유권을 소멸시키지 아니하고는 불가능함을 증명하지 못할 경우에는 인용되지 아니한다.

② 이 조의 규정은 부동산이 소재하는 광구, 수체(水體)와 구별되어 있는 자연물과 그 밖의 토지수용에 따르는 부동산에 대

한 소유권의 소멸의 경우에도 적용한다.

제240조 【관리불량 문화재의 매수】 법률에 따라 특히 귀중하고 또한 국가의 보호를 받아야 하는 문화재의 소유자가 이를 불량하게 관리하여 그 의의가 상실될 우려가 있는 경우에는, 당해 문화재는 법원의 결정에 따라 국가에 의한 매수 또는 공매에 의하여 소유자로부터 수용할 수 있다.

문화재를 매수할 경우에는 당사자 사이의 합의로 정한 가액을 보상하고, 가액에 다툼이 있는 경우에는 법원이 정한다. 공매로 매각한 경우에는 매각대금은 공매에 소요된 비용을 공제하고 소유자에게 인도된다.

제241조 【사양동물이 학대될 때의 매수】 사양동물의 소유자가 법률에 따라 정하여진 규칙과 일반적으로 인정되고 있는 동물에 대한 인도적 대우에 관한 규범에 명백히 반하여 동물을 다루고 있는 때에는, 법원에 상응하는 청구를 한 자가 이를 매수함으로써 소유자로부터 동물을 빼앗을 수 있다. 매수가액은 당사자 사이의 합의에 따라 정하며, 가액에 다툼이 있는 경우에는 법원이 정한다.

제242조 【징발】 ① 자연재해, 사고, 전염병, 동물전염병과 비상사태적인 성격을 가지는 그 밖의 상황이 발생할 경우에는, 재산은 공익을 위하여 국가기관의 결정에 근거하여 법률이 정하는 절차와 조건에 따라 소유자에게 재산의 가액을 지급하고 소유자로부터 수용할 수 있다.(징발)

② 징발하는 재산의 가액을 소유자에게 보상할 때의 재산의 평가에 대하여는 법원에 이의를 제기할 수 있다.

③ 재산을 징발당한 자는 징발사유로 된 상황이 소멸한 때에는 보관되어 있는 재산의 반환을 재판으로 청구할 수 있다.

제243조 【몰수】 ① 법률이 규정하는 경우에는 재산은 범죄 또는 그 밖의 법률위반에 대한 제재로서 법원의 결정에 따라 소유자로부터 무상으로 몰수할 수 있다.(몰수)

② 법률이 규정하는 경우에는 몰수는 행정절차에 따라 할 수 있다. 행정절차에 따라 이루어진 몰수에 관한 결정에 대하여는 법원에 제소할 수 있다.

제16장 공동소유

제244조 【공동소유의 개념과 발생사유】 ① 2인 또는 수인이 소유하는 재산은 공동소유권으로 이러한 자에게 귀속된다.

② 재산은 소유권에서의 각 소유자의 지분을 정한 공유(공유) 또는 지분을 정하지 아니하는 공유(합유)로 할 수 있다.

③ 재산의 공동소유는 법률에

따라 당해 재산이 합유로 규정될 경우를 제외하고는 공유이다.

④ 공동소유는 용도의 변경 없이 분할할 수 없는 재산(불가분물) 또는 법률에 따라 분할하여서는 안되는 재산을 2인 또는 수인이 소유할 경우에 발생한다.

가분물에서의 공동소유는 법률 또는 계약이 규정하는 경우에 발생한다.

⑤ 합유자의 합유재산 중의 지분은 합유자 사이의 합의에 따라, 합의되지 아니할 경우에는 법원의 결정에 따라 확정될 수 있다.

제245조【공유권에서의 지분의 확정】 ① 공유자의 지분이 법률에 근거하여 확정될 수 없으며, 공유자 전원의 합의에 의하여서도 확정될 수 없는 경우에는 지분은 동등한 것으로 본다.

② 공유자 전원의 합의에 따라 공유재산의 형성과 증대에 대한 각 공유자의 기여에 근거하여 지분의 확정과 변경절차를 정할 수 있다.

③ 공유자가 자기의 부담으로 공유재산의 사용에 대한 소정의 절차를 준수하여 당해 재산의 불가분적 개량을 한 경우에는 그 자는 공유재산권 중 자기의 지분을 증가할 권리를 갖는다.

공유재산의 가분적 개량은 공유자 사이에 다른 합의가 있는 경우를 제외하고는 공유자 중 개량을 한 자의 소유로 되어야 한다.

제246조【공유재산의 처분】 ① 공유재산의 처분은 공유자 전원의 동의에 근거하여 한다.

② 공유자는 자기의 판단에 따라 자기의 지분을 매매, 증여, 유증, 담보 또는 그 밖의 방식으로 처분할 수 있고, 이를 유상양도할 때에는 이 법전 제250조가 정하는 규정을 준수하여야 한다.

제247조【공유재산의 점유와 사용】 ① 공유재산의 점유와 사용은 공유자 전원의 합의에 따라, 합의가 이루어지지 아니하는 경우에는 법원이 정하는 절차에 따라 한다.

② 공유자는 그 지분에 상응하는 공유재산의 일부를 점유, 사용하는 권리를 가지며, 이것이 불가능한 경우에는 자기의 지분에 상응하는 재산을 점유, 사용하고 있는 그 밖의 공유자에 대하여 상응하는 보상을 청구할 수 있다.

제248조【공유재산의 이용에 따른 과실, 생산물과 수익】 공유재산의 이용에 따른 과실, 생산물과 수익은 공유자 사이에 다른 합의가 있는 경우를 제외하고는 공유재산의 일부로 되며, 공유자 사이에 그 지분에 비례하여 분배된다.

제249조【공유재산의 유지관리에

관한 비용】 각 공유자는 자기의 지분에 따라 공유재산에 관한 조세와 부담금 그 밖의 비용의 지급 및 유지관리에 관한 비용의 지급에 참여하여야 한다.

제250조【우선매수권】 ① 공유재산권에서의 지분이 공유자 외의 자에게 매각될 경우에는 다른 공유자는 매각대금과 그 밖의 동등한 조건에 따라 매각되는 지분을 우선적으로 매수하는 권리를 갖는다. 다만, 공매에 의한 매각의 경우에는 그러하지 아니하다.

공유권에서의 지분을 매각하기 위한 공매는 공유자 전원의 동의가 없는 때에도 이 법전 제255조 제2문에 규정하는 경우 및 법률이 규정하는 그 밖의 경우에 할 수 있다.

② 지분의 매도인은 자기의 지분을 공유자 외의 자에게 매각한다는 의사를 서면방식으로 통지하고, 매각대금과 그 밖의 조건을 설명하여야 한다. 다른 공유자가 매수를 거절하거나 또는 부동산에 대한 소유권에 관하여는 통지일로부터 1개월 이내, 동산에 대한 소유권에 관하여는 10일 이내에 매각되는 지분을 취득하지 아니할 경우에는 매도인은 임의의 자에게 자기의 지분을 매각할 수 있다.

③ 우선매수권을 침해하여 지분을 매각한 경우에는 다른 공유자는 누구든지 3개월 이내에 재판절차에 따라 매수인의 권리의무를 자기에게 이전할 것을 청구하는 권리를 갖는다.

④ 지분의 우선매수권은 이를 양도할 수 없다.

⑤ 이 조의 규정은 교환계약에 따라 지분을 양도하는 경우에도 적용한다.

제251조【공동소유권에서의 지분이 계약에 따라 취득자에게 이전되는 시기】 공동소유권에서의 지분은 계약체결시에 취득자에게 이전한다. 다만, 당사자 사이에 다른 합의가 있는 경우에는 그러하지 아니하다.

국가등기를 하여야 하는 공동소유권에서의 지분이 취득자에게 이전되는 시기는 이 법전 제223조 제2항에 따라 확정한다.

제252조【공유재산의 분할과 지분의 분할】 ① 공유재산은 공유자 사이의 합의에 따라 공유자 사이에 분할할 수 있다.

② 공유자는 공유재산으로부터 자기 지분의 분할을 청구할 수 있다.

③ 공유재산의 분할 또는 공유자의 지분분할의 방법과 조건에 대하여 공유자 사이에 합의가 이루어지지 아니하는 경우에는, 공유자는 재판절차에 따라 공유재산 중 자기 지분의 현물분할을 청구할 수 있다.

지분의 현물분할이 법률에 따라 허용되지 아니하는 경우 또는 공유재산에 상당한 손해를 가하지 아니하고는 현물로 분할할 수 없는 경우에는, 분할을 청구하는 자는 재판절차를 통하여 다른 공유자에게 자기 지분의 가액의 지급을 요구하는 권리를 갖는다.

④ 이 조에 따라 공유자에게 현물로 분할되는 재산과 그 지분과의 사이에 차액이 발생할 경우에는 그에 상응하는 금액 또는 그 밖의 보상을 하여야 한다.

지분의 현물분할에 갈음하여 나머지 공유자의 보상에 의한 공유지분의 분할에 대한 지급은 본인의 동의하에 허용된다. 공유자의 지분이 근소하여 실제로 분할할 수 없으며 그 공유자에게 공유재산의 이용에 중대한 이해관계가 없는 경우에는, 법원은 당해 공유자의 동의가 없는 경우에도 다른 공유자가 당해 공유자에게 보상할 것을 의무지울 수 있다.

⑤ 이 조 제3항과 제4항에 따라 보상금을 수령한 경우에는 공유자는 공유재산에서의 지분권을 상실한다.

제253조【합유재산의 점유, 사용 및 처분】

① 합유자는 합유자 사이에 다른 합의가 없는 경우에는 합유재산을 공동으로 점유, 사용한다.

② 합유재산의 처분은 합유자 중 누가 재산처분의 법률행위를 하는가와 관계없이 합유자 전원의 동의를 얻어야 한다.

③ 합유자 전원의 합의로부터 달리 볼 수 있는 경우가 아닌 한 각 합유자는 합유재산의 처분에 관한 법률행위를 할 수 있다. 1인의 합유자가 한 합유재산의 처분에 관한 법률행위는 법률행위의 상대방이 법률행위를 한 자에게 필요한 권한이 없었음을 알았거나 또는 알 수 있었음을 증명할 경우에 한하여, 이를 근거로 하여 나머지 합유자의 청구에 따라 무효로 될 수 있다.

④ 이 조의 규정은 이 법전 또는 다른 법률에 다른 규정이 있는 경우를 제외하고는 개별유형의 합유에 적용한다.

제254조【합유재산의 분할과 지분의 분할】

① 합유자 사이에서의 합유재산의 분할과 그 지분의 분할은 합유권에서의 각 합유자의 지분을 사전에 확정한 후에 할 수 있다.

② 합유재산의 분할과 그 지분을 분할할 경우에는 법률 또는 합유자 사이의 합의에 다른 규정이 있는 경우를 제외하고는 그 지분은 동등한 것으로 한다.

③ 합유재산의 분할과 그 지분분할의 사유와 절차는 이 법전 제252조의 규정에 따라 정한다. 다만, 개별유형의 합유에 대하여 이 법전과 다른 법률에 다른 규정이 있고, 합유자 사이의 관계의 본질로부터 달리 볼 수 있

는 경우에는 그러하지 아니하다.

제255조【공동재산에서의 지분에 대한 강제집행】 공유자 또는 합유자의 채권자는 이러한 자의 다른 재산이 부족한 경우에는 강제집행을 위하여 공동재산에서의 채무자의 지분분할을 청구할 수 있다.

이 경우 지분의 현물분할이 불가능하거나 또는 다른 공유자 또는 합유자가 이에 대하여 반대할 때에는, 채권자는 채무자가 자기의 지분을 시장가치에 상응하는 가격으로 다른 공동소유자에게 매각하고, 그 매각대금으로 채무를 변제할 것을 청구할 수 있다.

나머지 공동소유자가 채무자의 지분 취득을 거절할 경우에는 채권자는 재판절차에 따라 당해 지분을 공매로 매각함으로써 공동소유권에서의 채무자의 지분의 강제집행을 청구할 수 있다.

제256조【부부의 공동소유】 ① 혼인 중 부부가 취득한 재산은 당해 재산에 대한 다른 재산규칙이 부부 사이의 계약으로 정하여져 있는 경우를 제외하고는 부부의 합유이다.

② 혼인 전부터 부부의 일방에게 귀속하고 있던 재산과 혼인 중 부부 일방이 증여 또는 유증의 절차에 따라 취득한 재산은 각자의 소유로 한다.

개인이 사용하는 물건(의류,

구두 등)은 혼인 중 부부의 공동자산으로 취득한 경우에도 이를 사용하는 자의 소유로 한다. 다만, 고급품과 그 밖의 사치품은 그러하지 아니하다.

부부 일방의 재산은 혼인 중 부부의 공동재산 또는 일방의 개인재산의 부담으로 당해 재산의 가액을 현저하게 증가시키는 자금투자(대규모수리, 개축, 설비의 갱신 등)를 한 것을 증명할 경우에는 부부의 공동소유재산으로 본다. 이 규정은 부부 사이의 계약에 다른 규정이 있는 경우에는 적용하지 아니한다.

지적 활동의 성과에 대한 저작자로서의 배타적 권리는 부부의 합유재산에 속하지 아니한다. 다만, 이러한 성과의 사용으로부터 얻는 소득은 부부 사이의 계약에 달리 정하고 있는 경우를 제외하고는 부부의 합유로 한다.

③ 부부 일방의 채무로 인한 강제집행은 그 자가 소유하는 재산과 부부공동재산의 분할시에 그 자가 받아야 할 지분에 대하여서만 할 수 있다.

④ 공동재산을 분할할 때의 부부의 지분을 확정하는 규정과 분할절차는 가족에 관한 입법으로 정한다.

제257조【농가(농장)경영의 소유】 ① 농가(농장)경영의 재산은 합유권에 따라 그 구성원에게 귀

속한다. 다만, 법률 또는 구성원 사이의 계약에 다른 규정이 있는 경우에는 그러하지 아니한다.

② 농가(농장)경영 구성원의 합유에 속하는 것은 당해 경영의 소유에 제공되었거나 또는 취득한 토지, 경영용 및 그 밖의 건축물, 토지개량용 및 그 밖의 건조물, 축산용 가축과 역축(役畜), 가금(家禽), 농업용 및 그 밖의 기계, 설비, 운송수단, 농기구와 구성원이 공동자금에 의하여 경영을 위하여 취득한 그 밖의 재산이다.

③ 농가(농장)경영의 활동에 의하여 취득한 과실, 생산물과 수익은 농가(농장)경영 구성원의 공동재산이며, 구성원 사이의 합의에 따라 사용한다.

제258조【농가(농장)경영 재산의 분할】 ① 구성원 전원의 탈퇴 또는 그 밖의 사유에 따라 농가(농장)경영을 해산할 경우에는, 공동재산은 이 법전 제252조와 제254조가 정하는 규정에 따라 분할하여야 한다.

이 경우 토지는 이 법전과 토지입법이 정하는 규정에 따라 분할한다.

② 농가(농장)경영에 속하는 토지와 생산수단은 경영에서 구성원 1인이 탈퇴하는 경우에는 분할하지 아니한다. 경영에서 탈퇴하는 자는 당해 재산의 공동소유에서의 자기의 지분에 상응

하는 금전보상을 취득하는 권리를 갖는다.

③ 이 조에 규정하는 경우에는 농가(농장)경영의 재산에 대한 합유권에서의 구성원의 지분은 동등한 것으로 본다. 다만, 구성원 사이에 다른 합의가 있는 경우에는 그러하지 아니하다.

제259조【농가(농장)경영의 재산을 기초로 설립된 물적 회사 또는 협동조합의 소유】 ① 농가(농장)경영의 구성원은 경영재산을 기초로 물적 회사 또는 협동조합을 설립할 수 있다. 당해 회사 또는 협동조합은 법인으로서 농장경영 구성원에 의한 출자금과 그 밖의 분담금으로 인도된 재산과 회사 또는 협동조합의 활동결과 및 그 밖의 법률이 인정하는 사유에 따라 취득한 재산에 대하여 소유권을 가진다.

② 농가(농장)경영의 재산을 기초로 설립된 물적 회사 또는 협동조합의 구성원의 출자금액은 이 법전 제258조 제3항에 따라 정하여지는 경영재산의 합유권에서의 이들 지분에 따라 정한다.

제17장 토지에 대한 소유권과 그 밖의 물권

제260조【토지에 대한 소유권에 관한 일반규정】 ① 토지를 소유하는 자는 이를 매도, 증여,

담보의 제공 또는 임대 그 밖의 방법으로 처분할 수 있다.(제209조) 다만, 당해 토지가 법률에 따라 거래로부터 배제되거나 또는 거래가 제한될 경우에는 그러하지 아니하다.

② 다른 목적으로 사용하는 것이 인정되지 아니하거나 또는 제한되는 농업용지와 그 밖의 용도로 지정되는 토지는 법률에 근거하여 그에 정하여진 절차에 따라 정한다. 이들 토지의 사용은 그 정하여진 용도의 범위 내에서 할 수 있다.

제261조【소유권의 객체로서의 토지】 ① (효력상실)(2001. 4. 16. 연방법률 제45호)

② 토지에 대한 소유권은 법률이 달리 정하고 있는 경우를 제외하고는 토지의 경계 내에 있는 표층(토양층), 수체(水体), 토지 위에 있는 삼림과 식물에 미친다.

③ 토지소유자는 자기의 판단에 따라 그 토지의 지상과 지하에 있는 모든 물건을 이용할 수 있다. 다만, 지하자원, 공간의 사용에 관한 법률과 그 밖의 법률에 다른 규정이 있는 경우 및 타인의 권리를 침해하는 경우에는 그러하지 아니하다.

제262조【공동사용지. 토지에의 출입】 ① 시민은 어떠한 허가 없이도 일반출입이 개방되어 있는 국유지 또는 지방자치단체소유지에 자유로이 출입하고, 법

률과 그 밖의 법령, 당해 토지소유자가 허가하는 범위 내에서 당해 토지에 있는 자연물을 이용하는 권리를 갖는다.

② 토지에 울타리가 둘러져 있지 아니하거나 또는 소유자가 그 밖의 방법으로 허가 없이 토지에 출입하는 것을 금지하는 명확한 표시를 하지 아니하고 있는 경우에는, 소유자에게 손해 또는 폐를 끼치지 아니하는 조건에서 누구든지 당해 토지를 통행할 수 있다.

제263조【토지의 건축권】 ① 토지소유자는 그 토지상에 건물과 건조물을 건축하며 그 개축 또는 철거를 하고 타인에 자기 토지에서의 건축을 허가할 수 있다. 이들 권리는 도시계획과 건축기준 및 토지의 지정용도에 관한 요구(제260조 제2항)를 준수할 것을 조건으로 하여 행사된다.

② 토지소유자는 법률 또는 계약에 다른 규정이 있는 경우를 제외하고는 자기에게 속하는 토지에 자신을 위하여 건축한 건물, 건조물과 그 밖의 부동산에 대한 소유권을 취득한다.

소유자가 자기에게 속하는 토지상에 한 무허가건축의 처리는 이 법전 제222조로 정한다.

제264조【토지소유자 아닌 자의 토지에 대한 권리】 ① 토지소유자는 그 토지를 민사입법과 토지입법이 규정하는 조건과 절

차에 따라 타인에게 제공할 수 있다.

② 토지소유자 아닌 자는 법률 또는 소유자와의 계약이 정하는 조건과 그 범위 내에서 자기에게 속하는 토지의 점유권과 사용권을 행사한다.

③ 소유자 아닌 토지점유자는 법률에 다른 규정이 있는 경우를 제외하고는 그 토지를 처분할 수 없다.

제265조【상속가능종신토지점유권의 취득사유】 시민은 국유지 또는 지방자치단체소유지의 상속가능종신토지점유권을 토지입법이 규정하는 사유와 그 정하는 절차에 따라 취득할 수 있다.

제266조【상속가능종신토지점유권에 근거한 토지의 점유와 사용】 ① 상속가능종신토지점유권을 가지는 공민(토지점유자)은 상속에 따라 이전되는 토지의 점유권과 사용권을 가진다.

② 토지의 점유자는 그 토지상에 건물과 건조물을 건축하고 그 밖의 부동산을 건설하며, 그에 대한 소유권을 취득할 수 있다. 다만, 법률이 정한 토지의 사용조건에 다른 규정이 있는 경우에는 그러하지 아니하다.

제267조【상속가능종신토지점유하에 있는 토지의 처분】 상속가능종신토지점유 하에 있는 토지의 처분은 토지에 대한 권리가 상속에 따라 이전되는 경우

를 제외하고는 허용되지 아니한다.

제268조【토지의 영구(무기한)사용권의 취득사유】 ① 국가 또는 지방자치단체의 시설, 국고기업, 국가권력기관 또는 지방자치기관은 국유지 또는 지방자치단체소유지의 영구(무기한)사용권을 토지의 당해 사용을 제공하는 권한이 있는 국가기관 또는 지방자치기관의 결정에 따라 취득할 수 있다.

② (효력상실) (2007. 6. 26. 연방법률 제118호)

③ 법인을 조직변경할 경우에는 당해 법인에 귀속하고 있는 토지의 영구(무기한)사용권은 권리승계의 절차에 따라 이전된다.

제269조【영구(무기한)사용권에서의 토지의 점유와 사용】 ① 토지의 영구(무기한)사용권을 부여받은 자는 법률, 그 밖의 법령과 토지사용권증서에서 정하는 범위 내에서 토지를 점유 및 사용한다.

② 토지의 영구(무기한)사용권을 부여받은 자는 법률에 다른 규정이 있는 경우를 제외하고는 토지가 제공된 목적에 따라 사용할 권리를 가지며, 그 권리에는 토지상에 건물, 건조물과 그 밖의 부동산을 건축하는 것이 포함된다. 그 자가 자기를 위하여 건축한 건물, 건조물과 그 밖의 부동산은 그 자의 소유물

로 된다.

제270조【영구(무기한)사용토지에
대한 처분】 (효력상실)(2006.
12. 4. 연방법률 제201호)

제271조 【부동산소유자의 토지사
용권】 ① 타인에게 속하는 토
지에 있는 건물, 건조물 또는
그 밖의 부동산소유자는 당해
부동산을 위하여 제공된 토지를
사용하는 권리를 갖는다.

* 제2단락(효력상실)(2007. 6. 26.
연방법률 제118호)

② 타인의 토지에 있는 부동산
에 대한 소유권을 타인에게 이
전한 때에는 소유권취득자는 원
래의 부동산소유자와 동일한 조
건과 범위 내에서 관계있는 토
지에 대하여 영구사용권을 취득
한다.

토지소유권의 이전은 부동산소
유자가 향유하는 당해 토지사용
권의 소멸 또는 변경의 사유로
되지 아니한다.

③ 타인의 토지에 있는 부동산
소유자는 법률 또는 계약이 정
하는 토지의 사용조건에 반하는
경우를 제외하고는 자기의 판단
에 따라 건물과 건조물의 철거
를 포함하여 당해 부동산을 점
유, 사용 및 처분하는 권리를 갖
는다.

제272조【부동산소유자의 토지사
용권상실에 따른 효과】 ① 부
동산소유자에게 제공된 당해 부
동산이 있는 토지의 사용권이
소멸한 경우(제271조)에는, 그

토지상의 소유자의 부동산에 대
한 권리는 토지소유자와 부동산
소유자 사이의 합의에 따라 정
한다.

② 이 조 제1항에 명시된 합의
가 없는 경우 또는 합의가 이루
어지지 아니할 경우에는 토지사
용권의 소멸에 따른 효과는 토
지소유자 또는 부동산소유자의
청구에 따라 법원이 정한다.

토지소유자는 부동산소유자가
토지사용권의 소멸 후 토지상의
부동산을 철거하고 토지를 원상
에 회복할 것을 요구하는 청구
를 법원에 제기하는 권리를 갖
는다.

토지상의 건물 또는 건조물의
철거가 법률 또는 그 밖의 법령
에 따라 금지되거나(주택, 역사
적·문화적 기념물 등) 건물 또
는 건조물의 가액이 그 점유지
의 가액보다 명백히 높아 철거
할 수 없는 경우, 토지사용권의
소멸사유를 고려하고 당사자가
제기한 상응하는 청구에 따라
법원은 다음의 결정을 할 수 있
다.

부동산소유자가 부동산소재지
의 소유권을 취득하는 권리 또
는 토지소유자가 토지상의 부동
산을 취득하는 권리를 인정하는
것

또는 부동산소유자에게 새로운
기간의 토지사용권의 조건을 정
하는 것

③ 이 조의 규정은 국가 또는

지방자치단체의 필요를 위하여 토지를 수용할 경우(제283조) 및 부적절한 사용에 의하여 토지에 대한 권리가 소멸하는 경우(제286조)에는 적용하지 아니한다.

제273조【토지상의 건물 또는 건조물의 양도시 토지에 대한 권리의 이전】 건물 또는 건조물이 있는 토지의 소유자에게 속한 건물 또는 건조물에 대한 소유권이 이전될 경우에는, 건물 또는 건조물의 양도에 관한 계약에 다른 규정이 있는 경우를 제외하고는 건물(건조물)이 점용하며 그 이용을 위하여 필수적인 토지에 대한 소유권은 건물(건조물)의 취득자에게 이전된다.

제274조【타인의 토지에 대한 제한사용권(지역권)】 ① 부동산(토지, 그 밖의 부동산)의 소유자는 인접하는 토지소유자에게 필요한 때에는 다른 토지(인접지)의 소유자에 대하여 인접지의 제한사용권(지역권)의 제공을 청구하는 권리를 갖는다.

지역권은 인접지의 도보와 차량에 의한 통행, 전력공급선·통신선과 배관의 부설과 이용, 급수와 토지개량의 보장, 지역권의 설정 없이 보장할 수 없는 부동산소유자의 그 밖의 필요를 위하여 설정할 수 있다.

② 토지에 대한 지역권의 설정은 토지소유자의 토지의 점유, 사용 및 처분의 권리를 소멸하게 하지 아니한다.

③ 지역권은 지역권의 설정을 요구하는 자와 인접지의 소유자와의 사이의 합의에 따라 설정하고, 부동산에 대한 권리의 등기의 소정절차에 따라 등기하여야 한다. 지역권의 설정 또는 그 조건에 대하여 합의가 이루어지지 아니하는 경우에는 지역권의 설정을 요구하는 자의 청구에 따라 법원이 해결한다.

④ 지역권은 이 조 제1항과 제3항이 규정하는 조건과 절차에 따라 상속가능종신토지점유권 또는 영구(무기한)사용권이 부여되어 있는 자의 이익을 위하여 그 자의 청구 또는 연방법률이 규정하는 경우의 그 밖의 자의 청구에 따라 설정할 수 있다.

⑤ 법률에 다른 규정이 있는 경우를 제외하고는 지역권이 설정된 토지에 부담이 있는 때에는 토지소유자는 그 이익을 위하여 지역권을 설정한 자에 대하여 상응하는 토지사용료의 지급을 청구하는 권리를 갖는다.

제275조【토지에 대한 권리의 이전시 지역권의 존속】 ① 지역권 설정의 부담이 있는 토지에 대한 권리가 타인에게 이전될 때에는 당해 지역권은 그대로 존속된다.

② 부동산의 이용을 보장하기 위하여 설정된 지역권은 매매와 저당의 독립한 객체가 될 수 없

으며, 어떠한 방법으로도 부동산소유자가 아닌 자에게 이전될 수 없다.

제276조【지역권의 소멸】 ① 지역권은 지역권이 설정된 토지소유자의 청구에 따라 지역권의 설정사유의 해소에 의하여 소멸될 수 있다.

② 시민 또는 법인에게 속하는 토지가 지역권 설정의 부담에 의하여 토지의 지정용도에 따른 사용을 할 수 없는 때에는 토지소유자는 법원에 지역권의 소멸을 청구하는 권리를 갖는다.

제277조【건물과 건조물에 대한 역권】 건물, 건조물과 그 밖의 부동산의 제한적 사용과 토지의 사용이 관련 없는 때에는 이 법전 제274조부터 제278조의 규정을 참조하여 역권을 설정할 수 있다.

제278조【토지에 대한 강제집행】 소유자의 채무로 인한 토지의 강제집행은 법원의 판결에 근거하여서만 허용된다.

제279조【국가와 지방자치단체의 필요를 위한 토지의 매수】 ① 국가 또는 지방자치단체의 필요를 위하여 매수의 방식을 통하여 소유자로부터 토지를 수용할 수 있다.

어느 쪽의 필요를 위하여 토지를 수용하는가에 따라 매수는 각각 러시아연방, 상응하는 러시아연방구성체 또는 지방자치단체가 실시한다.

② 국가 또는 지방자치단체의 필요를 위하여 하는 토지수용에 관한 결정은 연방권력집행기관과 러시아연방구성체의 권력집행기관 및 지방자치단체의 기관이 한다.

국가 또는 지방자치단체의 필요를 위하여 하는 토지수용에 관한 결정을 채택하는 권한이 있는 연방권력집행기관, 러시아연방구성체의 행정기관 및 지방자치단체의 기관과 당해 결정의 준비와 채택절차는 연방토지입법으로 정한다.

③ 토지수용에 관한 결정을 한 기관은 적어도 수용 1년 전까지 토지소유자에게 그 취지를 서면으로 통지하여야 한다. 토지소유자가 통지를 받은 날로부터 1년 이내에 하는 토지의 매수는 소유자의 동의를 얻은 경우에 한하여 허용된다.

④ 국가 또는 지방자치단체의 필요를 위하여 하는 토지수용에 관한 연방권력집행기관, 러시아연방구성체의 행정기관 및 지방자치단체의 기관의 결정은 토지에 대한 권리의 등기를 실행하는 기관에 국가등기를 하여야 한다. 토지소유자에 대하여는 등기 일자를 명시하여 실시한 등기 내용을 통지하여야 한다.

⑤ (효력상실)(2007. 6. 26. 연방법률 제118호)

제280조【국가 또는 지방자치단체의 필요를 위한 토지수용시 토

지소유자의 권리】 국가 또는 지방자치단체의 필요를 위하여 토지가 수용되는 때에는, 토지수용에 관한 결정에 대한 국가 등기시부터 토지의 매수에 관한 합의가 이루어질 때까지 또는 법원이 매수 재정(裁定)을 할 때까지 토지소유자는 자기의 판단에 따라 토지를 점유, 이용 및 처분하고 토지의 지정용도에 따라 이를 사용하기 위하여 필요한 비용을 지출하는 권리를 갖는다. 다만, 토지소유자는 토지의 매수가격이 확정될 때(제281조)에는 위 기간 내에 토지상의 건물과 건조물의 신축, 확장과 개축에 관계되는 비용과 손실의 위험을 부담하여야 한다.

제281조【국가 또는 지방자치단체의 필요를 위한 토지수용시 토지의 매수가격】① 국가 또는 지방자치단체의 필요를 위하여 수용되는 토지에 대하여 지급되어야 할 대금(매수가격), 매수의 시기와 그 밖의 조건은 토지소유자와의 합의로 정한다. 당해 합의에는 러시아연방, 러시아연방구성체 또는 지방자치단체가 수용하는 토지의 매수가격을 지급할 의무가 포함되어야 한다.

② 매수가격을 정할 때에는 토지와 그 토지상의 부동산의 시장가치, 일실이익을 포함하는 제3자에 대한 자기채무의 기한 전의 소멸로 인하여 토지소유자가 입은 손해를 포함하여 토지수용에 의하여 토지소유자가 입은 모든 손해를 포함시켜야 한다.

③ 국가 또는 지방자치단체의 필요를 위하여 수용되는 토지에 갈음하여 소유자와의 합의에 따라 매수가격에서 대체제공되는 토지의 가액을 상계하여 다른 토지를 제공할 수 있다.

제282조【법원의 결정에 따라 국가 또는 지방자치단체의 필요를 위하여 하는 토지의 매수】 소유자가 국가 또는 지방자치단체의 필요를 위한 자기 토지수용에 관한 결정에 동의하지 아니하거나 또는 소유자와의 사이에 매수가격 또는 그 밖의 조건에 대하여 합의가 이루어지지 아니하는 경우에는, 당해 결정을 한 국가기관은 토지매수에 관한 소를 법원에 제기할 수 있다. 국가 또는 지방자치단체의 필요를 위하여 하는 토지의 매수에 관한 소는 이 법전 제279조 제3항에 명시된 통지를 토지소유자에게 발송한 때로부터 3년 이내에 제기할 수 있다.

제283조【국가 또는 지방자치단체의 필요를 위한 토지수용시 토지점유권과 사용권의 소멸】 국가 또는 지방자치단체의 필요를 위하여 수용되는 토지가 상속가능종신점유권 또는 영구(무기한)사용권에 따라 점유 및 사용되고 있는 경우, 이들 권리의

소멸은 이 법전 제279조부터 제282조가 규정하는 규정에 따라 이루어진다.

제284조【지정용도에 따라 사용되지 아니하는 토지의 수용】 농업생산용, 주택용 또는 그 밖의 건축용으로 지정된 토지가 3년 동안 상응하는 용도에 따라 사용되고 있지 아니하는 경우에는, 법률이 보다 장기간으로 정하고 있는 경우를 제외하고는 토지소유자로부터 토지를 수용할 수 있다. 이 기간에는 토지개발에 필수적인 시간 및 자연재해 또는 그 지정용도에 따라 토지를 사용할 수 없게 하는 그 밖의 상황에 의하여 토지를 사용할 수 없었던 기간은 포함되지 아니한다.

제285조【법령에 반하는 사용에 따른 토지수용】 토지의 사용이 토지입법이 정하는 토지의 합리적 이용에 관한 규정에 엄중하게 반하여 이루어질 경우, 특히 토지의 지정용도에 따라 토지를 사용하지 아니하거나 또는 토지의 사용이 농업용지의 비옥도를 현저히 저하시키거나 또는 생태환경을 현저히 악화시킬 경우에는 토지소유자의 토지를 수용할 수 있다.

제286조【부적절한 토지사용에 따른 토지수용절차】 ① 이 법전 제284조와 제285조에 규정하는 사유에 근거하여 토지수용에 관한 결정에 대하여 권한이 있는 국가기관 또는 지방자치기관 및 토지소유자의 위법행위에 관한 강제력 있는 사전경고를 하는 절차는 토지입법으로 정한다.

② 토지소유자가 토지수용에 관한 결정을 한 기관에 대하여 서면방식으로 통지하고 당해 결정의 집행에 동의를 한 경우에는 토지는 공매에 의하여 매각하여야 한다.

③ 토지소유자가 토지수용에 관한 결정에 동의하지 아니하는 경우에는 토지수용에 관한 결정을 한 기관은 토지의 매도를 청구하는 소를 법원에 제기할 수 있다.

제287조【소유자 아닌 자에게 속하는 토지에 대한 권리의 소멸】 토지의 임차인 및 그 밖의 소유자 아닌 자의 부적절한 토지사용으로 인하여 이들에게 속하는 토지에 대한 권리의 소멸은 토지입법이 정하는 사유와 절차에 따라 이루어질 수 있다.

제18장 주거에 대한 소유권과 그 밖의 물권

제288조【주거에 대한 소유권】 ① 소유자는 자기에게 속하는 주거를 그 용도에 따라 점유, 사용 및 처분하는 권리를 행사한다.

② 주거라 함은 시민의 거주용도로 지정된 것을 말한다.

주거의 소유자인 시민은 자신

과 그 가족의 거주를 위하여 주
거를 이용할 수 있다.

주거는 그 소유자가 계약에 따
라 거주를 위하여 타인에게 제
공할 수 있다.

③ 주거에 공업생산시설을 배치
하는 것은 허용되지 아니한다.

소유자가 자기에게 속하는 주
거에 기업, 시설과 기관을 배치
하는 것은 당해 주거를 비거주
용 주거로 변경한 경우에 한하
여 허용된다. 거주용에서 비거
주용으로의 건물의 용도 변경은
주택법령이 정하는 절차에 따라
한다.

제289조 【소유권의 객체로서의 아
파트】 집합주택의 아파트 소유
자에게는 그 자에게 속하는 아
파트가 차지하는 건물부분과 함
께 집합주택의 공동재산에 대한
소유권에서의 지분이 귀속된다.
(제290조)

제290조 【집합주택에서의 아파트
소유자의 공동재산】 ① 집합
주택에서의 아파트 소유자에게
는 아파트의 외부 또는 내부에
있으며, 2 이상의 아파트에 제
공되는 건물의 구조를 유지하는
공용부분, 기계, 전기, 환경위생
과 그 밖의 설비의 공유권이 귀
속된다.

② 아파트의 소유자는 집합주택
의 공동재산에 대한 소유권에서
의 자기의 지분을 양도하고, 아
파트에 대한 소유권으로부터 독
립하여 지분의 이전을 가져오는

그 밖의 행위를 할 수 없다.

제291조 【주택소유자조합】 ①
아파트의 소유자는 집합주택의
관리, 아파트와 공동재산의 이
용을 보장하기 위하여 아파트
(주거)소유자조합을 설립한다.

② 주택소유자조합은 비영리단
체이며, 주택소유자조합법에 따
라 설립되고 활동한다.

제292조 【주거소유자의 가족의 권
리】 ① 주거소유자의 가족이
소유자에게 속하는 주거에 거주
할 경우에는 그 가족은 주택법
령이 규정하는 조건에 따라 주
거를 이용하는 권리를 갖는다.

행위능력 있는 주거소유자의
가족과 법원에 의하여 행위능력
이 제한된 가족이 소유자에게
속하는 주거에 거주할 경우에
는, 그 가족은 주거의 이용으로
부터 생기는 채무에 대하여 소
유자와 연대하여 책임을 진다.

② 주택 또는 아파트 소유권의
타인으로의 이전은 법률에 달리
정하고 있는 경우를 제외하고는
원래의 소유자의 가족이 주거를
이용하는 권리를 소멸시키는 사
유로 된다.

③ 주거소유자의 가족은 주거소
유자를 포함하는 어떠한 자로부
터의 주거에 대한 권리의 침해
의 배제를 청구할 수 있다.

④ 소유자의 후견 및 보좌하에
있는 가족, 부모의 보살핌 없이
방치된 미성년의 가족이 거주하
는(후견 및 보좌기관이 이를 알

고 있는 경우) 주거의 양도는 이러한 자의 권리 또는 법률에 따라 보호되는 이익에 저촉될 경우에는 후견 및 보좌기관의 동의를 얻은 후에 허용된다.

제293조【관리불량주거에 대한 소유권의 소멸】 주거의 소유자가 이를 용도에 따르지 아니하고 이용하고, 이웃의 권리와 이익을 상습적으로 침해하거나 또는 주거를 불량하게 취급하여 파손을 초래하고 있는 경우에는, 지방자치단체기관은 주거소유자에게 침해행위를 배제하여야 할 것을 경고할 수 있고, 주거의 파손을 초래하는 경우에는 주거의 수리를 위하여 상당한 기간을 주거소유자에게 지정할 수 있다.

경고 후에도 주거소유자가 이웃의 권리와 이익을 계속하여 침해하거나, 용도에 따르지 아니하는 이용을 계속하거나 또는 정당한 이유 없이 필요한 수리를 하지 아니하는 경우에는, 지방자치단체기관의 청구에 따라 법원은 당해 주거를 공매에 의하여 매각하고, 그 매각대금에서 법원관결집행에 소요된 비용을 공제한 후 그 나머지를 소유자에게 지급하는 결정을 할 수 있다.

제19장 경영관리권, 운용관리권

제294조【경영관리권】 경영관리

권에 의하여 재산이 귀속되는 국영 또는 공영의 단일기업은 이 법전에 따라 정하여진 범위 내에서 당해 재산을 점유, 사용 및 처분한다.

제295조【경영관리하에 있는 재산에 대한 소유자의 권리】 ① 경영관리하에 있는 재산의 소유자는 법률에 따라 기업의 설립, 그 활동의 대상과 목적의 특정, 기업의 조직변경과 해산에 대하여 결정하고, 기업의 대표자를 임명하며, 기업에 속하는 재산의 용도에 따른 이용과 보전에 대한 감독을 한다.

소유자는 경영관리하에 있는 재산의 이용에 따라 얻은 이익의 일부를 취득하는 권리를 갖는다.

② 기업은 경영관리권에 의하여 기업에 귀속된 부동산을 소유자의 동의를 얻지 아니하고 매각, 임대, 저당에 제공하고 회사의 정관자본(공동출자)의 출자금으로 납입하거나 또는 그 밖의 방법으로 재산을 처분할 수 없다.

기업에 귀속된 그 밖의 재산에 대하여는 기업은 자주적으로 처분할 수 있다. 다만, 법률 또는 그 밖의 법령에 정하여진 경우에는 그러하지 아니하다.

제296조【운용관리권】 ① 운용관리권에 의하여 재산이 귀속되는 시설과 국고기업은 자기에게 귀속된 재산에 대하여 법률이 정한 범위 내에서 자기의 활동

목적과 재산의 용도에 따라 점유, 사용하는 권리를 행사하며, 법률이 달리 규정하고 있는 경우를 제외하고는 소유자의 동의를 얻어 이 재산을 처분한다.

② 재산의 소유자는 여분의 재산, 사용하고 있지 아니하거나 용도에 따라 사용되고 있지 아니하며 소유자가 시설 또는 국고기업에 제공한 재산 또는 재산취득을 위하여 소유자가 분배한 자금으로 취득한 재산을 회수할 권리를 가진다. 시설 또는 국고기업으로부터 회수된 재산은 이 재산의 소유자가 자기의 판단에 따라 처분할 수 있다

제297조【국고기업의 재산의 처분】 ① 국고기업은 재산소유자의 동의를 얻은 경우에 한하여 자기에게 귀속된 재산을 양도하거나 또는 그 밖의 방법으로 처분할 수 있다.

② 국고기업의 수익의 분배절차는 재산소유자가 정한다.

제298조【시설의 재산의 처분】
① 사적 시설은 소유자가 제공한 재산 또는 소유자가 재산취득을 위하여 분배한 자금으로 당해 시설이 취득한 재산을 양도하거나 또는 그 밖의 방법으로 처분할 수 없다.

사적 시설은 설립문서에 그 근거가 규정된 경우에만 수익을 창출하는 활동을 할 수 있다. 이 경우 이러한 활동으로부터 얻은 수익과 이러한 수익으로 취득한 재산은 사적 시설의 독립적 처분권에 속한다.

② 독립채산제시설은 운용관리권에 기하여 자기 소유의 동의 없이 소유자가 제공하거나 소유자가 재산취득을 위하여 분배한 자금으로 당해 시설이 취득한 부동산과 특별고가의 동산을 처분할 수 없다. 독립채산제시설은 그 밖의 재산에 대하여 법률이 달리 규정하고 있는 경우를 제외하고는 독자적으로 처분할 수 있다.

독립채산제시설은 당해 시설의 설립목적 달성을 위한 범위 내에서 이러한 목적에 부합하고, 이러한 활동이 설립서면에 명시되어 있는 경우에 수익을 창출하는 활동을 수행할 수 있다. 이러한 활동으로부터 얻은 수익과 이러한 수익으로 취득한 재산은 독립채산제시설의 독립적 처분권에 속한다.

③ 예산제시설은 부동산과 소유자의 동의 없이 소유자가 제공하거나 소유자가 재산취득을 위하여 분배한 자금으로 당해 시설이 취득한 특별고가의 동산을 처분할 수 없다. 예산제시설은 그 밖의 재산에 대하여 법률이 달리 규정하고 있는 경우를 제외하고는 독자적으로 처분할 수 있다.

예산제시설은 당해 시설의 설립목적 달성을 위한 범위 내에서 이러한 목적에 부합하고, 이

러한 활동이 설립서면에 명시되어 있는 경우에 수익을 창출하는 활동을 수행할 수 있다. 이러한 활동으로부터 얻은 수익과 이러한 수익으로 취득한 재산은 예산제시설의 독립적 처분권에 속한다.(추가 2010. 5. 8 연방 법률 제83호, 시행 2011. 1. 1.)

④ 국고기업은 재산소유자의 동의 없이 재산을 양도 또는 그 밖의 방식으로 처분할 수 없다. 국고기업은 설립서면에 따라 수익을 창출하는 활동을 수행할 수 있다.

이러한 활동으로부터 얻은 수익은 러시아연방의 예산체제의 해당 예산으로 귀속된다.

제299조【경영관리권과 운용관리권의 취득과 소멸】 ① 재산소유자가 단일기업 또는 시설에 귀속시키는 것으로 결정한 재산에 대한 경영관리권 또는 운용관리권은 당해 기업 또는 시설에 재산이 인도된 때에 발생한다. 다만, 법률과 그 밖의 법령 또는 소유자의 결정에 달리 정하여진 경우에는 그러하지 아니하다.

② 단일기업 또는 시설의 경영관리 또는 운용관리하에 있는 재산의 이용에 따라 얻은 과실, 생산물과 수익과 단일기업 또는 시설이 계약 또는 그 밖의 사유에 따라 취득한 재산은 이 법전, 그 밖의 법률과 소유권취득에 관한 그 밖의 법령이 정한 절차에 따라 기업 또는 시설의 경영관리 또는 운용관리하에 둔다.

③ 재산에 대한 경영관리권과 운용관리권은 이 법전, 그 밖의 법률과 소유권소멸에 관한 그 밖의 법령이 규정하는 사유와 절차에 따라 또한 소유자가 그 결정에 따라 기업 또는 시설로부터 재산을 합법적으로 회수한 경우에는 소멸한다.

제300조【기업 또는 시설의 다른 소유자로의 이전시 재산에 대한 권리의 유보】 ① 재산복합체로서의 국영 또는 공영기업에 대한 소유권이 다른 국유 또는 공유(公有)재산의 소유자에게 이전되는 경우에는, 당해 기업은 자기에게 귀속된 재산에 대한 경영관리권과 운용관리권을 보유한다.

② 시설에 대한 소유권이 이전되는 경우에는 당해 시설은 자기에게 속하는 재산에 대한 운용관리권을 보유한다.

제20장 소유권과 그 밖의 물권의 보호

제301조【타인의 불법점유에 대한 재산의 반환청구】 소유자는 타인의 불법점유로부터 자기 재산의 반환을 청구할 수 있다.

제302조【선의취득자에 대한 재산의 반환청구】 ① 재산을 양도할 권리가 없는 자로부터 유상

으로 재산을 취득하고, 취득자가 이에 대하여 알지 못하였거나 알 수 없었던 경우에는(선의취득자), 소유자 또는 소유자로부터 재산의 점유를 이전받은 자가 재산을 유실하거나 또는 그들로부터 절도되거나 또는 이러한 자의 의사에 반하여 그 밖의 방법으로 점유를 상실한 때에는 소유자는 취득자에 대하여 당해 재산의 반환을 청구할 수 있다.

② 재산을 양도할 권리가 없는 자로부터 무상으로 재산을 취득한 경우에는 소유자는 어떠한 경우에도 당해 재산의 반환을 청구할 수 있다.

③ 금전과 무기명의 유가증권은 선의취득자에 대하여 반환을 청구할 수 없다.

제303조【불법점유로부터의 재산반환시의 결제】 타인의 불법점유로부터 재산의 반환청구를 할 경우에는, 소유자는 이 점유가 불법이었음을 알았거나 또는 알 수 있었던 자(악의의 점유자)에 대하여 당해 점유자가 점유의 전 기간 동안에 취득하거나 또는 취득하여야 하였던 모든 수익의 반환 또는 배상을 청구할 수 있다. 선의의 점유자에 대하여는 당해 점유자가 불법점유에 대하여 알았거나 알 수 있었을 때 또는 소유자의 재산반환에 관한 소에 따른 소환장을 받은 때부터 취득하거나 또는

취득하여야 하였던 모든 수익의 반환 또는 배상을 청구할 수 있다.

선의와 악의의 점유자는 소유자가 재산으로부터 수익을 얻어야 하였던 때부터 재산에 지출된 필요비의 배상을 소유자에게 청구할 수 있다.

선의의 점유자는 재산에 대하여 한 개량을 재산의 훼손 없이 분리할 수 없는 경우에는 이를 자기에게 유보할 수 있다. 개량의 분리가 불가능할 경우에는 선의의 점유자는 개량을 위하여 지출한 비용의 배상을 청구할 수 있다. 다만, 재산의 가액을 초과할 수 없다.

제304조【점유침탈에 이르지 아니하는 침해에 대한 소유자 권리의 보호】 소유자는 침해가 점유의 침탈에 이르지 아니하는 경우에도 자기의 권리에 대한 모든 침해의 배제를 청구할 수 있다.

제305조【소유자 아닌 점유자 권리의 보호】 이 법전 제301조부터 제304조에 규정하는 권리는 소유자는 아니나 상속가능종신점유권, 경영관리권, 운용관리권 또는 그 밖의 사유에 근거하여 재산을 점유하는 자에게도 귀속된다. 이들은 소유자에 대하여도 자기의 점유의 보호를 받을 권리를 갖는다.

제306조【법률에 근거한 소유권소멸의 효과】 러시아연방이

소유권을 소멸시키는 법률을 채택한 경우에는, 당해 법률 채택의 결과로 소유자가 입은 손실은 재산의 가액을 포함하여 국가가 보상한다. 손실보상에 관한 다툼은 법원이 해결한다.

| 저자약력 |

칼 레너(Karl Renner)   오스트리아의 정치가・경제학자・법학자로서, 자본주의적 소유권의 발전을 법사회학적 문제로 다루어 소유권과 각종 계약과의 결합에 의하여 지배작용이 발생한다는 것을 명백히 하였다. 제1차 세계대전 종료직후의 공화국의 초대 수상과 제2차 세계대전 종료직후의 공화국의 임시수상과 초대 대통령을 역임하였으며, 오스트리아의 분단을 막은 인물로서 '조국의 아버지'라고 칭해지고 있다.

저서 및 논문

Die Nation als Rechtsidee und die Internationale (1914).

Marxismus, Krieg und Internationale (1918).

Die Rechtsinstitute des Privatrechts und ihre soziale Funktion (1929).

Die neue Welt und der Sozialismus : Einsichten und Ausblicke des lebenden Marxismus (1946) 외 다수.

| 역자약력 |

정동호(鄭東鎬)

고려대학교 법과대학 졸업, 동 대학원(법학석사, 법학박사)
법제처 법제조사위원회 전문위원 역임
강원대학교 법과대학 부교수 역임
현재 한양대학교 법학전문대학원 교수

역서   古代社會, 현암사, 1978.
人類婚姻史, 박영사, 1981.
比較法과 社會理論, 고려대출판부, 1983.
法과 社會變動, 나남, 1986.

財産의 起源과 村落共同體의 形成, 세창출판사, 2007.
原始社會, 세창출판사, 2008.
古代法, 세창출판사, 2009.

신영호(申榮鎬)

고려대학교 법과대학 법학과 졸업, 동 대학원(법학석사, 법학박사)
동아대학교 법과대학 전임강사, 조교수, 단국대학교 법과대학 조교수,
　부교수, 교수 역임
현재 고려대학교 법학전문대학원 교수

저역서   法과 社會變動, 나남, 1986.
공동상속론, 나남, 1987.
북한법입문, 세창출판사, 1998.
조선전기상속법제, 세창출판사, 2002.

가족관계등록법, 세창출판사, 2009.
로스쿨 가족법강의, 세창출판사, 2010.
러시아민법전, 세창출판사, 2010.

사법제도의 사회적 기능

2011년 12월 10일 초판 인쇄
2011년 12월 15일 초판 발행

저 자 칼 레너(Karl Renner)
역 자 정동호·신영호
발행인 이 방 원
발행처 세창출판사
　　　　서울 서대문구 냉천동 182 냉천빌딩 4층
　　　　전화 723-8660　　팩스 720-4579
　　　　e-mail: sc1992@empal.com
　　　　http://www.sechangpub.co.kr
　　　　신고번호 제300-1990-63호

잘못 만들어진 책은 바꾸어 드립니다.　　　**정가　27,000 원**

ISBN　978-89-8411-347-3　93360